AF327729

ARTISTES

DE L'ANTIQUITÉ

JUSQU'A LA FIN DU VIᵉ. SIÈCLE DE NOTRE ÈRE,

Par M. le Cᵗᵉ. DE CLARAC.

CATALOGUE

DES

ARTISTES DE L'ANTIQUITÉ,

JUSQU'A LA FIN DU VIe. SIÈCLE DE NOTRE ÈRE.

EXTRAIT DU MANUEL DE L'HISTOIRE DE L'ART

CHEZ LES ANCIENS,

PAR **M. LE Cte. DE CLARAC,**

Officier de la Légion-d'Honneur, Chevalier de Saint-Louis, de Malte, de
Saint-Anne de Russie (3 . classe), Membre de l'Académie Royale des Beaux-Arts,
Conservateur des Antiques du Musée Royal, etc.

PARIS,

VINCHON, FILS ET SUCCESSEUR DE Mme. V^e. BALLARD,

IMPRIMEUR DES MUSÉES ROYAUX,

rue J.-J. Rousseau, N°. 8.

8 Août 1844.

INTRODUCTION.

Un seul coup-d'œil jeté sur la *Table* suivante et sur celle qui accompagnait la *Description du Musée Royal des Antiques* de 1820, montrera que celle-ci est beaucoup plus considérable, et par le nombre des artistes et par les détails. Pour établir la première, j'avais eu recours à Pline, à Pausanias, et aux ouvrages de Junius (1), de Winc-

(1) François Junius ou Dujon, originaire de Bourges, né en 1589 à Heidelberg; mort en 1678. Il fut pendant trente ans secrétaire du Cte. d'Arundel. Son ouvrage, *De Pictura Veterum, etc.,* a été publié à Amsterdam, 1637, in-4º.; à Rotterdam, 1694, in-fol. Le savant Junius dans ce Traité, qui, bien que la critique y ait peu de part, a été d'une si grande utilité à ceux qui sont venus après lui, ne s'est pas borné à tirer des auteurs tous les passages qui ont rapport à la peinture, il a fait beaucoup plus que ne promettait son titre : il a cherché à reproduire tout ce qui concerne les arts du dessin proprement dits, la peinture, la plastique, la statuaire, la sculpture, la gravure sur pierres fines, l'architecture, ainsi que la ciselure et la damasquinure, branches des arts fort en honneur chez les anciens. Mais ne se contentant pas de traiter ces sujets si féconds, et qui lui auraient fourni une nomenclature très-considérable de personnages et de choses et une immense quantité de faits, Junius s'est encore occupé de tout ce qui se rattache indirectement aux arts. Dans ce vaste cadre sont entrés tous les métiers qui, employant les métaux, les pierres, les bois, les couleurs et toutes sortes de substances, se rapprochent par quelques points de leurs opérations de celles des arts qui ont la forme et la couleur pour objet. Plus de soixante métiers sont nommés dans le catalogue des artistes ou artisans (*artifices*) de Junius. On y trouve des teinturiers, des tisserands, des badigeonneurs ou ceux qui ravalaient les murs, des cordonniers, des facteurs d'instrumens de musique, des arpenteurs, des colleurs de livres, et même des *topiarii*, jardiniers dont le talent consistait à tailler les arbres, tels que les ifs, les buis, et à leur faire prendre grossièrement les formes de personnages, d'animaux et de toute sorte d'objets. Junius accorde aussi des articles aux diverses contrées, aux villes qui ont aimé ou pratiqué les arts, qui leur fournissaient leurs matériaux ou auxquelles on devait quelques inventions. Ainsi, les tapis d'Alexandrie sont rangés à leur place alphabétique, de même que les chaussures et les vêtemens de diverses contrées, et même les frondes de l'Acarnanie. Le genre de ses recherches lui a fait admettre dans son catalogue une foule de divinités, de héros, de rois et d'autres personnages mythologiques, historiques, de peuples, de villes, qui n'ont avec

KELMANN, de STOSCH, de BRACCI, de MILIZIA, et de quelques autres écrivains. M'étant borné à indiquer les principaux auteurs où les artistes se trouvent cités, ce n'étaient qu'une simple nomenclature et une indication des siècles où ces artistes avaient vécu. Plusieurs ouvrages sur le même sujet parurent depuis 1820, et entre autres ceux de MM. SILLIG, THIERSCH, MEYER, WELCKER, OSANN, DE KOEHLER, et ils me servirent à refondre et à améliorer mon travail. En 1829, pour me débarrasser de mon manuscrit, que les corrections, les ratures, les surcharges, rendaient presque illisible, je le fis imprimer. Mais comptant n'en faire usage que pour demander des conseils, je ne tirai cette *Table* qu'à 100 exemplaires (1). Y ayant trouvé des

les arts, et même les métiers, que des rapports si éloignés, que M. Jules Sillig a pu, en toute conscience, les élaguer de sa Liste (*Catalogus Artificum, etc.* Dresdæ et Lipsiæ, 1827). On ne saurait trop regretter de ne pas trouver parmi les artistes : Apollon, Arachné, Attalus, qui inventa les dés ; Aurus, qui trouva l'or, les habitans du Caucase ; Capanée, inventeur de l'échelle ; le roi Malleus (marteau), auquel on doit la trompette ; Mercure, Osiris, Pallas, Pan, Pilumnus, qui le premier fuma la terre ; Proserpine, le patriarche Saruch, le premier qui fit des statues, et Caïn, et Tubalcain, et Vulcain, et tant d'autres qu'il serait trop long et très-inutile de nommer. Aussi M. Sillig, usant des droits d'une critique éclairée, et discutant avec sévérité les manuscrits de Pline et d'autres auteurs, a-t-il eu raison de refuser à cinq ou six cents noms le droit d'entrée dans son ouvrage ; mais il en a ajouté un grand nombre échappés à Junius, ou qui n'ont été découverts que depuis lui. D'après le relevé que j'ai fait du livre de M. Sillig, il contient : ARCHITECTES, 107, dont quelques-uns furent sculpteurs ; PLASTICIENS OU MODELEURS (*PLASTÆ, FICTORES*), 6 ; STATUAIRES, dont environ une trentaine furent aussi sculpteurs en marbre et ciseleurs, 206 ; SCULPTEURS, dont plusieurs exercèrent la statuaire ou la sculpture des statues en bronze, 95 ; GRAVEURS EN PIERRES FINES (*SCALPTORES*), 95 ; CISELEURS (*CÆLATORES*), 30 ; PEINTRES, dont un très-petit nombre furent aussi sculpteurs, 215 ; MOSAÏQUISTES (*TESSELARII*) et ARTISTES sans désignation précise, 10. Total 766.

(1) Voici l'AVERTISSEMENT que, par précaution, j'avais mis à la tête de ma *Table des Artistes* imprimée à Toulouse en 1829, in-8º. de 85 pages : « Il ne me semble pas hors de propos de prévenir les personnes instruites entre les mains de qui pourra tomber cette *Table alphabétique*, ou qui voudraient bien l'accepter, que ce n'est pas proprement un ouvrage, mais une simple ébauche, un essai que je n'ai fait imprimer que pour me débarrasser de mon

fautes typographiques et d'autres espèces qui m'avaient échappé malgré mes soins, je n'en donnai que quelques exemplaires, en avertissant de ne pas s'y fier et en indiquant les corrections à faire. C'étaient un essai et une édition à supprimer, et c'est ce que j'ai fait. Des mémoires, des critiques sur les artistes de l'antiquité avaient été publiés depuis, je devais en profiter, et c'est aussi ce qui a eu lieu pour les tables suivantes.

Bien que je ne sois pas toujours de l'opinion de M. Sillig sur quelques époques des artistes anciens, ses discussions chronologiques, pleines de sagacité, m'ont été très-utiles, et je me plais à reconnaître tout ce que je dois à son excellent *Catalogue*. J'ai aussi de véritables obligations aux *Epoques des Beaux-Arts chez les Grecs* (en allemand), par M. Frédéric THIERSCH, professeur de Munich; aux *Æginetica* de M. C. MÜLLER, professeur de Berlin; à l'*Histoire de l'Art* de M. MEYER (en allemand), et à des *Dissertations* que MM. HIRT d'Heidelberg, SCHORN de Stuttgard, NOEHDEN, OSANN, DE KOEHLER, BOETTIGER, ont insérées dans les recueils publiés par ce dernier savant sous les titres d'*Amalthea* et d'*Archéologie et Beaux-Arts* (en allemand). Celui que M. WELCKER, professeur de Bonn, et l'un des hommes les meilleurs à connaître sous tous les rapports, avait commencé à donner sous le titre de *Zeitschrift*, écrit périodique sur les arts et la littérature des anciens, m'a prêté plus d'une fois son secours. Je me suis aussi servi des additions qu'il a faites au *Catalogue* de M. Sillig, d'après plusieurs Recueils d'inscriptions, et qu'il avait tirées, en grande partie, ainsi que je l'ai fait depuis lui, du grand et superbe ouvrage (*Corpus Inscriptionum græcarum*) où M. BOECKH et M. C. Otfried MÜLLER ont été chargés, par le roi de Prusse et par l'académie de Berlin, de réunir en un seul corps toutes les inscriptions grecques qui existent. Ce trésor et la *Sylloge*, etc., de M. Osann m'ont fourni un assez bon nombre d'artistes anciens à

manuscrit, et le remplacer par plusieurs copies. Aussi ne l'ai-je tiré qu'à cent exemplaires, qui ne seront pas mis en vente et qui ne sont destinés qu'à des personnes aux connaissances et à l'obligeance desquelles j'aurai recours, pour que, m'aidant de leurs conseils, elles me facilitent, par leurs observations, les moyens de donner à mon travail toute la perfection dont il est susceptible. »

ajouter à ceux de ma première Table, mais peu de sculpteurs et de peintres à celle de 1829. Une classe cependant s'est vue beaucoup augmentée, et je la donne aussi
complète qu'il m'a été possible de me la procurer, c'est
celle des peintres dont les noms se trouvent sur les vases
de terre ornés de peintures (1), dont les fouilles faites
dans le territoire de l'ancienne *Vulci*, ceux de *Canino*
et de *Tarquinii* (aujourd'hui Corneto), par le prince de
Canino et MM. Candelori, Campanari, Feoli, ont produit,
depuis quelques années, une si grande quantité. Ces nouvelles mines archéologiques ont enrichi de plusieurs noms
la nomenclature des peintres et des potiers étrusques ou
de l'ancien style grec, qui jusqu'alors étaient très-peu
nombreux. Ces artistes sont d'autant plus intéressans
qu'ils appartiennent à des temps assez anciens. Ce n'est
pas qu'on soit autorisé, d'après les suppositions de M. le
prince de Canino sur *Vetulonia* (*Vithlon*), capitale des
Volscii, à les faire remonter avec lui vers les temps
anté-homériques ni même à la fondation de Rome. Les
noms de personnages grecs très-connus, le caractère de
l'écriture et de l'orthographe que présentent ces vases,
et que nous offrent quelques inscriptions de dates certaines, m'ont toujours fait penser que l'on ne pouvait pas
leur assigner une si haute antiquité; et je me trouve pleinement confirmé dans cette opinion par celle de mon ami
M. Millingen, qui ne croit pas que les plus anciennes inscriptions de ces vases dépassent le milieu ou tout au plus
le commencement du VIe. siècle avant J.-C. Les inscriptions athéniennes, ou marbres de Nointel du Musée Royal,
N°s. 122 et 122 *bis*, fournissent quelques noms pareils à
ceux de plusieurs de ces peintres des vases, avec une écri-

---

(1) Les archéologues ne sont pas encore d'accord sur la déno-
mination à adopter pour désigner cette branche de la peinture antique. M. Quatremère de Quincy l'appelle KÉRAMO ou CÉRAMO-
GRAPHIE, qu'il tire de κέραμος, *vase*, *tuile*, *brique*. D'autres, et
parmi eux MM. Bœttiger, Vermiglioli et Fréd. Creuzer, préfèrent
l'expression d'OSTRACOGRAPHIE, mot composé d'ὄστρακον, qui
signifie aussi *vase*, *tuile*, *brique*. Le peu de différence du sens de
ces mots nouveaux et le choix que l'on peut en faire doivent sem-
bler d'une petite importance; mais CÉRAMOGRAPHIE, qui d'ailleurs
rappelle le *Céramique*, les *tuileries* d'Athènes, me paraît plus
agréable qu'OSTRACOGRAPHIE. Voyez *Fr. Creuzer, Alt-Athenäis-
ches Gefæss*. Leipsic et Darmstadt, p. 48-51.

ture à peu près semblable, et l'on n'y trouve de même l'H que comme aspiration et non comme voyelle, le Ξ et le Ψ y sont aussi séparés en deux sons et exprimés par ΧΣ et par ΦΣ. Ces inscriptions sont, comme l'on sait, de la 88.1 olympiade, 457 avant J.-C. : la plupart des plus anciens peintres de vases ne doivent pas remonter beaucoup au-delà, et ils sont probablement moins anciens que la troisième de nos belles inscriptions Choiseul, N°. 597 (*voy.* mon *Musée de Sculpture antique et moderne*, v. 2, pl. XI, XII, XIII des inscriptions), où l'on ne trouve l'H employé que comme signe numérique, et où, du reste, cette lettre n'est pas admise même comme aspiration.

Pour tout ce qui a rapport aux peintres des vases, je ne pouvais avoir de meilleur guide que le savant et intéressant rapport sur les vases de Vulci, inséré par M. Gerhard dans le 3e. vol. de l'*Institut de Correspondance archéologique*. C'est cet ouvrage que j'ai suivi, après avoir eu d'abord recours au *Catalogue* du prince de Canino. Autant qu'il m'a été possible, j'ai donné les noms de ces anciens peintres avec les caractères archaïques qu'on leur voit sur les vases, et que j'ai eu le soin de faire graver. Mais cependant les mêmes lettres, et peut-être de la même époque, présentent souvent des variétés qui ne tiennent qu'à la main de l'ouvrier qui les traçait ou avec négligence ou ne sachant pas mieux écrire. Devrait-on tant s'arrêter à ces minuties, et s'en servir à établir des règles de paléographie et d'orthographe ? Ne serait-il pas mieux de ne regarder ces prétendues variétés que comme de véritables fautes ? Je pourrais indiquer, dans une église de village peu éloigné de Paris, une superbe inscription sépulcrale, très-longue, de vingt-cinq lignes, en français avec quelques mots en latin, très-bien gravée et dorée, sur marbre noir, où, malgré ces recherches de travail, il y a quinze fautes, presque toutes grossières, telles que REQUIES CAT IN PACÉ. Et qui sait si un jour ce monument, devenu précieux, ne servira pas à prouver que c'était ainsi qu'en 1773 on écrivait le français et le latin aux environs de Paris, et à Paris même, où le travail du marbre peut faire croire que cette inscription a été gravée ? Aussi ai-je cru pouvoir me dispenser de faire graver des poinçons pour des lettres d'une forme singulière, mais qui ne se présentent que très-rarement dans les inscriptions des vases.

Parmi les monumens antiques, les pierres gravées sont ceux qui, le plus répandus, se trouvent à la portée du plus grand nombre d'amateurs. A l'exception de quelques têtes authentiques et de quelques sujets dont on connaît les époques, ces pierres ne sont pas susceptibles d'un classement chronologique tel qu'il eût pu convenir au cadre de mon Ouvrage, et je ne pouvais y faire entrer ces milliers de pierres gravées que l'on trouve disséminées et décrites dans plusieurs Recueils, et réunies en grande partie dans l'immense Répertoire de Raspe, auquel on pourrait encore faire des additions considérables. J'ai dû me borner à donner celles dont on connaît les graveurs, quoiqu'il y en ait peu auxquels on puisse, d'après les sujets, les têtes ou le caractère du travail, assigner une date certaine. Ce travail de neuf pages n'était, pour ainsi dire, qu'une ébauche dans ma *Table des Artistes* de 1820, p 413-422 : celle-ci offrira beaucoup plus d'étendue. Ne pouvant pas parler des pierres gravées dans la partie chronologique de cet ouvrage, j'ai cru que mes *Tables alphabétiques* me permettraient quelques discussions sur ces précieux témoins du goût et du luxe de l'antiquité, et surtout sur les pierres, qui ont l'avantage d'avoir conservé les noms des graveurs auxquels nous les devons. Depuis Andreini, chanoine de Florence et célèbre amateur, mort en 1667, et qui le premier employa tous ses soins à recueillir des pierres portant les noms de leurs auteurs, elles se sont toujours vues les objets des recherches et des affections des antiquaires, et leurs collections s'en sont disputé la possession. J'espère donc être bien venu des amateurs de l'archéologie, et de cette partie la plus nombreuse et la plus brillante de ses trésors, en offrant ici toutes les pierres, dont les auteurs sont connus, rangées dans les articles qui concernent les graveurs. Les sujets, pour la facilité des recherches, se retrouveront sous l'ordre alphabétique à l'article Pierres gravées dans la table générale des matières. J'en ai agi de même pour les œuvres des peintres et des sculpteurs anciens, que nous ont transmis les auteurs sans nous apprendre leurs époques, et qui, par cette raison, ne peuvent pas trouver place dans la suite des Tables chronologiques. Ainsi, en réunissant ce que contient la *Liste alphabétique* suivante à ce que renferme le *Tableau chronologique* que l'on trouve dans la seconde partie de cet ouvrage, on aura la plupart des productions des arts indiquées par les écrivains anciens, ou du moins les plus importantes, depuis les temps les plus reculés jusqu'à la fin du VIe. siècle de notre ère.

Afin de consigner les époques où les pierres gravées que je donne ont commencé à être connues ou à être publiées, j'ai placé par ordre chronologique les citations des écrivains modernes qui en ont parlé, et surtout de ceux qui les ont représentées dans les planches de leurs ouvrages et qui se succèdent, ainsi que les offre la série d'auteurs que je vais mettre sous les yeux du lecteur.

Il n'y aura pas, je crois, lieu à me faire un reproche de ne m'être pas borné à ne donner les noms que des artistes dont l'authenticité est incontestable. La nomenclature alors eût été beaucoup moins étendue, et mon travail plus facile et plus court. Bien des noms, même parmi ceux qui, dans les cabinets des amateurs, ont joui pendant long-temps de plus de réputation, auraient pu être élagués. Mais j'ai pensé qu'en exprimant des doutes, et les divers degrés de confiance ou de méfiance que méritent ou qu'inspirent ces noms, il ne serait pas sans intérêt de produire et tous ceux qui sont reconnus pour antiques et ceux pour lesquels l'amour-propre des propriétaires ou leurs illusions ont plus d'une fois usurpé cet honneur. Il est avantageux de constater et d'annuler des titres dont on reconnaît la fausseté. C'est un moyen, surtout lorsqu'il s'agit de pierres gravées, genre de monumens très-commun, de prémunir contre les fraudes, dont ne sont que trop souvent victimes ou dupes non-seulement les amateurs séduits par un nom antique adroitement contrefait, mais quelquefois même les antiquaires les plus exercés et dont la défiance et l'expérience sont le plus sur leurs gardes. *Voy*. p. xviij, STOSCH.

Il m'a paru qu'il serait utile d'indiquer la forme et la grandeur des pierres gravées. On les trouve ordinairement, il est vrai, dans les ouvrages accompagnés de planches, où la longueur et la largeur sont marquées par une ligne graduée, ou bien le contour réel de la pierre est tracé à côté du sujet reproduit sur une plus grande échelle. Mais les dimensions ne sont jamais exprimées en chiffres dans le texte. Souvent les mêmes pierres diffèrent de grandeur sur les planches de divers auteurs. J'ai cru devoir alors m'en rapporter à celui dont le dessin m'inspirait le plus de confiance. Quelquefois j'ai pris une moyenne proportionnelle entre les diverses mesures données par ces planches : je les ai indiquées en millimètres, en ayant soin, surtout pour les pierres très-petites, de donner les fractions. S'il m'eût été possible de prendre ces mesures sur les pierres gravées originales ou sur leurs empreintes, elles eussent été encore plus exactes. On doit même faire observer que vu l'alongement du papier lors du mouillage pour l'impression des planches, les mesures prises et tracées avec le soin le plus sévère sur le dessin, et reportées sur le cuivre, perdent de leur exactitude mathématique au tirage des planches, mais c'est de très-peu de chose. Toutes les dimensions d'ailleurs gardent entre elles les mêmes proportions lors du retrait du papier en séchant, et la différence n'est jamais assez forte pour que l'on pût confondre l'une avec l'autre des pierres dont le sujet serait le même, et qui différeraient seulement d'un millimètre.

Parmi les noms des graveurs anciens que présentent les pierres gravées il y en a, surtout des temps des premiers empereurs, dont les lettres, dans leurs parties anguleuses, ont les traits terminés par des points très-marqués, ainsi que l'on en voit souvent aux lettres de médailles grecques. Ces points, quelquefois d'une extrême petitesse, ont servi à fixer la grandeur et la forme des lettres, et ils en ont facilité le travail. Car il est plus aisé d'enfoncer un petit point hémisphérique au moyen du bouton qui termine le foret ou la petite fraise que l'on nomme *bouterolle*, et qui tourne avec rapidité sur elle-même à l'extrémité de l'arbre du *touret* du graveur, que de tracer des lignes droites très-fines, et de les unir dans les angles des lettres par des arrêtes nettes et vives. Ces points creux sont des arrêts qui retenant la petite *scie* circulaire et imperceptible, qui sert à graver les traits droits, ne lui permettent pas de mordre sur le fond de la pierre au-delà des angles assignés aux lignes des lettres, et d'en détruire la pureté et la régularité. Aussi le travail des lettres, qui, ordinairement d'une petitesse microscopique, échappent aux yeux les plus exercés, est-il regardé comme très-difficile, et il exige beaucoup de sûreté et d'adresse de main. On sait que les graveurs anciens y ont excellé ; et, pendant long-temps, la pureté et la finesse des lettres gravées furent considérées comme des caractères distinctifs de leurs ouvrages ; mais nous verrons que ce principe exclusif a dû cependant être modifié, et que les graveurs des temps modernes sont arrivés à un degré de délicatesse qui ne le cède guère à celle des anciens. Aussi, quand un de ces habiles graveurs a mis tous ses soins à tromper, est-il très-difficile, si ce n'est impossible, de découvrir la fraude, si, pour la faire reconnaître, il n'y a pas d'autre indice que la gravure des noms.

Les points dont il vient d'être parlé donnent aux lettres un aspect particulier. Jusqu'à présent les ouvrages qui traitent de pierres gravées ne les indiquent que sur les planches, et ils ne sont pas figurés dans le texte qui en donne l'explication. Il était bon de faire paraître les noms des graveurs avec ces caractères ; mais ces lettres ponctuées n'existent pas dans notre typographie. L'Imprimerie Royale de Paris, si riche d'ailleurs en caractères étrangers, ne les possède même pas. Quant aux lettres archaïques ou en ancien grec, on ne les trouve pour la première fois en types mobiles que dans le précieux recueil (*Corpus Inscriptionum græcarum, etc.*) du savant M. Bœckh. Si par hasard on rencontre ailleurs quelques-unes de ces lettres archaïques en caractères mobiles, elles sont ou mal faites ou fautives. J'ai fait graver avec soin les poinçons des lettres ponctuées par M. Léger, dont le talent jouit depuis long-temps d'une réputation méritée. Les autres poinçons ont été confiés au burin de M. Adolphe Mayer, élève de M. Félix Perry. J'ai suivi la même marche pour les lettres archaïques de vases peints très-anciens, tels que ceux de Vulci ou de Corneto ; j'en ai fait graver les poinçons et frapper les matrices, ainsi que ceux de plusieurs signes conventionnels qui me servent comme abréviations, et pour renfermer beaucoup de choses en peu d'espace. J'y ai encore joint un alphabet de capitales grecques de la forme qu'elles ont ordinairement sur les inscriptions. On me saura peut-être quelque gré de ce soin, et du petit *Specimen* suivant qui présente la réunion des cent soixante-seize lettres et signes que j'ai fait graver, et qui, pour la plupart, sont une nouvelle acquisition pour la typographie et l'archéologie.

a.

Α Β Γ Δ Ε Ε Ε Η Η Ι Θ Ι Κ Κ Λ
Λ Μ Ν Ξ ⊓ Π Ρ Σ ⊏ C
Τ Τ Υ Φ ·Ι· Χ Ω ω

Α Β Γ Δ Ε Ε Ζ Η Ι Κ Κ Λ Λ Μ Μ Ν Ξ ⊓ Ο Π Ρ
Ϛ ⊏ ⊐ C Τ Υ Φ Φ Φ Φ ·Ι· Χ Ψ Ψ Ω ω

Λ Λ Γ Ι Ε Ε Ε Θ Ι Ι Μ Π Ρ Ρ Ϛ C
Ϟ Ϟ Ϛ Θ Φ ω

Α Α Β Γ Ι Ι Ρ Ε Ε Ε Ε Ι Θ Θ Κ Ι Ι Μ Μ Ν Ν
° ° ⊓ ⊓ Ρ Ρ Ϟ Ϟ Ϛ Ϛ Ϛ Τ Θ

Α Α Β Γ Δ Ε Ε Ε Ζ Ζ Η Ι Η Η Θ Ι Κ Λ Μ Ν Ν Ξ
Ξ ⊓ Ο Π Π Ρ Ϛ C ⊃ ⊏ Σ Τ Υ V Φ
·Ι· Χ Ψ Ω ω Λ ·Ι·

⊃ ◉ Ο ▲ ▲ ⊕ + ✳

Tout mon ouvrage a été composé avec beaucoup d'intelligence par M. Alkan aîné, auquel on devra bientôt un *Dictionnaire complet de Typographie*. Cet ouvrage, qui convient aux bibliographes et aux personnes qui ont des rapports avec l'imprimerie, manquait en France à cet art sous la forme commode de dictionnaire. On ne connaît en ce genre que le *Lexicon* de Taubel (en allem.). *Voy.* ce nom dans Brunet, *Manuel du Libraire, etc.*

On ne doit pas s'attendre à trouver ici tous les auteurs qui ont écrit sur les pierres gravées, et que font connaître Mariette, *Traité des Pierres gravées*, t. 1, p. 245-468, et de Murr dans sa *Bibliothèque Dactyliographique*. L'aperçu que je vais offrir, et que je crois nouveau, contiendra principalement ceux qui ont parlé des pierres qui portent le nom du graveur, et surtout les ouvrages où sont jointes

des planches représentant ces pierres, et qui, souvent cités, ne sont pas tous, à beaucoup près, du même mérite.

Æneas Vicus de Parme, célèbre graveur et antiquaire du duc
de Ferrare, Alphonse II, et M. vers 1560 ou 1563, est le premier
qui ait figuré et reproduit au burin des pierres gravées antiques.
Mais il n'en fit paraître que 3 grandes planches contenant 33 sujets, et qui, selon Mariette, *Traité, etc.*, t. 1, p. 268, faites en grande
partie par ses élèves, étaient médiocres. Philippe Thomassin, graveur né à Troyes, acquit ces planches, les divisa, y fit quelques
retouches et y ajouta un frontispice. Le petit ouvrage d'Æneas
Vicus (*Ex Gemmis et Cameis, etc.*) en 34 pl., y compris le frontispice, contient 34 sujets. La gravure en est très-sèche; cependant
quelquefois elle ne manque pas de sentiment, et rappelle l'habile
graveur de belles planches d'après Raphaël. Ce Recueil publié,
après la mort de Thomassin, par Dominique *de Rubeis* ou de
Rossi à Rome, n'a dû l'être que vers 1667, année de la mort de
Domin. Panaroli, médecin célèbre auquel il est dédié par de
Rossi, qui, lorsqu'en 1707 il publia avec beaucoup de luxe l'ouvrage d'Alexandre Maffei, joignit ces planches à celles de Léonard
Agostini. Elles sont toutes carrées et ont le grave défaut de n'indiquer ni la forme, ni la grandeur, ni même la nature des pierres.

Antoine le Pois, N. en 1525, M. en 1578; médecin du duc
Charles III de Lorraine. *Discours sur les Médailles et les Gravures antiques, etc.* Paris, 1579, in-4°., avec figures. — Ænéas
Vicus, comme nous venons de le voir, s'était occupé des pierres
gravées antiques, et en avait gravé plusieurs planches, mais elles
ne parurent que long-temps après sa mort. Duchoul, dans son ouvrage sur la religion des anciens Romains, avait fait connaître
quelques pierres qui venaient à l'appui de ses explications. Mais
Antoine Lepois est le premier dont on ait publié un travail spécial sur les pierres gravées, joint à ce qu'il écrivit sur les médailles, tirées pour la plupart, les unes et les autres, de son cabinet.
Les œuvres de Duchoul, qu'il avait traduites en partie, lui furent
très utiles. L'ouvrage de Lepois étant assez rare mérite qu'on en
donne un petit précis. On voit par la préface que de son temps on
attachait beaucoup de prix aux médailles et aux pierres gravées
antiques, et que, les recherchant avec ardeur, on les payait très-
cher. Il parle, avec érudition, de l'utilité que l'on peut retirer de
l'étude de ces précieux monumens pour tout ce qui a rapport à
l'antiquité. Au sujet du costume, il entre dans des détails neufs
alors, curieux et très-exacts sur ce que l'on doit entendre par diadème, bandelette royale en étoffe ornée de broderies, de peintures,
de pierreries. Il commence par de courtes notices sur les auteurs
qui ont traité des médailles. Sadolet (N. à Modène 1477, M. à R.
1547), évêque de Carpentras, est, selon Lepois, le premier; son re-

cueil, *Illustrium Imagines*, est de 1517. Il parle ensuite, dans divers chapitres, des métaux et de leurs propriétés, des monnaies romaines et de leurs valeurs, des peintures et des portraits sculptés des Romains. Le chap. XI, sur les statues et les usages auxquels on les employait, est intéressant. Passant de là aux magistrats romains et à l'histoire de Rome sous les rois et les consuls, il l'expose rapidement. Les chap. XVI, XVII, XVIII, sur les anneaux, les bagues, les pierres fines et les pierres gravées, présentent des notions qui se lisent avec agrément. Donnant des détails sur la nature des pierres employées par les anciens, il en fait connaître quelques espèces. Il traite des usages auxquels servaient les pierres gravées comme anneaux, cachets, et comme amulettes et ornemens, et il distingue la *glyphicé* ou *diaglyphicé*, gravure en creux, de l'*anaglyphicé*, gravure en relief ou camée. Lepois aime beaucoup l'allégorie, et à composer des devises; il n'est même pas trop éloigné de trouver, avec les anciens, certaines qualités occultes à quelques pierres. Du feuillet 69 au 134, il décrit 83 médailles antiques; du 134–144, il donne 48 pierres antiques, dont quelques-unes paraissent douteuses. Ses explications lui fournissent souvent matière à des digressions. Au reste, il n'indique ni la forme ni la grandeur de ces pierres. Ce qu'il en dit est peu de chose, sans critique : c'est la partie la plus faible de son ouvrage, et il n'y a rien sous le rapport de l'art. Ce livre, qui dut être très-curieux et très-instructif à une époque où le sujet en était presque neuf, peut encore offrir aujourd'hui assez d'intérêt et de fruit. Les planches ont été gravées par Pierre Woeiriot, N. ? vers 1531, dont on connaît de bonnes gravures d'après Raphaël et d'autres maîtres italiens ; et un recueil de 32 petites planches, daté de 1556, pour l'ouvrage, de la plus grande rareté en in-8°., de Lilio Giraldi sur les funérailles des anciens. En général ses gravures pour Lepois sont maigres et manquent de caractère. Woeiriot était Lorrain : son monogramme est surmonté de la double croix de Lorraine ; un D. et un B. qui en font partie me faisaient croire qu'il était de Bar; mais M. Weiss m'apprend, dans la *Biographie universelle*, qu'il était de Bozé ou Bouzy, en Lorraine, et qu'il existe de lui, au Cabinet du roi, deux planches de 1573 et 1576, signées *P. Woeriotius Bozœus.*

ABRAHAM GORLÉE, né à Anvers en 1549, mort à Delft en 1609. *Dactyliotheca, etc.*, dont il y a eu plusieurs éditions en 1601, 1609, avec les petits traités de Pomponius Gauric, de *Lud. Demontiosius* (de Montjosieux), sur la sculpture; en 1695, 1707, avec une préface d'Everhard Vorst et les explications de Jacq. Gronovius. Cet ouvrage, confié à un mauvais graveur, est très-mal exécuté. Les planches des éditions données par Gronovius ne sont pas meilleures, mais il y a ajouté de bonnes explications, et il a beaucoup augmenté le nombre des pierres gravées, qui sont loin d'être toutes antiques, et qu'il a portées au nombre de 896.

PIERRE STEPHANONI. *Gemmæ antiquitus Sculptæ*, etc., Rome, 1627, 49 pl., et Padoue, 1646, par JACQUES STEPHANONI ; cette édition est dédiée à Henri, Cte. d'Arundel, petit-fils du célèbre Cte. d'Arundel, si célèbre par son dévouement à Charles Ier., et par son goût pour les lettres et les arts. Ce recueil, gravé par Valérien Regnard, élève de Thomassin, et Luc Ciamberlani d'Urbin, èst mieux dessiné et mieux gravé, quoique sans style, que bien des ouvrages voisins de l'époque où il parut. Il ne s'y trouve qu'un seul nom de graveur ancien. Il n'y a pour toute explication qu'un distique latin au bas de chaque sujet. En 1649, FORTUNIO LICETI de Padoue reproduisit les planches de Stephanoni, avec un texte le plus prolixe et le plus fatigant qu'il soit possible de trouver.

LEONARDO AGOSTINI de Boccheggiano, près de Sienne, N. vers 1594. Son portrait, en tête de la 1re. édition de ses pierres gravées (*le Gemme antiche Figurate*, etc.) publiée en 1657, lui donne 63 ans. Cet ouvrage, accompagné d'un excellent texte en italien auquel coopéra Bellori, et dédié au pape Alexandre VII, contient 214 planches par J.-B. Galestruzzi de Florence, élève de François Figurini et dessinateur et graveur habile, dont le nom ne se trouve qu'au bas du frontispice. Gravées avec esprit et finesse, ces planches n'indiquent pas la grandeur des pierres, mais seulement leurs espèces. Elles contiennent 106 têtes, dont la plupart sont des familles impériales ; le reste offre des sujets, un par planche. Une grande facilité de pointe et peut-être trop de prestesse ont nui à la pureté et à la correction du dessin, et l'on regrette d'y chercher en vain le caractère de l'antique. Cependant ces gravures originales sont beaucoup mieux que leurs copies, ou que celles qui ont été retouchées. Ce Recueil, qui a servi de base à plusieurs autres, ne présente que peu de noms de graveurs anciens, et la plupart sont faux ou mal indiqués. — En 1669 il parut une 2de. édition d'Agostini, qui dédia à Cosme de Médicis la 2de. partie, formant 51 planches ajoutées aux 214 de la première. — On publia en 1685, en Hollande, une édition latine traduite de l'italien de Léonard Agostini, d'après celle de 1657, dont les planches furent copiées et gravées sans goût par Abraham Blooteling. — En 1686, BELLORI, N. à Rome en 1615, M. en 1696, bibliothécaire et antiquaire de la reine de Suède, et nommé, par Clément X, antiquaire de la ville de Rome, donna en 2 vol. in-4°. une édition corrigée et augmentée de Léonard Agostini. Les planches de Galestruzzi y sont retouchées et altérées ; la 1re. partie en contient 115, la 2de. 152. On y a ajouté 5 pl. de sujets gravés par Pietro-Sante Bartoli. *Voy.* ÆNEAS VICUS et DOM. DE ROSSI, pp. xj, xvij.

JACQUES GRONOVIUS, N. à Deventer 1645, M. à Leyde 1716, donna en 1694, à Franecker en Hollande, une 2de. édition, en 2 part., d'après celle de 1669, de Leonardo Agostini, *Gemmæ et*

Sculpturæ antiquæ depictæ, etc.; les titres des pierres sont en italien. Les planches de l'édition de Gronovius ne sont que des copies de celles de l'ouvrage original, et elles sont gravées dans le sens opposé. L'exécution en est beaucoup plus lourde et moins franche, et en général le caractère des têtes n'y est rendu que d'une manière très inexacte. Gronovius joignit à sa préface trois planches de monumens mithriaques et le portrait de Léonard Agostini. Le discours prélim. de la 2de. partie offre un résumé rapide et intéressant de l'histoire de la glyptique. *Voyez* GORLÉE, p. xij.

CANINI (GIOVANNI-ANGELO). Son *Iconographie*, gravée en 113 planches, contenant 57 médailles, 46 pierres gravées et 97 marbres, fut publiée en italien, petit in-fol., à Rome en 1669, et dédiée à Louis XIV. Le frontispice, horriblement dessiné et gravé, ne prévient pas en faveur de l'ouvrage, qui cependant n'a pas été mal exécuté, mais sans caractère, par M.-Ant. Canini, Picart, Valet et L. Testaccio. Le texte est peu de chose, les 60 premiers articles sont de J. Ange Canini, les suivans par son frère M.-Antoine.

LAURENT BEGER, N. à Heidelberg en 1653, M. à Berlin en 1705; conseiller du roi de Prusse et garde de sa bibliothèque. *Thesaurus ex Thesauro Palatino selectus, etc.* Heidelbergæ, 1685, in-fol., fig. — *Spicilegium antiquitatis, etc.* Coloniæ Brandenburgiæ, 1692, in-fol., fig. — *Thesaurus Brandenburgius selectus, etc.* Coloniæ Marchicæ, 1696–1700, 3 vol. in-fol., fig. — *Contemplatio Gemmarum quarumdam, etc.* Coloniæ Brandenb., 1697, in-4o., fig. Beger était très-savant; passionné pour les médailles et les pierres gravées, il aurait voulu en voir dessiner et publier toutes les collections publiques et particulières. Ce qui serait à désirer, mais il faudrait qu'elles fussent mieux dessinées et gravées que les planches de Beger, qui, exécutées par son neveu Jean-Charles Schott, par Jean-Ulric Kraus et par Ertinger, sont en général sèches, sans caractère, et mauvaises. Dans son premier ouvrage, Beger donne environ 100 pierres gravées du cabinet de l'électeur de Brandebourg. Il y déploie beaucoup d'érudition, mais elle est diffuse, sentimentale, et il est grand amateur de fictions et d'allégories, qu'il poursuit et qu'il trouve partout. A la mort de l'électeur palatin Charles II, en 1685, son cabinet fut divisé, et les pierres gravées tombèrent en partage à la princesse palatine *Madame*, belle-sœur de Louis XIV, et elles devinrent le fonds de la collection d'Orléans. Frédéric-le-Grand acheta beaucoup de pierres gravées, et entre autres la collection de Bellori : il refit un nouveau cabinet dont il chargea Beger. Ce savant le décrivit dans son troisième ouvrage, où, bien qu'encore très-diffus, il montre plus de goût, de connaissance de son sujet et une critique judicieuse. Il parut dans cet ouvrage et dans le *Spicilegium* des pierres qui n'avaient jamais été publiées, mais les gravures n'en donnent qu'une idée peu exacte.

BAUDELOT DE DAIRVAL, N. à Paris 1648, M. 1722. *De l'utilité des Voyages, etc.* Paris, 1686, 2 vol. in-12. Le premier vol., p. 293 et suiv., de l'ouvrage de ce savant antiquaire, contient des choses curieuses sur les pierres gravées et leurs usages. Entrant dans quelques détails intéressans, il se plaint de ne pas trouver assez de secours sur cette matière, qui n'avait été qu'à peine effleurée avant lui et qu'il n'a pas la prétention d'approfondir. Il cite souvent son ami le Père Du Molinet, dont l'ouvrage n'avait pas encore paru, et qui par ses vastes connaissances lui fut très-utile. Il parle aussi des mémoires manuscrits que Louis Chaduc, N. à Riom en 1564, M. en 1638, avait écrits sur les pierres gravées et sur les antiquités, et qui faisaient partie des manuscrits de la bibliothèque de Sainte-Geneviève (*voy.* p. xvj, DU MOLINET, et p. xxvj, MARIETTE). L'ouvrage de Baudelot contient quelques petites gravures très-médiocrement exécutées par Franç. Ertinger, N. à Colmar 1640, qui cependant a gravé avec talent des planches d'après Le Poussin, Rubens, Van der Meulen, etc. Dans son second vol., p. 261–401, Baudelot ne parle que des talismans, des bagues magiques et de celles qu'il dit être faites avec des secrets naturels, physiques et chimiques. Bien qu'il ne partage pas tout-à-fait les opinions de *Camillo Leonardi de Pesaro*, de *Pierre d'Arlen*, et de l'astrologue *Pierre Constance de Villeneuve*, sur les propriétés occultes des pierres, on voit avec surprise qu'il ne nie pas qu'elles puissent posséder quelques qualités secrètes utiles ou nuisibles, qu'elles devraient à la puissance de certains mots, aux influences des planètes et des corps célestes sous les différens aspects desquels étaient les pierres et les métaux lorsqu'ils ont été gravés. Ces idées, qui paraissent aujourd'hui si singulières, sont appuyées de l'autorité, non-seulement des anciens, mais même de celle du célèbre Petit, dont Baudelot cite des passages qui favorisent ces étranges assertions. Et d'ailleurs, dit-il, si l'aimant a de si grandes propriétés, pourquoi les autres substances, et surtout les corps célestes, les constellations n'auraient-ils pas aussi les leurs, et dans certaines circonstances ne se les communiqueraient-ils pas les uns aux autres? Si le galvanisme eût été découvert du temps de Baudelot, ses effets surprenans, magiques, produits par le contact des métaux, eussent bien étayé les opinions de ce savant, et ils sont certes propres à éveiller des doutes sur ce que l'on peut découvrir un jour. Recommandant l'étude approfondie des talismans et des pierres de ce genre, Baudelot est étonné que le savant Eichelt ne les présente que comme des absurdités. D'après ce que dit Dairval, il paraîtrait pourtant que ce savant admettait que le démon pouvait bien avoir quelque influence dans la fabrication de ces talismans et de ces bagues magiques. Au reste, Baudelot ne fait aucun cas des talismans modernes, qui selon lui ont été faits sans science et sans des règles sûres. Il regrette que l'ouvrage promis par Gaffarel, et qui devait apprendre à composer les vrais talismans, n'ait pas été publié; et il est fâché qu'on n'ajoute pas plus de foi au livre de la *Philosophie occulte* du célèbre médecin Henri-Corneille Agrippa, né en 1486, M. en 1535. Cependant, malgré son penchant à une extrême crédulité, Baudelot a donné dans les *Mémoires de l'Académie des Inscriptions*, de très-bonnes dissertations sur les antiquités, auxquelles ses ouvrages ont été très-utiles.

MICHEL-ANGE DE LA CHAUSSE, M. à Rome en 1724. *Musæum Romanum*, etc. Rome, 1690. Cet ouvr., divisé en 5 parties, contient 159 pl., dont 55 pour les têtes et les sujets tirés des pierres gravées. La plus grande partie de ces planches et les meilleures sont de la main de Pietro-Sante Bartoli. L'édition de 1700 est préférable à celle de 1690. Dans l'édit. française d'Amsterdam de 1706, les planches ne sont que des copies, mais gravées au miroir et dans le même sens que les originales. Le texte français est une mauvaise traduction très-inexacte du latin de la Chausse. Les vers latins sont traduits en vers français détestables. L'édition de Rome de 1746 n'ajoute aux autres que très-peu de choses et de médiocre importance. — Les *Gemme antiche Figurate*, etc., du même auteur, Rome, 1700, contiennent 200 pierres antiques en 200 pl. gravées au trait, à ce qu'il paraîtrait d'après le frontispice, par Pietro-Sante Bartoli; cependant ces traits sont fort inférieurs aux gravures terminées du même maître. Le texte de ces divers ouvrages de la Chausse est peu remarquable et nul du côté de la critique. On n'y trouve qu'un petit nombre de pierres avec les noms des graveurs.

LE PÈRE DU MOLINET. *Le Cabinet de la Bibliothèque de Sainte-Geneviève*, etc., 2 vol. in-fol. Paris, 1692. L'ouvrage de ce vertueux et savant augustin, bibliothécaire de Sainte-Geneviève, N. 1620 à Châlons-sur-Marne, M. à Paris 1687, est un choix de ce que contenait le cabinet de Sainte-Geneviève, assez riche en antiquités de divers genres, en médailles, en pierres gravées et en histoire naturelle. Les planches, gravées par Franç. Ertinger (*voy.* p. xv, BAUDELOT), sont assez faibles, surtout celles des pierres gravées. Il n'y en a, du reste, que 4, dont une ne contient que 24 pierres antiques, ou alors réputées telles, et 3 n'offrent que des talismans, des abraxas, et d'autres monumens de ce genre dus aux rêveries des Gnostiques, des Basilidiens, des Carpocratiens et des Ophites, hérétiques des premiers siècles du christianisme. La bibliothèque de Sainte-Geneviève possédait les manuscrits de Louis de Chaduc (*voy.* BAUDELOT), qui ont beaucoup servi au Père du Molinet; et la collection du savant gentilhomme d'Auvergne, qui montait à plus de 1000 pierres gravées, faisait le fonds de celle de Sainte-Geneviève. Mais il paraît qu'avant d'y arriver elle avait perdu, en grande partie, ce qu'elle avait de mieux, ou bien l'on aurait à reprocher à du Molinet de n'avoir choisi que des pierres insignifiantes et plus que douteuses pour la plupart. Cette collection de Sainte-Geneviève, reste de celle de Chaduc, a passé à la Bibliothèque Royale. Le texte de cette partie de l'ouvrage du savant bibliothécaire ne dit presque rien et est sans intérêt. On voit que, de même que son ami Baudelot, il est assez porté à accorder quelque confiance au prétendu pouvoir de certains talismans, combinés d'après des conditions et sous des influences célestes particulières.

BUONARRUOTI, M. 1703. *Osservazioni istoriche sopra alcuni medaglioni antichi, etc.* Roma, 1698. — *Osservazioni sopra alcuni frammenti di Vasi antichi di vetro, etc.* Florence, 1706. Le premier de ces ouvrages contient 130 médaillons des empereurs, et il n'y a qu'une vingtaine de pierres gravées, outre 18 petits bas-reliefs en ivoire, dont quelques-uns sont très-curieux, et 16 figurines ou autres antiquités en bronze, et quelques marbres de la collection du Cal. Carpegna. Les planches, bien gravées, sont de Pietro-Sante Bartoli. La lecture de cet ouvrage du savant et spirituel sénateur florentin est très-intéressante, et elle offre une foule de curieux documens archéologiques. Aux pages XIII, XVIII, XX, XXI de sa *préface*, on trouve de fort bonnes choses sur les pierres gravées, sur les trésors, les laraires, les dactyliothèques des anciens, sur les verres peints, émaillés et en relief, dont ils ornaient les murs de leurs appartemens. Le second ouvrage de Buonarruoti ne traite que des vases et des ornemens en verre, ou moulés en relief ou gravés, et dont la plupart, trouvés dans des tombeaux et des catacombes, sont chrétiens et datent des premiers temps de notre ère. Mais on peut tirer de la mine féconde habilement exploitée par Buonarruoti beaucoup de renseignemens précieux sur les pierres gravées et sur les arts des anciens. Les planches, du moins quelques-unes, paraissent aussi de Pietro-Sante Bartoli.

DE WILDE. *Gemmæ selectæ antiquæ e Museo Jacobi de Wilde, etc.* Amsterdam, 1703, in-4°., 50 pl. C'est un choix de 188 pierres antiques tirées de 752 que possédait Jacques de Wilde. Mauvais ouvrage, sans critique, accompagné d'explications poétiques et bizarres. Mal dessiné et mal gravé par Adrien Schœnebeck. *V.* MARIETTE, t. I, p. 308.

DOMENICO DE ROSSI. *Gemme antiche Figurate, etc.*, publiées avec les explications du marquis PAUL.-ALEX. MAFFEI de Volterre, N. 1653, M. à Rome 1716. 4 vol. in-4°. Rome, dédiés, le 1er. à Clément XI, 1707; le 2d. au grand-duc Cosme de Médicis; le 3e. au Cal. Ottoboni, 1707, 1708; le 4e. au Cal. Ruffo, 1709. On y a réuni les interprétations de Leonardo Agostini, de Bellori (celles-ci sont en *italique*) et de Gronovius, auxquelles Maffei a ajouté les siennes, que l'on consultera avec beaucoup de fruit. Les planches d'Agostini, gravées par Galestruzzi de Florence, dont Léonard (en 1669) fait l'éloge dans l'*Avis au lecteur* de la 2de. partie de l'édition latine de ses pierres par Gronovius, 1694, acquises par le marchand d'estampes de Rossi, forment le fonds du recueil, interprété par le savant Maffei. Mais elles ont été retravaillées, et ont bien perdu de la franchise de leur premier travail. Aux planches très-usées et mal retouchées d'Æneas Vicus, dont on a supprimé les vers et souvent changé les titres, on a joint celles de P. Stephanoni (*voy.* p. xiij), et quelques autres gravées très-médiocrement par Fr. Aquila. Il y en a en tout 418. Il ne se rencontre parmi les pierres gravées que très-peu de noms de graveurs (*V.* ÆNEAS VICUS, p. xj, et LEONARDO AGOSTINI, p. xiij).

JEAN-MARTIN EBERMAYER, marchand de Nuremberg. Son Trésor des Pierres gravées (*Gemmarum Thesaurus*), avec les explications de J.-J. Baier, médecin, publiées in-fol. à Nuremberg, 1720, et les deux collections de têtes d'empereurs, de rois anciens et modernes, etc., interprétées par Erhard Reusch, 1721, 1722, in-fol., ne méritent pas d'être consultés : ce ne sont que de mauvaises copies ou des sujets et des têtes d'invention, gravés sur pierres, en grande partie par Christophe Dorsch, avec précipitation, sans goût et sans talent, d'après des médailles, des pierres, et même des estampes, et reproduits dans des planches qui sont encore pires que les pierres de la collection d'Ebermayer. Mariette, t. 1, p. 145, 311, 312, traite ce collecteur, ses commentateurs et Dorsch, comme ils le méritent, et son jugement est pleinement confirmé par Winckelmann (*Description*, etc., préf., p. VIII), qui dit que tous ces ouvrages ne sont que de véritables impostures. De Murr est du même avis, p. 131 et suiv.

STOSCH. *Gemmæ cælatæ, etc.*, 1724, in-fol., avec 70 planches. Quoiqu'on ait, avant le B^{on}. de Stosch, cité les noms de quelques anciens graveurs sur pierres fines, cependant c'est à ce savant antiquaire, aux immenses collections qu'il avait recueillies, et à Winckelmann, qui se chargea de les expliquer (*Description des pierres gravées de feu le baron de Stosch, etc.* in-4°. Florence, 1760), que l'on doit les premières listes considérables de noms de ces artistes. Stosch joignit de belles planches à sa longue nomenclature. Si l'on peut quelquefois y désirer plus de fermeté et de simplicité et plus de ce style qu'il est si difficile de rendre dans une copie, et surtout dans une copie gravée d'après l'antique, cependant, en général, ses planches, dessinées à Rome par le chev. Jérôme Odam et par le chev. Ghezzi, exécutées avec soin par le célèbre Bernard Picart (N. à Paris 1663, M. à Amsterdam 1733), habile dessinateur et graveur, donnent assez bien l'idée des pierres originales. Quoique écrit souvent à la hâte, de souvenir ou d'après des notes légères prises en visitant les cabinets, le texte de Stosch est fait avec goût et érudition ; il offre une grande variété. Il y a par-ci par-là quelques méprises sur les espèces des pierres. Le texte latin est meilleur que la traduction française de Limiers. Toute la collection de Stosch a passé dans le cabinet du roi de Prusse, mais son recueil d'empreintes, qui montait, selon Winckelmann (*Description*, etc., préf., p. xxix), à près de 28,000, a été acquis en grande partie, après sa mort, par Tassies de Londres. On a reproché à Stosch d'avoir répandu, comme antiques, une grande quantité de pierres qu'il faisait faire, en secret, en Italie et en Allemagne, par de très-habiles graveurs, et d'avoir fait mettre des noms de graveurs anciens sur des pierres antiques, et même sur des modernes, pour leur donner plus de valeur dans le commerce qu'il en faisait. Il employa souvent pour ce travail de faussaire Natter qui y excellait, et qui convient de la fraude dans son ouvrage. Le B^{on}. de Stosch se servit aussi des talens de Torricelli, de Barnabé, de Ginghi, de Pichler.

La collection du baron de Stosch montait à 3544 pierres et pâtes antiques, et le bruit, accrédité par M. de Kœhler, s'était autrefois répandu qu'une grande partie en avait été dispersée après la mort de ce célèbre amateur, et qu'en outre un nombre considérable de pierres avaient été soustraites par l'infidélité de ceux qu'en avait chargé Frédéric-le-Grand, qui avait acquis toute cette collection pour la somme de 30,000 ducats. D'après cette grave accusation, le cabinet de S. M. le roi de Prusse n'aurait plus possédé qu'un petit nombre des pierres de ce riche recueil. Mais le savant professeur M. Tœlcken, directeur-adjoint du Musée Royal de Berlin, après un examen sévère, a prouvé, en 1816, que tout ce qui avait été avancé à ce sujet était inexact, et qu'à cinq pierres insignifiantes près, toutes celles de Stosch et toutes ses pâtes antiques étaient encore dans la collection du roi de Prusse. Dans son curieux Catalogue (*Erklœrendes Verzeichniss*) qui vient de paraître (en 1835), M. Tœlcken renouvelle l'assurance qu'il a vérifié qu'on y trouvait encore toutes celles qu'a décrites Winckelmann. Cette magnifique suite, qui offrait déjà un immense recueil de têtes, de figures et de sujets mythologiques et historiques égyptiens, grecs et romains, avait été réunie aux anciennes collections de l'électeur de Brandebourg et du margrave d'Anspach. Elle a été depuis encore augmentée par l'acquisition du cabinet Bartoldy (*voy.* la description qu'en a donnée en italien M. le D^r. Panofka à Berlin, 1827), et par un grand nombre de pierres antiques achetées par S. M. le roi de Prusse aujourd'hui régnant, de sorte que sa collection actuelle comprend 4490 pierres antiques et 848 pâtes qui le sont aussi, et dont la plupart offrent un grand intérêt à l'étude de l'archéologie et de la glyptique. Ce cabinet possède en outre de très-belles pierres modernes et une très-grande quantité de copies d'après l'antique, et entre autres 517 pierres de la collection de Stosch, qui les avait admises, ainsi que des pâtes moulées sur l'antique, pour compléter ses séries mythologiques et historiques. D'après le catalogue de M. Tœlcken, et celui de vases peints que vient de publier M. Levezow, directeur du Musée Royal de Berlin, il est aisé de voir que secondant les vues éclairées de M. le Cte. de Brühl, intendant-général des musées, ils ont classé, avec une méthode et un goût qui pourraient servir de modèles, les parties de ce bel établissement qui leur sont confiées. La vaste et superbe collection de pierres gravées, divisée en 9 classes, est rangée dans un ordre admirable. À côté des pierres sont placées leurs empreintes ; cette utile méthode a été adoptée depuis quelque temps au Cabinet des Antiques de la Bibliothèque Royale de Paris. Elle facilite l'étude des pierres gravées en intaille, dont on juge mieux les beautés et les défauts d'après une empreinte bien moulée, que d'après la pierre lorsque l'on ne peut que la regarder sans la tenir à la main. Les plus belles pierres de Berlin, au nombre d'environ 1100, sont montées en or ; les autres le sont en argent ; 65 montures en or, dont 25 en bagues, sont antiques ; il y en a 9 en argent, 15 en bronze, 26 en fer et 1 en plomb, de même antiques. Il paraît que c'est avec raison que M. Tœlcken regarde la collection du roi de Prusse comme l'une des plus considérables et des plus précieuses que l'on ait réunies, par l'immensité de têtes et de sujets mythologiques, héroïques et historiques qu'elle présente. Dans son catalogue, plusieurs centaines de ces monumens sont expliqués pour la première fois ; d'autres, en grand nombre, n'avaient jamais été désignés ni décrits, et plus de 200 inscriptions, gravées sur des pierres provenant du B^{on}. de Stosch, n'avaient pas jusqu'à présent été publiées. Des collections d'empreintes des pierres de cette collection royale ont été données, par les ordres du roi de Prusse, à toutes les principales écoles du pays, excellent moyen de faire connaître de beaux modèles et de répandre le bon goût. Il serait à désirer, dans l'intérêt des lettres anciennes et des arts, que cette méthode, d'une noble munificence, se propageât et qu'elle arrivât jusqu'à nous. Les empreintes des pierres gravées de notre Cabinet des Antiques seraient très-utiles dans les bibliothèques de nos grandes écoles, quand elles en auront, et l'on pourrait, à défaut des pierres originales, les consulter avec plus de fruit, d'agrément et de commodité que des planches gravées. On sait de quelle utilité sont, pour l'étude des médailles, les soufres de M. Mionnet ; les empreintes de M. Dumersan de la Bibliothèque Royale rendraient le même service pour les pierres gravées. Ce serait encore mieux si, renouvelant en grand la belle entreprise du duc d'Orléans, régent, on faisait mouler en verre toutes les pierres intailles de notre cabinet : on pourrait alors placer à côté des empreintes ces pâtes de verre, *fac simile* des pierres originales. Les musées et les bibliothèques de province auraient, pour ainsi dire, la même collection que celle de la Bibliothèque Royale ; peu à peu ils ajouteraient à leurs richesses par l'acquisition des empreintes des collections étrangères. Celles de notre Cabinet des Antiques leur offriraient le moyen de se les procurer toutes, ou du moins en grand nombre, par voie d'échanges.

L'immense collection de Berlin est formée des pierres de plusieurs cabinets, qui sont ceux de L'ÉLECTEUR DE BRANDEBOURG, EBR. (*voy.* ici p. xiv, BEGER) ; — du MARGRAVE D'ANSPACH, MANS. ; — de STOSCH, ST. ; — de BARTOLDY, qui n'y est que pour des pâtes antiques, B., — et des acquisitions de S. M. FRÉDÉRIC-GUILLAUME III, R. — M. Tœlcken, dans son Catalogue, ne donne que les pierres gravées intailles antiques, et jusqu'au temps de la décadence. Le nombre total est de 3641. Voici, d'après le relevé que j'en ai fait, dans quelles proportions y entrent les divers cabinets qui ont composé cette collection.

1re. CLASSE, 3 divisions, é g y p t i e n e t o r i e n t a l. ST., *pierres :* têtes, 22 ; sujets, 126 ; *pâtes antiques :* têtes, 9 ; sujets, 21. — EBR., *pierres :* têtes, 6 ; sujets, 3 ; *pâtes :* tête, 1. — MANS., *pierres :* têtes, 2. — R., *pierres :* têtes, 1 ; sujets, 5. — Total des *pierres :* 165 ; total des *pâtes :* 31 ; total des *pièces :* 196.

2e. CLASSE, 2 divisions, g r e c a n c i e n e t é t r u s q u e. ST., *pierres :* têtes, 1 ; sujets, 115 ; *pâtes :* têtes, 1 ; sujets, 29. — EBR., *pierres :* sujets, 2. — MANS., *pierres :* sujets, 4. — R., *pierres :* sujets, 29. — Total des *pierres :* 151 ; total des *pâtes :* 30 ; total des *pièces :* 181.

3e. CLASSE, 6 divisions, c u l t e g r e c e t r o m a i n. ST., *pierres :* têtes, 68 ; sujets, 824 ; *pâtes :* têtes, 54 ; sujets, 257. — EBR., *pierres :* têtes, 19 ; sujets, 116 ; *pâtes :* têtes, 4 ; sujets, 2. — MANS., *pierres :* têtes, 3 ; sujets, 80. — B., *pâtes :* têtes, 2 ; sujets, 36. — R., *pierres :* têtes, 8 ; sujets, 23. — Total des *pierres :* 1141 ; total des *pâtes :* 355 ; total des *pièces :* 1496. Le *Catalogue* porte 1497, mais le N°. 125 manque.

4e. CLASSE, 4 divisions, m o n u m e n s g r e c s, r o m a i n s ; h é r o s. ST., *pierres :* têtes, 12 ; sujets, 208 ; *pâtes :* têtes, 2 ; sujets, 141. — EBR., *pierres :* têtes, 3 ; sujets, 17 ; *pâtes :* sujets, 6. — MANS., *pierres :* sujets, 13. — B., *pâtes :* sujets, 23. — R., *pierres :* têtes, 1 ; sujets, 9. — Total des *pierres :* 263 ; total des *pâtes :* 172 ; total des *pièces :* 435.

5e. CLASSE, 2 divisions, s u j e t s h i s t o r i q u e s. ST., *pierres :* têtes, 97 ; sujets, 27 ; *pâtes :* têtes, 41 ; sujets, 27. — EBR., *pierres :* têtes, 41 ; sujets, 4 ; *pâtes :* têtes, 1 ; sujets, 1. — MANS., *pierres* : têtes, 8. — B., *pâtes* : sujets, 1. — R., *pierres* : têtes, 9 ; sujets , 3. — Total des *pierres* : 190; total des *pâtes* : 70; total des *pièces* : 260.

6e. *Classe*. Vie des Grecs et des Romains; états. ST., *pierres* : têtes, 2 ; sujets, 108; *pâtes* : sujets, 57. — EBR., *pierres* : têtes, 1 ; sujets, 15. — MANS., *pierres* : sujets, 9. — B., *pâtes* : sujets, 14. — R., *pierres* : sujets, 3. —Total des *pierres* : 138; total des *pâtes* : 71; total des *pièces* : 209.

7e. *Classe*. 5 divisions : armes, instrumens, vases, masques, etc. ST., *pierres* : sujets, 285 ; *pâtes* : sujets, 61. — EBR., *pierres* : sujets, 3. — MANS., *pierres* : sujets, 7. — B., *pâtes* : sujets, 5. — R., *pierres* : sujets, 2. — Total des *pierres* : 297; total des *pâtes* : 66 ; total des *pièces* : 363.

8e. *Classe*. 6 divisions, animaux. ST., *pierres*, 249; *pâtes*, 38. — EBR., *pierres*, 35. — MANS., *pierres*, 27. — B., *pâtes*, 9. — R., *pierres*, 5. — Total des *pierres* : 316; total des *pâtes* : 47; total des *pièces* : 363.

9e. *Classe*. 4 divisions : décadence, inscriptions, talismans, abraxas; chrétiens. ST., *pierres*, 51; *pâtes*, 4. — EBR., *pierres*, 64; *pâtes*, 1. — MANS., *pierres*, 10. — R., *pierres*, 1. — Total des *pierres* : 125; total des *pâtes* : 6; total des *pièces* : 131. Le N°. 92 manque dans le *Catalogue*.

Têtes de la collection d'après le Catalogue : pierres, 316 ; *pâtes*, 115. — Total 431. — *Sujets* : *pierres*, 2470; *pâtes*, 733. — Total des *pierres* : 2786; total des *pâtes* : 848. —Total général : 3634, auquel il faut ajouter 7 pierres R., qui se trouvent dans l'*Appendix* et portent le total à 3641 intailles.

La collection de STOSCH a fourni, *pierres* : têtes, 202 ; sujets, 1993 ; *pâtes* : têtes, 107; sujets, 635. — Total 2937.

La collection de BRANDEBOURG, *pierres* : têtes, 70; sujets, 259; *pâtes* : têtes, 6; sujets, 10. — Total 345.

La collection d'ANSPACH, *pierres* : têtes, 13 ; sujets, 150. — Total 163.

La collection BARTOLDY, *pâtes* : têtes, 2 ; sujets, 88.—Total 90.

Les acquisitions de S. M. FRÉDÉRIC-GUILLAUME III, *pierres* : têtes, 19 ; sujets, 80. — Total 99, qui avec les 7 pierres ajoutées au *Catalogue*, p. 458, 459, font 106.

Noms des graveurs inscrits sur les Pierres de S. M. le roi de Prusse , avec les renvois au Catalogue de M. TOELCKEN. — ΑΓΑΘΑΝΓΕΛΟΥ, p. 459; — AGATHOPI, p. 351, N°. *76; — ΑΛΕΞΑ, p. 242, N°. 1416; — APOLLONIDES, p. 394,

No. *310; — AYΛOY, p. 344, No. 11; —KPATEPOY, p. 172; —
ΔIOKΛEOYC, p. 196, No. 1010; — DIODOR. ANTIL., p. 199,
No. *1041; — ΓNAIOC, p. 329, No. *151; — EΛΛHNOY,
p. 196, No. *1011; — HERMAISCVS, p. 242, No. *1418; —
VΛΛOY, p. 262, No. *60.; — CEΛEYK, p. 395, No. 319; —
COΛΩN, p. 201, No. 1061, ⊏OΛΩNO⊏, p. 261, No. *51. —
Voyez dans la *Table alphabétique des Artistes*, ΘIM et MIΘ.

ANT.-FRANÇ. GORI. *Museum Florentinum, sive Gemmæ antiquæ ex thesauro mediceo et privatorum dactyliothecis quæ Florentiæ sunt desumptæ, etc.* Florentiæ, 1731 et 1732, 2 vol. *in-fol. maj. cum fig.* Le texte de cette belle collection est du savant Ant.-Franç. Gori, que de nombreuses et excellentes productions littéraires et archéologiques ont rendu célèbre. Il y a répandu beaucoup d'érudition, mais quelquefois elle laisse à désirer une critique plus sûre. Ces deux volumes des pierres gravées de la Galerie de Florence, dédiés au grand-duc Jean Cosme, sont les deux premiers du vaste ouvrage de Gori, qui en forme 12 : 2 pour les pierres, 1 de statues, 3 de médailles, 6 de portraits des peintres. Le dernier n'a été publié qu'en 1766. Chaque volume des pierres gravées contient 100 planches, qui toutes ont été dessinées par Jean Domin. Campiglia, peintre, N. à Lucques en 1692, et connu par de bons tableaux originaux et par de belles copies. Les planches, en général, sont bien gravées et peuvent être mises au rang des meilleures parmi celles de ce genre; mais souvent le dessin a trop de mollesse et de rondeur et manque de caractère. Une partie est terminée, les autres ne sont qu'au trait. Ces pierres sont présentées beaucoup plus grandes qu'elles ne le sont effectivement, mais une échelle graduée, au-dessous de chacune, donne les vraies dimensions; la forme n'en est pas indiquée. Il y a beaucoup plus de petites pierres que de grandes, comme dans toutes les collections. Celle-ci, outre ses intailles et ses camées, dont un grand nombre sont d'une rare beauté, offre 14 têtes ou petits bustes de ronde-bosse, en agate, sardoine, lapis, et autres pierres gemmes. Le second volume contient les pierres avec les noms des graveurs anciens ou avec des inscriptions : 21 têtes, 23 sujets intailles et 2 camées offrent 20 noms, dont quelques-uns peuvent être mis en doute. Maffei assure que la collection des pierres gravées du grand-duc de Toscane montait à près de 3000. Mais l'ouvrage de Gori n'en donne qu'une partie; en voici le nombre d'après le relevé que j'en ai fait : 1er. vol., t ê t e s   i n t a i l l e s   d e *personages romains, grecs, de divinités*, 258; *masques et grylles ou chimères*, 68; s u j e t s   i n t a i l l e s, 295; c a m é e s : 100 *têtes*, 40 *sujets*. — Total 761 *pierres* et 12 *pâtes antiques*; en outre 14 *têtes* ou *petits bustes* de ronde-bosse. — 2e. vol. : t ê t e s i n t a i l l e s, 41; s u j e t s   i n t a i l l e s, 348; c a m é e s : 6 *têtes*; *sujets*, 35. — Total 430 *pierres*. Il y en a quelques-unes à 2 têtes. — Total des *intailles* : 1010; total des *camées* : 181. — Total de toutes les *pierres intailles* et *camées* : 1191. *Voyez* ZANETTI, p. XXV, et SMITHIANA, p. XXIX.

GRAVELLE, conseiller au Parlement de Paris. *Recueil de pierres gravées antiques*, 1732-1737. 2 vol. in-4°., 101 et 104 planches, mollement dessinées, en manière de croquis, loin du caractère et de la pureté de l'antique, dont cependant cet amateur, distingué par son goût, savait apprécier le mérite. Gravelle vante pourtant beaucoup la fidélité de ses dessins, qu'il devait au talent de Bouchardon, et que, pour en conserver le caractère, il grava lui-même au trait; la pointe de Gravelle est fort sèche et très-lâche : il faut que l'amitié ait fasciné les yeux de Mariette pour qu'il ait pu faire l'éloge de ces planches, *Traité*, etc., t. 1, p. 335.

GEORGES OGLE publia à Londres en 1741 les 50 premières planches de Gravelle, en surchargeant de commentaires, de vers et de détails inutiles la traduction qu'il fit du texte. Les planches furent copiées par Cl. Dubosc, qui avait gravé environ 80 pierres de la collection du duc de Devonshire, qui n'ont pas été publiées. Ces gravures de Dubosc sont aussi médiocres que celles des planches originales. C'est peut-être, selon Mariette, le premier ouvrage sur les pierres gravées qui ait paru en Angleterre.

VENUTI (RODOLPH.). *Collectanea antiq. Marmor.*, en 100 pl. publiées par Ant. Borioni, 1736. Ces planches ne sont pas mal gravées, mais sans caractère. Elles n'offrent que très-peu de noms de graveurs anciens.

THOMS, gendre de Boërhave, et M. à Leyde 1746 (*Cabinet du comte* DE). Cette collection, d'environ 50 pierres gravées antiques, a passé dans celle du roi des Pays-Bas, à La Haye; gravée en 6 pl. fort médiocres, 1740. On y trouve les noms de 17 graveurs anciens; mais plusieurs de ces pierres passent pour être de belles copies faites par les mains habiles de Natter et de Pichler, et quelques noms paraissent bien suspects. M. J.-C. de Jonge a donné en 1823 une notice très-bonne du Cabinet de la Haye, dont il était directeur.

ODESCALCHI. *Mus.*, 1 vol. in-fol. en 2 part., en lat. Rome, 1747, 1750, 1751; il y eut une 1re. édition à Rome en 1702, sans texte et comprenant 43 pl. Parmi un assez bon nombre de monumens en marbre, de figurines de bronze, que contient la description d'une partie de l'immense collection que le prince Livio Odescalchi, duc de Bracciano (M. 1713), neveu du pape Innocent XI, avait acquise après la mort de Christine, reine de Suède, à qui elle appartenait, il se trouve 49 planches de pierres gravées, une tête par planche. Ces pierres ne sont que médiocrement rendues par le burin, ordinairement plus habile, de Pietro-Sante Bartoli. Les explications, en latin, sans suite et sans ordre, qu'en a données Nicolas Galeoti, jésuite toscan, né à Vienne, 1692, mort à Rome, 1758, sont précédées de 32 petits chapitres sur les pierres fines, leur nature, leurs espèces, leurs usages, et sur l'art de les graver. Ce musée *Odescalchi* ne contient qu'une faible portion de celui de la reine de Suède, riche en statues, en tableaux, en médailles, et qui, depuis Odescalchi, ont embelli plusieurs musées, et entre autres celui de Stockholm, et surtout ceux de Madrid et de Saint-Ildefonse.

ANTON.-MAR. ZANETTI. *Dactyliotheca Zanettiana*, ou *Gemme antiche*, etc. Venise, 1750. Le texte latin est de Ant.-Franç. GORI, et l'italien de Jérôme-Franç. ZANETTI. Les planches, dessinées par Ant.-Mar. Zanetti et gravées par les meilleurs artistes de son temps, sont au nombre de 80. Bel ouvrage, dessiné et gravé avec soin, mais, comme presque tous ceux de cette époque, il laisse fort à désirer pour le caractère antique. Il contient beaucoup plus de têtes que de sujets. On n'y trouve que quelques noms de graveurs. Le texte est court et fort bien.

FRANC. VALESIO, FRANC. GORI de Florence, et RIDOLFO VENUTI de Cortone. *Musæum Cortonense*, etc. Rome, 1750. Cet ouvrage, contenant les bronzes, les bas-reliefs, les pierres gravées, etc., de la collect. de l'acad. étrusque de Cortone, présente 57 pierres antiques médiocrement rendues par la gravure. Il n'y a qu'un seul nom de graveur, et encore très-douteux, ΕΙΡΗΝΗ, appelé *Haruspex Etruscus*. Chaque article est signé par un des auteurs, et n'offre que l'explication des sujets véritables ou prétendus tels ; rien sur le travail des pierres : on se borne à indiquer les matières, et l'on n'y trouve pas la moindre critique.

CAYLUS. L'intéressant *Recueil d'Antiquités* de ce savant archéologue (1752) ne renferme que quelques noms de graveurs anciens, et les pierres sont reproduites dans les planches avec cette facilité et cet abandon de main qu'on lui connaît, et qui ne sont pas des garans de la finesse et de l'exactitude que l'on désire aux dessins qui doivent rendre le caractère de l'antique.

NATTER. *Traité de la méthode antique de graver en Pierres fines*, par L. N..... Londres, 1754. Le texte, selon Lessing (*Antiq. Briefe*, 1808), a été rédigé par DECHAMPS. Il y a, sur la gravure en pierres fines, de bons documens à puiser dans cet ouvrage, qui cependant, même sous ce point de vue, est bien insuffisant pour l'amateur, et n'apprend pas beaucoup au graveur. On voit que l'auteur avait une forte dose d'amour-propre et une haute idée de son talent, qui, du reste, était des plus remarquables : il raconte d'une manière assez piquante, et quelquefois mordante ; on y trouve quelques noms de graveurs anciens et d'autres renseignemens utiles. Les 31 planches gravées par Jos. Fougeron sont très-médiocres (*voy.* plus haut STOSCH, p. xj).

PIERRE-JEAN MARIETTE, N. à Paris 1694, M. 1774. *Traité des Pierres gravées, etc.*, 1750, 2 vol. pet. in-fol. Le 2e. vol. de cet ouvrage classique excellent et très-intéressant par des notions exactes sur l'art de la glyptique, sur les graveurs anciens et modernes, sur leurs travaux et sur les matières que cet art emploie, donne un recueil ou un choix de pierres gravées intailles du Cabinet du Roi, en 2 parties ; la 1re. contient 132 sujets en 132 planches ; la grandeur des pierres est indiquée au bas, mais non la forme ; les dessins, faits d'après les empreintes, sont dans le sens des pierres ; le texte, sagement écrit, est au-dessous des gravures. La 2de. partie contient 117 têtes et 124 planches. Elles sont proprement gravées, mais elles pèchent par le dessin, qui, manquant de simplicité, est maniéré et tourmenté, et surtout par le défaut de style antique, que n'a pas su saisir Bouchardon, beaucoup loué cependant pour son exactitude par Mariette. On n'y trouve que peu de noms de graveurs anciens. Visconti, *Op. var.*, t. 2, p. 147, fait un grand éloge de cet ouvrage, qui, dit-il, lui a été très-utile pour son Catalogue de la collection du prince Chigi.

Mariette dans son ouvrage ne s'est pas occupé des camées, et il n'offre qu'une partie peu considérable des intailles de la Bibliothèque Royale. Elles y sont très-nombreuses et beaucoup se distinguent autant par la beauté de la matière que par la variété des sujets. Plusieurs, telles que l'*Achille Citharède* de Pamphile, le *taureau Dionysiaque* d'Hyllus, la *Julie*, fille de Titus, par Evhodus, autrefois à Saint-Denis ; le *cachet de Michel-Ange*, sont au premier rang parmi les pierres antiques intailles. Et en fait de camées, on ne cite rien pour le volume des pierres et pour la richesse du travail au-dessus des camées suivans : l'*apothéose d'Auguste*, connue sous le nom de l'*agate de la Sainte-Chapelle*, apportée en 1244 en France par Baudouin II (ce chef d'œuvre avait été volé en 1804) ; l'*apothéose de Germanicus*, qui, venue de Constantinople, resta pendant 700 ans au couvent de Saint-Evre de Tours, et fut donnée en 1684 à Louis XIV ; les *camées d'Auguste* et *d'Annius Verus*, un beau *Jupiter* de la cathédrale de Chartres, et le *vase de sardonyx* désigné sous le nom de *vase de Ptolémée* ou de *Saint-Denis*. (Voy. *Musée de Sculpture antique et moderne* du Cte. de Clarac, 126, pl. 125.) Plusieurs des plus belles pierres du Cabinet des Antiques sont en France de temps immémorial, ou du moins les époques où elles y ont été apportées et les noms des personnages auxquels on les doit sont sujets à discussion. La plus grande partie en est due à la munificence de nos rois et des voyages qu'ils ont fait entreprendre ; d'autres leur furent offertes en hommage, et ils les donnèrent au public ; un bon nombre encore provient de nos conquêtes. Saint Louis en rapporta d'Orient, ainsi que plusieurs des princes croisés. Les Missels, les beaux manuscrits en étaient couverts, et nous en ont beaucoup conservé. Charles V et son frère le duc de Berry avaient la passion des joyaux, et leurs trésors étaient d'une grande richesse en pierres gravées et en pierreries, ainsi qu'on peut le voir, à la Bibliothèque Royale, dans le curieux inventaire des joyaux de Charles V. François Ier., à qui la France doit tant de chefs-d'œuvre de la sculpture antique, qu'il fit rechercher en Italie par le Primatice et par Benvenuto Cellini, et qui, comme le dit Vasari, avait fait de Fontainebleau une autre Rome ; François Ier. tira aussi d'Italie et de tous les pays une immensité de pierres gravées qu'il payait très-cher. Il en répandit le goût : elles ornaient les armes, les chaînes d'or, les toques, les pourpoints des guerriers, et elles servaient à la parure des femmes de la cour et des châtelaines. Henri II, Catherine de Médicis suivirent l'exemple de François Ier., et cette reine avait apporté de Florence une foule de belles pierres gravées. Ce fut Charles IX qui en en réunissant au Louvre une grande quantité, y forma le Cabinet des Antiques, qui, dilapidé, dispersé peu de temps après, n'existait plus à l'avénement de Henri IV au trône. Ce grand prince le reforma : il fit venir de Provence un savant antiquaire, M. de Bagarris, dont il se proposait d'acheter la suite nombreuse de médailles, de pierres gravées et d'autres antiquités, pour la réunir à ce qu'il restait de l'ancienne collection à Fontainebleau, où était alors la bibliothèque royale. La mort du bon Henri arrêta ce projet, qui ne fut repris que sous Louis XIV. Son oncle, Gaston d'Orléans, lui légua son cabinet, et, entre autres antiquités, un nombre considérable de pierres gravées venant en partie du cabinet du président de Mesmes, qui avait fait un choix dans les 2000 pierres que Louis Chaduc, conseiller au présidial de Riom, avait recueillies en Italie (*voy.* pp. xv et xvj, BAUDELOT, DU MOLINET). La collection des antiques fut d'abord placée au Louvre ; Colbert, en 1664, les remit à la Bibliothèque Royale. Louis XIV fit acheter de tous côtés des pierres gravées, celles du chev. Gualdi et celles que M. de Monceaux avait acquises en Orient avec une très-grande quantité de médailles. Louvois, en 1684, transporta à Versailles ce cabinet des médailles et des pierres gravées, dont fut chargé M. de Carcavy. Louis XIV prenait plaisir à voir souvent cette collection, et il l'augmenta de celle de M. du Harlai, premier président du Parlement de Paris, et de celles de M. Oursel et de M. Thomas le Comte. M. de Rainssant, directeur du cabinet de Versailles, y fit des additions importantes, qui après sa mort, en 1689, furent continuées par M. Antoine Oudinet, mort en 1712, par M. J.-François Simon, mort en 1719, et depuis par Claude Gros de Boze, des académies française et des inscriptions. Vers la

fin du XVIIe. siècle, Louis XIV avait fait l'acquisition du beau
cabinet que M. de Lauthier, d'Aix en Provence, avait formé avec
goût, et d'après les conseils du savant Peiresc, dont il avait acquis
la collection, ainsi que celle de Bagarris qu'avait désirée Henri IV.
Le célèbre cachet de Michel-Ange est une des pierres du cabinet
Lauthier. C'est une de celles, avec l'agate de la Sainte-Chapelle
et le vase de S. Denis, sur lesquelles on a le plus disserté. On peut
voir à ce sujet les écrits indiqués par Mariette et de Murr. Les
voyages ordonnés à grands frais, dans l'intérêt des sciences, par
Louis-le-Grand, au Mis. de Nointel, M. 1685, au savant orienta-
liste Petit de la Croix, N. 1653, M. 1713, à Paul Lucas, N. 1664,
M. 1737, et à Vaillant, N. 1632, M. 1706, contribuèrent à enri-
chir le Cabinet des Antiques. En 1775, on l'accrut de 3000 médailles réunies par le savant numismate Pellerin, N. 1684, M. 1782.
Le legs que fit de ses antiquités à la Bibliothèque Royale le Cte. de
Caylus, l'acquisition du cabinet de M. de Foucault, et l'adjonction
en 1796 de celui de S^te.-Geneviève, augmentèrent considérablement
les médailles et les pierres gravées du Cabinet des Antiques, auquel
furent d'une grande utilité les savans qui en furent chargés, l'abbé
Bruneau, Jean Chaumont, l'abbé Barthélemy, Gossellin, Millin.

D'après une note que je dois à l'obligeance de M. Dumersan,
attaché depuis près de 40 ans au Cabinet des Antiques, la collection des pierres gravées en comprend 1388, dont voici le détail :
634 intailles, dont 160 têtes et 474 sujets; 139 camées,
motifs grecs, dont 66 têtes et 73 sujets; 58 camées, motifs romains, dont 51 têtes et 7 sujets; 9 camées du moyen-âge, dont
2 têtes et 7 sujets; 172 intailles présumées modernes, dont
99 têtes et 73 sujets; 33 intailles modernes, dont 12 têtes et
21 sujets; 114 camées présumés modernes, sujets mythologiques,
dont 77 têtes et 37 sujets; 93 camées présumés modernes;
iconographie romaine, 93 têtes; 63 camées d'histoire moderne, dont 56 têtes et 7 sujets; 16 camées, sujets
de dévotion, dont 5 têtes et 11 sujets; 57 camées, sujets divers, dont 42 têtes et 15 sujets. — Total des intailles :
839; total des camées : 549. Total général : 1388.
Ces pierres offrent les noms des graveurs anciens : DIOSCOU-
RIDE, ΔIOCKOYPIΔOY ; EVHODUS, ΕYOΔOC ΕΠOIEI;
GLYCON, ΓΛYKωN; GNÆUS, ΓNAIOY; HYLLUS, YΛΛOY;
MIDIUS, ΜIΔIOY; PAMPHILE, ΠAMΦIΛOY; PANÆUS,
ΠANAIOY AΦPOΔITH; AVLUS, AYΛOY. Ce nom est d'une
main moderne.

WINCKELMANN. *Descript. des Pier. grav. du baron de Stosch.*
Florence, 1760, en français, avec 9 pl., dont chacune ne contient
qu'une pierre; ces pl. sont gravées avec soin, et le caractère des
originaux est assez bien rendu. Cet important ouvrage, plein d'une

saine érudition, est d'un grand secours pour l'étude de l'archéologie et des sujets mythologiques. Il s'y trouve 30 noms de graveurs
anciens. L'immortel auteur de l'*Hist. de l'Art* et des *Monum.
inéd.* en 1767, cite environ 72 graveurs anciens, dont son *Catalogue de Stosch* avait déjà fait connaître une grande partie.

M. Tœlcken, dans son *Catalogue de la Collection du roi de
Prusse*, Berlin, 1835, in-8°. (*V.* p. xviij, STOSCH), qui, comme nous
l'avons dit, comprend toutes les pierres de Stosch décrites par
Winckelmann, n'a pas cru devoir ni pouvoir adopter toutes les idées
et les descriptions de ce savant archéologue. Il est bien à croire
que lui-même aurait ou changé d'avis ou modifié ses opinions dans
une nouvelle édition qui eût paru, comme il le fait entendre, avec
beaucoup de corrections. Winckelmann se connaissait certainement très-bien en pierres gravées, quoique ce n'eût pas été l'objet
de ses études particulières. Mais il n'a pas toujours écrit d'après
les pierres originales : ce n'était ordinairement que sur les empreintes que lui fournissait Stosch, et qui souvent, mal prises, ne
rendaient pas les finesses des originaux, les altéraient, et où les
inscriptions, en partie effacés, donnaient lieu à des descriptions et
à des interprétations inexactes. Le *Catalogue* dressé par Stosch,
dont se servait Winckelmann, a pu aussi l'induire quelquefois
en erreur. Et d'ailleurs, même en suivant pied à pied sa docte et
intéressante description, un nouvel ordre de classement et l'inser-
tion de 700 pierres dans la collection de Berlin, y auraient nécessité bien des changemens. De très-grands ont été apportés dans les
explications archéologiques par de nouvelles découvertes de monumens. Aussi, dans ses courtes interprétations des pierres gravées, M. Tœlcken s'est-il vu forcé de refondre en grande partie
celles de Winckelmann, de s'en écarter souvent, et souvent aussi
de rectifier des erreurs, que plus tard eût corrigées lui-même le
créateur de la science de l'archéologie.

PHIL. DAN. LIPPERT. *Dactyliothèque.* 1767, in-4°., en allem.;
Supplément 1776. Cette nombreuse Collection de près de 3,000
empreintes de pierres gravées antiques, a été et est encore très-
utile pour l'étude de l'archéologie et de la glyptique. Elle offre
une assez grande quantité de noms de graveurs ; plusieurs, il est
vrai, ne sont pas authentiques et d'autres sont mal indiqués. En
général les explications sont bien, mais un bon nombre aussi ne
seraient plus admises aujourd'hui, la critique et de nouvelles découvertes dans le domaine de l'archéologie ayant suggéré pour les
sujets des interprétations plus plausibles.

SMITHIANA (DACTYLIOTHECA), *Collection de Smith*, expliquée
par Fr. GORI. Venise, 1767, 2 vol. pet. in-f°. Pas mal gravée,
mais sans caractère.

WORDLIGE. *Collection choisie de pierres gravées de divers cabinets d'Angleterre, etc.*, par Wordlige, peintre. Londres, 1768. Mal gravé; espèce de manière noire, molle et sans nul caractère, et l'on ne comprend rien au numérotage des planches.

DE MURR, né en 1733, mort en 1811. Sa *Bibliothèque Dactyliographique*, dont la 1re. édition parut en 1770, et à laquelle le travail de Mariette a beaucoup servi, renferme, en six sections, un aperçu raisonné de presque tous les ouvrages publiés jusqu'à lui sur la Glyptique. C'est un guide utile qui, en indiquant les sources où l'on doit puiser, discute, souvent avec critique, le degré de confiance que méritent celles auxquelles on peut avoir recours. De la page 40–124 de l'édition de Dresde (1804), il donne une liste des graveurs anciens sur pierres fines, dont les noms nous ont été conservés, et de leurs principaux ouvrages. Si l'on publiait une nouvelle édition du livre de De Murr, elle deviendrait plus commode pour les recherches si l'on y ajoutait une table alphabétique, et si, dans chaque partie, les écrivains étaient rangés par ordre chronologique, et que leurs noms fussent en tête de leurs articles. Il serait aussi à propos, après quelques corrections dans la diction, qui n'est pas toujours française, d'en faire disparaître plusieurs expressions employées certainement sans intention obscène, mais qui, en français, n'ont jamais eu l'impudeur de se montrer dans aucune description scientifique, quelle que fût la licence du sujet.

LESSING. Ses *Lettres sur l'Archéologie* (*Antiquarische Briefe*), et ses *Kollektaneen*, etc., ou Recueil de notes sur des sujets divers relatifs aux arts, contiennent une foule de recherches et d'observations pleines de cet intérêt que le génie du savant et spirituel auteur du *Laocoon* savait répandre sur tous les objets qu'il traitait, et l'on y retrouve cette sagacité qui distingue tous ses écrits sur les arts. Plusieurs morceaux, développés avec goût et avec une critique forte et nourrie de faits et d'aperçus nouveaux, renferment des documens précieux sur les graveurs anciens et sur leurs ouvrages. On lira, avec autant de plaisir que de fruit, dans le premier recueil, ses critiques de l'ouvrage de Klotz sur les pierres antiques (en allem.), et, dans les *Kollect.*, les articles *Agathonyx*, *Pierres précieuses* (Edelsteine), les *Gemmes*, *Vettori*, *Zanetti*, etc. L'édition de Berlin (1823) doit à M. Eschenbourg de très-bonnes notes et beaucoup de nouveaux détails. Les *Kollektan.* de Lessing ont été écrits vers 1771 ou 1772, après la publication de la première édition de la *Bibliothèque Dactyliographique* de De Murr, dont il parle, et avant l'ouvrage de Denk et de Dolce, dont il ne dit rien. Mais les excellentes notes de M. Eschenbourg citent des écrivains très-postérieurs à Lessing, né en 1729, mort en 1781.

CHRISTIAN DENH (et non DEHN). *Descrizione istorica del Museo di Cristiano Denh, etc.*, per l'abate Franç. Mar. DOLCE, etc. 3 tom. in-4°. Rome, 1772. Christ. Denh, né à Yssedom, en Poméranie, 1696, mort à Rome en 1770, fut pendant long-temps attaché au B°ⁿ. de Stosch, et recueillit une grande quantité de pierres gravées, de pâtes antiques et d'empreintes. Après la mort de ce célèbre amateur, il fit l'acquisition d'une bonne partie des empreintes de sa collection, et la sienne, lorsqu'il mourut, montait à plus de 5,000, tant pierres gravées qu'empreintes en plâtre et en soufre. Selon ses intentions, et en partie d'après ses notes, son gendre François-Marie Dolce publia une explication de cette collection. Son texte n'a rien de bien recommandable, et l'érudition n'y ferait qu'une très-mince récolte. Il a cependant ajouté plusieurs noms de graveurs anciens à ceux qu'avaient publiés le baron de Stosch et Gori, mais plusieurs sont faux ou suspects, et quelquefois il s'y trouve de doubles emplois. Dolce ne donne d'ailleurs les noms qu'en italien, et l'on sait combien les défigure cette langue, qui supprime les lettres doubles, change les terminaisons des noms, et qui n'a ni H, ni Y, ni *th* Θ, ni *psi* Ψ, ni *phi* Φ, et qui par cela même est fort impropre à rendre les noms grecs. L'ouvrage de Denh ou de Marie Dolce n'a pas de planches : il est vrai qu'il devait servir aux collections d'empreintes qu'il vendait, qui étaient fort belles, ayant été prises sur les pierres originales, tandis que beaucoup de celles que l'on a faites depuis, n'étant que surmoulées sur des empreintes, ont perdu de leur finesse.

AMADUZZI (GIO.-CRISOST.). Une *Dissertation* de lui dans le vol. IX des *Mém. de l'Acad. de Cortone*, p. 133, 146. Parmi les noms de graveurs anciens qu'il donne comme ayant été omis par Junius ou par d'autres écrivains, il y en a plusieurs dont l'orthographe est fautive, et d'autres qui sont supposés.

Les abbés DE LA CHAU et LE BLOND, aidés de COQUILLE DE LONGCHAMPS. *Description des principales Pierres gravées du cabinet de S. A. S. Mgr. le Duc d'Orléans, etc.*, 2 vol. in-fol. Paris, 1780. Cette collection était en partie formée de celle de Joseph-Antoine Crozat, Mⁱˢ. du Châtel, N. à Toulouse 1696, M. 1740, célèbre amateur, qui avait réuni 19,000 dessins de maîtres et 1400 pierres gravées qu'il recueillit en Italie, et surtout en France à une époque où l'on n'y attachait pas un grand prix à ce genre d'antiquités. Les planches de ce bel ouvrage, au nombre de 173, gravées par A. de Saint-Aubin, sont d'une pointe facile et agréable, et en général le dessin en est assez correct. Mais il serait inutile d'y chercher le sentiment du style antique, que n'avaient probablement pas les auteurs du texte, qui font un grand éloge de ces gravures, si éloignées cependant du caractère de leurs modèles. On appliquerait à Saint-Aubin, encore mieux qu'à Bernard Picart, ce que MM. de La Chau et Le Blond disaient de celui-ci : « Cet artiste pouvait réussir à graver de jolies choses « d'après ses dessins, mais une entreprise si considérable (celle « de la collection de Stosch) était au-dessus de ses forces ». Les explications des pierres du cabinet d'Orléans, auxquelles a contribué l'abbé Arnaud des Académies Française et des Inscriptions, offrent une lecture agréable, malgré quelques longueurs et des digressions inutiles. Cette Collection, qui a passé dans celle de l'empereur de Russie, ne présente que quelques pierres avec le nom du graveur.

VISCONTI. 1782–1818. *Opere varie, etc.* 4 vol. in-8o., Milan, 1827. Ce Recueil précieux des œuvres diverses de cet illustre archéologue, offre, t. 2, p. 143–370, d'abord un Catalogue raisonné de 573 empreintes de pierres gravées antiques qu'il avait recueillies et classées, pour le prince Chigi, avec une méthode qui peut servir de modèle pour les grandes collections. Les explications sont écrites avec cette érudition si variée et cette sagacité qui distinguent tous les écrits de Visconti. Relevant les erreurs de quelques écrivains, il développe, avec sa concision habituelle, des principes et des règles de critique glyptographique, et il entre dans de courtes discussions sur un grand nombre de graveurs anciens. Deux autres Catalogues, beaucoup moins étendus, contiennent, t. 2, p. 372, 136 pierres du prince Poniatowski, et t. 3, p. 401, 218 pierres du Mis. de la Turbie, dont la collection a passé dans le riche cabinet de M. le duc de Blacas. Il n'y a dans la dactyliothèque Poniatowski que quatre pierres authentiques avec les noms des graveurs, les autres sont dues à des fraudeurs modernes, qui ont abusé, d'une manière incroyable, des noms de Pyrgotèle, de Cronius, de Dioscourides, les plus célèbres graveurs de l'antiquité. La collection de la Turbie offre quelques pierres avec les noms des artistes. Ces trois opuscules de Visconti sont très-importans, et peuvent servir de manuel et de guide à l'antiquaire. Ils n'ont été publiés qu'en 1830, mais ils avaient été communiqués par Visconti, long-temps avant sa mort, à quelques savans, entre autres à Millin et à M. Raoul-Rochette, qui se plaît à reconnaître les services qu'ils lui ont rendus. J'ai bien à regretter de n'avoir pas pu en profiter plus tôt, ils m'eussent été très-utiles. On trouve aussi des pierres gravées dans les *Iconographies grecque* et *romaine* de Visconti.

BRACCI. *Memorie degli antichi incisori, etc.*, en latin et en italien, par Anton. Domenico Bracci. Flor. 1784 et 1786, 2 tom. infol. Les numéros des planches suivent dans les deux vol. Ainsi que Stosch, l'abbé Bracci déploya dans ce bel ouvrage un grand luxe de planches, qui présentent les mêmes qualités et les mêmes défauts que celles de Stosch. Il ajouta plusieurs noms de graveurs anciens à ceux qu'avait donnés le baron. Si l'on peut reprocher à l'un et à l'autre de n'avoir pas toujours mis dans leurs discussions et leurs jugemens toute la critique qu'on est en droit de désirer et d'exiger, il est juste cependant de leur savoir gré du service qu'ils ont rendu à la glyptique en faisant connaître, d'une manière satisfaisante, ses plus belles productions. Il est peu de noms de sculpteurs, de peintres, d'architectes, de graveurs anciens, que l'on ne trouve dans les *Mémoires* de Bracci. Et quoiqu'il en admette un assez bon nombre qui depuis ont été reconnus pour supposés, cependant il y en a beaucoup qu'il ne donne que comme très-suspects, en ayant soin d'indiquer les écrivains modernes où ils se trouvent cités, ce qui peut servir à déterminer le degré de confiance qu'on doit leur accorder. Bracci a inscrit dans ses listes plus d'artistes qu'il n'aurait peut-être dû, mais il n'y a guère à lui reprocher d'avoir omis aucun de ceux qui étaient alors connus ou comme authentiques, ou sous des titres faux ou douteux. Tout en le consultant avec précaution, l'on doit reconnaître que son travail, résultat d'une grande érudition, a servi de guide et de répertoire, et que, de même que dans une belle forêt où l'on perce des routes, il y a eu plus à élaguer qu'à ajouter.

MALBOROUGH (*Pierres gravées du duc* DE), en latin et en français. 2 vol. in-fol., sans indication d'année ni d'éditeur (De Murr, p. 146, indique l'an 1784). 50 planches dessinées par G.-B. Cipriani, gravées au pointillé par Fr. Bartolozzi, de qui sont aussi plusieurs des planches de Bracci. La gravure est assez bonne, mais il y a de la mollesse et il y manque le caractère antique. En relevant ce que l'on trouve dans Raspe, on voit que la Collection de pierres gravées du duc de Malborough s'est formée ou accrue de celles du Cte. d'Arundel, de lady Betty Germaine, du nonce Molenari; mais ces cabinets n'ont fourni que peu de pierres, de même que celui du chev^er. Odam de Derring, tandis que la Collection de lord Besborough a ajouté 29 belles pierres à celle du duc de Malborough, qui, en réunissant toutes ses acquisitions, devait en 1791 posséder 110 pierres citées par Raspe, et qui depuis a dû augmenter de nombre. On ignore en Angleterre où se trouve actuellement cette précieuse collection, ou si on le sait on ne la montre pas. Il n'en est pas question à Blenheim, où je l'ai demandée inutilement ainsi qu'à Londres, et elle est comme perdue pour la science, les arts et pour les amateurs.

SPILSBURY. *A Collection of 50 prints, etc., of the Collections of the right honourable* Cte. *Percy, C.-F. Greville et T.-M. Slade*, Par John Spilsbury. Londres, 1785, in-4°. Jusqu'à la planche X inclusivement, il n'y a pas de pagination. Petitement gravé, sans caractère; espèce de manière noire mêlée de traits, dans le genre de celles de Wordlige, p. xxx.

b.

RAPONI. *Recueil de pierres antiques gravées, etc., etc.* Par l'abbé Ignace-Marie Raponi. Rome, 1786, gr. in-fol., 88 pl. Les planches, imprimées en rouge, sont très-mal dessinées et sans aucun caractère. Les noms des graveurs anciens n'y ont pas été mis. On en trouve quelques-uns dans le texte, dont les articles sont courts et écrits simplement, mais où il n'a été gardé ni ordre ni méthode.

ECKHEL. *Choix des Pierres gravées du Cabinet impérial des Antiques*, présentées en 40 pl., décrites et expliquées par M. l'abbé ECKHEL, etc. in-fol. Vienne, en Autriche, etc., 1788. Bel ouvrage, dont le texte est rempli de l'intérêt, de l'érudition et du goût qu'on pouvait attendre d'un savant aussi profond qu'Eckhel. En 1772, il avait mis en ordre le cabinet de la galerie de Florence, et depuis il devint, pour ainsi dire, le législateur de la numismatique. Les planches de son livre sont en général assez sèchement gravées et sans style. Plusieurs pierres de la plus forte dimension sont rendues de la même grandeur ; les autres sont grandies ; les mesures sont indiquées. La plupart sont des camées, dont quelques-uns d'une beauté du premier ordre. Ces 40 planches contiennent 42 pierres. Il n'y a que les noms d'*Aspasius*, ACΠACIOY, pl. 18¹, et de *Philémon*, ΦΙΛΗΜΟΝΟC, pl. 32. Les dessins sont de Kibler. Parmi les planches celles de Kohl rendent le mieux le caractère des originaux.

JOUBERT. *Tableaux, Statues, Bas-Reliefs et Camées de la Galerie de Florence et du Palais Pitti*, dessinés par Vicar et gravés sous la direction d'abord de La Combe, peintre, et ensuite de Masquelier, graveur, avec les explications de Mongez. 1789-1807. Ce bel ouvrage est le premier où l'on ait déployé autant de luxe de gravure. Son apparition produisit un grand effet. Une foule de nos meilleurs graveurs y développèrent leurs talens et il leur servit à fonder leur réputation. Les frais immenses de cette vaste entreprise, toute dans l'intérêt des arts, furent faits par la générosité et le goût éclairé de M. de Joubert, trésorier des états de Languedoc. Il avait fait élever Vicar, et lui fournit, pendant plusieurs années, les moyens de vivre honorablement et de travailler à Florence. Enfin il pourvut à toutes les dépenses de cet ouvrage monumental, qui, continué avec le même zèle par la famille de M. de Joubert, devait un jour compléter son honorable ruine. Outre les tableaux et les statues, ce superbe recueil contient 284 pierres gravées de la galerie du grand-duc. Il ne s'y trouve que 4 noms de graveurs sur pierres : NAMPHERUS, PEIGMO ou PIGMON, BRISITALUS et ALLION. Les pierres, rendues par la gravure avec pureté et finesse, sont en général bien dessinées, et peut-être même trop bien et d'un style trop uniforme et un peu sec. On y retrouve trop souvent le caractère de dessin et la main correcte de Vicar, au lieu de la variété de styles et des négligences fréquentes que présentent les pierres antiques. Il est parfois aussi à regretter que le savant académicien, interprète de ces précieux monumens, ait omis des noms de graveurs, et n'ait pas donné à ses explications un peu plus d'étendue : il nous a par là privés des observations et des lumières qu'eussent pu y répandre, avec beaucoup d'intérêt, son goût, ses connaissances mythologiques et sa vaste érudition en archéologie.

RASPE. *Catalogue des empreintes des Pierres gravées, prises par J. Tassie et expliquées par Raspe*, en angl. et en franç. Lond., 1791, 2 v. gr. in-4°. Après la mort de Stosch, en 1757, Tassie, bon graveur anglais, acquit presque toute l'immense collection d'empreintes en soufre de ce célèbre amateur, les surmoula et en fit des pâtes de verre. Son vaste recueil, qui contient une liste de 15,833 pierres gravées antiques et modernes, est un répertoire très-utile ; et au moyen des Tables, il est disposé de manière à ce que l'on y trouve facilement ce que l'on cherche, et les jugemens sont, en général, assez sains. Ce serait cependant un ouvrage à refondre et à refaire en y ajoutant la foule de belles pierres découvertes depuis Raspe. Il serait indispensable de changer en bon français son jargon barbare et souvent inintelligible, et de faire disparaître une grande quantité de locutions obscènes. On aurait à revoir toutes les citations, surtout les grecques dont les noms sont misérablement estropiés. Les planches, d'un dessin et d'une exécution détestables, ne donnent, pour ainsi dire, aucune idée des pierres. Elles seraient toutes à regraver, simplement au trait, d'après les pierres originales ou des empreintes bien venues, et plus nettes que celles de Tassie, dont les moules, très-usés, ont perdu de leurs finesses. Les noms des graveurs y sont pour la plupart devenus illisibles, et cependant ces pâtes se vendent extrêmement cher à Londres. Il serait inutile de réunir, dans le texte du nouveau Catalogue, l'anglais et le français, et l'on pourrait, pour plus de commodité, faire deux éditions, l'une française, l'autre anglaise. On doit, au reste, savoir gré à Raspe de sa bienveillante intention, car, bien qu'Allemand, il avait commencé par écrire en français son ouvrage, dont la traduction, selon lui-même, a été assez mal faite, et on lui rendrait un double service en retravaillant ses deux textes. Ce serait aussi en rendre un aux amateurs de pierres gravées, car cet ouvrage n'est pas commun et il est assez cher en Angleterre.

J.-J. OBERLIN. Sa *Liste de quelques Graveurs anciens*, insérée dans le *Magasin encyclopédique* de Millin, 2de. année, v. 3, p. 365, 1796, n'est qu'un extrait ou une répétition de celle d'Amaduzzi dans les *Mém. de l'Acad. de Cortone;* il n'y a fait que de très-rares additions et elles sont de peu d'importance.

SCHLICHTEGROLL. *Choix des principales Pierres gravées, etc., du B^{on}. de Stosch,* qui se trouvent actuellement dans la collection du roi de Prusse; par Fréd. Schlichtegroll, publié par Frauenholz. Nüremberg, 1798. Ce bel ouvrage in-fol., et dont il n'a paru qu'un vol., contient 48 planches, dessinées et gravées avec le plus grand soin par les artistes les plus habiles de l'Allemagne, parmi lesquels, pour le dessin, on peut citer Casanova, Nahl, Becker, Preissler, et pour la gravure J.-J. Glauber, qui avait été graveur de Louis XVI, de même que Müller, Guttenberg, Schlotterbeck. Ces gravures, fort belles et très-finies, manquent peut-être quelquefois de caractère, ce qui vient sans doute de ce que les têtes et les sujets de ces pierres gravées, fort grandis, ont été reproduits sur une trop forte échelle, et qu'il est devenu plus difficile d'y conserver le style antique. Cependant c'est un des plus beaux ouvrages de ce genre, et le texte est traité avec soin.

MILLIN. *Dictionnaire des Beaux-Arts, etc.*, 1806, art. GLYPTIQUE, et *Introduction à l'étude des Pierres gravées*, 1795, 3me. édit., 1827. Il y donne les noms de 70 graveurs anciens, et sur la glyptique quelques détails assez incomplets, de même que ce qu'il rapporte sur la manière de faire les empreintes. Ces deux ouvrages, que l'on consultera avec fruit, sont, à peu de chose près, de doubles emplois des mêmes articles. Millin, aux travaux et aux recherches duquel la science de l'archéologie a de très-grandes obligations, a aussi publié un nombre assez considérable de pierres gravées inédites, et entre autres en 1817 un recueil in-8o.

VIVENZIO. *Gemme antiche per la piu parte inedite.* Roma, 1807, in-4o., 32 planches, dont une pour une mosaïque. Le nom du propriétaire de ces pierres et de l'auteur de cet ouvrage n'est pas sur le titre, mais on sait qu'il est de M. Vivenzio, amateur napolitain bien connu par son goût éclairé pour l'antiquité, et par sa belle collection de vases de Nola, qui a passé dans le Musée Bourbon à Naples. Les pierres qu'il a publiées ne sont qu'au nombre de 30 et une belle pâte antique : il y a 3 camées, sujets ; 23 intailles, sujets ; 4 têtes intailles. D'après les planches au trait de Spinelli, la plupart de ces pierres paraissent belles et curieuses. Les explications, agréables et instructives, mais parfois un peu longues et un peu hazardées, offrent une lecture intéressante.

M. RAOUL-ROCHETTE. Il y a de bonnes choses et des documens utiles sur les artistes anciens à tirer de la *Lettre*, en trois sections, que ce savant a adressée en 1832 à M. Schorn, et déjà insérée dans le *Bulletin universel des Sciences* du Bon. de Férussac, aux mois de juin, juillet, août et septembre, 1831, sect. VIIIe. On peut aussi consulter, mais avec précaution, la lettre de ce spirituel archéologue à M. le duc de Luynes sur les graveurs monétaires grecs. Mais on aurait recours avec plus de plaisir et de confiance à ces renseignemens, précieux résultats d'une érudition littéraire très-étendue, si l'on y trouvait plus de vrai sentiment des arts du dessin, des recherches plus exactes, et si la critique, plus juste, y rendait ses arrêts avec plus d'indulgence, d'urbanité et d'aménité (*Voy.* dans sa lettre à M. Schorn la manière dont, en plusieurs endroits, et presque toujours à faux, M. Raoul-Rochette s'exprime sur le comte de Clarac, et dans ses *Monum. inéd.*, t. 1, p. 175, ce qu'il dit des *lumières* et de l'*urbanité* du savant M. de Kœhler de St.-Pétersbourg).

M. Dubois, sous-conservateur du Musée royal des Antiques, et qui, à la connaissance des monumens acquise dans de longs voyages et dans les cabinets, et par la lecture des auteurs, unit le talent du dessin, si rare chez les antiquaires et qui leur serait si utile, m'a confié, sur les pierres gravées antiques et sur les noms qu'elles portent, des notes manuscrites qui m'ont fourni des renseignemens précieux, surtout sur les collections où se trouvent aujourd'hui des pierres gravées qui ont plusieurs fois changé de possesseurs. Je me plais à le remercier ici de sa complaisance, qui m'a servi à donner plus d'intérêt et d'utilité à mon travail.

L'art de tailler les pierres fines, de les graver et de leur donner du brillant, remonte à la plus haute antiquité en Orient. Des scarabées en cornaline, en jaspe, du temps de Thouthmosis III, datent en Égypte du XVIIIe. siècle avant notre ère. Le rational du grand-prêtre Aaron, décrit dans l'*Exode* et d'autres livres de la Bible, était orné de pierres fines où étaient gravés les noms des douze tribus. Il est question de cachets et de pierres précieuses même dans *Job*, qui paraît fort antérieur à Moïse. Toutes ces époques précèdent de plusieurs siècles celles où les arts commencèrent à poindre en Grèce, et de plus de 1000 ans le temps où les pierres gravées en bagues ou en cachets y furent en vogue, ce qui, selon Lessing (*Antiq. Briefe*, p. 166), ne daterait que de la guerre du Péloponnèse, car il n'est pas hors de doute que la célèbre bague de Polycrate de Samos fut ou une émeraude ou une autre pierre *gravée*. Quant aux cachets ou aux sceaux des premiers temps, en Grèce, il paraît assez probable qu'on se servit d'abord de morceaux de bois rongés par les vers et nommés par les Grecs *thripobrotes* et *thripédestes* (*thrips*, ver qui mouline ou ronge le bois), et qui devait offrir une immense variété d'espèces de dessins ou de *vermiculatures*. Des scarabées égyptiens en terre émaillée, et dont la gravure est vermiculée, pourraient rappeler ces cachets primitifs. La forme exacte et les détails délicats de beaucoup de scarabées d'une haute antiquité, en pierres dures, montre à quel degré on avait déjà porté l'art et l'adresse de les travailler, et, pour ainsi dire, de les modeler.

Les anciens ont employé pour la glyptique les mêmes pierres que nous, excepté celles que par excellence on nomme *pierres orientales*, que nous ne gravons que bien rarement et que les anciens n'ont jamais gravées, comme par respect et de crainte d'en altérer la beauté. Quant au diamant, il est fort douteux que l'on soit parvenu à le graver même dans les temps modernes, et il paraît que ce qu'on a donné pour des diamans gravés n'étaient que des saphirs ou des améthystes orientales brûlées et blanches. Ayant exécuté sur des substances siliceuses, si belles et si dures, les ouvrages les plus difficiles et les mieux achevés, quoiqu'ils ne nous aient transmis que des notions très-superficielles de leurs procédés, on ne peut guère douter que les anciens ne se soient servis des mêmes instrumens que nos graveurs, les seuls qui puissent vaincre la résistance des pierres, et qu'ils ne les aient même peut-être portés à une plus grande perfection que nous. Celle de leur sculpture et de leur glyptique est un garant de l'excellence de leurs moyens d'opérer et de leurs outils : l'examen attentif des pierres gravées en offre des preuves. Et d'ailleurs on reconnaît plusieurs instrumens et divers procédés dans le peu de mots qu'en traitant des pierres précieuses et fines, Pline, dans son xxxviie. livre, nous a laissés sur la glyptique. Il ne s'est pas particulièrement occupé de cet art, mais il est difficile que, vu le nombre immense de graveurs et de dactyliothèques qu'il y avait alors à Rome, il n'eût pas quelques connaissances en glyptique. Quoique Pline ne le dise pas positivement, on voit, par plusieurs de ses expressions, que les graveurs anciens devaient, comme les nôtres, se servir d'un touret ou petit tour. Cette machine, très-simple, en métal, est formée d'un arbre en acier, sur le nez duquel s'ente l'outil qui grave, et que fait tourner sur lui-même, avec une extrême rapidité, une roue en bois qu'une pédale met en action. La corde qui enveloppe cette roue en fait agir une très-petite que traverse l'arbre dont les deux extrémités posent sur des coussinets d'étain ou de métal tendre ou extrêmement dur. Le *ferrum retusum* de Pline (liv. 37, 76) ne peut être que la *bouterolle*, en fer très-doux, dont nous nous servons, et qui, imbibée d'huile et d'une poudre très-fine et très-dure, use la pierre. Il devait y avoir, comme à présent, diverses espèces de bouterolles, depuis la grosseur d'une tête d'épingles jusqu'à celle du plus petit grain de sable, qu'on ne sent qu'au toucher au bout de la tige ou de l'aiguille de la bouterolle, qui, pour ne pas fouetter et tourner parfaitement rond, ne devait, en général, comme les nôtres, ne pas sortir de plus de 6 lignes du nez de l'arbre du touret. Ces *ferra retusa* étaient sans doute, selon le genre du travail, à tête sphérique, demisphérique, à bouton plat, lenticulaire, à bords tranchans, comme les bouterolles nommées *scies*, et qui ont la forme de petites rondelles aplaties. Quand ils perçaient les pierres, leur instrument était commes nos charnières, espèce d'emporte-pièce en forme de petite virole qui découpe circulairement la pierre. Pline nomme *fervor* la rotation extrêmement rapide de la bouterolle; mais ce n'est pas cette rapidité qui lui donne la faculté de ronger la pierre : elle ne la doit qu'à la poudre de diamant, ou de quelque pierre fine, dont elle est enduite, et qui s'y incruste avec de l'huile pour certaines pierres et de l'eau pour d'autres. La bouterolle coupe les pierres fines, comme les scies de fer ou de cuivre sans dents, ou le fil d'archal, tranchent, à force de bras et de temps, le marbre, le porphyre et les pierres dures, au moyen du sable, de l'émeri qui s'incrustent dans ces instrumens tendres et en font des limes plus dures que les pierres. La pierre de Naxos qui, réduite en poudre, servait aux graveurs anciens, était sans contredit notre émeri, *smyris* des Grecs, *corindon ferrifère*, la pierre la plus dure après le diamant et d'une famille très-répandue, et dont font partie les corindons télésies ou parfaits, tels que le saphir, le rubis, l'émeraude, la topase, l'améthyste orientaux et leurs variétés. Naxos fournit encore en abondance d'excellent émeri, ainsi que les Indes d'où les anciens pouvaient en tirer. Il y en avait même en Espagne et en Italie. Ils se servaient aussi de l'*ostracite*, pierre très-dure dont nous ne connaissons pas la nature, et de l'*obsidienne*, verre volcanique qui peut mordre sur quelques pierres fines. Mais la poudre de l'obsidienne et de l'émeri ne sont bons qu'à des ébauches, et non pour terminer une gravure et y mettre toutes les finesses; et d'ailleurs ils produisent beaucoup de boue, ce qui gêne pour le travail.

Les anciens, dans certains cas, employaient, comme on le fait aujourd'hui, des éclats imperceptibles de diamant, *adamantis crustæ* (*Pline*, 1. 37, 15), incrustés dans des

pointes de fer ou de cuivre, pour pénétrer, à la main et
non au touret, dans des creux que la bouterolle ne peut
atteindre, pour des parties d'une extrême délicatesse, difficiles à contourner et à rendre flexibles avec cet outil,
telles que des cheveux et des méplats anguleux auxquels
sa forme hémisphérique n'est pas applicable. Mais c'est à
l'aide de la poussière impalpable de diamant, pilé dans un
mortier d'acier, que s'exécute presque tout le travail des
pierres fines : c'est le seul moyen de leur donner toute
leur perfection ; or, comme les anciens ont porté cette perfection au dernier point, comment se refuserait-on à admettre qu'ils aient fait usage de la poudre de diamant,
qu'il est très-aisé de piler et dont ils avaient reconnu l'extrême dureté et la fragilité? car le rubis et les autres
pierres orientales n'offrent pas à beaucoup près un aussi
bon emploi. Lessing (*Antiq. Briefe*, t. 1, p. 228 et suiv.)
n'est pas de cet avis, et il pense que les anciens n'ont pas
pu se servir de la poudre de diamant, qu'ils ne savaient
pas travailler, polir, ni brillanter, et que cette pierre était
trop rare et trop chère chez eux pour qu'ils l'eussent brisée et employée en poudre. Cette pierre était rare, mais
comme les anciens ne sachant pas la tailler ne la connaissaient que brute ou en pointes naïves, telle qu'on la trouve
quelquefois avec sa cristallisation, elle ne brillait que fort
peu, et elle n'entrait pas dans la parure, ce qui devait di-
minuer de beaucoup le prix qu'on pouvait y mettre. Le
diamant ne l'a acquise que depuis qu'en 1476 Philippe de
Berquen, par l'heureuse idée de frotter des diamans l'un
contre l'autre, réussit à le tailler et à lui donner tout son
éclat pour le duc de Bourgogne, Charles le Téméraire.
Cette pierre devait être chez les anciens moins chère qu'à
présent, et n'était pas d'un assez haut prix pour qu'on
n'osât pas se permettre d'en briser de petites pour le travail de la gravure, car aujourd'hui les petits mauvais diamans dont on fait la poudre ne coûtent pas plus de 20 à 24
francs le carat ou les 4 grains, et un graveur très-occupé,
à Paris, n'en emploie pas plus de 30 carats par an. Les anciens auraient pu employer les diamans de Chypre, peu
estimés, nommés aujourd'hui *diamans de Baffa*, et assez
durs pour servir au travail des pierres. Lessing dit que ne
sachant pas travailler le diamant, ils n'auraient pas pu en
affiler de petites pointes pour en faire des espèces de bu-
rins. Mais encore à présent on ne fait pas les pointes im-

perceptibles des graveurs en pierres fines en travaillant,
en usant des diamans : ce ne sont que des éclats brisés
parmi lesquels on choisit les parcelles qui conviennent
le mieux, et c'est au hasard, comme du temps de Pline,
qu'on doit la pointe que l'on désire. Les anciens n'avaient
donc pas besoin de savoir tailler le diamant pour pouvoir
le briser, le réduire en poudre et en faire usage pour la
gravure. Et s'il y a des travaux en pierres fines qu'on
ne peut exécuter aujourd'hui qu'à l'aide de la poudre de
cette pierre, les anciens en ayant fait de pareils il me
semble qu'il faut de toute nécessité qu'ils en aient connu
l'usage. Pline n'a pas tout dit, et son style obscur laisse
bien à deviner et à désirer. N'est-il pas singulier qu'il ne
dise pas un mot positif ni du touret ni de la roue du graveur, et qu'on ne puisse les reconnaître que par leurs effets
dans quelques mots assez vagues, tels que *terebrarum fervor*, la rapidité des forets, et dans le *ferrum retusum*, la
bouterolle? Mais quand Pline aurait négligé de se servir de
ces mots si peu clairs, le travail des pierres gravées antiques n'en décélerait pas moins l'action du touret, machine indispensable et sans laquelle il eût été impossible
d'exécuter les ouvrages admirables des anciens. Il en est
de même de la poudre de diamant, dont ne parle pas ex-
plicitement Pline, mais que ferait reconnaître la perfection des gravures antiques, qui n'eussent pu l'obtenir sans
ce moyen, le seul propre à la leur donner et au pouvoir
duquel aucune dureté ne saurait résister, ce qui avait fait
donner à cette pierre le beau nom d'*adamas*, l'indomp-
table.

De même que nos graveurs, les anciens ont dû se servir
de *scies* et de pointes de diamant pour ébaucher, par des
traits légers, les contours de leurs sujets ; ils entraient
ensuite dans la pierre et modelaient au moyen des bouterolles. Et l'on trouve quantité de pierres, surtout des scarabées en cornaline, dont les figures ne sont qu'une suite
de trous hémisphériques creusés par la bouterolle, *ferrum
retusum*, que l'on reconnaît aussi dans le travail des médailles.

Les anciens, de même que nous le pratiquons, employaient certainement pour le dernier poliment des creux
de leurs intailles et du fond si égal de leurs camées, des

boutcrolles de cuivre, de buis, de bois tendre, de petites brosses avec le tripoli et l'eau, ou la potée d'émeri, de diamant; ainsi qu'à présent, le graveur devait prendre souvent, avec de la cire préparée, demi-molle, l'empreinte de son ouvrage pour juger des progrès du travail.

On a mis souvent en doute s'ils se servaient de verres grossissans pour voir et travailler les parties qui échappent à l'œil nu, et qu'ils ont rendues avec une surprenante finesse. On a pensé (*Lessing, Antiq. Briefe*) qu'ils avaient recours à des sphères de verre remplies d'eau, qui grandissent les objets que l'on regarde à travers ces boules. Cela se peut pour certains travaux, mais cependant ces sphères n'amplifient les objets que d'une manière peu exacte et peu commode, n'éclairent pas les parties délicates et creusées profondément. Les pierres antiques offrant des détails tout-à-fait microscopiques et d'une grande perfection de travail, que peut rarement distinguer sans loupe la vue la plus forte, et les anciens n'ayant pas d'autres yeux que nous, n'est-il pas à présumer, avec M. Hirt (*Amalth.*, t. 2, p. 12), que pour aider leur vue ils ont eu l'usage des loupes et des lentilles? Ils donnaient à certaines pierres la forme lenticulaire, *lenticula :* un cristal de roche ou un verre blanc taillé de cette manière a pu par hasard donner l'idée des loupes. Il est vrai que Pline n'en parle pas, et c'eût été de sa part une grande négligence que d'omettre de dire un mot d'une découverte aussi intéressante pour les arts. Mais n'est-il pas d'ailleurs probable que les anciens ont connu bien des secrets et des procédés que ne nous ont pas conservés les débris de leurs arts, et que leurs auteurs ne nous ont pas transmis? Savons-nous comment ils parvenaient à graver, d'une manière admirable, des agates, des sardonyx, d'une grandeur prodigieuse, qu'on ne pouvait pas tenir d'une main, et présenter à la bouterolle comme une pierre ordinaire enchâssée dans un manche, et telles que le vase de Saint-Denis, l'agate de la Sainte-Chapelle, la coupe Farnèse de Naples, le vase de Mantoue ou de Brunswick, et les immenses et superbes camées de Vienne et de Saint-Pétersbourg?

Les pierres gravées reproduites en pâtes de verre, et les empreintes en plâtre, en soufre, ou en cliché de métal fusible, sont de la plus grande utilité pour l'étude des pierres gravées, l'une des branches les plus riches et les plus intéressantes de l'archéologie. Les pâtes de verre, prises sur les pierres au moyen du tripoli, ou, mieux encore comme le pratique avec tant d'adresse à Rome M. Cadès, avec du plâtre fin mêlé d'un tiers de silice, rendent toutes les finesses des pierres originales, et les empreintes que l'on tire des unes et des autres sont presque identiques. On ne moule avec ce succès que les *intailles* ou pierres gravées en creux, et quelquefois même, malgré tous les soins, certaines gravures très-profondes ont beaucoup de peine à sortir nettes du moule. Mais les camées, *ectypa* des anciens, n'étant pas toujours d'un relief de dépouille, ou ayant des contours ou d'autres parties refouillées en-dessous, ne viennent pas bien. On est obligé de remplir de terre-glaise, de cire ou de mastic ces parties pour les mettre d'équerre avec le fond, afin qu'elles puissent quitter le moule sans s'arracher. Le verre fondu, à l'état de pâte molle, qu'on imprime dans ce moule ne sort jamais bien net, et il est nécessaire de retravailler à la bouterolle les dessous des parties mastiquées pour les détacher du fond, comme dans les camées originaux. On risque alors d'en égrener ou d'en altérer les formes, qui deviennent tantôt dures, tantôt molles ou lourdes. Aussi, les camées reproduits en plâtre, en verre, ou en émail, surtout dans de petites dimensions, ne rendent pas le style et le caractère des pierres originales, et ne servent pas à l'étude aussi bien que les pâtes de verre ou les empreintes prises sur les intailles. Il est bien inutile de dire que les empreintes en relief, telles que les nombreuses collections de Stosch, de Lippert, de Tassie, de Cadès, ont été moulées sur des pierres en creux, mais il ne l'est pas de faire remarquer qu'elles ne peuvent pas l'avoir été toutes sur les pierres originales. Souvent elles ne proviennent que de moules pris sur les premières empreintes et plus d'une fois répétés, ce qui enlève les finesses et la netteté des empreintes moulées immédiatement sur les pierres, et telles qu'étaient en partie celles du B^{on}. de Stosch, de Denh, de Cadès, et de M. Dumersan de la Bibliothèque Royale, et d'autres tirées sur des pierres originales. Des empreintes de ce genre sont, sous le rapport de l'art, ce qu'il y a de plus précieux, et l'on y retrouve toute la fermeté et la pureté du travail antique, qui souvent disparaissent dans les surmoulées ou dans les moules qui ont trop

servi, et qui d'ailleurs, étant des empreintes d'empreintes,
ont subi plusieurs opérations dont la succession a dû les
faire dégénérer. Produits immédiats des pierres, les empreintes de première origine doivent être encore plus pures
et plus franches que les pâtes de verre qu'elles servent à
mouler. Mais ces pâtes, lorsqu'elles sont bien faites, ont
le grand avantage de rendre les couleurs des pierres originales, d'être très-durables, et de servir, pendant long-
temps, sans altération, à reproduire de belles empreintes
qu'on n'obtient que beaucoup moins nettes dans des moules
de plâtre ou de soufre.

Très-habiles à fondre, à travailler, à tourner le verre
sous toutes les formes et à lui faire prendre les couleurs
les plus variées, les anciens ont très-bien réussi dans l'i-
mitation des pierres fines et des variétés de l'agate, et Pline
assure que c'était un métier très-lucratif. D'après ce qu'il
dit ce ne serait pas seulement avec du verre que l'on aurait
imité les gemmes, mais on aurait eu le talent d'y employer
l'obsidienne, verre volcanique fusible ; et même on savait
donner au cristal de roche les couleurs de l'émeraude, du
béril et d'autres pierres fines, et à l'ambre les teintes de
l'améthyste. Les anciens ont aussi très-bien moulé en pâtes
de verre sur les pierres gravées, et les faussaires étaient
parvenus à un tel degré de perfection, qu'il était difficile,
même à des connaisseurs, de distinguer les pâtes moulées
d'avec les pierres originales. Ils imitaient encore, avec
une grande adresse, les camées en agate et en sardoine-
onyx, ce qui est d'une extrême difficulté, et ils repassaient
au touret, comme de véritables pierres dures, ces précieuses imitations. L'admirable vase de Portland, en dépôt
au Musée Britannique, et le fragment de Persée de notre
Bibliothèque Royale sont de brillantes preuves du talent
des anciens dans le moulage et le travail du verre et des
émaux. On trouve souvent de ces pâtes qui trompent au
premier coup-d'œil, et qu'il faut essayer à la lime pour
s'assurer que ce ne sont pas des pierres dures. M. Millingen avait autrefois recueilli plusieurs centaines de ces pâtes de verre, dont un grand nombre ont fait connaître des
sujets curieux et qui ne se présentent pas dans l'immense
quantité de pierres gravées antiques que l'on connaît. Mais
la plus vaste et la plus belle collection de ce genre est, ainsi
que nous l'avons vu p. xxj, celle de S. M. le roi de Prusse.

Les pâtes sont, pour l'art et l'archéologie, aussi précieuses que les pierres, et un grand nombre sont citées dans les collections publiées par Stosch, Bracci, Winckelmann, Maffei, Raspe, Visconti, etc.

Ces pâtes, chez les anciens, servaient, de même que des pierres, comme cachets, et elles faisaient partie des ornemens et des bijoux des personnes à qui leur fortune ne permettait pas l'usage des pierres gravées, objets très-chers, surtout lors qu'on tenait à avoir des productions de bons maîtres. Aussi a-t-on trouvé, montées en bagues, en colliers, en bijoux, des pâtes de verre offrant des sujets d'une grande perfection, et dont les originaux devaient être d'un prix élevé. Ces pâtes formaient l'écrin de la petite propriété.

Dans les temps modernes, lorsque les pierres gravées antiques, conservées dans le sein de la terre qui les restituait chaque jour en grand nombre, redevinrent en honneur, et furent très-recherchées des princes et des gens riches et de goût, il y eut des époques où l'on mit beaucoup de zèle à les faire connaître et à en multiplier les ectypes ou les *fac simile* au moyen des empreintes et des pâtes de verre. C'était un grand secours pour la gravure des pierres ou la GLYPTIQUE, qui n'avait heureusement jamais été entièrement abandonnée. Ses procédés, difficiles à inventer s'il eût fallu les chercher et prendre la glyptique à son origine, s'étaient conservés et transmis par une succession suivie de graveurs peu habiles, il est vrai, mais qui connaissaient du moins les pratiques et les instrumens d'une branche des arts dont, aux siècles où ils étaient presque en léthargie, les ouvriers qui l'exerçaient ne sentaient ni les beautés ni les ressources. Les modèles antiques ranimèrent la glyptique et lui dessillèrent, pour ainsi dire, les yeux. Les puissans encouragemens que lui donnèrent Laurent de Médicis et ses successeurs, ainsi que Jules II, Léon X, François Ier., Henri II, Henri IV, firent naître en Italie, en France, en Allemagne, une foule d'excellens graveurs, que n'eussent pas désavoués les grands maîtres de l'antiquité, dont ils imitaient avec succès les chefs-d'œuvre. Mais ce temps des imitateurs habiles fut aussi celui des faussaires de talent, qui en eurent souvent assez pour faire passer leurs ouvrages comme antiques, et il est quelquefois très-difficile, si ce n'est impossible, de décider si une pierre est antique ou si c'est une copie du XVIe. ou du XVIIe, siècle. Ce temps, où le prix que l'on mettait aux pierres gravées antiques portait le talent, par l'espoir du gain, à surprendre la bonne foi et les connaissances des amateurs, est bien passé, du moins en France, ce pays qui a produit des graveurs du plus grand mérite. Si le goût des pierres gravées n'y est pas tout-à-fait éteint, le feu sacré ne se conserve que chez un bien petit nombre d'amateurs. Elles ne sont plus de mode ; il l'est encore moins d'exercer le talent des graveurs sur pierres fines, et ils en sont réduits à graver des cachets. On n'a plus à craindre que l'on y contrefasse les antiques, et à peine compterait-on à Paris, faute de trouver à placer leurs ouvrages, quatre graveurs qui pussent succéder à Jeuffroy, notre dernier maître dans cet art admirable, qu'à l'envi des anciens nous avons cultivé avec honneur et que nous laissons périr. Plusieurs jeunes artistes avaient, il y a quelques années, obtenu des succès académiques, des prix de Rome, des médailles. Qui sait s'ils n'eussent pas reproduit les Pyrgotèle, les Pamphile, les Dioscourides? N'étant pas stimulés, ils n'ont pas eu le courage d'employer, sans appui, leurs talens à vaincre la défaveur où languit un art que l'on délaisse ; leur main ne s'est plus exercée, leur touret et leurs bouterolles sont rouillés, et l'on éprouverait quelque embarras à faire graver sur pierre fine en intaille, à Paris, une belle tête ou un sujet qui présentassent des difficultés et qui exigeraient toutes les finesses et toutes les ressources de la glyptique.

Sous Louis XIV, on s'occupa beaucoup des pierres gravées : on en rassembla de riches collections, il y en eut aussi de considérables de pâtes de verre et d'empreintes. Mais ce fut le duc d'Orléans, régent, qui contribua le plus à répandre le goût des pierres gravées, dont il forma une ample suite. S'étant attaché (1691-1715) le célèbre chimiste Homberg, et l'aidant de ses propres mains dans les opérations, le régent lui fit reproduire en verre les pierres qu'il avait recueillies et un grand nombre de celles du cabinet du roi. On dit qu'il fit faire six répétitions de cette collection de pâtes de verre, et je crois en avoir une assez complète qui m'a été donnée par mon ami feu M. Gossellin de l'Académie des Inscriptions. Il la possédait depuis longues années, et la regardait comme une des six collections sorties des laboratoires du régent. Ce savant y en avait ajouté plusieurs autres qui étaient peut-être de celles que fabriquèrent Clachant l'aîné et Mlle. Felloix, auxquels le régent et Homberg avaient appris à faire ces pâtes et qui en firent le commerce. Ces pâtes du régent, dont il est question dans l'*Histoire de l'Académie des Sciences*, années 1712 et 1732, sont d'un verre très-fin ou en émaux, et rendent parfaitement les couleurs des pierres originales. On voit que l'on y a apporté le plus grand soin : la matière en est très-dense et sans soufflures ou sans bulles, les gravures sont nettes, polies et brillantes jusque dans leurs fonds, ce qui est très-difficile à obtenir. Vues à travers le jour ou la lumière d'une bougie, celles de ces pâtes qui sont transparentes produisent, par la richesse de leurs teintes, l'effet des pierres fines. Quelques-unes cependant, entre autres la sardoine, ont été depuis mieux imitées pour le ton; mais malgré les perfectionnemens de la chimie et de l'art de la verrerie et des émaux, je doute que l'on fasse de plus belles pâtes de verre que celles du régent.

C'est au moyen de pâtes de ce genre que l'on imite les pierres gravées de manière à faire prendre le change aux personnes qui, n'étant pas très-exercées, ne sont pas prémunies contre une fraude, qu'il est cependant aisé de découvrir pour peu que l'on ait avec soi une lime d'horloger ou un burin et une loupe, dont ne doit être jamais dépourvu un amateur en voyage, surtout en Italie. Pour contrefaire une pierre, on amincit par-derrière, à la roue du lapidaire, une pâte bien moulée, aussi pure que possible et de la couleur de la pierre; on taille de la même grandeur une plaque mince de pierre sur laquelle, avec une goutte de gomme-laque, on colle la pâte de verre, qui prend alors parfaitement la couleur de la pierre. On la sertit en bague et on la présente comme une antique. Si l'on ne l'essayait que sur le revers, on y trouverait la pierre et sa dureté, mais il faut attaquer légèrement à la pointe d'acier ou à la lime le côté gravé, sans craindre d'y porter préjudice. Si cette partie n'est pas fausse, elle sera inattaquable à l'outil; si c'est une pâte et qu'on la raie, on échappe à la fraude et on la signale aux autres. Il est rare aussi qu'à la loupe on ne découvre pas dans ces pâtes doublées quelques soufflures, indice certain du verre. Si la plaque de pierre a de légères ondulations dans son intérieur, ce que présentent plusieurs agates , surtout les cornalines , en les examinant avec soin du côté de la gravure , sous divers aspects , on reconnaîtra que ces ondulations ne passent pas d'outre en outre, et qu'elles s'arrêtent vers le milieu de l'épaisseur ou à la surface inférieure de la lame de verre qu'elles trahissent. Mais cet examen demande un coup-d'œil très-exercé. Si la prétendue antique saille un peu hors de sa monture, regardée à travers le jour sur sa tranche la couleur perdra de son intensité , tandis que si c'était une pierre elle en aurait au contraire plus qu'étant vue dans l'autre sens. Pour montrer à quel point on peut être trompé par ces sortes de fraude , je dirai que j'ai eu entre les mains, à Naples, une grande intaille offrant un sujet très-riche , avec un nom de graveur, et qui avait été donnée à Tarente à un très-grand personnage, comme valant 10,000 ducats, près de 44,000 francs. Elle venait, dit-on, d'être découverte, et elle avait été vue par....... et d'autres connaisseurs. Et bien ce n'était qu'une pâte de verre doublée de cornaline, avec le nom, en partie effacé, de l'habile graveur anglais *Marchant*. Au reste, ainsi que le reconnaissent Baudelot de Dairval et Mariette , il n'est guère possible de donner des règles sûres pour reconnaître le moderne d'avec l'antique, surtout lorsque, ce qui arrive souvent, une pierre antique a été retouchée par une habile main moderne. Il ne suffit pas d'être en état de juger du dessin, des beautés, des négligences et du caractère du travail antique, il ne s'agit pas seulement de connaître les qualités ou les espèces de pierres et les formes les plus en usage chez les anciens, tous ces indices peuvent encore induire en erreur, et avec du talent et de l'adresse on a pu les imiter; il faut encore beaucoup d'habitude, avoir vu et touché une grande quantité de pierres reconnues pour antiques. Il faut un certain sentiment, une sorte d'instinct de coup-d'œil, dont on ne saurait rendre compte, qui, malgré l'exercice, ne s'acquiert pas toujours , et il faut surtout avoir été souvent trompé pour pouvoir parvenir à l'être un peu moins.

La Table alphabétique suivante contient, du moins je l'espère, tous les artistes de l'antiquité, dont les noms nous sont parvenus, jusqu'à la fin du VIe. siècle de notre ère. J'indique le siècle de ceux dont on connaît la date , et on les retrouvera dans les Tables chronologiques de la seconde partie. Pour faciliter les recherches, je précise le commencement, le milieu et les deux derniers quarts du siècle : V*a* commencement du Ve. siècle ; — V*c* troisième quart du Ve. siècle ; — V*da* fin du Ve. siècle et commencement du IVe. siècle av. J.-C. — L'astérisque qui suit le chiffre du siècle marque qu'il est après J.-C. — L'a après le signe de doute ? indique que l'on peut croire l'époque ancienne, quoiqu'on ne la connaisse pas positivement ; — les deux aa montrent que l'artiste appartient à des temps très-reculés, aux premières époques des arts ; — et les trois aaa annoncent qu'il remonte à des temps héroïques ou mythologiques dont nous n'avons, sous le rapport des arts, que des notions très-incertaines.

L'* qui précède le nom d'un artiste avertit qu'il se trouve sur quelque monument, tel que statue, pierre gravée, inscription. — La † avant le nom signifie qu'il est faux, et doit être rayé de la liste des artistes. — Les ??? marquent un doute si fort, que le nom de l'artiste ou la gravure de la pierre qu'ils accompagnent peuvent presque être considérés comme faux.

Les Tables suivantes ne sont qu'une partie d'un travail beaucoup plus étendu qui doit terminer l'ouvrage considérable que je publie depuis plusieurs années sous le titre de MUSÉE DE SCULPTURE ANTIQUE ET MODERNE. Il ne sera pas superflu de dire un mot sur la manière dont les TABLES ou les diverses séries du Musée sont conçues. Très-avancées sur plusieurs points et presque terminées, mais n'étant pas toutes imprimées, elles sont encore susceptibles des améliorations que pourroit m'indiquer les savans, aux lumières desquels je soumets ce petit exposé de mon long travail.

Ces Tables, qui présentent en quelque sorte les FASTES DES ARTS DU DESSIN chez les anciens, titre que je leur aurais donné, s'il ne m'eût paru un peu trop ambitieux, offriront, dans une série chronologique, tous les statuaires, les sculpteurs, les peintres, les architectes, les fondeurs, les graveurs en pierres fines, les ciseleurs, dont il est question dans les auteurs anciens depuis les temps les plus reculés. On y suivra les vicissitudes qu'ont éprouvées en Grèce, à Rome, à Constantinople, les monumens et les statues, jusqu'à la chute de l'empire romain, et jusqu'à la prise de Constantinople en 1204.

Ces Tables sont chronologiques et iconographiques, et se divisent en plusieurs parties ou séries. J'avais d'abord voulu comprendre toutes ces tables dans le dernier volume du Musée, mais ensuite j'ai pensé pouvoir en détacher une partie et les joindre, en tête du troisième volume, à une introduction que je fais précéder la description de toutes les statues du Musée royal du Louvre et des Musées de l'Europe, ainsi que des principales collections particulières. Cette introduction contient d'abord, dans une notice très-étendue, une histoire des vicissitudes qu'ont éprouvées, dans leur bonne et mauvaise fortune, les productions de la sculpture chez les anciens depuis les temps les plus éloignés jusqu'à la chute de l'empire romain en Occident au Ve. siècle. De là, après avoir jeté un coup-d'œil sur la ruine de Rome et sur la disparition des statues antiques, nous les suivrons à Constantinople. CÉDRÉNUS, L'ANONYME, PAPIAS, et les autres écrivains du moyen-âge, recueillis par Banduri dans son *Imperium orientale*, nous serviront de guides dans la ville de Constantin, et nous y montreront les chefs-d'œuvre dont en sa faveur avaient été dépouillées l'antique maîtresse du monde et la Grèce, et qui existaient de leur temps. Parmi ces auteurs nous n'oublierons pas, au VIe. siècle, CHRISTODORE, qui décrit soixante-douze statues qui embellissaient le *Zeuxippe*, portique de Constantinople ; et nous visiterons, avec PAUL LE SILENTIAIRE et d'autres écrivains, l'admirable basilique de Sainte-Sophie, l'Augustéon, la Chalcée, le Palais de Lausus, et beaucoup d'autres monumens, vastes Musées des chefs-d'œuvre de la sculpture de la Grèce et de Rome.

En 1204, lors de la prise de Constantinople, NICÉTAS CHONIATES nous conduira à travers les ruines de cette belle ville livrée aux flammes et au pillage, et nous regretterons avec lui les chefs-d'œuvre de la statuaire antique qui en faisaient l'ornement, et jetés presque tous par les rudes et ignorans vainqueurs dans la fournaise pour en forger des armes ou les convertir en monnaie. Cependant, à quelque temps de là, PACHYMÈRE nous offrira encore un petit nombre de statues échappées aux fureurs de la guerre et à l'avidité du pillage. Nous aurons, pour ainsi dire, assisté aux derniers soupirs et aux affreuses funérailles de la sculpture et de la statuaire antiques, dont les brillantes productions disparurent des contrées que, pendant tant de siècles, elles avaient embellies d'un si vif et si pur éclat, et où leurs débris devaient, jusqu'à des temps plus prospères, rester ensevelis dans la terre qu'ils avaient honorée, et qui semblerait s'être accumulée sur ces précieux restes pour avoir seule la gloire de les protéger contre les dévastations des barbares.

Après avoir parlé du faible nombre de statues qui existaient à Rome en 1430, lorsque le Poggio écrivait, nous donnerons la liste, mise en ordre alphabétique, de celles que décrit l'Aldroandi en 1550 et 1562, et dont avaient rempli les palais et les maisons de Rome les fouilles faites sous les Médicis. Par les détails dans lesquels entre cet écrivain, qui visite les maisons les moins importantes, et qui cite même des fragmens, il est à croire qu'il n'omettait rien. Mais quoiqu'il y eût de son temps une quantité assez considérable de statues à Rome, l'on verra qu'il s'en faut de bien des milliers que cette ville et même le reste de l'Europe possédassent alors et depuis autant de statues antiques que l'a avancé Oberlin et, d'après lui, l'abbé Barthélemy ; assertion répétée par d'autres savans, qui ont mieux aimé l'adopter que de la discuter et d'en faire sentir toute l'exagération.

Viendront ensuite les fouilles faites au XVIe. et au XVIIe. siècles, et dont rendent compte FLAMINIO VACCA, PIETRO-SANTI BARTOLI, FICORONI, WINCKELMANN, ETC., ETC. Nous indiquerons les statues qu'elles rendirent aux beaux-arts. Mais parmi les figures que citent ces auteurs, il ne nous sera pas toujours possible de retrouver celles qui existent encore aujourd'hui : leurs descriptions sont souvent si incomplètes, qu'elles ne permettent pas de reconnaître les statues qu'ils signalent.

LA FONDATION DES MUSÉES et des grandes collections particulières tels qu'ils existent aujourd'hui doit suivre les fouilles. On trouvera donc, en ordre chronologique, la fondation de tous les Musées de l'Europe, ainsi que la suite de tous les ouvrages qui offrent en gravures des *séries* de statues antiques, avec les suites des statues et l'indication des planches de chaque recueil, et un mot sur la manière dont elles sont, en général, exécutées. Ces nombreuses Tables sont accompagnées de la série de tous les dessinateurs et des graveurs qui ont coopéré à ces recueils.

Je crois pouvoir consigner ici qu'à l'exception de l'*Antiquité expliquée* de Montfaucon, qui contient dans ses planches au plus 300 statues antiques, dont beaucoup sont très-douteuses, il n'y a pas un seul ouvrage qui en offre en gravures à beaucoup près ce nombre ; et que mon *Musée*, sans compter beaucoup de figures vues de plusieurs côtés, présentera peut-être DEUX MILLE QUATRE CENTS statues antiques, dont plus de DEUX MILLE ont déjà paru au moment où ce petit ouvrage-ci est mis au jour. Il est aisé d'ailleurs de se faire une idée du nombre immense de statues que contient mon recueil en comparant l'étendue de mes Tables, dont l'une est méthodique et l'autre alphabétique, avec celles des autres collections que je donne.

Dans le dernier volume du Musée de Sculpture, seront rangés dans un tableau synoptique, d'après leur ordre chronologique, tous les artistes et les monumens de l'antiquité, de tous genres, dont on connaît les noms et les dates, ainsi que les évènemens qui ont été favorables aux arts ou qui leur ont nui. Cette partie se termine à la fin du VIe. siècle de notre ère. On y trouvera tous les personnages dont les portraits nous ont été conservés, et dont mes planches contiendront la série iconographique. Quelques signes, à la suite des noms, dans

le texte, feront connaître, au premier coup-d'œil, et les époques dont
il nous reste le plus de ces têtes, et si ces portraits sont des statues,
des bustes, des médailles ou des pierres gravées. Cette méthode d'indication se retrouve, mais avec moins de détails, dans la deuxième
partie du premier volume du petit ouvrage que l'on a sous les yeux.

Ce tableau ou ces tablettes chronologiques des arts du dessin chez
les anciens seront suivies d'une s é r i e a l p h a b é t i q u e, semblable
à celle que l'on va voir dans ce volume, et qui contiendra la nomenclature de tous les artistes de l'antiquité, jusqu'à la fin du VIe. siècle de
notre ère. Tous les ouvrages d'époques connues ayant été présentés
dans le T a b l e a u c h r o n o l o g i q u e, la table alphabétique n'offrira que l'indication des passages des auteurs où l'on peut puiser des
renseignemens sur ces productions ; mais elle indiquera les ouvrages
de tous les artistes dont on ignore la date, et qui ne se prêtent pas à
un classement chronologique, et l'on en offrira les détails dans les
tables qui suivront. On y trouvera toutes les pierres gravées de
quelque intérêt portant le nom de leur auteur avec toutes les indications qui peuvent servir à faire reconnaître ces pierres. Les noms des
peintres de vases dont le nombre s'est fort accru depuis les importantes découvertes de Corneto, de Vulci, ne seront pas non plus omis
et prendront leur place dans ces tables.

La troisième partie des Tables contiendra, par o r d r e a l p h a-
b é t i q u e, tous les m o n u m e n s g r e c s e t r o m a i n s d'époques
et d'auteurs connus et inconnus ; on y verra tous ceux dont il est
question dans les principaux écrivains de l'antiquité, tels que Homère,
Hérodote, Diodore de Sicile, Denys d'Halicarnasse, Strabon,
Pline l'Ancien, Pausanias, Athénée, Philostrate, l'Histoire Auguste, l'Anthologie grecque et l'Anthologie latine, Hésychius,
Suidas, les Inscriptions grecques et les latines, etc., etc. Ces monumens sont rangés par classes : t e m p l e s, a u t e l s, t o m b e a u x,
m o n u m e n s d i v e r s, s t a t u e s, t a b l e a u x, etc.

D'après les relations des voyageurs modernes auxquels on doit les
notions les plus exactes sur la Grèce, seront indiqués les monumens
qui s'y trouvent encore, et que font connaître les auteurs anciens,
dont les citations seront suivies de l'indication de celles des voyageurs
modernes ; avec le signe ? lorsqu'il y aura quelque doute sur l'iden-
tité du monument ou sur sa position.

Ces diverses parties offriront donc tous les artistes et tous les
monumens de l'antiquité connus par les auteurs anciens, jusqu'à la
fin de l'empire romain et de l'empire grec en Occident et en Orient.
J'ai cru devoir terminer cet ouvrage-ci et le Musée de Sculpture
antique et moderne par un travail qui n'a jamais été fait pour les
monumens, les statues et les autres productions de arts de l'antiquité,
et pour lequel celui de Sestini sur les médailles m'a servi de modèle ;

et je n'en pouvais suivre un meilleur d'après la haute réputation dont jouissent chez les hommes appelés à en juger les *Classes generales, etc.,* de ce savant numismate. J'ai donc rangé en ordre géographique tous les monumens anciens par contrées, en partant de l'Espagne, et par villes mises en ordre alphabétique, de manière à ce que l'on puisse saisir presque d'un coup-d'œil, leurs divers degrés de richesses en ce genre, et savoir ce qui distinguait la moindre des bourgades citées par les auteurs anciens. Ce travail a été long et pénible, et après avoir rassemblé d'immenses matériaux par moi-même et par les soins de M. Adolphe Lavergne, jeune et savant avocat, établi d'abord à Toulouse et depuis à Paris, j'ai eu pour collaborateur très-éclairé, dans la disposition géographique, M. Alfred Maury, jeune homme d'une grande capacité, possédant les langues classiques et des langues modernes, familiarisé avec les auteurs anciens, et qui est aujourd'hui attaché à la Bibliothèque royale. Je me fais un plaisir de reconnaître ici ce que je lui dois, ainsi qu'aux recherches exactes, à la critique serrée et consciencieuse de mon ami M. Lavergne. Nous termi-minons le classement géographique par un vocabulaire court, mais substantiel, de tous les pays anciens et de tous les lieux qui se trou-vent cités dans mon *Musée de Sculpture antique et moderne* et dans cet ouvrage-ci dont la nomenclature des villes et des autres lieux est beaucoup plus étendue que celle du grand ouvrage. On voit que rien n'a été négligé pour leur donner toute l'utilité dont ils étaient sus-ceptibles. Si je n'y ai pas réussi, j'aurai du moins l'honneur de l'avoir entrepris.

Nota. Quelques observations que M. Dubois a tirées d'une correspondance manuscrite de Mariette, provenant de la précieuse collection de l'abbé de Tersan, m'engagent à modifier un passage de la page xlvj. Il pourrait faire croire que le goût du duc d'Orléans, régent, pour les pierres gravées lui avait fait faire de nombreuses additions à la collection du cabinet d'Orléans; mais il paraît que, se contentant de celle qui lui venait de sa mère, la prin-cesse Palatine, il n'y ajouta pas une seule pierre. Ce fut son fils, le duc Louis d'Orléans, qui enrichit la collection de sa famille par l'acquisition de celle de Crozat (*V.* p. xxxj), qui faisait partie des nombreuses suites d'ob-jets d'art laissées par ce célèbre amateur. Ce n'est pas que le duc d'Orléans eût un goût prononcé pour les pierres gravées; il avait même refusé d'acheter celles de Crozat lorsqu'on les lui fit offrir, vers 1741. Dégoûté du monde et des affaires, et entraîné par sa piété et par sa passion pour les lettres orien-tales et les sciences naturelles, il s'était déjà retiré à l'abbaye de Sainte-Geneviève; mais on lui représenta que la somme qui proviendrait de cette collection devait, d'après les intentions exprimées dans le testament de Crozat, être employée à des institutions de charité et de piété, alors le ver-tueux prince se décida à l'acheter pour contribuer à ces bonnes œuvres.

Nous nous apercevons, mais trop tard, que le nom si avantageusement connu de M. Toelken de Berlin, a, dans le commencement du volume, sou-vent été écrit Toelcken.

ABRÉVIATIONS.

Nota. Pour les autres abréviations voyez pp. 455 et 521.

Ach. Tat. — Achilles Tatius.
Act. Ap. — *Actes des Apôtres.*
Æl. — Ælien.
agron. — agronome ou agronomique.
Amad. — Amaduzzi.
Annal. — *Annales* et annaliste.
Aristæn. — Aristænète.
Ath. — Athénée.
Athénag. — Athénagore, avec St. Justin, Tatien, etc., édit. de Ch. Osmond. Paris, 1742.
Brac. — Bracci.
Cass. — Cassiodore.
Cédr. — Cédrénus.
Clém. Al. — Clément d'Alexandrie, édit. de J. Potter, 2 tom. in-fol. Oxford, 1715.
cour. Mél. — couronne de Méléagre. *V.* ce nom, p. 629, aux *Personnages célèbres* du 1er. siècle av. J.-C.
cour. de Phil. — couronne de Philippe. *V.* ce nom, p. 686, aux *Personnages célèbres* du Ier. siècle de J.-C.
Dej. — Dejonge.
Diog.-L. — Diogène-Laërce, édition de Wetstein. Amsterdam, 1692.
Etim. Mag. — *Etimologicus Magnus.*
Eunap. — Eunapius.
Eurysth. — Eurysthénide. *Voy.* Anaxandride. p. 499, aux *Personnages célèbres* du VIe. siècle av. J.-C.
Eust. — Eustathe.
Grav. — Gravelle.
Grut. — *Inscript.* de Gruter.
Hist. aug. — *Historiæ augustæ,* éd. variorum.
hymnogr. — hymnographe.

Jun. — Junius, *De Picturâ Veterum.*
Köhl. — de Köhler.
Letr. — Letronne.
Lipp. — Lippert.
Mar. — Mariette.
Mill. G. M. — Millin, *Galerie Mythologique.* — *Dict. B.-A.* Dictionnaire des Beaux-Arts.
minér. — minéralogiste.
Müll. (K.). — Karl Müller, *Ægineticorum liber, etc.*
Müll. (K. Odf.). — Karl Odfried Müller, *Orchomenos.*
Mur. — Muratori, *Thes. Inscr.*
Orl. — Orlandi.
Panof. — Panofka.
Paus. — Pausanias, édit. de Facius, 4 vol. in-8o. *Lipsiæ,* 1796.
Philostr. — Philostrate, édit. de Welcker. *Lipsiæ,* 1825.
Phot. — Photius.
Pl. — Pline, édition de J.-P. Miller. Berlin, 1766.
Procl. — Proclide. *Voy.* Ariston, p. 399, aux *Personnages célèbres* du VIe. siècle av. J.-C.
Quint. — Quintilien.
R.-Roch. *L.* ou *L. Sch.* — R.-Rochette, *Lettre à M. Schorn.* Paris, 1832. = *Let. au D. de L.* — *Lettre au duc de Luynes.*
Sill. — Sillig, *Catalogus artificum, etc.*
Symm. — Symmaque.
Tat. — Tatien, édit. de Worth. Oxford, 1700.
Thiersch. *Sur les époques des Arts du Dessin,* en allem.
Vœlk. — Vœlkel.
Wordl. — Wordlige.

TABLE ALPHABÉTIQUE

ARTISTES DE L'ANTIQUITÉ

JUSQU'A LA FIN DU VI^c. SIÈCLE DE NOTRE ÈRE.

Siècles.

A.

*† ABASCANTIUS, gr.f. GORI, *Dactyliotheca Smithiana*, p. XXIII; BRACCI. ???.

ABRON, *voyez* HABRON.

ACCIUS ou ATTIUS PRISCUS, ptr. PL., l. 35, c. 37. — I* Page 697.

ACÉSAS, habile brodeur de personnages, et dont on montrait à Delphes des ouvrages remarquables. JUNIUS; *Anth. Pal.*, t. 2, p. 683, N°. 334; WELCKER, *Kstbl.*, 18 oct. 1827. — Au reste il est incertain que cet *Acésas* fût brodeur ou peintre; père d'Hélicon, dont l'état n'est pas plus positif. Le poète de l'*Anthol.* se borne à dire que Pallas avait doué d'une grâce divine les mains d'Hélicon. *V.* VŒLKEL, *Arch. nachlass*, p. 118.

ACESTOR de Cnosse, père d'Amphion; stat. PAUS., *El.* 2, c. 3, 2, c. 17, 2; *Phoc.*, c. 14, 4. Ce statuaire avait fait, pour le bois de l'Altis, sur les bords de l'Alphée, à Olympie, la statue d'Alexibius d'Héra, en Arcadie, vainqueur au pentathle parmi les enfans. — Vb

*† ACHIOPHILUS, gr.f. ???. ΑΧΙΩΦ. L'Amour tenant de la main droite sa torche renversée, de la gauche son arc et une flèche. AMADUZZI, *Ac. Cort.*, t. 9, p. 146; BEGER, *Thes. Brand.*, t. 3, p. 201. Bracci, t. 2, p. 284, croit cette mauvaise pierre des temps barbares, et que le nom n'est pas celui du graveur. M. Raoul-Rochette, *Let. Schorn*, p. 36, pense que si le nom était antique, et avait été mal lu, ce pourrait être ΑΞΕΟΧΟΣ.

	Siècles.
ACRAGAS, gr., cis. Pl., l. 33, c. 55. Les plus beaux ouvrages de ce ciseleur, l'un des plus célèbres après Mentor, étaient à Rhodes, île très-riche en ce genre. Le temple de Bacchus y conservait des coupes sur lesquelles Acragas avait ciselé des C e n t a u r e s et des B a c c h a n t e s ; il en avait aussi orné d'autres avec des scènes de c h a s s e d'une grande beauté.	?
ACUTUS, *voy.* TRAVIUS.	
* † **ADAMAS**, sc. Bracci, ???. *V.* DIONYSODORE.	?
* **ADMON**, AΔMωN et AΔMΩN, gr.f. Tête d'Auguste, AΔMΩN. Mongès, *Icon. rom.*, t. 3, pl. 18, N°. 6. — C a m é e à deux couches, de profil, coll. de la Turbie, et qui a passé dans celle du duc de Blacas. ??. Mais il paraît que le nom d'Admon sur cette belle pierre est très-suspect, et que cette tête est la même que celle où Visconti a cru lire AKMΩN et y trouver le nom d'un graveur inconnu jusqu'alors. — H e r c u l e B u v e u r, AΔMωN, la massue à la main gauche, coupe dans la droite, peau de lion tombant en arrière ; sardoine, intaille, cabochon, ovale, 0,023^m sur 0,014^m. Stosch, pl. 1 ; De Murr, p. 40 ; Brac., t. 1, pl. 1. Selon ce dernier, c'est une cornaline ; du cabinet Verospi, et ensuite de celui du légat apostolique Molenari, cette pierre passa dans la collection du D. de Marlborough, t. 1, N°. 32 ; Wordlige, pl. 76 ; Lipp., t. 1, p. 223, 608, Denh, p. 59, N°. 30 ; Raspe, N°. 5920 ; Millin, *Dict. B.-A.*, t. 1, p. 708 ; *Introd.*, p. 169. Visc., *Op. var.*, t. 2, p. 225. D'après l'ω pour l'Ω Visconti, croit, p. 116, que le graveur est postérieur à Alexandre-le-Grand. Aujourd'hui cette superbe pierre fait partie, dit-on, de la collection de M. le duc de Blacas, ce qui cependant est débattu, plusieurs antiquaires assurant que l'ancien cabinet Marlborough est encore intact. — T ê t e d' H e r c u l e v i e i l l i s s a n t, AΔ. Gori, *Dactyl. Smith*, I, pl. 48 ; De Murr, p. 40 ; Bracci, t. 2, ?? ; citée par Millin, *Intr., etc.*, p. 169. D'après Visconti, ces lettres pourraient indiquer un autre nom qu'Admon. — H e r c u l e M u s a g è t e, AΔMωN. Coll. du prince Poniatowsky. R.-Roch., *Let. Sch.*, p. 19. — H e r c u l e a s s i s e t u n e v a c h e, AΔMωN, pâte antique. Raspe, N°. 15338. — Une belle pierre signée AΔMωN, V u l c a i n o f f r a n t d e s a r m e s à u n j e u n e g u e r r i e r d e m i - n u, a s s i s p r è s d' u n e f e m m e v o i-	

léc, paraît être un ouvrage de Natter. RASPE, N°.
7374. — Je trouve dans les notes de M. Dubois un
Hercule enfant étouffant les serpens,
pierre appartenant à M. Beck. C'est par une erreur
typographique que Vermiglioli, *Lezioni di Archeol.*,
t. 1, p. 264, a écrit AΔMON pour AΔMωN; mais
M. Dubois croit cette pierre moderne.

M. de Kœhler (dans le recueil de M. Bœttiger, intitulé
Archæologie und Kunst, p. 50), rejette comme moderne
cet ADMON, et l'on ne voit pas pourquoi, car à en juger
par l'empreinte de l'Hercule buveur, cette pierre,
très-belle, quoique d'un dessin très-lourd, est dans le caractère antique assez ancien. Rien ne prouve que le nom
ait été ajouté par une main moderne. Il en est de même de
plusieurs autres graveurs que ce savant repousse d'une
manière très-arbitraire, et en ne s'étayant que sur des raisons fort peu solides, telles que des noms qu'il ne trouve
pas assez bien gravés pour être antiques et dignes du talent
d'artistes habiles. Peut-être, au contraire, serait-ce une
raison de penser que ces noms, ainsi négligés, comme le
présente la pierre de l'Hercule buveur, sont bien de
la main des graveurs des pierres. En inscrivant des noms,
partie très-accessoire de leurs ouvrages, des maîtres ont
bien pu y mettre moins de soin, ou avoir moins de pratique que dans l'exécution des sujets et des têtes. C'est
comme si l'on niait qu'un beau tableau, un dessin de
mérite ou une statue, ne sont pas de tel ou tel grand maître, parce que la signature en est mal faite. La gravure
des lettres est une affaire de métier, et il est à croire,
ainsi que le pense Caylus, *Rec.*, t. II, pl. 40, N°. 1,
p. 156, que c'en était un particulier, et que souvent les
graveurs, pour signer leur nom, avaient recours à l'a-
dresse de ceux dont c'était l'état spécial. Aujourd'hui ce
ne sont pas les graveurs qui mettent la lettre à leurs planches, mais des graveurs en lettres, et quand ils signent
eux-mêmes leurs noms, ils le signent comme ils écrivent,
et même encore plus mal, et il y a une grande différence
entre la manière dont ils gravent et celle dont ils écrivent.
L'admirable régularité, la finesse de certains noms gravés
sur les pierres antiques, autoriseraient donc, peut-être,
à penser que souvent ils l'ont été par d'autres que l'artiste
qui a gravé le sujet, quoiqu'il l'ait pu faire aussi lui-même.
Nous avons des graveurs modernes de grand talent, tels
que les Pichler, Marchant, Natter, Burch, Brown, Jeuffroy, qui ont gravé eux-mêmes leurs noms avec une

finesse qui n'est pas au-dessous de celle de Pamphile, de Dioscourides, d'Aulus ou d'Hyllus. Des graveurs modernes peuvent s'être exercés à ce genre de travail, qui ne demande que de l'adresse de main, lorsqu'ils ont voulu imiter les anciens, et faire passer, sans mettre personne dans leur confidence, pour antiques leurs ouvrages, dont, par cette supercherie, ils trouvaient à se défaire avec plus d'avantage que s'ils les eussent donnés pour modernes et sous leurs noms. Une pierre très-belle, H e r c u l e é t o u f f a n t l e l i o n d e N é m é e, et reconnue pour être de Natter, est signée du nom de PHILÉMON, ϽΟИΟΜΗΛΙΦ, parfaitement gravé. Souvent aussi trouve-t-on des noms très-bien gravés sur des pierres fort médiocres. Ainsi, le plus ou moins d'adresse dans la gravure des noms, quand il n'y a pas d'autres motifs, n'en offre pas d'assez décisifs pour faire admettre ou pour rejeter le nom d'un graveur ancien. Quant au nom d'A D M O N écrit ΑΔΜΩΝ ou ΑΔΜΩΝ, peu importe, puisque sous les premiers empereurs, et même avant, on trouve dans les inscriptions l'oméga figuré ω et Ω.

ÆGINETA ?, plast. PL., l. 35, c. 40. *Voy.* SILLIG.   III c

* ÆLIUS, gr.f., ΑΕΛΙΟΞ. — T ê t e d e T i b è r e, de face, corn., int., coll. Corsini. BRACCI, pl. 2. C'est probablement celle que donne Raspe, No. 11159. Une copie achetée à Constantinople par le Cte. de Pourtalès-Gorgier, est signée ΕΛΙΟϹ. — T ê t e d ' H o m è r e, de profil ??; *Niccolo*, int. très-belle, ΑΙΛΙΟϹ. Musée de La Haye, DE JONGE, p. 149, No. 23. — T ê t e d e ...., ΑΕΞΛΙΟϹ, coll. Marlbor., t. 2, pl. 31.

* ÆNEADES, ptr. de vases. ΑΙΝΕΑΛΕϞ ΕΓΡΑ sur une coupe de Vulci, à anse, de la coll. de M. Éd. Durand.

* ÆPOLIEN, gr.f., AEPOLIANI. T ê t e d e M.-A u r è l e, pâte antique, intaille, ovale, cabochon,   II*
0,016m. sur 0,012m. (STROSCH, 2). De Murr, p. 40, pense que c'est le dernier graveur ancien qui ait mis son nom sur ses ouvrages; il cite une autre tête de M.-Aurèle avec le nom d'AEPOLIANVS, sur une calcédoine de M. de France, à Vienne (BRACCI, pl. 3). M. Welcker (*Kstbl.*, 18 oct. 1827) croit, contre Millin, *Introd.*, p. 152, que cet Æpolien peut être le même que celui dont le nom est écrit en grec ΑΙΠΟΛΙ Φ sur une belle pierre gravée, B a c c h a n t e n d é l i r e, sard., int., publiée par Millin (*Pierr. grav. inéd.*, pl. 32). Vis-

conti, *Op. var.*, t. 2, p. 408, N°. 49, voit sur cette pierre de la coll. de la Turbie, un B a c c h u s a v e c l e t h y r s e, près de lui un bonnet phrygien suspendu à un arbre. Ce graveur serait fils d'un Phronyme, d'un Phrynichus, ou de tout autre dont le nom commencerait par un Φ. Ou peut-être ce Φ serait-il mis pour FECIT, ΦΗΚΙΤ, ce qui serait assez simple à la suite d'un nom latin écrit en grec (R.-ROCH., *Let. Sch.*, p. 20). Lippert, II, p. 208. N°. 752, donne une pâte avec le nom d'AEPOLIANI, sans indiquer le sujet. M. Dubois connaît un médiocre triomphe d'empereur romain, pierre moderne signée AEPOLIANI.

* ÆSCHINES ?, stat., ...ΓΕΝΗΣ ΚΑΙ ΑΕΣ..... ΟΙΕΠΟΙΟΥΝ. Peut être un Diogène et un Æschine (ΑΕΣΧΙΝΗΣ pour ΑΙΣΧΙΝΗΣ) peut-être de Rhodes, furent-ils les auteurs d'une statue de Gabies. VISCONTI, *Mon. Gab.*, N°. XII, p. 34, et R.-ROCHETTE, *Lett. à M. Schorn*, p. 55.

† ÆSCHRAMIUS. Montfaucon, *A. E.*, t. 3, part. 2, N°. 158, avait cru voir ce nom, qui n'a pas la tournure grecque, dans deux mots gravés sur les cuisses d'une figurine en bronze du Cabinet des Antiques de la Bibliothèque Royale, et il avait lu ΚΑΦΙΣΟΔΟΡΟΣ ΑΙΣΧΡΑΜΙΟΥ, CAPHISODORE FILS D'ÆSCHRAMIUS, et depuis lui la plupart des archéologues avaient regardé le père et le fils comme les fondeurs-ciseleurs de cette figurine, qu'on appelait un *athlète* et qu'on faisait remonter à une haute antiquité. — M. Sillig, *Cat. artif.*, admet *ÆSCHRAMIUS* et *CÉPHISODORE* comme artistes et collaborateurs de cette statuette. — M. Raoul-Rochette, dans sa *Lettre à M. le duc de Luynes sur les noms des anciens Graveurs*, avait aussi reconnu la figurine comme un *athlète* et un ouvrage d'*ÆSCHRAMIUS* et de *CAPHISODORE*; mais dans le *Journal des Savans*, mai 1834, p. 289, il a presque abandonné la dernière partie de son opinion, et adopté celle de Lanzi (*Saggio di Ling. etrusca*, t. 2, p. 471), qui lisait le second mot fort différemment de ceux qui l'avaient précédé. Quoiqu'il n'eût sous les yeux qu'un mauvais dessin du Cte. de Malvasia, qui avait publié dans ses *Marmora Felsinca* 1690, p. 367, cette figurine avant Montfaucon, sa sagacité lui fit découvrir le mot ΑΙΣΧΛΑΙΠΙΟΙ dans le prétendu ΑΙΣΧΡΑΜΙΟΥ. Mais M. Letronne, dans son intéressante *Lettre à M. Millingen sur une statue*

votive d'Apollon (PHILESIUS), *en bronze* (t. 6 des *Annales de l'Instit. archéol.*, p. 198–233, mars 1834, et séparément, 1835, chez Paul Renouard), a confirmé, par des preuves solides, les présomptions du savant Lanzi ; et l'on ne peut plus lire dans cette inscription dorique que ΚΑΦΙΣΟΔΟΡΟΣ ΑΙΣΧΓΑΠΙΟΙ pour ΚΕΦΙΣΟΔΩΡΟΣ ΑΣΚΛΗΓΙΩΙ, CAPHISODORE ou CÉPHISODORE A ESCULAPE. C'est une consécration que fait de cette figurine, à ce dieu, *Céphisodore*, qu'on n'en doit regarder que comme le donateur et non comme l'auteur. Ainsi, les noms de *Caphisodore* et de son prétendu frère *Æschramius* doivent disparaître de la liste des artistes. On voit que dans cette inscription en dialecte dorien, le premier Ο de ΔΟΡΟΣ est un Ο *micrôn* au lieu d'un Ω *méga*, que dans ΑΙΣΧΓΑΠΙΟΙ, ΑΙ est pour Α, Χ pour Κ, Α pour Η et ΙΟΙ pour ΙΩΙ ou pour ω, et ΠΙΟΙ au lieu de ΠΙΟΙ ou ΠΙΩΙ. M. Letronne prouve aussi que cette figurine n'est pas un *athlète*, ainsi qu'on l'avait cru, mais un *Apollon*, comme la belle statue de bronze d'*Apollon Philésius*, trouvée près de Livourne et donnée en 1835 au Musée Royal par le roi (*V.* CANACHUS). L'inscription est en lettres d'une forme plus archaïque ou plus ancienne que le style de la figurine, qui n'annonce qu'une imitation libre de l'ancien style hiératique grec, ce qui a eu lieu souvent pour des ouvrages de ce genre, où quelquefois, au contraire, l'inscription est d'un style moins ancien que celui de la sculpture, ainsi qu'on le voit à l'*Apollon Philésius* des médailles de Milet, où l'on avait reproduit une statue célèbre de Canachus, et on le retrouve dans une statue de bronze du Musée Chiaramonti, à Rome, et dans une figurine en bronze du Musée Britannique (voy. *Mus. de Sculpt. antiq. et mod.*, 930, 931, pl. 483). La figurine de *Caphisodore* a été découverte à Bologne dans l'endroit nommé *Campo de Buoi*, et, selon Lanzi, en travaillant aux fondations du palais Ranuzzi. Malgré son inscription grecque archaïque, il est à croire qu'elle est de fabrique italienne, et a été faite par des Grecs italiotes, à une époque peu ancienne, où l'on avait, dans quelques contrées, conservé l'ancienne forme des lettres, ou bien où on les imitait pour donner à ses ouvrages un vernis de haute antiquité.

On a publié plusieurs fois ce petit bronze : il l'a été

d'abord par le Cte. de Malvasia cité plus haut ; il donne l'inscription sur la même cuisse et sur la même jambe, tandis que ΚΑΦΙΣΟΔΟΡΟΣ est à gauche et ΑΙΣΧΡΑ-ΠΙΟΙ à droite. Il dit aussi que cette figurine faisait partie du Musée Cospiani, à Bologne ; mais ce fut après 1677, date de la description de ce Musée par Legati, qui ne la donne pas. Elle appartint ensuite au Musée Wilenbrock ; Cuper la cite, *Lettres à La Croze*, lett. 9, et il écrit ΑΙΣΚΛΑΠΙΟΝ. Elle passa depuis dans le cabinet du Cte. de Thoms, pl. 6, 1745, et de là à la Bibliothèque Royale de Paris. Montfaucon, en la décrivant, fait un double emploi, *A. E.*, 3e. part., t. 2, p. 269, en croyant que c'était une figurine différente de celle du Cte. de Malvasia. Pacciaudi l'a aussi publiée dans ses *Mon. Pelop.*, 2, p. 52.

* ÆSCHYLE , *voy.* HISCHYLUS.

* ÆSOPUS et ses frères, stat., sont nommés dans les inscriptions de Sigée, ville fondée avec les ruines de Troie, comme sculpteurs de la statue de Phanodicus, fils d'Hermocrate de Proconèse (*voy.* CHISHULL dans MURAT., *Thes. Inscr.*, t. 4, p. 2103). Piacentini et il paraît Lanzi, *Saggio*, *etc.*, t. 1, p. 104, sont portés à regarder cet Esope comme l'auteur des fables, ce qui placerait cette statue vers 550 av. J.-C. | VI *c* ?

ÆTHERIUS , arch., mécan. ; il travailla pour l'emp. Anastase à Constantinople. BRUNCK, *An.*, III, p. 136, XV ; VŒLKEL, *Archœol. nachlass*, 1831, p. 102. | V*

* ÆTHON ?, gr. monétaire, ΑΙΘΩΝ. Ce nom, qui se trouve sur deux médailles de Cydonie, en Crète, a été regardé, ainsi que celui de PASION, par Eckhel, comme des noms de magistrats. M. Raoul-Rochette , *Lettre à M. le duc de Luynes*, p. 3, est porté à y voir des noms de graveurs monétaires, parce que le nom d'*ÆTHON* se retrouve sur une médaille de Lysimaque. Mais ne peut-il pas y avoir eu, dans deux contrées, deux magistrats du nom d'*ÆTHON*, et n'est-ce pas aussi probable que de voir un graveur travailler pour la Crète et la Macédoine, qui, sans être fort éloignées, n'étaient pas très-près l'une de l'autre ? Ces noms de graveurs restent douteux, et l'on peut en dire autant de celui d'*ARISTOBULE* d'une médaille de Côs et d'une d'or de Lysimaque.

AÉTION, ptr. LUCIEN, *Imagg.*, 7, t. 2, p. 466; *in Herod.*, 5, § 65, t. 1, p. 834. | IV *c*
P. 579.

Siècles.

AÉTION, stat. Théocrite ; *Anth. Pal.*, t. 1, p. 296, Nº. 337. Il fit en bois de cèdre une très-belle statue d'Esculape que consacra à Milet Nicias, habile médecin et poète, qui florissait du temps de Théocrite. Voy. *Nicias*, p. 595.

III c

* **AÉTION**, AETIⲰNOC, gr.f. Tête de Priam, avec le bonnet phrygien, profil à droite, sard., int., ovale, légèrement caboch., 0,024ᵐ. sur 0,018ᵐ. Léon. Agostini, p. 39, appelle cette tête Massinissa ; le nom du graveur n'est pas sur sa planche. Stos., pl. 3 ; Gravelle, t. II, 103 ; Lipp., II, 116 ; De Murr, p. 41 ; Denh, p. 56, Nº. 6 ; Bracci, pl. 4 ; Raspe, Nº. 9106 ; Millin, *Dictionn. B.-A.*, t. 1, p. 712, *Intr.*, p. 183 ; *Gal. Myth.*, pl. 171 *bis*, Nº. 588. Raspe, d'après Winckelmann, *Cat. Stosch.*, p. 354, Nº. 191, dit que de chez M. Masson cette pierre passa dans la collection du duc de Devonshire. C'est aussi l'opinion de Visconti, *Op. var.*, t. 2, p. 169. Il n'est pas de l'avis de Bracci, qui pense que cet Aétion pouvait être le peintre qui peignit Alexandre et Roxane. Du Nº. 9106 à 9114, Raspe donne plusieurs copies de cette belle pierre ; une, Nº. 9107, en cornaline, avec le nom écrit ACITⲰN, était du cabinet Tassie ; celle du Nº. 9112, aussi en cornaline, de la collection d'Orléans (Lipp. II, 116). Selon Raspe, ce n'aurait pas été la pierre originale. Il paraît que, copie ou non, elle n'en a pas fait partie : d'après une note de M. Dubois, tirée de Gassendi, cette pierre aurait appartenu à Peyresc, et l'on ignore ce qu'elle est devenue. Une copie dans le cabinet de La Haye, Dejonge, p. 175, Nº. 9. Gravelle, t. 2, p. 103, donne une tête de vieillard casqué, et dans le champ un hermès de Priape avec le nom d'Aétion, ⳂOИⲰITƎA (AETIⲰNOC), sans indiquer d'où il l'a tirée. Ce ne peut pas être celle de Stosch ni de Bracci, et elle n'est même pas de la même grandeur. Du reste, elle est aussi mal gravée que toutes les planches de Gravelle, et l'on ne conçoit rien aux éloges donnés par Mariette à la manière dont est exécuté cet ouvrage. — Une **B a c c h a n a l e** de neuf paysans sacrifiant. AETIⲰNOC (Lipp. I, p. 322, 944) paraît à Raspe, Nº. 4393, dans le style du graveur moderne Dorsch, qui, selon lui, a gravé la plupart des pierres, prétendues antiques, du cabinet d'Ebermayer, publié à Nuremberg, 2 vol. in-fol., 1720-22, et qui a passé en Portugal. — **M e r c u r e   b a r-**

Siècles.

bu, debout, AΕΤΙΩΝ; cornaline intaille appar-
nant à M. Pétrée à Paris, acquise par lui en Egypte.
Selon M. Dubois, cette figure, dont l'antiquité est douteuse, a de l'analogie avec un Mercure barbu
gravé sur une hyacinthe de la collection de lord Algernon-Percy. RASPE, N°. 1397, pl. 30; MILLIN, *Gal.
Myth.*, pl. 50. N°. 205, et avec le Mercure du putéal
du Capitole. Une pierre du cabinet de M. le Bᵒⁿ. Beugnot porte ƆΟИΩΙΤƎΛ.

AGAMÈDE, arch. M. Sillig le place avec raison parmi | AAA ?
les artistes des temps mythologiques. Au reste, ce n'est
ni dans l'*Iliade* ni dans l'*Odyssée* qu'il en est question,
mais dans l'*hymne à Apollon*, v. 296; et comme les
hymnes attribués à Homère ne sont pas de lui, on ne
peut lui imputer ni AGAMÈDE, ni ERGINUS, ni TRO-
PHONIUS, que l'hymne donne pour père et pour frère
à AGAMÈDE. Cependant ces architectes, qu'on disait
avoir construit le temple de Tégée et l'*Heræum* ou
temple de Junon à Olympie, pourraient bien avoir
existé à des époques incertaines. Selon Pausanias,
Bœot., c. 37, 3, 5, ils auraient érigé un temple à Neptune, celui d'Apollon, en marbre, à Delphes, ainsi
que le trésor d'Hyriæus, et bâti le palais d'Amphi-
tryon, ce qui les rejette encore dans les temps fabuleux.

AGAPTUS, arch. *Voy.* AGNAPTUS. | ?

*AGASIAS, fils de Dosithée; stat. d'Éphèse. AΓAΣIAΣ | IV ?
ΔΩΣΙΘΕΟΥ ΕΦΕΣΙΟΣ ΕΠΟΙΕΙ. Auteur du Hé- | P. 579.
ros combattant ou Gladiateur Bor-
ghèse. M. Sillig veut en faire un HÉGÉSIAS; mais
pourquoi changer ce nom, écrit AGASIAS en dialecte
dorien sur la statue, que ce statuaire portait certainement et sous lequel il était connu? *V.* WINCKELM.,
H. A., t. 1, p. 292 *et seq.*, et les notes; THIERSCH,
Epochen, etc., 2ᵈᵉ. édit., p. 182; BŒCKH, *C. Inscr.*,
t. 2, p. 237. Une statue de Mars du Musée Royal,
N°. 411, porte le nom d'Héraclide d'Ephèse,
fils d'Agasias; et Visconti, *Notice du Musée
Royal*, et *Op. var.*, t. 4, p. 321, est porté à regarder
cet AGASIAS comme le même que celui du Héros combattant. *Voy.* AGNEIUS et HÉRACLIDE.

*AGASIAS, fils de Ménophile d'Ephèse. Il travailla à | ?
Délos pour les Romains. Son nom, dans l'inscription
qui en parle, est écrit Agasias. SPON, *Misc.*, p. 121,

d'après J.-F. Gronovius, *notes sur Pline*; Bœckh, *Corp. Inscrip.*, t. 2, p. 238, No. 2285 *b*, ΑΓΑΣΙΑΣ ΜΗΝΟΦΙΛΟΥ ΕΦΕΣΙΟΣ ΕΠΟΙΕΙ ; cette inscription était celle de la statue élevée à Délos au *legatus* romain C. Billienus, peut-être celui dont parle Cicéron, ce qui placerait ce statuaire vers 105 avant J.-C. Bracci, t. 2, p. 259. *Voyez* HEGESIAS, et Sill., *Catalog. artif.*, p. 223-225.

* **AGASIUS (SEXT. POMPEIUS)**, arch. de S. Pompée. Inscription trouvée à Rome par J. Lipse. Grut., p. 633, 3; omis par M. R.-Rochette.

* **AGATHANGELUS**, gr.f. ???. ΑΓΑΘΑΝΓΕΛΟΥ au lieu de ΑΓΑΘΑΓΓΕΛΟΥ. Tête de S. Pompée, cornaline très-belle, ressemblant à un rubis, intaille, ov., caboch., 0,018m. sur 0,025m. Ant. Borioni, *Col. rom. antiq.*, pl. 68, p. 48. De son temps cette pierre appartenait à un gentilhomme polonais. Winckelm., *H. A.*, t. 5, p. 124, t. 6, p. 212; *Catalog.* Stosch, p. 437, No. 185. Il dit, et De Murr, p. 42, répète après lui, qu'elle avait été trouvée dans un tombeau, près de celui de *Cecilia Metella* à Rome (elle était montée sur un anneau d'or d'une once), et qu'elle appartenait à Sabbatini, après la mort duquel on la vendit 200 écus romains à la Dsse. de Lunéville Calabritto, qui la donna au peintre Hackert. Bracci, pl. 5, 54; Raspe, No. 10791, ΑΓΑΘΑΝΓΕΕΛΟΥ (*sic*). — Vettori dit la pierre antique et le nom moderne. Lessing, *Kolleht.*, etc., t. 1, p. 276, est disposé à regarder comme moderne cette pierre, dont il paraît ne parler que de ouï-dire. Visconti, *Op. var.*, t. 2, p. 121 et 327, pense qu'elle est d'*Alessandro Cesari*. M. Meyer n'en parle pas dans son *Hist. de l'Art.* Winckelmann, *H.A.*, l. 11, c. 1, § 12, t. 6, p. 200, 202, cite encore *Agathangelus* sans exprimer de doute; et même, p. 212, il fait remarquer la manière dont ce nom est écrit: ΑΓΑΘΑΝΓΕΛоΥ pour ΑΓΑΘΑΓΓΕΛоΥ. Plus bas il certifie, d'après une médaille d'or, l'exactitude de la ressemblance de la tête de Sextus Pompée. Il donne quelques détails sur la figure, la barbe, etc. Le même volume, pl. 8 *c*, de cet auteur, présente encore cette tête. M. Raoul-Rochette, *Let. Sch.*, p. 20, reproche à M. Sillig d'avoir admis ce nom dans son *Catalogue*. D'autres peuvent penser qu'il aurait eu tort de l'omettre, mais qu'il aurait dû, d'après Vettori et Visconti, exprimer quelque doute sur

son authenticité. Raspe, N°. 10795, cite une autre
tête de S. Pompée, soufre de Stosch, très-belle, avec
l'inscription ΑΓΑΘΑΝΓΕΛΟΥ ΜΑCΙΝΟC ΕΠΟΙΕΙ,
qui doit être de la même fabrique que l'autre. Au reste,
si Vettori était certain que ce nom fût d'une main moderne, on ne peut pas aller contre un fait, mais le nom
d'*Agathangelus* n'en est pas moins antique, et se
trouve dans une inscription du *Columbarium* de Livie
(Gori, t. 2, pl. 1, N°. 161), et il pouvait très-bien être
celui d'un graveur. Ce nom, selon M. Dubois, se trouve
sous un sacrifice, pierre moderne. *V.* AGATHE-
GLOLUS.

AGATHARQUE. Il se pourrait qu'il y eût eu deux
peintres de ce nom, dont l'un était fils d'Eudème de
Samos, et apprit sans maître. Le plus ancien travailla
sous la direction d'Eschyle à ses décorations; le second, contemporain de Zeuxis, qui estimait peu sa
célérité de main, fut employé par Alcibiade. L'un de
ces peintres, probablement le premier, écrivit sur la
perspective théâtrale. Ni l'un ni l'autre ne laissa une
grande réputation, et l'on n'en cite aucun ouvrage.
Voy. Sillig; Meyer, *H. A.*, t. 2, p. 150; Vœlkel,
Archœol. nachlass, etc., p. 103, et les addit. de K.-O.
Muller, p. 149; et surtout Letronne, *Lettres d'un
Antiquaire à un Artiste, etc.*, 1835, p. 269–402.

V *b c*
et *c*

PP. 527,
530, 537,
539.

* † AGATHÉ, gr.f. ???. Bracci, t. 2, p. 284, dit que
c'est le faux Althées de Dolce; *Agathé* n'est pas
plus certain.

* † AGATHÉGLOLUS, gr.f. ???. ΑΓΑΘΗΓΛΟΛΟΥ.
Amaduzzi, *Acad. de Cort.*, t. 9, p. 146, et *Nov. Thes.*,
t. 1, p. 15, lit de cette manière barbare le nom
d'AGATHANGELUS de la tête de Sext. Pompée.

* AGATHÉMÈRE, gr.f. ΑΓΑΘΗΜΕΡΟC. T ê t e d e
S o c r a t e, sard., int., ovale, cabochon, fragmentée,
autrefois 0,014m. sur 0,011m. Cette tête, d'abord de
la collection Vandermarck, à Harlem, passa au duc
de Devonshire; Wordlige, pl. 54, la donne comme
de la collection Portland; elle est aujourd'hui dans
celle du duc de Blacas. Stosch, pl. 4; Bracci, pl. 6;
Lipp., II, p. 100, N°. 344; Denh, p. 85, N°. 16;
R.-Rochette, *Lett. Sch.*, p. 21. — De Murr, p. 43,
fait ce graveur à peu près contemporain de Polyclète.
—D'après la forme de l'Ε et du C, Visconti, *Op. var.*,

t. 2, p. 117, le croit postérieur à l'époque d'Alexandre-le-Grand ; *voy.* aussi p. 293. — Millin, *Intr.*, p. 183, met E au lieu d'Є. — RASPE, Nos. 10240 et 10241, copies.

* AGATHOCLES, stat. Il était l'auteur de l'*anathéma*, ou de l'offrande consacrée par un Philoxène dans le Parthénon, et qui pouvait être une statue. BŒCKH, *C. Inscr.*, t. 1, No. 480.

?

* AGATHON, ΑΓΑΘΩΝ. Bacchus, béril, intaille, collect. Algernon-Percy. RASPE, No. 4273.

* AGATHOPUS, gr.f. Tête de Romain inconnu, prétendu Sextus Pompée (DENH, III, p. 21, No. 51), intaille, profil à droite, béril, ovale, caboch., 1,021ᵐ. sur 0,017ᵐ. ΑΓΑΘΟΠοVC ΕΠΟΙΕΙ. D'abord à l'abbé Andreini, à Florence, ensuite au grand-duc de Toscane. STOSCH, pl. 5 ; GORI, t. II, pl. 1, No. 2 ; LIPP., II, p. 167, No. 516 ; DE MURR, p. 43 ; BRACCI, pl. 7. Raspe, No. 10772, dit cette pierre une cornaline ; MILLIN, *Introd.*, p. 173. Le nom de ce graveur est sur une copie de cette pierre et sur un mauvais enlèvement des Sabines. RASPE, No. 10773. — ΑΓΑΘΟΠΟΛVC (*sic*). Tête d'éléphant, empreinte de Stosch. RASPE, No. 12947. — AGATHOPI. Deux mains jointes, cornaline de Stosch. WINCKELMANN, *Cabin. Stosch*, p. 513, No. 221 ; DE MURR, p. 43 ; RASPE, No. 8120 ; il ne le porte pas comme nom de graveur dans son *Catalogue*.

* AGATHOPUS (M.-JULIUS) ; AGATOPVS (*sic*) AVRIFEX, orfév., cis. ou grav. sur or et arg., attaché à quelque impératrice, probablement à Livie d'après une inscription de son *Columbarium* et des serviteurs des premiers Césars (GORI, *Col.*, p. 151, No. 16). L'inscription porte M. JVLIO AGATOPODI pour AGATHOPODI, et l'on voit que ce nom avait conservé sa forme grecque AGATHOPOVS. Aux Nos. 117, 119 de Gori, on retrouve le même personnage AGATHOPODIS AVR., et au No. 118, p. 152, le nom est sous la forme latine AGATHOPVS AVRIFEX. On trouve ce nom d'AGATOPVS (*sic*) sur des lampes en terre cuite de la collection Durand.

On cite parmi les différens états attachés à la maison des empereurs : un *Gamus* (GRUT., p. 582, 8) ; un *M. Ulpius Eridanus* (p. 582, 9) ; un *M. Ulpius Dionysius*

(p. 586, 3); chargés de la vaisselle d'or, *præpositi auri escari*, ou *ab auro escario*, ou *ab auraturis.—PHILOMUSUS* (GORI, *Columb.*, p. 150, No. 13) était *inaurator*, doreur, et Jul. Firmicus, l. 4, c. 15, l. 8, c. 26, cité par Gori, place les *inauratores* avec les *aurifices*, les *bractearii*, les *argentarii*. On voit par des inscriptions que les *aurarii* formaient un collége, une corporation ; et *AVIANUS*, affranchi d'Auguste, est nommé *subprocurator aurariorum* (GRUT., p. 4, No. 4). — *Collegium vasculariorum* (REIN., (cl. X, p. 604). Il paraît que les *cyrnearii* étaient aussi des espèces de *vascularii*, qui probablement faisaient et ornaient des vases en métaux précieux. — Un *GEMELLUS*, chargé des vases d'argent à boire (GRUT., p. 582, 7), de même que *PARTHENIUS* (id., p. 582, 9) ; — un *PHILÆTERUS*, qui veillait sur les vases d'or ornés de pierres fines, *præpos. ab auro gemmato* (GRUT., p. 582) ; — *HILARIUS GUGETIANUS*, *Liviæ ad argentum* (GORI, *Col.*, 2, 191, No. 199 ; GRUT., p. 578, 5 , p. 582, 2, 6, 7). On ne peut guère metttre ces personnages au nombre des artistes, quoique peut-être ils le fussent, pas plus que *C. JULIUS DAVOS* ou *DAVUS FABER* (GRUT., p. 593, 6) ; — *HYMENÆUS THAMYRIANUS*, *à lapidicinis Carystiis*, chargé des carrières des marbres de Caryste de la maison impériale (GRUT., p. 593 , 8) ; — *L. FURIUS OPTATUS ærarius*, bien que l'*ærarius* put être un ciseleur sur bronze aussi bien que l'*argentarius* un ciseleur sur argent (GRUT., p. 1117, 3) ; — *SEX. ROSCIUS EROS ærarius* (GRUTER, p. 1117, 4). — *PLACIDÆ....... ODISI FILIÆ argentar* (SPON , *Misc.*, p. 219) ; — *ASCLEPIADES marmorarius*, de la maison impériale (GRUT., p. 593, 6) ; — *M. ULPIUS MARTIALIS à marmoribus* (GRUT., p. 593, 7). — Le *PROTOGENES capsarius aurificum* (GORI, *Columb.*, p. 155, No. 123) était peut-être, selon ce savant, le gardien ou le caissier des *aurifices*, qui déposaient chez lui leurs ouvrages dans des boîtes, des écrins, *capsæ.* — *AGRYPNUS* (affranchi de Mécène), *Cæsar Aug. à statuis*, était-il un statuaire, ou bien n'était-il chargé que de veiller à la conservation des statues des collections d'Auguste ? GORI, *Columb.*, p. 137, No. 125.

AGÉLADAS Ier. d'Argos, stat., maître de Phidias, de Polyclète et de Myron. PAUS., *El.* 2 , c. 8, 4; *Phoc.*, c. 10, 2, 3, c. 14, 5 ; *Ach.*, c. 24, 2, c. 33, 2 ; — *Anth. pal., append.*, t. 2, p. 692. *Voy.* SILLIG ; et VŒLKEL, *Nachlass*, p. 104.

VI *d*
P. 515.

AGÉLADAS II, stat. PLINE, l. 34, c. 19, *initio.*

V*bc*
P. 529.

Siècles.

* † AGÉLADAS, ΑΓΕΛΑΔΑΣ. On trouve ce nom, qui est faux ainsi que la gravure, sur une améthyste représentant Hercule en repos, et qui a appartenu à Grivaud de la Vincelle. (*M. Dubois, Cat. Grivaud.*)

* AGÉSANDRE de Rhodes, stat. PLINE, l. 36, c. 4, 11 ; SILLIG.   **I**   P. 669.

* AGÉSIAS ?, graveur monétaire. ΑΓΗ sur des médailles de Térina et de Métaponte. M. Millingen, *Ancient Coins*, etc., p. 23, note 2, croit que sur la médaille de Térina c'est le nom d'une fontaine célèbre représentée sur la médaille. R.-ROCH., *Lett. au D. de L.*, p. 43.

AGÉSISTRATE, mécanicien. VITRUVE.   **?**

AGLAOPHON de Thasos, ptr., père de Polygnote et d'Aristophon. PLINE, l. 35, c. 36 ; PAUS., *Phoc.* 24 ; SILLIG ; et VŒLKEL, *Archæol. nachlass*, etc., p. 113.   **VI** *c*   P. 150.

AGLAOPHON, stat., fils d'Aristophon. SILLIG ?.   **V** *d*   P. 510.

AGNAPTUS ou AGAPTUS d'Élide, arch. Selon quelques éditions de Pausanias (*El.* 1, c. 15, 4), il fit, dans le bois de l'Altis, à Olympie, un portique auquel les Éléens donnèrent son nom. Un passage des *Eliaq.* 2, c. 20, 7, rend cet architecte assez incertain.   **?**

*AGNEIUS, stat., ΑΓΝΕΙΟΣ. C'est ainsi, ou ΑΡΝΕΙΟΣ, que l'on doit lire le nom d'un stat. gravé sur le tronc d'arbre qui sert de soutien à une statue de Mars du Mus. Roy., No. 411. Il est joint au nom d'*HÉRACLIDE*, ΗΡΑΚΛΕΙΔΗΣ, d'Éphèse, fils d'Agasias ; nous nous en étions rapporté à Visconti, qui avait lu HARMATIUS, ΑΡΜΑΤΙΟΣ, ce que ne porte certainement pas l'inscription, et ce qui est facile à vérifier. M. Raoul-Rochette, *L. Sch.*, p. 76, No. 39, relève avec raison cette erreur, et donne cette inscription telle qu'elle est, sauf qu'il aurait pu indiquer les traces de l'O et l'Y du mot ΑΓΑΣΙΟΥ. Voici cette inscription, où le vide laissé entre les mots est rempli par le nœud du tronc d'arbre, sur lequel il n'y a jamais eu de lettres gravées :   **IV** *d*   P. 581.

ΗΡΑΚΛΕΙ	ΔΗΣ
ΑΓΑΣΙΟΥ	ΕΦΕΣΙΟΣ
ΚΑΙΑΓ	ΝΕΙΟΣ
ΕΓΟΙ	ΟΥΝ

Ce nom d'ΑΓΝΕΙΟΣ aurait des rapports avec ἁγνὸς,

ἀγνὴς, *pur, chaste*, et ἁγνεῖα, *pureté;* et si c'était *Ar-neius*, ΑΡΝΕΙΟΣ, la seconde lettre, en partie fruste, étant un peu douteuse, et pouvant être ou un Η ou un Ρ, ce que pourrait faire croire le Ρ d'ΗΡΑΚΛΕΙΔΗΣ, dont la boucle n'est pas fermée et avec lequel ce Ρ a de la ressemblance, on retrouverait ce nom dans l'adjectif ἄρνειος, *qui tient de l'agneau*, ou ἀρνειὸς, *agneau d'un an*, venant d'ἄρς, ἀρνὸς, *agneau*.

AGORACRITE de Paros, stat., élève de Phidias. PL., l. 36, c. 4, 3 ; Paus., *Bœot.*, c. 34, 1 ; — *Anth. Pal.*, t. 2, p. 692, Nº. 221, p. 693, Nº. 222, p. 705, Nº. 263. Ces trois épigrammes, dont les deux premières sont de Thæétète et de Parménion, célèbrent la victoire remportée par les Grecs, à Marathon, sur les Perses, qui avaient amené, pour élever un trophée, un bloc de marbre dont les Grecs, vainqueurs, firent faire la statue de *Némésis* ou *Adrastée*, qui, rappelant leur victoire, les animait à la vengeance. — M. Sillig parle au long d'*Agoracrite*.

Vc
P. 530.

AGROLAS, arch. des temps mythologiques, dont Pausanias, *Att.*, c. 28, 3, n'avait pu rien apprendre, si ce n'est que l'on disait que, du temps des Pélasges, il avait, avec son frère *Hyperbius*, fortifié une partie de la citadelle ou de l'acropole d'Athènes. Leurs noms d'ailleurs, qui indiquent leur antiquité, désigneraient *Agrolas* comme un homme qui réunit des pierres, et doueraient *Hyperbius* d'une force et d'une audace extrêmes. *Voy.* Sillig, art. AGROLAS.

? AA

* **AGRYPNUS ?**, sculpteur au service de Livie. Gori, *Columb. Liv., etc.*, Nº. 125 ; Bianchini, Nº. 150 ; Bracci, t. 2, p. 259 ; R.-Roch., *Let. Sch.*, p. 55.

* † **AKMON**, ΑΚΜΩΝ, gr.f. Ce nom était inconnu jusqu'à ce que Visconti l'eût publié, et il croit, *Op. var.*, t. 2, p. 425, Nº. 153, qu'*Akmon* pouvait être élève de Dioscouride; mais il paraîtrait qu'il avait mal lu ce nom, qui est celui d'*Admon*, et que, d'ailleurs soit *Admon*, soit *Akmon*, cette signature est fausse. *Voy.* ADMON.

* **ALBIUS**, gr.f., ??, ΑΛΒΙΟΥ. Tête de Caligula, cornaline, collection Barberini. Lipp., II, p. 195, Nº. 632; seul endroit où se trouve ce graveur.

ALCAMÈNE, stat. PL., l. 34, c. 19, *init.*, 12, l. 36, c. 4, 3; PAUS., *Att.*, c. 1, 4, c. 8, 4, c. 19, 2, c. 20, 2; *Cor.*, c. 30, 2; *El.* 1, c. 10, 2; *Arc.*, c. 9, 1; *Bœot.*, c. 11, 4; *Phoc.*, c. 9, 4. *Voyez* SILLIG. — **V**c — P. 530.

* **ALCAMÈNE**, sc.; affr. de Lollius et *duumvir*; peut-être auteur d'un *b.-rel.* de la villa Albani. WINCKELM., *Mon. inéd.*, pl. 186; BRACCI, t. 2, p. 259; ZOËGA, *Bassi-Rilievi*, etc., pl. 23. Marini, *Iscr. Albane*, n'admet pas ce sculpteur. R.-ROCH., *Let. Sch.*, p. 72. — ?

ALCIMAQUE, ptr. PLINE, l. 35, c. 40, 32. — **V**d — P. 542.

ALCIMÉDON, cis. Virgile, *Ecl.* 3, loue les beaux vases de cet habile ciseleur, qui peut-être existait de son temps, mais qui du reste est inconnu. — 1*?

ALCISTHÈNE, fem. ptr. Pline, l. 35, c. 40, 43, cite un sauteur qu'elle avait peint. — ?

ALCON, stat. en fer. Il fit pour Thèbes une statue d'Hercule en fer, pour rappeler la constance et le courage du héros. Il paraît ancien. PLINE, l. 34, c. 40. — ? AA

ALCON, fils de Nilée; cis. ???. Ov., *Mét.*, XIII, 683. On peut ranger ce ciseleur parmi les artistes des temps mythologiques inventés par les poètes. Cet *ALCON* aurait ciselé un superbe *cratère*, donné par le roi Anius à Énée, et sur lequel était représentée la ville de Thèbes en Béotie, où, dans une cérémonie funèbre, les filles d'Orion, Métiocha et Ménippe, élèves de Minerve, s'immolaient pour leur patrie affligée par la peste. Sur l'autre partie du vase, deux jeunes gens, nommés depuis *Coronæ*, couronnes, naissaient des cendres de ces belles et généreuses victimes. *Voyez* LACTANCE, p. 278. — Selon Antoninus Liberalis, *fab.* 25, Pluton et Proserpine firent sortir de leur bûcher deux astres, qui s'élevant vers les cieux y devinrent des comètes. — ?

ALEVAS, stat. Pline, l. 34, c. 19, 26, dit qu'il fit des statues de philosophes. — ?

* **ALEXA** ou **ALEXAS**, gr.f., ΑΛΕΞΑ. Peut-être est-ce Alexandre; cependant ces abréviations n'étaient guère en usage dans les inscriptions grecques, et rien n'empêche que ce ne soit le nom ΑΛΕΞΑΣ au génitif dorique. C'est l'opinion de M. Letronne, et l'on trouve — ?

d'ailleurs plusieurs fois le nom d'ΑΛΕΞΑΣ dans les inscriptions grecques. Visconti, *Mus. Pio-Clem.*, t.3, pp. 53, 177, pl. 41 ; *Op. var.*, t. 2, p. 119, dit qu'*A-LEXAS* était un diminutif familier et usité d'*ALEXANDRE*. Soit donc qu'on prenne ce nom pour *ALEXA* ou *ALEXAS*, soit qu'on y voie *ALEXANDRE*, il y aurait plusieurs graveurs désignés ainsi, cet *ALEXA* et peut-être deux ou trois de ses fils : *AULUS ALEXA* ou fils d'*ALEXAS*, *QUINTUS ALEXA* et *SEGULIUS ALEXA* ; à moins que tous ces noms ne soient des supercheries d'*Alessandro Cesari*. Voyez plus bas ALEXANDRE. — On cite du premier ALEXA, ΑΛΕΞΑ, taureau Dionysiaque, cornaline, intaille, collection du roi de Prusse. WINCK., *C. Stosch*, p. 260, N°. 1603 ; DE MURR, p. 44 ; RASPE, N°s. 1440, 13,104 ; TŒLKEN, *Cat.*, p. 242, N°. *1416. — Deux autres pierres avec ce nom ; un *Sérapis*, ΑΛΕΣΑ, bas-empire selon Raspe, N°. 1140, empreinte de Stosch. — M. Sillig ne donne aucun *ALEXA* dans son *Catalogue*.

* ALEXA (AULUS), gr.f., ΑΥΛΟΣ ΑΛΕΞΑ ΕΠ, Aulus, fils d'Alexa, peut-être le précédent. — *Pâte de verre* de la collection Barberini. VISCONTI cité plus haut ; BRAC., t. 1, pl. 49 ; OSANN, *Syll.*, etc., t. 1, p. 198. ?

* ALEXA (QUINTUS), gr.f., ΚΟΙΝΤΟΣ ΑΛΕΞΑ ΕΠΟΙΕΙ ; peut-être frère du précédent et fils du premier Alexa. — Deux jambes, fragm. d'une figure ; les additions ne sont pas dans le style de ce qui restait. On en a fait un Achille ou un Mars jeune armé, marchant vers la gauche, casqué, lance sur l'épaule droite, bouclier à gauche, cuirasse, cnémides, pieds nus. Sardoine, int., ov., 0,024m. sur 0,014m. ; autrefois de la collect. Vettori, aujourd'hui au grand-duc de Toscane. GORI, *M. Fl.*, t. 2, pl. 97, N°. 4. Winckelmann, *Cab.*, *Stosch*, p. 166, N°. 959 ; *Mon. in.*, *Tr. prél.*, p. 78 ; *H. A.*, l. 10, c. 1, § 21, v. 6, p. 111 ; *Art du Dessin*, c. 4, § 129, v. 6, p. 186, croit ce graveur des temps inférieurs ; de Murr, p. 44, est du même avis. BRACCI, pl. 488 ; RASPE, N°. 7406, pl. 44 ; sur la planche, aussi mal gravée que toutes les autres, il y a ΟΙΝΤΟΣ ΛΕΞΑΣ ΠΟΙΕΙ. — C'est par inadvertance sans doute que Lessing, *Kollekt.*, t. 2, p. 430, au sujet du chap. 31 de la *Dissert. glyptogr.* de Vettori, dit le premier *ALEXA* statuaire et disciple de Polyclète, selon Pline, car c'est ALEVAS, et non ALEXA, que l'on voit dans cet auteur.— ?

Lessing, t. 1, p. 284, écrit ΙΝΤΟΣ ΑΛΕΖΑ, ETC.
Cette manière d'écrire ce nom ΑΛΕΖΑ et ΑΛΕΣΑ, au
lieu d'ΑΛΕΞΑ, nous semblerait confirmer l'opinion que
les pierres qui le portent sont de la main d'Alessandro Cesari. Habitué à signer *Alessandro* par *S*, et
non par Ξ (notre X que n'ont pas les Italiens), il peut
s'être oublié en écrivant son nom en grec, et avoir mis
Z ou Σ au lieu de Ξ, faute que n'eût pas faite un graveur grec. Cependant le nom d'ALEXSA ([*sic*], *voy.*
plus bas) suivant trouvé dans une inscription, et d'un
personnage dont l'état d'orfèvre se rapproche de celui
de graveur en pierres fines, montre, ainsi que d'autres
inscriptions, que le nom d'*ALEXA* est antique, et qu'à
l'époque où vivaient les artistes qui l'ont porté, peut-
être vers le temps de la décadence, on l'écrivait souvent
mal et de diverses manières. *Voyez* sur *ALEXA* une
notice intéressante de M. Raoul-Rochette, *Let. Sch.*,
p. 33-35.

* ALEXANDRE d'Athènes, peintre. ΑΛΕΞΑΝΔΡΟΣ
ΑΘΗΝΑΙΟΣ ΕΓΡΑΦΕΝ. Son nom sur une peinture
monochrôme, ou plutôt un camaïeu trouvé à Resina,
l'ancienne *Retina*, à côté d'Herculanum. *Pitt. d'Ercol.*,
t. 1, pl. 1 ; BRACCI, t. 2, p. 260.   ?

* ALEXANDRE, arch., d'après une inscription trouvée à Rome, près de Sainte-Croix de Jérusalem, par
Alde (GRUT., p. 623, 2 ; BRACCI, t. 2, p. 260), il se
nommait C. LICINIVS, du nom de *M. LICINIVS* dont
il était affranchi. On trouve dans les *Fastes consulaires*
un *M. LICINIVS CRASSVS FRVGI*, consul l'an 64 de
notre ère ; rien n'empêcherait de croire que ce fût le
personnage de notre inscription.   I*?

* ALEXANDRE, gr.f., ΑΛΕΞΑΝΔ Ε (εποιει, *faisait*).
Amour domptant un lion, à sa droite une
Bacchante drapée tenant un tympanon, à gauche Vénus ou une nymphe nue ; sardoine, camée de la collection du Vte. de Morpeth ; ovale, 0,021^m. sur 0,016^m.
STOSCH, pl. 6. Bracci, t. 1, pl. 9, la dit une onyx et du
Cte. de Carlisle, D^c. de Norfolk. Visconti, *Op. var.*,
t. 2, p. 118, croit que cette pierre et plusieurs autres
attribuées à cet *ALEXANDRE* sont modernes et de la
main d'ALESSANDRO CESARI, qui florissait en 1550,
et était surnommé *le Grec*, parce qu'il aimait à écrire
en grec son nom sur ses ouvrages. Il fait aussi remarquer que la draperie qui couvre le dos du lion prouve

que cette pierre n'est pas antique : les anciens n'en mettaient que sur le dos des victimes. L'abréviation Ε pour
ΕΠΟΙΕΙ est très-peu usitée ; et d'ailleurs Vasari, t. 4,
p. 260, cite d'Alessandro Cesari une pierre avec un
enfant et un lion. De Murr, qui avait déjà émis cette
opinion, p. 45, dit qu'Alessandro Cesari avait gravé
sur une sardoine un très-beau portrait de Henri II,
qu'il avait signé ΑΛΕΞΑΝΔΡΟΣ ΕΠΟΙΕΙ. — Un camée avec la tête de Drusus, donné par C. Dati, p. 194,
note 1, est probablement d'Alessandro, et porte l'inscription ΑΛΕΞΑΝΔΡΟΣ ΕΠΟΙΕΙ. *V*. R.–Roch.,
Lett. Sch., p. 23.

ALEXANDRE, 3e. fils de Persée, roi de Macédoine,   II
paraît, d'après Plutarque, *Paul-Émile*, 37, avoir exercé la toreutique et ciselé l'argent et l'or avec talent.
Sillig ; R.–Roch., *Lett. Sch.*, p. 56.

A cette occasion M. Raoul-Rochette, *Let. Sch.*, p. 56,
définit, suivant ses idées, la signification des mots *aurarius*, *argentarius*, *aurifex*, *tritor argenti*, *bractearii* ou
brattiarii aurifices, *inauratores*, *cœlator*, *crustarius*, *flaturarius*, *sigillarius* ou *sigillariarius*. — L'*argentarius* et
l'*aurarius* seraient des sculpteurs (ou plutôt des ciseleurs)
sur or et sur argent, et auraient exercé la même profession que le *cœlator*, le ciseleur. — Mais il me semble que
quelquefois ce pourraient être des traficans d'or et d'argent, des tabellions, des changeurs. *Argentarius* est employé dans le sens de *trapezita*, de *mensarius*, tabellion,
par Plaute et par Cicéron, cités dans les différens lexiques
latins. Il paraîtrait d'après Varron (qui, dans son *Traité
de la Langue latine*, ne dit cependant pas un seul mot
de l'or, ni de l'argent, ni des métiers qui ont rapport
aux métaux) que de son temps l'ouvrier en argent était
appelé *argentifex*, de même que celui en or *aurifex ;* et
que le mot *aurarius* n'a été employé que depuis par les
jurisconsultes. — On a quelque raison d'hésiter à regarder
l'*aurarius* comme un ouvrier en or, un *aurifex*, un orfévre dans toute l'extension du mot, et il se pourrait que ce
ne fût qu'un marchand de bijoux en or. Et ce qui me le
ferait penser, ce serait de voir (Orelli, N°. 4148) une
Marica Severa qui est *auraria* et *margaritaria*, et qui
probablement ne travaillait pas elle-même, et faisait le
commerce de bijoux d'or et de perles. Ne serait-on pas
autorisé à croire que les deux mots *argentarius* et *cœlator*
n'étaient pas synonymes, et que l'un et l'autre ne se

prenaient pas indifféremment pour ciseleur, en voyant
que dans une inscription de Gruter, p. 583 , 3; ORELLI,
N°. 4146, et citée par M. Raoul-Rochette, *Let. Sch.*,
p. 69, il est question d'*Antigonus Germanici Cæsaris
argentarius*, et d'*Amiantus Germanici Cæsaris cælator?* Si le *cælator* et l'*argentarius* eussent exercé le même
état, ne se serait-on pas contenté de désigner Antigone
et Amiantus ou par la qualification d'*argentarii* ou par
celle de *cælatores?* Il faut qu'il y ait eu une distinction
entre ces deux professions, et il se pourrait que le *cælator Amiantus* travaillât et ciselât l'argent que lui fournissait, pour Germanicus, l'*argentarius Antigonus*,
chargé peut-être aussi de la vaisselle d'or et d'argent de
ce prince et de la garde de ses fonds, enfin ce qu'on
appelait autrefois un *argentier*. Lorsque le mot *argentarius* dans les inscriptions n'est pas joint à celui de *faber*, il peut être douteux qu'il désigne un ouvrier en
argent, ou du moins un ciseleur. Cette qualification
d'*argentarius* devint un nom propre qui indiquait les
professions exercées par quelque personne de la famille,
de même que celui de *faber*, qu'on retrouve dans les familles *Fabricia*, *Faberia*, *Fabrinia* (GRUTER, p. 241,
col. 4, lig. 40–42; p. 848, 4; 874, 1), comme chez nous
ceux de *le Ferre*, *le Febure*, *Favre*, et d'autres professions qui sont devenus des noms de familles. — On trouve
dans Gruter, p. 624, 2, *Argentaria Eutychia;* p. 845, 2,
Argentaria Optata; p. 838, 8, *Argentarius Celsinus;*
p. 856, 8, *Argentarius Valens*. Ce nom répond à celui
d'*Argyrius* (p. 48, 2, N°. 10; 12) tiré du grec.

Je ferai observer que M. Raoul-Rochette se sert habituellement de l'expression *sculpteur en or, en argent*.
Mais peut-être lorsqu'il s'agit de métaux, surtout de
métaux précieux et de vases ou d'objets de luxe, le terme
de *ciseleur* conviendrait-il mieux que celui de *sculpteur*,
qui implique plutôt l'idée du travail du marbre ou de la
pierre; et si l'artiste exécute des statues ou de grands ouvrages de ce genre en or et en argent, ce serait un *statuaire
en or et en argent*. M. Raoul-Rochette remplace le mot
ciseleur par celui de *cælateur*, le *cælator* des Romains:
ce qui me paraît assez superflu, car ce mot ne dit pas
plus que celui de *ciseleur*, et n'offre pas une idée différente; et même, n'ayant pas d'analogue français dont
on puisse le rapprocher, il ne présente ou ne réveille aucune idée. Quand on vient à en donner l'explication, pour
se faire entendre, on voit que le *cælateur* de M. Raoul--

Rochette était un artiste qui, de même que notre *ciseleur*, travaillait principalement avec le burin, le *ciselet*, ou les outils auxquels les Romains donnaient en général le nom de *cælum*, et les Grecs celui de γλυφεῖον. Ce n'est point qu'ils n'employassent pas d'autres instrumens, et que, comme nos ciseleurs, ils ne se servissent de différens marteaux ou de ciselets émoussés, arrondis, pour repousser certaines pièces, ainsi qu'on le voit pratiqué dans bien des ouvrages anciens, où le travail repoussé ou par retreint est uni à celui de la ciselure. Il paraîtrait donc qu'il n'y aurait pas plus de raisons d'adopter le mot *cælateur*, qui n'offre aucun sens en français, que de remplacer les termes *statuaire* et *sculpteur* par ceux d'*andriantopoïes*, d'*agalmatopoïos*, de *lithoglyptes*, *lithurges*, ou d'autres de ce genre; et d'appeler, avec les Grecs, les graveurs sur pierres fines *glypteres* ou *glyptres*, et *scalpteurs* ou *sculpteurs* avec Pline, qui, du reste, ne dit que quelques mots de cette classe d'artistes, dont il dut y avoir un si grand nombre dans l'antiquité. Quoiqu'il parle au long des *gemmes* ou pierres fines, il ne cite que quatre graveurs célèbres : Pyrgotèles, Cronius, Dioscouride et Apollonide. L'introduction de termes nouveaux est inutile, à moins qu'ils ne présentent des idées nouvelles, comme ceux de *torentique* et de *torenticien*, qui, d'après la définition qu'en a si bien établie M. Quatremère de Quincy dans son *Jupiter Olympien*, indiquent la réunion des procédés et des ouvrages du statuaire et du fondeur, du sculpteur en marbre et en ivoire, du ciseleur en or, argent, ivoire, des travaux faits par retreint au marteau, et même ceux de l'émailleur et du damasquineur. Il devait y avoir des rapports entre le travail de la torentique des Grecs et celui des *crustarii* romains, qui ornaient les vases de métal avec des appliques (*crustæ*), les *embléma, emblémata* des Grecs, en métaux plus précieux, et qui étaient ou des ornemens ou de petits bas-reliefs repoussés ou ciselés, et découpés avec soin pour être ajustés et soudés sur le nu du vase, qu'on ornait souvent de camées et de pierres précieuses. Verrès avait des ateliers considérables d'ouvriers très-habiles en ce genre de travail.

Les *Bractearii*, les *tritores argenti et auri*, devaient être des *batteurs d'or et d'argent*, qui réduisaient ces métaux en feuilles ou en lames (*bracteæ*) plus ou moins épaisses, qui pouvaient servir aux *crustarii* et aux *cælatores*, ou même aux *inauratores*, les *chrysobaphoï* des Grecs, qui doraient de feuilles minces les statues et les autres objets de métal.

M. Raoul-Rochette, *Lett. Sch.*, p. 53, pense que dans une inscription de Spon, trouvée à Lyon (*Misc.*, p. 220), « au lieu d'ARTIS CARACTEARIAE c'est sans doute BRAC- « TEARIAE qu'il aurait fallu lire, quoique la première « leçon ait été admise par M. Orelli (N°. 4302), sans « dire quelle idée il attachait à ce prétendu *ars carac- « tearia* ». Mais si M. Raoul-Rochette avait fait atten- tion à deux inscriptions du même Recueil (N°s. 4222, 4223), il aurait peut-être changé d'idée. Il aurait vu que l'*ars caractearia*, ou plutôt *characteriaria* d'après la disposition des lettres de l'inscription, pouvait et devait même être, ainsi que le pense Spon, l'art ou la profes- sion de graver les inscriptions sur les monumens publics ou sur les édifices des particuliers. Ce devait être, ainsi que de notre temps, un métier spécial qui chez les Grecs et les Romains était très-répandu. Le terme *caracteria- rius*, ou mieux *characteriarius*, venant du grec χαράσσειν, *graver*, se retrouve dans *character*, *caractère*, pour les lettres de l'écriture, et il produisit le mot latin *caraxare*, peu usité, mais employé par Prudence cité par Forcel- lini. La première de ces inscriptions (ORELLI, N°. 4222) est double, en mauvais grec et en mauvais latin ; elle faisait partie de la collection de Palerme, et a été don- née avec une note curieuse par Ignarra dans son savant ouvrage *De Palæstra Neapolitana*, p. 51. C'est un ou- vrier *characteriarius*, dont l'enseigne annonce au public que chez lui on sculpte les ornemens des stèles et l'on grave les inscriptions pour les monumens sacrés et pour les édifices publics. Ces inscriptions, remplies de fautes, indiquent que l'ouvrier les avait faites de son chef, et, comme on dit, au bout du ciseau, sans avoir recours aux modèles ou aux poncifs que sans doute, ainsi qu'à ses confrères, on lui donnait lorsqu'il s'agissait de gra- ver des inscriptions sur des monumens publics ou pri- vés. Ces fautes, dont fourmillent une foule d'inscrip- tions, excitent souvent des discussions bien inutiles. Et certes elles ne servent pas plus à constater l'état de la langue et de l'orthographe des époques de ces inscriptions, que ne pourraient servir un jour pour le français nos en- seignes, même celles de Paris, et nos inscriptions mo- dernes, écrites par des ouvriers ignorans. D'après ces fautes, on voit que ceux des anciens s'écartaient souvent des modèles écrits qu'on leur donnait, ou qu'ils ne les copiaient qu'avec négligence, comme pour donner de la tablature aux savans qui veulent tout expliquer. — Voici la double inscription de Palerme :

ΣΤΕΛΑΙ ΕΝΘΑΔΕ ΓΥΠΟΥΝΤΑΙ
(pour ΤΥΠΟΥΝΤΑΙ) ΚΑΙ ΧΑΡΑΣΣΟΝΤΑΙ ΝΑΙΟΙΣ
ΙΕΘΡΟΙΣ (pour ΙΕΡΟΙΣ) ΣΥΝ ΕΝΕΡΓΕΙΑΙΣ
ΔΗΜΟΣΙΑΙΣ.

TITVLI HEIC ORDINANTVR ET SCVLPVNTVR AIDIDVS SACREIS CVM OPERVM PVBLICORVM.

Il est inutile de relever ici les fautes de cette inscription latine, traduction de la grecque : il suffit qu'on la comprenne, et l'on peut voir Ignarra. Mais l'on doit y faire remarquer l'expression ΤΥΠΟΥΝΤΑΙ pour les bas-reliefs et celle de ΧΑΡΑΣΣΟΝΤΑΙ pour les lettres gravées, qui explique tout-à-fait le sens que l'on doit donner à l'ARS CARACTEARIA (*sic*) ou CHARACTERIARIA. — L'autre inscription latine, donnée par Orelli, No. 4223, et tirée de Marini, *Atti, etc.*, t. 2, p. 693, est aussi l'enseigne d'un marbrier *characteriarius*, qui apprend, comme nos marbriers établis près des cimetières, qu'il confectionne des monumens funèbres en marbre et tout ce qui concerne son état, et fait graver les inscriptions.

D.M. TITVLOS SCRIBENDOS VEL SI QVID OPERIS MARMORARI OPVS FVERIT HIC HABES.

M. Raoul-Rochette, à la fin de sa note, p. 56, relève encore une prétendue faute échappée, selon lui, à Spon (*Misc.*, p. 232), et reproduite par M. Orelli (No. 4302), qui dans une inscription ont lu SPECIARIA, que M. Raoul-Rochette change en SPECLARIA pour SPECVLARIA, fabricante ou marchande de miroirs, *specula*. Mais comme le soupçonne Spon, cette *Thalassia* était peut-être une *speciaria*, une marchande de toutes espèces de drogues ou de denrées, *species*, enfin une é p i c i è r e tout aussi bien qu'une *speclaria* ou marchande de miroirs.

Les *flaturarii* devaient fondre et tirer d'épaisseur les

flancs des monnaies, et couler des ouvrages légers, des
figurines, *sigilla*. Et ne pourraient-ils pas avoir fabriqué
ces boucles d'oreilles, ces fibules, ces colliers et une
foule de bijoux d'or, tels qu'on en trouve à Pompéi et
en Grèce, qui sont extrêmement légers et n'ont, pour
ainsi dire, que le souffle, *flatus?* Est-il bien sûr que le
χρυσοχόος fut, ainsi que le dit, p. 75, M. Raoul-Rochette,
un ciseleur ou sculpteur sur or et sur argent? Il est tout
aussi probable qu'il ne faisait que fondre ces métaux.
D'après Strabon, I. 14, p. 455, cité par M. Mongez, *Dict.
d'Antiq. de l'Encycl. méth.*, au mot BARBARICA, on aurait appelé *carica* les ornemens des casques et des boucliers, et les *barbaricarii* (MURATORI, 971, 5; GUDI,
252, 8; ORELLI, N°. 4152) pouvaient être les ouvriers
qui ornaient les armes de ciselures et de damasquinures
en or, en argent, en acier. On nommait aussi *barbarica
pavimenta*, et *barbaricæ vestes*, des pavés et des vêtemens ornés de couleurs variées. Comme ce genre précieux de travail a toujours été fort pratiqué en Orient,
où les Grecs et les Romains ont dû apprendre à l'exécuter, il est à supposer que ces mots de *barbaricarii*,
barbarica rappelaient que ces ouvrages étaient originaires
des contrées que les Grecs et les Romains s'obstinaient
à regarder comme *barbares*.

ALEXANDRE-SÉVÈRE. Cet empereur, selon Lam-
pride, § 27, peignait bien. R.-ROCH., *Lett. Sch.*, p. 57. **III***

ALEXANDRE de Carthage, IVLIVS ALEXADER
(*sic*) *OPIFEX ARTIS VITRIÆ*. D'après une inscription de Lyon il *travaillait le verre*. ORELLI, N°.
4299; R.-ROCH., *Lett. Sch.*, p. 57. — Il ne me semble
nullement prouvé, ainsi que l'admet M. R.-Rochette,
qu'*Opifex artis vitriæ* ou *vitrariæ* désigne un graveur
sur pierres ou sur verre, il se pourrait bien que ce ne
fût qu'un verrier. Il pense que cette désignation répondait au mot ὑαλογλύφος, *graveur sur verre;* mais il
se peut aussi qu'elle ne soit que l'équivalent de ὑαλούργος,
ouvrier en verre. Il croit aussi que, dans un passage
qu'il cite du scoliaste de Lucien, au lieu de ὑαλοψοῦ
on doit lire ὑαλογλύφου ou ὑαλούργου. Mais ne pourrait-ce
pas être aussi ὑαλοπτοῦ? ce mot, qui désignerait un
fondeur de verre, un *ouvrier verrier*, serait analogue à
celui de χαλκόπτης, que nous offre une inscription du
Musée Royal, N°. 224 *bis*, et qui doit signifier un *fondeur*, un *ouvrier en cuivre*, *en airain*. — Je ne sais pas

Siècles.

non plus si, avec M. Raoul-Rochette, il serait exact
d'appeler ὑαλογλύφοι, *graveurs sur verre*, les ouvriers
qui faisaient des pâtes de verre colorié, que l'on montait en bagues, en cachets. Ce n'étaient pas des graveurs, et ils ne faisaient que fondre le verre pour prendre, par le moulage, des empreintes des pierres. Ils
étaient bien des ὑαλουργοι, *des ouvriers en verre*, mais
non des *hyaloglyphes* ou des *graveurs sur verre*.

* ALEXANDRE, ALEXANDER (M. LOLLIUS)   ?
GEMMARIUS. Doni, *Inscr.*, p. 320, N°. 14; Reines., cl. XI, 109; inscription trouvée au Forum romain, près de Saint-Adrien. Orelli, N°. 4302, ne fait
qu'indiquer cette inscription sans la donner. M. Raoul-
Rochette dit que Spon, *Misc.*, p. 245, est le premier
qui ait mis au jour l'inscription de Lollius Alexander,
ce qui est difficile à accorder, Doni l'ayant publiée, car
son ouvrage est de 1552 et celui de Spon de 1685. Au
reste, j'ai inutilement cherché cette inscription à la page
de Spon citée par M. Raoul-Rochette et dans toute la
classe VIᵉ. des *Miscellanea*. Peut-être Lollius ne ven-
dait-il que des pierres fines, des *gemmes*; peut-être les
gravait-il : je n'en réponds pas. Il se pourrait aussi que
ce ne fût qu'un metteur en œuvre, de même qu'*auraria*
et *margaritaria* ne serait qu'une orfévre, une joaillière
qui montait les perles. M. R.-Rochette, *Let. Sch.*, p. 24,
ne met pas en doute que le *Gemmarius* ne fût un graveur
sur pierres, et il cite à l'appui de cette opinion une inscription de Spon, *Misc.*, p. 219, où il croit trouver ou
un graveur sur pierres ou du moins un artiste. Mais il
n'y est question que d'un jeune homme nommé *Pa-
gus*, mort à douze ans, qui faisait des colliers et montait des *gemmes* en or, *et molle in varias aurum dispo-
nere gemmas*, ce qui n'indique pas un graveur sur
pierres. Lessing, *Kollekt.*, t. 2, p. 458-465, ainsi que
son annotateur M. Eschenbourg, p. 462, fait remarquer
d'après Gori, *Columb.*, p. 154, que dans les inscriptions du *columbarium* de Livie il est question d'*aurifices* et jamais des *Gemmarii*. Lessing ne pense pas
que l'on puisse admettre que l'on ait ainsi désigné les
graveurs sur pierres fines, et il est très-probable que
ce n'étaient que des joailliers.

† ALEXANDRIA, fille de Néalcès; peintre. M. Sillig   IIIᵈ
a, je croirais, fait ici un double emploi en donnant à   I, p. 593.
Néalcès deux filles peintres, Alexandria et Anaxandra.

Il cite Clément d'Alexandrie, *Strom.* 4, p. 381 ; mais l'édition de Jean Potter, *Oxford*, 1715, p. 620, et celle de Sylburge, p. 224, 26, ne portent qu'ANAXANDRA, mise par Clément au nombre des femmes peintres, d'après les *Symposiaques* de Dydimus.

ALEXANOR , arch. des temps mythologiques, PAUS., *Cor.*, c. 11, 6. Il était fils de Machaon, fils d'Esculape, auquel il bâtit un temple à Titane, dans le pays de Sicyone.

                AAA ?

ALEXIS de Sicyone, stat., élève de Polyclète. PL., l. 34, c. 19, *init.*

                V*d*
              I, p. 541.

ALEXIS, père de Canthare. PAUS., *El.* 2, c. 3, 3 ; THIERSCH , *Ep.* III, *adnot.*, p. 80. Il se pourrait bien que cet Alexis n'eût pas été artiste. SILLIG.

                IV*b* ?

* ALEXSA (*sic*) (SEGULIUS), *AVRVFEX* (*sic*), ciseleur en or et en argent; inscription tirée de Pighi. GRUT., p. 639, 1. *V.* R.-ROCH., *Let. Sch.*, p. 89, No. 7. — Ici les noms sont écrits en latin et l'un est mal; et ces fautes, répétées dans les manières d'écrire ces mots, porteraient à croire à leur authenticité. Mais tout ceci tombe pour les pierres gravées s'il est matériellement prouvé que celles qui les offrent sont d'Alessandro Cesari. Il sera alors assez singulier de voir le nom vraiment antique de *SEGULIUS ALEXSA* ou *ALEXA* écrit avec une faute du même genre que les apocryphes. On doit remarquer qu'ici le nom est *ALEXA* et non *ALEXAS*, et que si les autres sont antiques, il est inutile d'avoir recours à un génitif dorique; et ce seraient tout simplement *AULUS* et *QUINTUS ALEXA* , graveurs romains, écrivant leurs noms en grec, et il ne serait même plus nécessaire d'admettre qu'ils étaient fils du premier Alexas : ils seraient seulement de la même famille.

                ?

ALFENIUS (MARCUS), arch. DONI, *Inscr.*, p. 317, No. 8 ; SPON, *Misc.*, p. 225 ; BRACCI, t. 2, p. 260 ; WELCKER, *Kstbl.*, 18 oct. 1827.

                ?

ALIPIUS , arch.

                IV *
              I, p. 273.

* ALLION, gr.f., ΑΛΛΙΟΝ. Tête d'Apollon laurée, lemnisq. de la couronne tombant sur les épaules; profil à droite, cornaline intaille, ovale, 0,005m. sur 0,010m.; collection du grand-duc de Toscane. Canini, *Icon.*, No. 91, l'a mal rendue : il écrit sur la planche

ΔΛΛION et dans le texte ΑΛΛION. Agostini, *Gem. ant.*, pl. 32; Stosch, pl. 8; Gori, *M. Flor.*, t. 2, pl. 2, No. 2; de Murr, p. 46; Bracci, t. 1, pl. 10. Raspe, No. 2868, dit que le nom ne se voit ni sur l'empreinte de Tassie ni sur une de Lippert, III, 102; au No. 2833, Raspe donne cette tête pour être celle d'Hercule. C'est aussi l'opinion de Winckelmann, *H. A.*, l. 5, c. 5, § 10, t. 4, p. 183, 397, No. 529; t. 7, p. 132, 277, 442; *Mon. inéd.*, *tr. prél.*, c. 4, § 69, M. de Kœhler ne regarde pas comme un nom propre le mot ΑΛΛION; il reconnaît la tête pour celle d'Apollon, et il pense qu'il faut lire ΔΑΛION et non ΑΛΛION; et il croit d'après cela que le nom d'ALLION que l'on trouve sur les autres pierres est supposé. ΔΑΛION, selon ce savant, serait en dorique pour ΔΗΛION, *le Délien*, le *Dieu de Délos*, Apollon. Ce mot à l'accusatif deviendrait une invocation à Apollon, ou bien il signifierait : *vous voyez ici*, ou *j'honore le dieu de Délos*. Cette opinion fort nouvelle n'offrirait aucune pierre gravée pour appui. Elle paraît d'autant plus difficile à soutenir, que le sujet de cette petite intaille n'est pas hors de toute contestation, et qu'on y a vu Hercule ou un athlète, tout aussi bien qu'Apollon. D'ailleurs on trouve le nom d'Allion au génitif, ΑΛΛIΩNOC, et il ne pourrait plus être alors question de Délos; ce que fait aussi remarquer Lessing, *Kollcht.*, t. 1, p. 283, au sujet d'une pierre qui est inscrite ΔΑΛIΩN; et il ne peut croire qu'il vienne en idée de chercher dans ce nom les habitans de Délos. En se permettant, avec M. de Kœhler, de changer ainsi les lettres, il n'y a rien qu'on ne puisse révoquer en doute ou que l'on ne puisse prouver; son hypothèse paraît dénuée de preuves suffisantes, et il n'y a pas plus de raisons de se servir du mot ΑΛΛION de la tête d'Apollon, et de l'altérer pour exclure les autres noms, qu'il n'y en aurait d'avoir recours à ceux-ci pour confirmer le nom d'ΑΛΛION, et le rectifier en écrivant ΑΛΛIΩN comme sur d'autres pierres. Les fautes sans nombre des noms propres dans les inscriptions, ne permettent guère d'être étonné qu'au lieu d'ΑΛΛIΩN on ait écrit ΑΛΛION et ΑΛΛΥΩN. Les différences que présentent ces noms, et les styles des diverses pierres qui les portent, ont engagé Bracci à admettre trois *Allion* : le 1er. serait le graveur de la tête d'Apollon ou d'Hercule, le 2d. celui du taureau, et le 3me., que cet écrivain regarde, sans aucune raison, comme étrusque, serait le graveur de la Muse. Rien ne vient confirmer ces hypothèses très-hasardées. Il semble plus simple de croire que l'un ou l'autre de ces noms est supposé, ou qu'il a été mal écrit sur des copies des ouvrages d'Allion. — ΑΛΛΙΟΝ, tête d'Apollon, camée. RASPE, N°. 2833. — ΑΛΛΙΩΝΟC, Bacchante assise sur les genoux d'un Faune sacrifiant à Priape et Satyre jouant de la flûte; calcédoine intaille, collection Besborough. LIPP., III, 2 9. Raspe, N°. 5267, y voit Bacchus et Ariane. (Une Bacchanale du graveur moderne Sirleti porte le nom d'*Allion* [NATTER, *Catal. Besbor.*, p. 9], de même que le meurtre de César, et Minerve, Vénus et l'Amour, pierres modernes. (*Note de M. Dubois.*)—ΑΛΛΤΩΝ, buste romain inconnu; empr. de Stosch. RASPE, N°. 12165. — ΑΛΛΙΩΝΟΞ, Muse ou plutôt Cithariste, qui a de grands rapports avec celle d'Onésas ou de Cronius, dont elle est peut-être une copie (VISC., *Op. var.*, t. 2, p. 121, 123); debout, tournée à droite, le haut du corps nu, la tête baissée, jouant de la lyre appuyée contre un cippe, sur lequel est une petite statue de femme relevant le pan de sa robe de la main droite; sardoine, intaille, ovale; un tiers de la pierre en bas fracturé et un peu sur le côté à gauche; la longueur totale était 0,024^m. sur 0,011^m.; collect. Strozzi. STOSCH, pl. 7; GORI, *Mus. Flor.*, t. 2, pl. 7, N°. 8; LIPP., I, p. 269, N°. 755. Denh, p. 8, N°. 47, place sur le cippe une statue d'Hercule. DE MURR, p. 46; BRACCI, t. 1, pl. 13; le texte porte pl. 11; il la dit cornaline. RAPONI, pl. 23, N°. 7; VISC., *Op. var.*, t. 2, p. 176. Millin, *Intr.*, p. 183, croit, avec Stosch, que cette fig. représente *Sparta*, fondatrice de Sparte. Cette belle pierre est de la collection du D. de Blacas; on en voit une copie chez M. le Bon. Roger. — ΑΛΛΙΩΝ, taureau cornupète à droite, croissant au-dessus du col; onyx intaille, ovale, cabochon, 0,013^m. sur 0,010^m.; collect. de Thoms. BRACCI, t. 1, pl. 11; le texte porte 12. — Buste d'Ulysse, de face, cornaline, collection du chevalier Hamilton. Visconti, *Op. var.*, t. 2, p. 254, est le premier qui parle de cette pierre; il y a quelque doute sur le nom. — ΑΛΛΤΩΝ, Vénus marine, debout, drapée, seins et bras nus, tournée à droite, tenant de la main gauche un hippocampe; le bras droit plié et relevé vers l'oreille droite; cornaline, intaille, ovale, 0,022^m. sur 0,012^m., collect. du Cte. Firmiani. BRAC-

	Siècles

CI, pl. 12; le texte porte 13; VISCONTI, *Op. var.*, t. 2, p. 187. Peut-être le nom d'Allyon a-t-il été ajouté sur cette pierre. — Le Centaure Nessus et Déjanire, représentation spintrienne. LIPPERT; DE MURR, p. 46. Cette pierre, si elle existe, n'est connue que par la citation de Lippert, et elle peut paraître douteuse. Le centaure Nessus que donne Raspe, Nº 5662, sans nom d'auteur et avec une inscription latine, n'a aucun rapport avec le sujet obscène rapporté par Lippert et de Murr.

* ALMELUS, ΑΛΜΗΛΟΥ, gr.f. ???. Achille citharède. CAYLUS, *Rec. de 500 têtes*, etc., Nº 294; AMADUZZI, *Acad. Cort.*, t. 9, p. 148, et *Nov. Thes.*, t. 1, p. 16; BRACCI, t. 2, p. 284. *(Siècles: ?)*

ALOÏSIUS, arch., chargé par Théodoric III de l'entretien des anciens monumens de Rome. CASSIODORE, t. 2, ép. 39, p. 145-148; BRACCI, t. 2, p. 260. *(Siècles: Vᵉ; I, p. 807.)*

* ALPHÉUS et ARETHON, grs.fs., ΑΛΦΗΟC CYN ΑΡΕΘΩΝΙ. Tête de Caligula jeune; autrefois du cabinet d'Azaincourt, à Paris; agate onyx, int., ovale, 0,019ᵐ. sur 0,015ᵐ. BRACCI, pl. 15; CAYLUS, *Acad. des Inscr.*, t. 27, p. 169; MILLIN, *Dict. des Beaux-Arts*, p. 711; *Intr.*, p. 180. — ΑΛΦΗΟC CYN ΑΡΕΘΩΝΙ, Germanicus et Agrippine, que Montfaucon, *A. E.*, t. 3, pl. 7, Nº 2, n'ayant peut-être pas vu la pierre, croyait être Alphée et Aréthuse. Sard., camée, 0,028ᵐ. sur 0,021ᵐ. Mariette, p. 438, lit à tort ΑΛΦΗΟΣ ΣΥΝ ΑΡΕΘΟΝΙ. CAYLUS, *Acad. des Inscr.*, t. 27, p. 167; BRACCI, t. 1, pl. 14; MILLIN, *Dict. des B.-A.*, p. 711; *Intr.*, p. 179. — Une note de M. Dubois rapporte que ce camée, qui pendant long-temps passa pour être l'anneau de la Sainte-Vierge, ainsi que le dit Mariette, p. 438, était à St.-Germain-des-Prés, d'où, lors de l'incendie de 1795, il fut, avec toutes les autres antiquités, détourné par un amateur et vendu au général russe Hydrow. — M. de Kœhler, *Archæol. und Kunst*, etc., t. 1, p. 30, ne reconnaît ni Germanicus ni Agrippine dans ce camée, et il ne veut pas que les noms qui y sont inscrits soient ceux des graveurs, par la raison, dit-il, que ces deux têtes sont un ouvrage trop peu considérable pour avoir occupé deux graveurs : cet argument peut nous paraître faible, comme il le paraissait à Caylus. M. de Kœhler pense que ces noms sont ceux

de deux frères probablement siciliens, qui auront con-
signé dans quelque temple les portraits de leur père
et de leur mère, et qu'il faut suppléer le mot ANE-
ΘHKAN, *ont consacré*, à celui d'EΠOIOYN, *ont fait*,
que l'on avait sous-entendu jusqu'à présent. Regardant
ces hypothèses hazardées comme positivement établies,
il croit que le nom d'*ALPHÉUS*, que l'on trouve sur
d'autres pierres, y a été gravé dans des temps modernes, ce qui demanderait à être mieux prouvé et ce
que ne pensaient ni Visconti ni Millin, *Intr.*, p. 179. —
De Murr, p. 46, attribue, tout-à-fait à faux, à *AL-
PHÉE* et à *ARÉTHON*, ΑΛΦΟΣ ΕΥΝ ΑΡΕΘΟΝΙ (*sic*),
Penthésilée soutenue par Achille, et il
cite Winckelmann, *Cat.*, p. 480, dont il a mal lu l'article sur cette pierre, et Mariette, p. 439, qui n'en
dit pas un mot. — Ouvrages d'*ALPHÉUS* seul : ΑΛ-
ΦΗΟC, Ajax assis sur un rocher après
son naufrage, cornaline, ancien style selon Raspe,
No. 9372. — ΑΛ✝ΗΟC pour ΑΛΦΗΟC, guerrier
mourant, camée autrefois de la collection Derring.
WINCKELMANN, *Cat. Stosch*, p. 380, No. 274; *Mon.
in.*, p. 190; de Murr, p. 47, nomme le grav. *ALXÉUS*,
et il cherche à prouver que dans ΑΛ✝ΗΟC le ✝ est
un Ξ. — ΑΛΙΗΟC, roi barbare dans un
bige, entre deux victoires, dont une le couronne.
Lippert, II, p. 75, No. 245; Denh, p. 98, No. 8, et
Amaduzzi, *Ac. Cort.*, t. 9, p. 146, le donnent comme
le triomphe de Pyrrhus; cam., sard., fond
brun, fig. blanches; 0,018m. sur 0,01m.; autref. de la
collect. Albani. STOSCH, pl. 16; BRACCI, t. 1, p. 16;
aujourd'hui de la collect. Marlborough, t. 2, pl. 47.
RASPE, No. 7823. M. Dubois pense, avec raison, que,
le costume étant grec, ce ne doit pas être le triomphe d'un roi barbare, comme le croit Mil-
lin, *D. B.-A.*, t. 1, p. 711, et *Intr.*, p. 180; ni celui
de Marc-Aurèle, ainsi que l'avance l'éditeur de
la collect. Marlborough. — Denh, p. 99, No. 23, donne
com. d'*ALPHÉUS* la tête connue sous le nom de Rhæ-
métalcès. (*V.* AMPHOTÉRUS.) — ΑΛΙΗΟC,
Vénus tirant, devant l'Amour, un papillon d'un putéal; agate, camée, autref. de la
collect. Venuti. AMADUZZI, *Acad. Cort.*, t. 9, p. 157.

* ALSIMUS, ptr. Son nom se trouve sur un vase italo-
grec autrefois du Vatican (WINCKELM., *Mon. inéd.*,
p. 14; BRACCI, t. 2, p. 261). L'inscription porte :

ΑΛΣΙΜΟΣ ΕΓΡΑΨΕ et non ΜΑΞΙΜΟΣ comme on l'avait lu, ou ΛΑΣΙΜΟΣ comme l'écrit Millin, *Peint. de Vases anc.*, t. 1, p. 60, t. 2, p. 37. VISC., *Op. var.*, t. 4, p. 258.—Ce vase est aujourd'hui au Musée Royal du Louvre, et il représente A s t y a n a x m o r t qu'A n d r o m a q u e t i e n t s u r s e s ge- n o u x. Du temps de Winckelmann, c'était le seul vase peint connu portant le nom du peintre, ce qui lui donnait un grand prix. En 1809, lors de la publi- cation du 3e. vol. de l'édit. allem. de Winckelmann par MM. Henri Meyer et Jean Schulze, on connais- sait par les *Mon. antiq. inéd.*, t. 2, pl. 2, 3, 4, p. 13- 42, de Millin, le vase de TALEIDES (*voy.* plus bas ce nom), et par ses *Peintures de Vases antiques*, pl. 3, p. 4-10, le vase d'ASSTÉAS (*voyez* ce nom). Mais les fouilles entreprises à Vulci, à Corneto, Canino, etc., par le prince de Canino et d'autres antiquaires, a porté les noms des peintres de vases à un nombre assez con- sidérable, et la magnifique collection de M. Ed. Du- rand, vendue aux enchères (du 25 avril au 27 mai 1836), contenait à elle seule 69 vases offrant 36 noms, parmi lesquels 12 sont de potiers et 19 des noms de peintres; ils sont tous indiqués ici : *voyez* plus bas SATYRUS, ASSTÉAS, TALEIDES.

* **ALTHÉIS**, gr.f., ???. P a p i l l o n, intaille, jaspe rouge. DOLCE, *DD.*, 89; AMADUZZI, *Acad. Cort.*, t. 9, p. 158; BRACCI, t. 2, p. 244.   ?

ALTIMUS ou **HALTIMUS** ?, stat., fit dans le temple d'Hébé, à Égine, peut-être une V é n u s *Coliade*, ainsi nommée d'un temple sur le promontoire *Colias*, en Attique, vis-à-vis d'Égine et près du bourg d'Exoné, de la tribu Cécropide, où Hébé était adorée. M. Bœckh, *C. Inscr.*, t. 2, No. 2138 *a*, p. 172, donne ainsi l'inscr. :   ?
ΜΚΟΛΙΑΔΑ ΕΣ (ες) ΗΙΑΡΑΙοΝ ΕΓοΙΕΣΕ ΗΙΑΛΤΙΜΟΤ.

ALYPUS de Sicyone, disc. de Naucydès d'Argos; stat. *V.* à la *Table alphabétique des Statues* ANTONOMUS d'Érétrie et LYSANDRE.   V d
                                                   [, p. 56.]

* **ALXÉUS.** *Voy.* ALPHÉUS.

* **AMANDUS (L. CORNELIUS)** *AURIFEX*. Inscrip- tion de Narbonne, tirée de Scaliger par Gruter, p. 638, 8; omis par M. R.-Rochette, qui donne cependant les inscriptions de *Thalatia* et de *Cædicius Jucundus*, qui sont à côté de celle d'Amandus aux Nos. 6 et 7; et ce

savant n'en relève pas moins, et souvent très-sèche-
ment, les oublis de M. Sillig et d'autres écrivains!! Et
d'ailleurs peut-être M. Sillig a-t-il eu de bonnes raisons et est-ce à dessein qu'il n'a pas admis parmi ses
artistes tous les *aurifices*, les orfévres, cités dans les inscriptions. Il n'est nullement prouvé qu'ils fussent tous
des artistes, des ciseleurs sur métaux, pas plus que les
fabri à Corinthis qui fabriquaient des vases en airain
de Corinthe. S'il ne s'agissait que de fondre ou de forger au marteau des vases, même d'or ou d'argent, et
sans y ciseler des ornemens, ce n'était plus proprement un art, mais un métier qui, malgré le prix de la
matière, n'est guère autre chose que celui du chaudron-
nier. — Si nous donnons tous les *aurifices* que nous
avons pu trouver, c'est dans le doute que ce soient des
artistes ou des artisans. — Le nom d'*AMANDUS* avec celui d'*ENODUS* sur une coupe de la collection Durand,
Catalog., No. 1462, ne désignent que deux potiers. Il
y aurait, à la fin du très-bon catalogue de M. de
Witte, à retrancher de la *Table des Artistes*, qui eût
été plus exactement nommée *Table des Peintres et
des Potiers*, 12 noms qui ne sont que ceux de potiers
de coupes et de lampes en terre cuite, qu'on ne saurait mettre au nombre des artistes et dont on pourrait
fournir une longue nomenclature, qui, du reste,
ne serait pas sans intérêt. Ces noms sont ceux de
ΑΙΝΕΑΔΕϞ, *AEnéades*, No. 100; AGATOPVS, No.
1465; ΑΡΧΕΚΛΕϞ, *Archéclès*, No. 999; ENODVS,
No. 1462; DIOGENES, No. 1800; ΗΕΡΜΟΛΕΝΕϞ,
Hermogènes, Nos. 1000, 1001; PRIMVS, No. 1464;
SABINIANVS, No. 1460; STROBILVS, No. 1465;
VIBIANVS, Nos. 1465, 1800, 1810.

* AMARANTHUS, gr.f., ΑΜΑΡΑΝΘΟΥ. Hercule   ?
tuant les oiseaux de Stymphale, cor-
naline intaille, autrefois au Cte. de Praun. WINCKELM.,
Mon. in., pl. 167; LIPP., III, p. 71; DE MURR, p. 47.
— Amaduzzi, *Acad. Cort.*, t. 9, p. 148; *Nov. thes.*,
t. 1, p. 16, dit que cette pierre avait appartenu à Zarillo,
antiquaire du roi de Naples. Bracci, t. 2, p. 284, pl.
40, écrit AMARANTHVS, et dit cette pierre de la collection de lord Fortrose.

* AMASIS, peintre de vases. ΑΜΑϞΙϞΜΕΡΟΙΕϞΕΝ, collection du prince de Canino. GERH., *Corresp. archéol.*,
t. 3, p. 178, No. 702; l'un des plus jolis vases connus.

Cette amphore de Vulci, de 13po. 6 li. de haut, de la terre la plus fine, à figures noires, imitées, avec la plus grande délicatesse, de l'ancien style, a été acquise, le 27 avril 1836, à la vente de Durand, à Paris, pour 3,200 fr., par M. le duc de Luynes. D'un côté, est représentée la dispute de Minerve et de Neptune, ΑΘΕΝΑΙΑ et ΠΟΣΕΙΔΟΝ ΑΜΑΣΙΣΜΕΠΟΙΕΣΕΝ; — de l'autre côté, Bacchus ΔΙΟΝΥΣΟΣ et deux Ménades, dont l'une tient un cerf et l'autre un petit faon; au-dessus, dans une bande, sur les épaules du vase, 21 guerriers combattant, dont 12 portent des boucliers avec des insignes différens. *Voyez* pour les détails de ce superbe vase No. 33 du *Catal.* de M. Jean de Witte, chez Bourgeois Maze, libr., quai Voltaire, 23. — *Amasis*, uni comme peintre à CLÉOPHRADES, potier, ΚΛΕΟΦΡΑΔΕΣ ΕΠΟΙΕΣΕΝ ΑΜΑΣ.....Σ sur un vase de la collect. Fossati. GERH., No. 703. M. Raoul-Rochette, 7e. *B. Fér.*, juin 1831, p. 151, pense que ce dernier mot mutilé doit être lu ΑΜΑΣΤΡΑΤΙΝΟΣ, et donne pour patrie à *Cléophrades Améstratos*, en Sicile, aujourd'hui *Mistratta*. — Mais si ce fragment de nom désignait la patrie du peintre, ce qui ne s'est pas encore, que je sache, présenté dans les inscriptions des vases, n'aurait-il pas écrit ΚΛΕΟΦΡΑΔΕΣ : ΑΜΑΣΤΡΑΤΙΝΟΣ : ΕΠΟΙΕΣΕΝ, plutôt que ΚΛΕΟΦΡΑΔΕΣ : ΕΠΟΙΕΣΕΝ ΑΜΑΣΤΡΑΤΙΝΟΣ? Il me semblerait plus simple, et je rois, *C. Arch.*, 1831, p. 183 (703), que c'est aussi l'avis de M. Gerhard, de trouver dans ce fragment ΑΜΑΣ..... le nom presque entier du peintre AMASIS. C'est sans doute le même auquel M. le duc de Luynes doit son charmant vase. — Le Σ isolé que donne M. R.-Rochette, et qui n'est ni dans Gerhard ni dans la copie inexacte de M. Fossati (*Bullet. Corresp. Arch.*, 1829, p. 199, ΑΜΑ... ΚΛΕΟΦΡΑΣΤΟΥ), aurait fait partie du mot ΕΛΡΑΦΣΕΝ à la suite du nom du peintre AMASIS; cette restitution nous paraît positive, et CLÉOPHRADES n'est que le potier de la tasse Fossati citée par M. Raoul-Rochette et par M. Gerhard. — Il ne paraîtra plus » *infiniment probable*, avec M. Raoul-Ro« chette, que ce mot mutilé doive être lu comme il « l'a proposé, et qu'il nous fasse acquérir la connaissance « *certaine* d'une fabrique de vases peints de la ville d'*A« méstratos*, en Sicile, dont les productions, sembla« bles, sous tous les rapports du style, de la composi« tion et de la fabrique, aux vases réputés d'Agrigente

« et de Sélinunte, avaient été portées par le commerce
« en Etrurie. « Tout cela peut être, mais ce ne sera pas
l'ΛΜΛϟ..... du vase qui le démontrera, et nous n'y
trouverons pas » de plus une preuve nouvelle et *déci-
« sive* à l'appui de l'opinion qui assigne une origine
« grecque à la plupart des vases peints découverts dans
« le territoire de l'ancienne Etrurie, et qui les croit
« sortis des manufactures siciliennes «. ΛΜΛϟΙϟ, qu'il
était si facile de retrouver dans ΛΜΛϟ..., et qui n'a aucun rapport ni avec CLÉOPHRADES ni avec ΛΜΛϟΤΡΑ-
ΤΙΝΟϟ ou ΛΜΗϟϟ ΡΑΤΙΝΟϟ, et qui n'est pas dorique,
» ne nous donnera pas au *premier abord* l'idée que ce
« pourrait être le mot ΛΜΛϟ, mis doriquement pour
« ΗΜΛϟ, et que l'on puisse être tenté d'assimiler la
« locution ΕΓΟΙΕϟΕΝ : ΛΜΛϟ... à celle de ΕΓΟΙΕϟΕΝ
« ΕΜΕ, M'A FAIT, que l'on trouve sur d'autres vases. »
L'ΛΜΛϟ....., ne servira pas non plus à établir, ce
qu'avance dans la note p. 152 M. Raoul-Rochette, que
l'inscription du vase de M. Fossati prouve que la ville
d'*Amastra* ou *Améstra* était d'origine dorique, comme
Alasa dont elle était voisine.

* **AMIANTHUS**, arch. REINES., cl. X, 3, p. 547. D'a-
près une inscript. donnée par Pighi, et tirée des écrits
de Marcel Cervio, cardinal de Sainte-Croix et depuis
pape Marcel II, Reinésius le place à l'an 758 de Rome.
MURAT., *Inscr.*, p. 298, N°. 3; BRACCI, t. 2, p. 261.   1*

* **AMIANTUS**, *cis. en arg.*, *ARGENTARIVS* de la   I
maison de Germanicus. GRUT., p. 583, 5; ORELLI,
N°. 4146. Sur les *argentarii* voyez MARINI, *Atti, etc.*,
t. 1, p. 249; et ici ALEXANDRE, fils de Persée, et
L. GAVIDIUS ÉROS.

* **AMMONIUS** ET **PHIDIAS**, fils d'un Phidias; stat.,   ?
ΦΙΔΙΑC ΚΑΙ ΑΜΜΩΝΙΟC ΦΙΔΙΟΥ ΕΠΟΙΟΥΝ,
ont sculpté un singe en cipolin du Capitole. Cette statue
étant, d'après une inscription, de l'an 159 de J.-C., on
ne peut confondre ce *PHIDIAS* avec l'auteur du Jupiter
Olympien et de la Minerve de la citad. d'Athènes. Les
noms de *PHIDIAS* et de *PRAXITÈLE*, gravés sur les belles
statues colossales de Monte-Cavallo, peuvent indiquer
qu'on voulait les faire passer pour des copies d'après
ces grands maîtres. WINCKELM., *Mon. in.*, t. 1, p. 97;
et *H. A.*, éd. ail., t. 7, p. 248, 306; BRAC., t. 2, p. 271.

* **AMMONIUS**, gr.f. ΑΜΜΩΝΙCΥ. Tête de faune,   ?

Siècles.

de face, corn., int., à lord Louvain. RASPE, pl. 39,
No. 451c. Millin, *Introd.*, p. 80, la croit à tort du
bas-empire, et, ne connaissant pas cette pierre, c'é-
tait d'après lui que je l'avais citée. Il existe dans le cabinet de M. Beck une tête semblable sur Nicolo avec
le nom supposé d'*Aulus*; autrefois de la collection
Jenkins. WINCKELM., *Mon inéd.*, p. 72; RASPE, No.
4505. — (AMMωNIOY?, tête de Méduse, cornaline, intaille, collection Roger. (*Note de M. Dubois.*) — Cybèle et les Dioscures, Nicolo;
on y lit : AMMΩNIOC ANEΘHKE EΠAΓAΘΩ, ce
qui n'indique pas le nom du graveur, mais une consécration. VENUTI *Acta Acad. Cort.*, t. 7; AMADUZZI,
Acad. Cort., t. 9, p. 148; et *Nov. Thes.*, t. 1, p. 16;
BRACCI, t. 2, p. 284.

AMPHICRATES, stat. On avait à tort changé ce nom
en ceux d'IPHICRATES et de TISICRATES; il a
été rétabli par M. Sillig. *Voy.* à la *Table alphabétique
des Statues* LÉÆNA. — Va

* AMPHILOQUE, fils de Lagus; arch. Son nom, avec
des éloges en deux hexamètres, trouvé à Rhodes sur la
base d'une colonne. D'après cette inscription, sa réputation allait du Nil à l'extrémité des Indes. *Clarke's
travels*, t. 1, P. 1, p. 228, du journal allemand *die
quart ausgabe;* WELCK., *Kstbl.*, 18 oct. 1827. — ?

AMPHION, peintre. Contemporain d'Apelle sur lequel
il l'emportait par l'ordonnance des sujets. PLINE, l. 35,
c. 36, 10. On ne cite aucun de ses ouvrages. — IV*bc*

AMPHION de Cnosse, fils d'Acestor; stat., disciple de
Ptolichus de Corcyre, et maître de Pison de Calaurie.
Voy. à la *Table alphabétique des Statues* BATTUS. — V*c*
I, p. 531.

AMPHISTRATE, sculpteur du temps d'Alexandre.
V. à la *Table alphab. des Statues* CALLISTHÈNES. — IV*d*

* AMPHOTÉRUS, gr.f. AMΦO. Tête de jeune
homme, ceinte d'une bandelette; jaspe
noir, int., coll. du Mis. Riccardi, aujourd'hui du D.
de Blacas. GORI, *Inscr. antiq.*, t. 1, pl. 11, No. 5;
Mus. Fl., t. 2, pl. 10; DE MURR, p. 47; BRACCI,
pl. 17. Cette tête a été regardée comme étant celle de
Rhémétalcès II, dernier roi de Thrace, mort 46 de
J.-C.; mais Visconti, *Icon. gr.*, t. 2, p. 110, t. 3, p. 302,
n'en parle pas à l'article de Rhémétalcès; et *Op. var.*, — ?

t. 2, p. 121, il regarde la chose comme douteuse. Peut-être cette tête est-elle du bas-empire. M. de Kœhler, *Arch. und Kunst.*, t. 1, p. 50, ne veut pas que ces quatre lettres AMΦΟ soient le commencement du nom AMPHOTÉROS, et bien qu'il cite, d'après Apollodore, un fils très-célèbre d'Alcmæon et de Callirhoé qui porta ce nom dans les temps héroïques, comme ce mot signifie en grec *l'un et l'autre*, il ne pense pas que ce puisse être plus un nom propre que *oudétéros* et *outis*, qui signifient *ni l'un ni l'autre* ou *personne*. On pourrait cependant lui objecter qu'un des principaux généraux de la flotte d'Alexandre-le-Grand se nommait *AMPHOTÉRUS* (Quint.-Curt., III, 1; IV, 5, 8); et il paraît même que son frère se nommait *HÉCATÉRUS*, *l'un et l'autre*. Et je ne vois pas que ce nom soit aussi *risible* que le prétend M. de Kœhler. Il croit que dans ces quatre lettres AMΦΟ, qu'il dispose de diverses manières, doivent être les initiales du nom du propriétaire de cette pierre, et peut-être de ceux de son père ou de sa patrie. Lorsqu'un nom est admissible, peut-on le repousser sans de fortes raisons? M. R.-Rochette, *Let. Sch.*, p. 28, rejette aussi ce nom. MILLIN, *Intr.*, p. 198, l'a admis, de même que de Murr, p. 47.

* AMPLIATUS, *qui fabricæ in..... et sign.,.... M. præfuit* selon Schott, et *qui fabricæ signorum præfuit* selon Apiani. GRUT., 624, 4, 5. Cet *AMPLIATUS*, qui présidait à la fabrique ou à la manufacture des statues, pouvait bien aussi être artiste : nous ne l'assurons pas. | ?

† AMULIUS, ptr. de genre, d'après une mauvaise leçon de Pline, au lieu de FABULLUS. *Voy.* ce nom, SILLIG, et LETRONNE, *Lettres, etc.*, p. 352.

AMYCLÆUS, stat. Travailla avec CHIONIS et DIYLLUS. *Voy.* à la *Table alphab. des Statues* LATONE. | V*b* | I, p. 528.

ANAXAGORE d'Égine, stat. Outre Pausanias, il en est question dans Hérodote, Anacréon, et probablement dans Diogène-Laërce. *Voy.* à la *Table alphabétique des Statues* JUPITER. | V*b* | I, p. 528.

ANAXAGORE, arch. VITR., VII, *præf.* Il écrivit sur l'architecture théâtrale. K. MULLER, *Ægin.*, p. 104; SILLIG. | ?

ANAXANDRA, ptr., fille de Néalcès. CLÉM. ALEX., *Strom.* IV, p. 620. *Voy.* ALEXANDRIA. | III*c* | I, p. 593

	Siècles.
ANAXANDRE, ptr. PLINE, l. 35, c. 40, 42. Il ne fait que le citer en passant.	?
* ANDOCIDES, ptr. de vases de Vulci. ΑΝΔΟΚΙΔΕ϶ ΕΓΟΙΕ sur un vase peint de la coll. du P. de Canino, 1ere. cent., Nos. 18, 46, ΕΓΟΕ϶ΕΝ, de même qu'au No. 55. GERH., *C. Arch.*, t. 3, p. 178, No. 700. *Voy.* HIÉRON.	
* ANDRAGORAS de Rhodes, stat. Statue de bronze de Stratoclès, décernée par le peuple d'Astypalée. BŒCKH, *C. Inscr.*, t. 1.	?
ANDRÉAS d'Argos, stat. *Voy.* à la *Table alphabétique des Statues* LYSIPPE Éléen.	?
ANDROBIUS, ptr. *V. Tab. alph. des Peint.* SCYLLIS.	?
ANDROBULE, stat. Pline, l. 34, c. 19, 26, dit qu'il fit avec grand succès des statues de philosophes.	?
ANDROCYDE de Cyzique, ptr. plast. PLINE, l. 35, c. 36, 3. *Voy.* à la *Table alphabétique des Peintures* PLATÉE et SCYLLA.	IV *a* I, p. 543.
ANDRON, stat. *V. Tab. alph. des Statues* HARMONIE.	?
ANDRONICUS CYRRHESTÈS, ou de Cyrrhus, en Macéd., arch. (VITR., I, 6, 4). Il fit à Ath. une tour octogone en marbre, nommée aujourd'hui *Tour des Vents*; ils y sont représentés en b.-rel. avec leurs noms. Sur le faîte un triton en bronze tenait une baguette, et, en tournant, indiquait la direct. du vent. Ce monum., qui paraît des temps après Alexandre, existe encore.	?
ANDROSTHÈNE d'Athènes, élève d'Eucadmus; stat. PAUS., *Phoc.*, c. 19, 3.	V *d* I, p. 541.
ANGÉLION, stat. élève de Dipœne et de Scyllis avec TECTÉE. PAUS., *Cor.*, c. 14, 1, c. 32, 4; SILLIG. *V.* à la *Table alph. des Statues* APOLLON de Délos.	VI *b* I, p. 505.
* ANICÉTUS, arch., affr. de la maison des empereurs. MARINI, *Atti, etc.*, t. 1, p. 256; R.-ROCHETTE, *Bul. Férussac*, 7 août 1831, p. 358.	
* ANRIANTUS ??, cis. ALDE MANUCE, *Orthogr. rat.*, p. 123; BRACCI, t. 2, p. 261. Son nom a été trouvé avec celui d'*Antigonus, argentarius* de Germanicus, dont *Anriantus* était *ciseleur*. Il paraît que ce nom doit être lu AMIANTUS.	I*

Siècles.

ANTÉNOR, stat. *Voy.* à la *Table alphabétiq. des Statues* HARMODIUS et ARISTOGITON. — VI *d* I, p. 515.

* ANTÉROS, gr.f. ΑΝΤΕΡωΤΟC et ANT. Il est incertain que les pierres où l'on ne voit qu'ANT. soient de ce graveur. Bracci, t. 1, pl. 20, donne une tête d'Antinoüs, de la coll. Zanetti, avec ces trois lettres, qui pourraient désigner le favori d'Adrien aussi bien que ANTÉROS; agate, int., ovale, profil à droite, lance sur l'épaule g., 0,037m. sur 0,035m. — ΑΝΤΕΡωΤΟC, Hercule jeune portant un taureau, tourné à droite; aigue-marine selon Mariette, *Bibl. dact.*, p. 333; calcéd., intaille, caboch., carré, à coins rabattus, 0,022m. sur 0,014m. STOSCH, pl. IX. Lippert, I, p. 218, N°. 59, dit cette pierre un béryl. DE MURR, p. 48; BRACCI, t. 1, pl. 19; il la dit un béryl; autrefois du cabinet Sévin, à Paris; depuis de la collect. du D. de Devonshire. MARIETTE, *Pierres grav. du roi*, t. 1, p. 333; WORDLIGE, pl. 29; DENH, p. 61, N°. 46; RAPONI, pl. 63, N°. 2. Raspe, N°. 5754, pense avec raison, de même que de Murr, p. 48, que c'est Hercule vainqueur du taureau de Crète. Millin, *Introd.*, p. 181, croit que c'est un esclave qui porte un taureau à un sacrifice, ce qui n'est guère probable; et Visconti, *Op. var.*, t. 2, p. 222, fait observer que la peau de lion caractérise Hercule, et non Milon qu'on avait cru voir sur cette pierre. Ce sujet est sans doute la copie de quelque statue célèbre. On retrouve cet Hercule dans des bas-reliefs. *Admir.*, pl. 57; GUATTANI, *Mon. inéd.*, avril 1785, pl. 31. (On le voit aussi sur des pierres et des pâtes antiques. BRACCI, t. 1, des preuves. (*Note de M. Dubois.*) — ΑΝΤΗΡΩ, aigle tenant une lance, serpent et limaçon, sujet symbolique, cornaline. RASPE, N°. 104, pl. 20. — (ANTÉROS, Hercule pisseur. MONTF., *A. E.*, t. 1, pl. 153, N°. 5. (*Note de M. Dubois.*) — Une pierre que possédait Lessing portait le nom d'ΑΝΤΗΡΟC, que M. de Kœhler, *Arch. und Kunst.*, t. 1, p. 42, croit être celui du propriétaire, qu'il suppose être un affranchi, ce qui se peut puisqu'il s'en trouve de ce nom. *Voy.* R.-ROCH., *Let. Sch.*, p. 28. — II*

ANTÉROS *COLORATOR*, peut-être espèce de *ptr.*; affranchi de Livie. GORI, *Columb.*, p. 128, N°. 84; R.-ROCH., *Let. Sch.*, p. 60, N°. 6. — Gori ne sait pas — ?

trop ce que pouvaient être ces *coloratores* attachés aux princesses romaines. Peut-être n'étaient-ce pas des peintres ou des artistes, selon le sens que nous donnons à ce mot, car les Romains nommaient *artifices* tous ceux qui exerçaient un art ou un métier quelconque; et l'on voit Tibulle, l. 1, *Elég.* IX, v. 9, nommer *artifices* ceux qui coupaient les ongles aux femmes élégantes. Les *coloratores* faisaient peut-être et appliquaient le fard, ou teignaient les cheveux. Sénèque emploie le mot *coloratum* pour *fucatum* suivant Saumaise, *Hist. aug.*, p. 451. On appelait *coloratores* ceux qui peignaient les murailles. On désignait aussi par le nom de *coloratores* des médecins (*iatraliptes*) qui par des frictions et différens cosmétiques conservaient ou rendaient à la peau sa fraîcheur et ses belles couleurs.

ANTHÉE, stat. PLINE, l. 34, c. 19, *initio*.   II *b*
                    I, p. 610.

ANTHÉMIUS, arch., méc. TZETZÈS.   VI *
                    I, p. 839.

ANTHERMUS ou plutôt ARCHÉNÉUS, grav., fd.,   VI *b*
père d'ATHENIS. SILLIG. *Voy.* ARCHÉNÉUS.   I, p. 505.

* ANTHIAS, ΑΝΘΙΑ. Visconti, *Op. var.*, t. 2, p. 224, pense que ce peut être ou le nom du propriétaire ou celui du graveur d'un scarabée en calcédoine d'ancien style, offrant Hercule qui reçoit de l'eau dans un vase, et qui est de la coll. du gr.-duc de Toscane. GORI, *M. Fl.*, t. 2, pl. 74, No. 4; WINCKELM., *C. Stosch.*, p. 286, No. 1767. — M. Raoul-Rochette, *Let. à M. Schorn.*, p. 29, regarde le travail de cette pierre comme étrusque : au lieu d'ΑΝΘΙΑ il lit ΑΝΟΙΑ ou ΑΙΟΝΑ, dont il fait ΑΙΤΝΑ, parce que, dit-il, en étrusque le Τ a la forme d'un Ο; et il décide qu'il ne reste plus aucun doute, d'après un autre scarabée étrusque où l'on voit Hercule et un sujet analogue à celui-ci, qu'il ne soit représenté puisant, pour se remettre de ses fatigues, aux sources des eaux thermales de l'Ætna. Mais peut-être tiendra-t-on encore à l'ΑΝΘΙΑ ou ΑΙΘΝΑ de Visconti, qu'il est plus facile de trouver dans ΑΙΟΝΑ, en admettant simplement la disparition du – ou du . du Θ que d'y voir ΑΙΤΝΑ.

ANTHUS *GEMMARIUS*. ORELLI, No. 1661. — M.   ?
Raoul-Rochette, *Let. Sch.*, p. 30, le donne comme un graveur sur pierres fines : il se peut, et il est probable que ce n'était qu'un joaillier. *Voy.* AGATHOPUS.

ANTIDOTE, ptr, , disc. d'Euphranor. *Voy.* à la *Table alphab. des Peintures* GUERRIER COMBATTANT. — *Siècles.* **IV** *bc* — I, p. 572.

ANTIGNOTE, stat. M. Sillig a rétabli le nom de ce statuaire, que l'on lisait ANTIGONE. *Voy.* à la *Table alphabétique des Statues* LUTTEURS.

* ANTIGNOTE, stat., fit une statue élevée par les Athéniens à Paulus Fabius Maximus. Bœckh, *C. Inscr.*, t. 1, No. 370 *b*. — On ne saurait dire si cet ANTIGNOTE ne serait pas le même que celui qui précède. — ?

ANTIGONE, stat. Pline, l. 34, c. 19, 17, 24, dit qu'il écrivit sur son art; et liv. 1er., dans le sommaire du liv. 33, à l'article des écrivains, on lit qu'Antigone traita de la toreutique, qui du reste était une branche de la statuaire; l. 35, c. 36, 5, on trouve un ANTIGONE qui écrivit sur la peinture, et qu'on peut croire avoir été peintre. Pline, dans les sommaires des chapitres de son ouvrage, cite un grand nombre d'auteurs qui ont écrit sur les arts, mais il n'y en a que sept dont il spécifie les traités : ANTIGONE, DURIS, MENÆCHME, XÉNOCRATE, écrivirent sur la toreutique (l. 1, *sommaire* du l. 33); FABIUS VESTALIS, sur la peinture (l. 1, *somm.* des l. 35, 36); HÉLIODORE, sur les offrandes consacrées par les Athéniens (l. 1, *somm.* du l. 34), et MÉTRODORE, sur l'architecture (l. 1, *somm.* du l. 35). — **III** *c* — I, p. 595.

ANTIGONE, peintre. PLINE, l. 35, c. 36, 5. — ?

* ANTIGONE, stat. Son nom a été trouvé sur la base d'une statue élevée à Cotys IV, fils de Rhescuporis, et donné pour roi par Auguste aux Odryses, peuples de Thrace. Bœckh, *C. Inscript.*, t. 1, p. 430, No. 359; Welck., *Kstbl.*, 15 oct. 1827. — I*

* ANTIGONE, cis. en argent de la maison de Germanicus, cité avec *AMIANTUS* dans une inscription, Gruter, p. 183, *s*; Orelli, No. 1146. *V.* ALEXANDRE, fils de Persée. — ?

ANTIMACHIDES, arch. avec ANTISTATE, CALLESCHROS et PORINOS. VITR., VII, *Praef.*, § 15. — **VI** *b* — I, p. 506.

ANTIMAQUE, stat. PLINE, l. 34, c. 19, 26. Il fit de très-belles statues de femmes, probablement en bronze. — ?

* ANTIOCHUS d'Athènes, stat., auteur d'une statue de la villa Ludovisi, à Rome. Son nom est gravé sur le bord de sa tunique; les deux premières lettres man-

Siècles.

quent: ..ΤΙΟΧΟϹ.... ΝΑΙΟϹ. ΠΟΙΕΙ. WINCKELM.,
H. A., t. 6, P. 1, p. 279; BRACCI, t. 2, p. 261; R.-
ROCH., *Let. au D. de Luynes*, p. 10, et *Let. Sch.*, p. 60.

* ANTIOCHUS, gr.f. ΑΝΤΙΟΧΟΥ. Tête de Mi-   ?
nerve armée; ov., 0,018m. sur 0,014m., corn., int.,
caboch.,; coll. de l'abbé Andréini, à qui elle fut volée;
publiée pour la première fois par Gori, *Inscr. ant.*, t. 1,
pl. 1, Nᵒ. 4. WINCKELM., *C. Stosch.*, p. 61, Nᵒ. 188;
BRACCI, pl. 21; RASPE, Nᵒ. 1672; DE MURR, p. 45;
MILLIN, *Intr.*, p. 181; R.-ROCH., *Let. Sch.*, p. 30. —
ΑΝΤΙΟΧΟΥ, Amour tendant son arc, pa-
pillon, torche devant lui; corn., int. RASPE,
Nᵒ. 7064, pl. 43. —ANTI. Bonus—Eventus; jaspe
rouge, int., coll. Macgovan. RASPE, Nᵒ. 1991. — Une
tête de femme, en int., tirée des empreintes de
Christian Denh; ovale, 0,018m. sur 0,014m.; du temps
d'Adrien (DENH, III, p. 37, Nᵒ. 91; BRACCI, pl. 22;
WINCKELM., p. 6, *note* 1300), est accompagnée du
nom d'ANTIOCHIS, ΑΝΤΙΟΧΙϹ au nominatif. Si
ce n'est pas la tête de l'impératrice Sabine, comme le
pense Bracci, ce doit être le nom de la femme que
cette pierre représente, ou à qui elle a appartenu, plutôt que celui du graveur, c'est du moins l'opinion de
Visconti, *Op. var.*, t. 2, p. 125 et 329; t. 3, p. 31, Nᵒ.
200. Il dit cette pierre de la coll. de la Turbie. Cepen-
pendant si des femmes ont été peintres et sculpteurs,
il peut y en avoir eu qui ont gravé sur pierres fines. Et
Visconti, *Op. var.*, t. 2, p. 130, cite même une dame
romaine, Mᵐᵉ. Talaci, établie de son temps à Naples
et qui gravait très-bien sur pierres fines. — De Murr,
p. 40, déclare faux le nom d'*ANTIOCNIS*. — Les Grecs
mettaient ordinairement le nom du graveur, les Romains celui du propriétaire, plusieurs noms romains
sont écrits en caractères grecs; les noms sont en général au génitif, comme on le voit aussi sur les monumens
funèbres; les mots *monument de*, *ouvrage de*, etc.,
étaient sous-entendus. Le mot ΕΠΟΙΕΙ ou simplement
ΕΠ (EP pour EPOIEI), qui suivent quelquefois le nom
du graveur au nominatif, signifient FACIEBAT, FAISAIT:
il indiquait par là qu'il ne regardait pas son ouvrage
comme terminé, et qu'il ne renonçait pas à le revoir.
Les artistes grecs mettaient très-rarement ΕΠΟΙΗΣΕ
(ÉPOIÈSÉ). FECIT, IL A FAIT, sur leurs ouvrages, ce
qui eût eu l'air d'annoncer qu'ils les croyaient achevés.
V. PLINE, l. 1, *Præf.*, *fin.*

ANTIPATER, cis. Pline, l. 35, c. 55, ne cite pas d'ouvrages de ce ciseleur, l'un des plus habiles de l'antiquité, et que l'on comparait à Calamis et à Stratonicus.   ?

ANTIPHANE d'Argos, stat. PAUS., *El.* 1, c. 17, 1. *Voy.* à la *Table alphabétiq. des Statues* APHIDAS.   **IV** *a* / I, p. 543

* ANTIPHANÈS, stat., fils de Thrasonidès de Paros. ΑΝΤΙΦΑΝΗΣ ΘΡΑΣΩΝΙΔΟΥ ΠΑΡΙΟΣ ΕΠΟΙΕΙ. Auteur d'une statue d'homme nu découverte à Milo. R.-ROCH., *Let. Sch.*, p. 61 ; *Bullet. de Corr. archéol.*, 1830, p. 195. — La manière dont les lignes convergentes de quelques lettres se croisent, montrent que cette inscription n'est pas de temps très-anciens. Elle est gravée sur le tronc d'arbre qui sert de soutien à la statue, qui fut trouvée sans tête vers 1828. En 1829 M. Dubois la vit à la douane de Marseille.   ?

ANTIPHILE, Egyptien, élève de Ctésidème; ptr. d'hist. et de genre. VARRON, *R. R.*, II, 2; QUINCTIL., XII, 10; THÉON., *Progym.*, 1; SILLIG. *Voyez* à la *Table alphabétiq. des Peintures* ALEXANDRE ENFANT.   **IV** *c* / I, p. 579

ANTIPHILE, arch. PAUS., *El.* 2, 19, 4. Il fit avec Mégaclès et Pothæus, pour les Carthaginois, un trésor à Olympie.   ? A

ANTISTATE, arch. VITRUVE, VII, *Præf.*, § 15. *Voy.* ANTIMACHIDES, arch.   **VI** *b* / I, p. 506

* ANTIUS, arch. ??. MURAT., *Nov. Thes. Inscr.*, 1, p. 86, 7; BRACCI, t. 2, p. 261. — Sur un monument de Pestum consacré aux Nymphes, on lisait, dit-on :   ?

NYMPHIS. NVMIN. SERM.

SACRVM

L.ANTIUS	L.FILIUS PA
LATINA	ARCHI
TECTUS	D.D.

LUCIUS ANTIUS, FILS DE LUCIUS, DE LA TRIBU PALATINE, ARCHITECTE, A CONSACRÉ AUX NYMPHES DIVINITÉS DE SERM......

On connaît en Espagne, près de Sarragosse, une ri-

<table>
<tr><td></td><td>Siècles.</td></tr>
</table>

vière qui se nommait autrefois SERMONE. SILLIG. Cette inscription, qui n'existe plus, est très-douteuse. R.-ROCH., *Let. Sch.*, p. 91.

ANTONIUS (M.), sculpt. et cis. en ivoire, *eborarius.* D'après une inscription de la collection du cardinal de Carpi. REINES., cl. XI, N°. 94; FABRET., *Inscr.*, p. 717, N°. 388; R.-ROCH., *Let. Sch.*, p. 71.   ?

ANTORIDES, ptr. PLINE, l. 35, c. 30.   IVc

APATURIUS d'Alabanda, ptr. scénique. VITR., VIII, 5, 4.   ?

APELLAS, statuaire, confondu par Winckelmann avec Apelles. SILLIG. *Voy.* à la *Table alphabétique des Sta-tues* ADORANTES.   Vc / I, p. 537.

APELLE de Colophon ou de Côs, et selon d'autres d'Ephèse, fils de Pythias, et élève d'Ephore d'Ephèse, de Pamphile d'Amphipolis, de Mélanthius, et d'un Arcésilas; le plus grand peintre de l'antiquité. PLINE, l. 1, *Præf. fin.*; l. 35, c. 36, 10, 19, l. 40, c. 40, *init.*; CICER., *ad Attic.*, I, 19; II, 21; QUINTIL., XII, 10; PLUT., *Demetr.*, 22; ÆLIEN, *V. H.*, II, 2, 3; XII, 12, 41. — La peinture nommée *ars Apellea*, l'art d'A-pelle, par Martial, XI, 9, et Stace, I, 100. — Sur l'espèce de défi d'adresse et de talent entre Apelle et Protogène, PLINE, *l. l.*, passage célèbre; BŒTTI-GER, *Archæol. Pict.*, I, p. 153-171; QUATREMÈRE DE QUINCY, *Recueil de Dissertat.*, etc., 1817, p. 388; MEYER, *H. A.*, t. 1, p. 176, 181.—Apelle dessinait tous les jours. PLINE, *l. l.* — De même que Phidias, il ex-posait ses ouvrages à la critique du public, et il en pro-fitait. PLINE, *l. l.*; LUCIEN, *pro Imagg.*, 14, t. II, p. 492; VAL. MAX., VII, 12. — *Ne sutor supra crepi-dam.* PLINE, *l. l.* — Apelle chéri d'Alex.-le-Gr., qui, par un édit, défendit aux autres peintres de faire son portrait. CICER., *Fam.*, V, 12, § 13; HORAT., *Ep.* II, 1, 239; VAL. MAX., p. 716, 2; ARRIAN., *Anab.*, I, 16, 7. — Alexandre donna sa maîtresse Campaspe ou Pancaste à Apelle, qui devint épris d'elle en la peignant nue devant ce prince, et qui fit, dit-on, d'après cette beauté sa Vénus *Anadyomène.* PL., *l. l.*; ÆLIEN, *V. H.*, XII, 34; LUCIEN, *Imagg.*, 7, t. II, p. 465. — Bonté et générosité d'Apelle. PLINE, *l. l.* — Son talent ex-traordinaire pour la ressemblance. PLINE, *l. l.*; QUIN-TIL., II, 13. — Apelle recommandait de ne pas finir   IVc / I, p. 573.

	Siècles.

par trop ses ouvrages. PLINE, *l. l.*; CICER., *Or.*, 22, § 73; QUINTIL., X, 4. — *Voyez* sur APELLE le bel article de M. Sillig, *Cat. artif.*; sur ses démêlés avec son émule et son calomniateur Antiphile de Naucrate, sur le tableau de la C a l o m n i e attribué par Lucien à Apelles, TŒLKEN, *Amalth.*, t. 3, p. 113–134; MEYER, *H. A.*, t. 1, p. 221; t. 2, p. 178, 179; et pour les ouvrages d'Apelle, *voyez* ici à la *Table alphabétiq. des Peintures* ABRON.

APELLES, arch. XIPHILIN, 69, p. 115.   **?**

* APELLES, gr.f. AΠEΛΛOY, que Bracci, t. 1, pl. 27, lit, suivant Visconti, *Op. var.*, t. 2, p. 125, à tort AΠCAΛOT. Il fait observer qu'à l'époque probable de ce graveur on n'écrivait pas ΠC pour Ψ, et qu'ici le prétendu C doit être Є, et l'A un Λ; et il pense que ce graveur peut être du temps de Septime–Sévère. De Murr, p. 50, avait déjà déclaré moderne et supposé le nom d'APSALUS. *Voy.* MILLIN, *Intr.*, p. 189; R.–ROCH., *I. Sch.*, p. 30. — M a s q u e   s c é n i q u e, corn., int., ov., 0,018m. sur 0,015m.; coll. du prince Jablonowski.

APELLES, cis. ATHÉN., XI, p. 488, CD.   **II***

APHRODISIUS de Tralles, sc. PLINE, l. 36, c. 4, 11.   **I***
                                             I, p. 669.

APHRODISIUS, nommé aussi EPAPHRAS, fils de   **?**
Démétrius; sc. REINES., *Inscr.* IX, 51; WELCKER, *Kstbl.*, 15 oct. 1827; inscription grecque trouvée à Rome près des murs, entre la voie Appienne et la latine. Il y est dit qu'il travaillait à l'encaustique, sans doute celle dont on se servait pour les statues.

APOLLODORE d'Athènes, ptr., maître de Zeuxis, fit   **V** *c*
faire de très-grands pas à la peinture; le premier la   I, p. 538.
rendit agréable : elle ne suivit plus dans ses compositions et dans la disposition de ses sujets le même système que la sculpture, qui jusqu'alors lui avait servi de modèle. *APOLLODORE* fit faire des progrès remarquables au coloris, au clair-obscur et à la vérité de l'imitation. *Voy.* MEYER, *H. A.*, t. 1, p. 149, 171, 241, 274, et ici à la *Table alphab. des Peintures* ADORANTE.

APOLLODORE, stat. plast., doit être placé avec SILA-   **IV** *d*
NION, p. 578, mais on ne cite aucun de ses ouvrages. *Voy.* à la *Table alphab. des Statues* APOLLODORE.

APOLLODORE de Damas, arch. XIPHIL., LXIX,   **I***
p. 1152; PROCOPE, *De Ædif.*, l. 4, c. 6.   I, p. 700, 710.

APOLLODOTE, gr.f. ΑΠΟΛΛΟΔΟΤΟΥ ΛΙΘΟ. Buste de Minerve casquée, à gauche, quatre chevaux sur le devant du casque, griffon au cimier, boucles d'oreille en croix; corn., int., ovale, 0,023ᵐ. sur 0,015ᵐ. Cette pierre d'abord à l'abbé Andréini et depuis de la coll. Barberini. STOSCH, pl. 10; WINCKELM., *C. Stosch.*, p. 61, Nᵒ. 189; LIPP., I, p. 54, Nᵒ. 122; LACHAUSSE, *M. Rom.*, t. 1, sect. 1, pl. 7; Dolce, DENH, p. 31, Nᵒ. 45, le nomme APOLLODORE. BRACCI, t. 1, pl. 23; RASPE, Nᵒ.1652; DE MURR, p.49; MILLIN, *Dict. B.-A.*, t. 1, p. 707. — Canini, qui le premier a parlé de cette pierre (*Icon.*, pl. 93), en rend compte de la manière la plus singulière. A son avis, c'est la tête d'Aspasie (*voy.* ASPASIUS). Baudelot de Dairval (*De l'utilité des Voyages*, t. 1, p. 385, pl. 18, Nᵒ. 7) admet aussi cette idée, de même que Dolce. Selon Canini, les mots ΑΠΟΛΛ., etc., indiqueraient que cette pierre est un don d'Apollon et signifieraient que la science et le génie d'Aspasie étaient comme une pierre précieuse donnée par Apollon!! — Le mot ΛΙΘΟ est le commencement de celui de ΛΙΘΟΓΛΥΠΤΗΣ, *graveur en pierres fines.* — Baudelot était tenté de changer *APOLLODOTE* en *APOLLODORE*, architecte célèbre sous Trajan, et de lire ΛΙΘΟΤΟΜΟΥ, *tailleur de pierres*, *sculpteur*, qualification qui ne serait pas tout-à-fait exacte pour un architecte. D'ailleurs l'inscription est nette, et ΑΠΟΛΛΟΔΟΤΟΥ ne peut pas se confondre avec ΑΠΟΛΛΟΔΩΡΟΥ. — Othryade mourant sur son bouclier, deux autres guerriers près de lui, ΑΠΟΛΛΟΔΟΤΟΥ; corn., int., ov.; 0,017ᵐ. sur 0,014ᵐ.; d'abord du Mus. étrusq. de Cortone (AMADUZZI, *Acad. Cort.*, t. 9, p. 133; BRACCI, t. 1, pl. 24), ensuite de la coll. du Mⁱˢ. Lucatelli, à Rome. RASPE, Nᵒ. 7505. Visconti, *Op. var.*, t. 2, p. 125, pense qu'*APOLLODOTE* peut être antérieur à Auguste; et p. 300, il croit que l'Othryade, d'après son travail, qu'il regarde, peut-être à tort, comme assez médiocre, n'est qu'une copie d'un ouvrage d'*APOLLODOTE*; et p. 337, sans en donner de raisons, il n'admet pas que la Minerve soit d'*APOLLODOTE*.

APOLLONIDE, cis., gr.f., l'un des quatre grands   ? IV *d*
graveurs cités par Pline, l. 37, c. 4. ΑΠΟΛΛΩΝΙΔΟΥ, vache couchée, sard., int., ov., grand. totale de la pierre 0,021ᵐ. sur 0,017ᵐ. : il n'en reste que le tiers, une partie de la tête, l'épaule droite, les deux jambes

de devant, le bas du ventre, la jambe droite de derrière, un petit bout de la queue; le reste rapporté. Le fragment fut vendu 1000 guinées par Stosch au duc de Devonshire. STOSCH, pl. 11; LIPP., p. 254, Nº. 1032; WINCKELM., *Cat.*, p. 546, Nº. 19; BRACCI, t. 1, pl. 25; RASPE, Nº. 13,918; DE MURR, p. 49; VISC., *Op. var.*, t. 2, p. 330; MILLIN, *Intr.*, p. 169. — Copie, même nom, RASPE, Nº. 13,109. — Un bœuf paissant, améth., caboch., cabinet Poggi. RASPE, Nº. 13,127. — (Antigone consolant Œdipe, camée, nom en creux, agate on. de M. Poquel. (*Note de M. Dubois.*) — Vache couchée, comme le bœuf de Stosch, ΑΠΟΛΛΩΝΙΔΟΥ, corn., int. entière. Hemsterhuis ne doutait pas de l'authenticité de cette pierre du cabinet de La Haye. Dolce, *CC.*, 139, dit cette pierre une améth. DE JONGE, p. 157, Nº. 12. Visconti, *Op. var.*, t. 2, p. 330, émet quelque doute sur le nom peut-être moderne. M. Raoul-Rochette, *Let. Sch.*, p. 31, partage cette opinion. — APOLLONIDES, un masque, sur un grenat, coll. du roi de Prusse. Winckelmann, *C. Stosch*, p. 219, Nº. 1353, croit que c'est le nom du graveur. RASPE, Nº. 3643; DE MURR, l. l. — Spon, *Miscel.*, p. 122, fait remarquer que Louis de Montjosieux (*Demontiosius*) avait lu ΑΠΟΛΛΩΝΙΔΟΥ sur deux pierres gravées qui représentent Diane, et qui sont d'APOLLONIUS. *Voy.* plus bas ce graveur.

* APOLLONIUS de Tralles, en Lydie, frère de TAURISCUS; stat. *Voyez* à la *Table alphabétique des Statues* AMPHION et ZÉTHUS.   I* / I, p. 668.

* APOLLONIUS, gr.f., ΑΠΟΛΛΩΝΙΟΥ. Diane des montagnes, debout près d'un rocher, appuyée sur un cippe, tunique courte sans manches, carquois sur l'épaule gauche, chaussée de l'Endromide, torche à la main; améth., intaille, ovale, cabochon, 0,026m. sur 0,013m., collect. Farnèse à Parme; actuellement coll. du roi de Naples. SPON, *Miscel.*, p. 122; STOSCH, pl. XII; BRACCI, t. 1, pl. XXVI; NATTER, *De la Méthode, etc.*, p. 49, pl. XXXII; LIPPERT, I, p. 88, 210; VISC., *Op. var.*, t. 2, p. 179; RASPE, Nº. 2144; — une copie par Laur. Marini; améth. coll. du roi de Prusse; WINCKELM., *C. Stosch*, p. 77, Nº. 295; LIPP. I, 211; RASPE, Nº. 2145; — autre belle copie du prince Corsini, cornaline. RASPE, Nº. 2147. — ΑΠΟΛ. ΣΜΥΡ. APOLLONIUS ou   ?

APOLLODORE de Smyrne, deux étoiles et le bonnet des Dioscures. RASPE, N°. 6991. Millin, *Dict. B.-A.*, t. 1, p. 707, croit que c'est le nom du possesseur de la pierre, marin qui se met sous la protection des Dioscures. — Visconti, *Op. var.*, t. 2. p. 122, pense que l'ω ne se trouvant pas dans le nom d'APOLLONIUS, il pourrait avoir été avant les empereurs et même assez ancien. Il en dit autant d'ATHÉNION.

* APOLLONIUS d'Athènes, fils de Nestor ; stat., auteur du célèbre torse d'Hercule en repos, connu sous le nom de *torse du Belvédère* ou de *Michel-Ange*. L'inscr. porte ΑΠΟΛΛΩΝΙΟΣ ΝΕΣΤΟΡΟΣ ΑΘΗΝΑΙΟΣ ΕΠΟΕΙ. WINCKELM., *Hist. de l'Art.* Ce nom se trouve aussi dans l'inscription d'un beau Faune, statue de la collection du comte d'Egremont à Petworth, dans le Sussex ; mais elle est en partie effacée, et l'on ne peut savoir si cet *Apollonius* était fils de Nestor ou de quelque autre. ΑΠΟΛΛΩΝΙΟΣ ΕΠΟΙΕΙ. K. O. MÜLL., *Amalth.*, t. 3, p. 252 ; SILLIG. Spon, *Miscel.*, p. 122, donne aussi comme le même *Apollonius* celui dont le nom était sur une statue mutilée d'Esculape au palais Massimi. On trouve aussi ce nom ΑΠΟΛΛΩΝΙΟΣ ΕΠΟΙΕΙ sur une statue d'Apollon découverte à la villa Adrienne, et que Visconti croit une copie d'après Apollonius. *Mus. Pio-Clem.*, t. 3, p. 221.

* APOLLONIUS, fils d'Archias d'Athènes ; statuaire. ΑΠΟΛΛΩΝΙΟΣ ΑΡΧΙΟΥ ΑΘΗΝΑΙΟΣ ΕΠΟΕΣΕ. Belle tête d'Auguste en bronze, trouvée à Herculanum. *Mus. Ercol.*, t. 1, pl. 45 ; WINCKELM., *H. A.* ; BRACCI, t. 2, p. 62.

I *da*
I, p. 668.

* APOLLONIUS, fils de Xamus ; stat. Dans un *Catalogue des Bronzes du Musée de Naples*, imprimé en 1820, je trouve un *Apollonius* d'Athènes, fils de Xamus, et, comme le fils d'Archias, auteur d'un hermès d'Auguste en bronze.

I *da*

* APOLLONIUS, graveur mon., ΑΠΟΛ. ΑΠΟΛΛΩ. ΑΠΟΛΛΩΝ. ΑΠΟΛΛΩΝΙΟΣ. sur des médailles de Métaponte, de Tarente et de Catane. R.-ROCH., *Let. à M. le duc de Luynes*, p. 36–38. *Voy.* CHÆCÉON

* APOLLONIUS (T. CLAUD.), peut-être cis. en argent, ARGENTARIVS. *Mon. Matteian.*, III, 121 ; R.-ROCH., *Let. Sch.*, p. 61.

APOLLONIUS de Perge, mécanicien. VITRUVE.   ?

* APPIUS ALCÊ, gr.f. On lit sur une pierre gravée : APVTVKS ALKSE, mots peut-être étrusques, dont on a fait APPIUS ALCÊ. — GORI, *Mus. Etr.*, t. 2, pl. 198, N°. 1, p. 433; AMADUZZI, *Acad. Cort.*, t. 9, p. 149; *Nov. Thes.*, VII, p. 17; BRACCI, t. 2, p. 284. ???

* APSALUS, cis., fond. M. de Kœhler, *Arch. und Kunst.*, t. 1, p. 47, admet le nom d'*APSALUS*, mais il pense que c'est celui ou du propriétaire de la pierre ou d'un acteur, ou même celui d'un des rôles qu'il jouait. Je ne vois pas ce qui peut alors empêcher de croire que c'est le nom du graveur. *V.* APELLES III; gr.f.

* APSCOPÉ, gr.f. Apollon jouant de la lyre. CAYLUS, *Rec.*, t. 7, pl. 28, p. 156; BRACCI, t. 2. ???

* APTUS (C.), A CORINTHIS, c.-à-d. A CORIN-THIS *FABER*, ciseleur de vases en métal de Corinthe, ou peut-être chargé chez quelque empereur de la garde des vases en airain de Corinthe. GRUTER, 639, 10; R.-ROCH., *Let. Sch.*, p. 61.

* APULEIUS, arch. GRUTER, p. 41, 5. Il bâtit un temple consacré à Diane et à la mère des dieux, Cybèle.   ?

* AQUILAS, gr.f. AKYΙΛΟΥ. Vénus au bain et Amour. RASPE, N°. 6225. Ce serait probablement un graveur romain; mais il se pourrait bien, ainsi que le fait observer M. Sillig, que ce nom fût celui du propriétaire de la pierre (c'est aussi l'opinion de M. de Kœhler, *Arch. und Kunst*, t. 1, p. 44).—ΥΟΛ-ΥϞΑ (AKYΛΟΥ), cheval, soufre de Stosch. RASPE, N°. 13,219.   ?

ARCÉSILAS. *Voy.* ARCHÉSITAS.

ARCÉSILAS ou ARCÉSILAÜS, fils d'Aristodicus, stat. *Voy.* à la *Table alphabétiq. des Statues* DIANE.   **Vb**   I, p. 51

ARCÉSILAÜS de Paros, ptr. enc. PLINE; l. 35, c. 39.   **Vd**   I, p. 54

ARCÉSILAÜS, fils de Tisicrate; ptr. *Voy.* à la *Table alphabétique des Peintures* LÉOSTHÈNES.   **IIIb**   I, p. 59

ARCÉSILAÜS, sc., stat. *Voy.* à la *Table alphabétique des Statues* AMOURS AILÉS.   **Ib**   I, p. 630

* **ARCHÉCLÈS**, ptr. de vases. ΑΡΧΕΚLΕΣ : ΜΕ ΠΟΙΕ-
ΣΕΝ sur une patère de la coll. Durand, No. 999. Ce n'est
que le nom du potier. Cette coupe de Vulci, d'une
terre très-fine, n'a pas de dessins. Le nom est à l'intérieur et à l'extérieur. — Elle a été acquise, le 4 mai
1836, à la vente Durand, par M. le duc de Blacas,
pour 130 francs. — ΑΡΧΕΚΛΕΣ : ΕΠΟΙΕΣΕΝ, et sur le
revers du même vase : ΑΡΧΕΚΛΕΣ ΕΠ. Tasse de
Nola, de la collect. Blacas. PANOFKA, pl. XVI, p. 47 ;
GERHARD, *Corr. Arch.*, t. 3, p. 178, No. 694*.

* **ARCHÉLAÜS** de Priène, fils d'Apollonius ; auteur
du bas-relief connu sous le nom d'Apothéose
d'Homère. SPON, *Misc.*, p. 122 ; WINCKELM.,
t. 6, P. 1, p. 70 ; SILLIG. — *?*

ARCHÉNÉÜS, au lieu d'ANTHERMUS, gr.f., fond.,
père d'Athénis. *Voy.* à la *Table alphabétique des Statues* **HIPPONAX**. — *VI b — I, p. 506.*

ARCHÉSITAS, ou peut-être mieux ARCÉSILAS, sc.
Voy. à la *Table alphabét. des Statues* **CENTAURES
PORTANT DES NYMPHES**. — *?*

ARCHIAS, arch. ATHÉN., l. 5, p. 206. — *III cd — I, p. 595.*

ARCHIAS, stat. toreuticien. On avait de sa main, et
consacré par lui au Pirée, un Palladium d'i-
voire revêtu d'or, et dont le bouclier était doré. BŒCKH,
C. Inscr., t. 1, No. 150. — *?*

* **ARCHIDAMUS**, stat., fils de Nicomaque. Sur un
piédestal existant parmi les ruines de la ville d'Halicarnasse, on trouve l'inscription suivante, qui donne-
rait *ARCHIDAMUS* comme l'auteur d'un monument,
probablement de deux statues élevées à Tibère et à son
fils Julius Drusus César : ΤΙΒΕΡΙΟΥ ΚΑΙΣΑΡΟΣ
ΚΑΙ ΔΡΟΥΣΟΥ ΙΟΥΛΙΟΥ ΚΑΙΣΑΡΟΣ ΑΡΧΙΔΑ-
ΜΟΣ ΝΙΚΟΜΑΧΟΥ ΕΠΟΙΗΣΕ. DIDOT, *Voyage
en Grèce*, p. 357. (*Communiqué par M. Dubois.*)

* **ARCHION**, gr.f. ΑΡΧΙΟΝΟC. Natter, *Préf.*, p. 37 ;
Lessing, *Kollektan.*, t. 1, p. 279, disent que ce nom
se trouve sur des pâtes antiques de la collection de
Thoms, pl. 3, No. 4, aujourd'hui de La Haye, achetée par le prince d'Orange Guillaume IV ; mais il est
inscrit sur la robe d'une Vénus marine portée par un triton, corn., intaille. De Jonge,

Siècles.

p. 145, No. 6, ne donne pas le nom du graveur omis par MM. Sillig, Welcker et Osann. R.-Roch., *Let. Sch.*, p. 31. Ce nom se trouve aussi dans de Murr, p. 50.

ARCHIPHRON. *Voy.* CHERSIPHRON.

* ARCHITÉLÈS, fils d'Eunomus de Mycalesse. ΑΡΧΙ-ΤΗΛΗ⸞ (*sic*) ΕΥΝΟΜΟΥ ΜΥΚΑΛΗ⸞⸞ΙΟ⸞ ?. Stat. GUDI, *Inscr.*, p. 212, 2 ; R.-Roch., *Let. Sch.*, p. 61.

ARDICÈS de Corinthe, ptr. PLINE, l. 35, c. 5. **IX ?**
I, p. 483.

ARÉGON, peintre. *Voyez* à la *Table alphabétique des Peintures* DIANE *ALPHÆONIA*. **IX ?**
I, p. 482.

ARELLIUS, ptr., peu de temps avant Auguste. *Voyez* à la *Table alphabétique des Peintures* DÉESSES. **I**b

ARÉTHON. *Voy.* ALPHÉUS, gr.f.

ARGÉLIUS, arch. VITR., VII, *præf.*, 12. Il écrivit sur l'ordonnance corinthienne, et sur un temple ionique d'Esculape qu'il avait élevé à Tralles. SILLIG. **?**

† ARGIUS, stat., aurait été élève de Polyclète. PLINE, l. 34, c. 19, *init.* Mais il est assez à croire, avec MM. Thiersch et Sillig, que d'Asopodore *Argien*, *Asopodorum Argium*, on a fait un ASOPODORE et un ARGIUS, et qu'on peut supprimer ce prétendu statuaire.??.

ARGUS, stat. des temps mythologiques. *Voy.* à la *Table alphabétique des Statues* JUNON EN BOIS. **? AAA**

ARIMNA, ptr. VARRON, l. VIII, p. 129. **V ?**
I, p. 518.

* ARION, ptr. *Inscr. domûs Augusti*, p. 72, No. 30; BRACCI, t. 2, p. 262.

ARISTANDRE de Paros, stat. *Voyez* à la *Table alphabétique des Statues* SPARTE. **IV**d
I, p. 542.

* ARISTANDRE, arch. PAUS. Peut-être est-ce celui dont on a trouvé le nom dans l'inscription grecque d'un monument romain de Délos. BŒCKH, t. 2, No. 2285, *b*. Il était fils d'un Scopas et pouvait descendre de l'ancien Aristandre, ΑΡΙΣΤΑΝΔΡΟΣ ΣΚΟΠΑ ΠΑΡΙΟΣ ΕΠΕΣΚΕΥΑΣΕΝ. R.-Roch., *Let. Sch.*, p. 62. *Voy.* AGASIAS, fils de Ménophile. **?**

ARISTARÈTE, fille et élève de Néarque; ptr. *Voyez* à la *Table alphabétique des Peintures* ESCULAPE. **?**

	Siècles.
* ARISTÉAS et PAPPIAS, statuaires, d'Aphrodisium. ΑΡΙϹΤΕΑϹ ΚΑΙ ΠΑΠΙΑϹ ΑΦΡΟΔΙϹΙΕΙϹ, auteurs des C e n t a u r e s en marbre noir du Capitole, trouvés à la villa Adrienne en 1746, et avec l'un desquels celui du Musée Royal, N°. 124, a quelque rapport. WINCK., *H. A.*, VI, P. 1, p. 300; BRAC., t. 2, p. 262.	? II*
ARISTIDE, stat., élève de Polyclète. PLINE, l. 34, c. 19, *init.*, 12, l. 35, c. 32.	V*d* I, p. 541.
ARISTIDE de Thèbes, fils d'Aristodème; frère et élève de Nicomaque et d'Euxénidas, ptr. *Voyez* à la *Table alphabétique des Peintures* BACCHUS et ARIANE.	IV*bc* I, p. 566.
ARISTIDE, ptr., élève du précédent. On ne cite rien de lui. PLINE, l. 35, c. 36, *fin.*	IV*c*
ARISTIDE d'Argos, mécan. PAUS., *El.* 2, c. 20, 8.	?
* ARISTIPPE, grav. mon. ΑΡΙϹΤ. ΑΡΙϹΤΙ. ΑΡΙϹΙΠ. ΑΡΙϹΤΙΠΠ. (ΑΡΙϹΤΙϹ ?), sur des médailles de Métaponte et de Tarente. R.-ROCHETTE, *Let. au D. de Luynes*, p. 37.	
ARISTOBULE de Syros, ptr. PLINE, l. 35, c. 11, 40.	?
* ARISTOBULE, graveur mon. ΑΡΙϹΤΟΒΟΥΛΟϹ. *Voy.* ÆTHON.	
ARISTOCLÈS de Cydonie, stat. *V. Table alphab. des Statues* HERCULE COMBATTANT L'AMAZONE.	VI*b* I, p. 504.
ARISTOCLÈS de Sicyone, fils de Cléœtas, et petit-fils du précédent, et frère de Canachus l'ancien; stat. PAUS., *El.* 2, c. 20, 7. *V.* à la *Table alph. des Statues* MUSE.	VI*d* I, p. 514.
ARISTOCLÈS, fils et élève de Nicomaque, ptr. PLINE, l. 35, c. 36.	IV *d* I, p. 584.
ARISTOCLÈS, stat. BŒCKH, *C. Inscr.*, t. 1, N°. 23. Sur un *ARISTOCLÈS* voyez LANZI, *Sag.*, t. 1, p. 103.	?
* ARISTOCLÈS, stat. BŒCKH, *C. Inscr.*, t. 1, N°. 150, p. 237, § 39; il est dit qu'un *ARISTOCLÈS* rétablit, la 3e. année de la 95e. olymp., la base d'une statue de Minerve vierge, faite par Phidias. Il se pourrait qu'il y eût quelque double emploi parmi ces *ARISTOCLÈS*.	IV*a*
ARISTOCLIDÈS, ptr. Pline, l. 35, c. 40, 32, dit qu'il orna de peintures un temple d'Apollon, et qu'il avait du talent.	?

	Siècles.
ARISTODÈME, stat. PLINE, l. 34, c. 19, 26. *Voy.* à la *Table alphabétique des Statues* DORYPHORE.	**IV** *d* I, p. 581
ARISTODÈME, père et maître de Nicomaque ; ptr. PLINE, l. 35, c. 36, 22.	**IV** *a* I, p. 532
ARISTODÈME de Carie, ptr., ami de Philostrate l'ancien. *Procem. Icon.*, p. 4. Il écrivit sur les peintres célèbres, sur les villes où la peinture avait été en honneur et sur les rois qui l'avaient favorisée.	III* ?
ARISTODICUS, stat. BRUNCK, *Anal.*, t. 2, p. 488 ; BŒCKH, *C. Inscr.*, t. 1, N°. 25.	?
ARISTODOTE, stat. *V. Tab. alph. des Stat.* MYSTIS.	?
ARISTOGITON et HYPATODORE de Thèbes, stat. *Voy.* à la *Table alphabétique des Statues* ADRASTE.	**IV** *a* I, p. 546.
ARISTOLAÜS, fils et élève de Pausias, ptr. *Voy.* à la *Tab. alph. des Peint.* ATHÈNES (LE PEUPLE D').	**V** *d* I, p. 582.
ARISTOMAQUE de Strymon en Macédoine, stat. *Voy.* à la *Table alph. des Statues* COURTISANNES.	?
ARISTOMÈDE et SOCRATE de Thèbes, stat. *Voyez* à la *Table alphabétique des Statues* CYBÈLE.	**V** *b* I, p. 528.
ARISTOMÉDON d'Argos, stat. PAUS., *Phoc.*, c. 1, 4.	**V** *b* I, p. 528
ARISTOMÈNES de Thasos, ptr. VITR., III, *Procem.*, § 2.	?
ARISTON, fils d'Aristide et frère de Nicéros ; ptr. *Voy.* à la *Table alph. des Peint.* SATYRE COURONNÉ.	**IV** *d*
ARISTON de Mitylène, cis. en argent. Pline, l. 33, c. 55 ; l. 34, c. 19, n'indique ni son époque ni ses ouvrages, et dit seulement qu'il travaillait en bronze, et souvent en argent.	?
ARISTON de Laconie, stat., frère de Télestas. *Voyez* à la *Table alphab. des Statues* JUPITER COLOSSAL.	?
* ARISTON, gr.f. ΑΡΙΣΤΩΝΟΣ. Héros grec, int., jaspe rouge. Biblioth. Roy. DU MERSAN, p. 14, N°. 229 ; R.-ROCH., *Let. Sch.*, p. 32.	?
* ARISTON. ARISTO. FAC*iebat* sur une mosaïque découverte sur la voie Appienne. *Atti dell' Acad. rom. d'Archeol.*, t. 2, p. 671 ; R.-ROCH., *Let. Sch.*, p. 62.	?

	Siècles.
ARISTONIDAS, père de Mnasitime ; ptr. PLINE, l. 35, c. 11, 40.	?
ARISTONIDAS, stat. *V*. à la *Table alphabétique des Statues* ATHAMAS.	?A
ARISTONUS d'Egine, stat. *Voy.* à la *Table alphab. des Statues* JUPITER COURONNÉ DE FLEURS.	
ARISTOPHON de Thasos, fils d'Aglauphon, et frère de Polygnote ; ptr. *Voyez* à la *Table alphabétique des Peintures* ANCÉE BLESSÉ. — L'ARISTOPHON du t. 1, p. 542, doit être supprimé : c'est un double emploi.	V *d* I, p. 528.
ARISTOTE de Clitore, sc., cis. Très-grand vase de lui consacré dans le temple de Minerve, à Tégée, par Cléobolus. *Epigramme d'Anyté, Anth. Pal.*, t. 1, p. 234, N°. 153.	?
* ARISTOTICHÈS, gr. f. ? ? ?. ΑΡΙΣΤΟΤΕΙΧΗΣ, lionne venant de mettre bas, forme de scarab., anc. style. AMADUZZI, *Acad. Cort.*, t. 9, p. 149 ; R.-ROCH., *Let. Sch.*, p. 32.	? III *a*
* ARISTOXÈNE, ?, grav. mon. AP. API. ΑΡΙΣΤΟ. . . ΙΣΤΟ. sur des médailles de Métaponte, signifient ARISTOXÈNE selon M. Raoul-Rochette, *Let. au duc de Luynes*, p. 39.	?
* ARNEIUS. *Voy.* AGNEIUS.	
* ARTAS de Sidon, ΑΡΤΑΣΣΙΔ. Son nom sur l'anse d'un vase de verre. PANOFKA, *Mus. Bartoldi*, p. 157 ; WELCKER, *Kstbl.*, 18 oct. 1827. — On trouve aussi ce nom sur un verre donné au Musée Royal par M. Dubois.	?
* ARTÉMA (M. VALERIUS), arch. Inscription trouvée à Fano, près de l'église de Saint-Martin. REINES., cl. XI, N°. 23.	?
ARTÉMIDORE, ptr. BRACCI, t. 2, p. 263. *Voy.* à la *Table alphabétique des Peintures* VÉNUS. — Un *Artémidore* et un *M. Antoine Artémidore* dans une belle inscription de Spon, *Misc.*, p. 353, 354.	I*^x*
* ARTÉMISIUS, ?, graveur mon., APTEMI... sur une médaille de Naples ; derrière ce nom, une p e t i t e figure tenant deux torches, et qui, selon M. Raoul-Rochette, *Let. au duc de Luynes*, p. 33, doit représenter ou *Artémis* (Diane) *Phosphoros*, ou	?

	Siècle
avoir rapport aux *Lampadéphoris*; cette dernière opinion me paraîtrait la plus probable, vu que la figure étant nue ne peut guère être celle de Diane, tandis que de jeunes-gens *Lampadéphores* sont nus, entre autres sur une médaille de Tarente donnée par M. R.-Rochette, pl. III, N°. 28. Alors le nom d'*ARTÉMISIUS*, ou le graveur qui est censé l'avoir porté, n'aurait plus pour symbole *Artemis*. Ne serait-il pas aussi contre les usages des Grecs, qui souffraient rarement que les artistes inscrivissent leurs noms sur les monumens, que celui-ci eût pu graver sur cette médaille et son nom et un symbole qui seul eût suffi dans le temps pour le faire reconnaître? Et les médailles, la monnaie pouvaient-elles être ainsi abandonnées aux caprices des artistes?	
ARTÉMON, ptr. *Voy. Tab. alph. des Peint.* DANAÉ.	**?**
ARTÉMON et **PYTHODORE**, stat. PLINE, l. 36, c. 4, 11.	**I*** I, p. 669
ASCARUS de Thèbes, stat. *Voy.* à la *Table alphabétique des Statues* JUPITER.	**V***a* I, p. 520
ASCLÉPIADE de Cyzique, arch., fils d'Attale, et adopté par Mnésistrate dont il prit le nom. Il fut envoyé par les Cyzicéniens à Samothrace, dont il était myste et épopte, pour bâtir un temple et pour les hermès sacrés. Sur le marbre de l'inscription rapportée de Samothrace à Athènes par M. Fauvel, est sculpté un temple, et des deux côtés une torche ardente. Ce monument curieux a été brisé en deux parties. BŒCKH, *C. Inscr.*, t. 2, p. 180, N°s. 2157, 2158.	**?**
ASCLÉPIODORE d'Athènes, ptr., comparé par Plutarque à Nicias et à Euphranor. Il paraît que ce peintre travaillait dans le haut style. *Voy.* à la *Table alphabétique des Peintures* DIEUX (DOUZE).	**IV***d* I, p. 578
ASCLÉPIODORE, stat. *Voy.* à la *Table alphabétique des Statues* PHILOSOPHES.	**?**
ASOPODORE d'Argos, stat. PLINE, l. 34, c. 19, 26.	**V***d* I, p. 541
* **ASPASIUS**, gr.f. ΑΣΠΑΣΙΟΥ. Tête de Bacchus indien, jaspe rouge, int., autref. de la col. Hamilton, depuis de celle de R. Worsley. VISC., *Mus. Pio-Clem.*, t. 6, p. 63. ? copie. — ΑΣΠΑΣΙΟΥ, tête de Jun. Brutus; souf. de Stosch. RASPE, N°. 10,552. — ΑΣΠΑΣΙΟΥ, tête d'Agrippine la	

mère, en Cérès voilée et couronnée d'épis, int., béril, 0,026m. sur 0,020m.; coll. du D. de Marlborough, t. 1, pl. 14; RASPE, No. 1822, pl. 17, 27. On croit de Natter cette tête, qui a d'abord été de la coll. Medina à Livourne. Eckhel, *Choix*, *etc.*, pl. 44, note 5, pense qu'elle est de Flavio Sirletti; il fait observer que le nom d'*ASPASIUS* a souvent été employé par des faussaires modernes : il cite un sacrifice avec le nom écrit ACACIOY sur une cornaline qui appartenait au prince de Gallitzin. — D'après l'usage fréquent que les faussaires ont fait du nom d'*ASPASIUS*, on doit être fort en garde contre les pierres qui le portent, et M. Dubois pencherait à croire qu'il n'y a de pierres authentiques avec ce nom que la tête de Minerve et le fragment d'une tête barbue dont il sera question plus bas. — M. Raoul-Rochette, *Lett. Sch.*, est porté à regarder comme abréviation d'*ASPASIUS* sur une pâte antique de la collection de Thoms, pl. 13, No. 4, le nom ACΠOY, qui, selon lui, aurait été mis sur une copie antique. — ACΠACIOY, tête de Jupiter, jaspe rouge, fragm., ov.; grandeur totale 0,036m. sur 0,029m.; il n'en reste que le tiers : la barbe et la poitrine drapée; coll. du grand D. de Toscane. STOSCH, pl. 14; GORI, t. 2, pl. 3, No. 1; BRACCI, pl. 28; RASPE, No. 848, pl. 17.—M. Raoul-Rochette, *Let. Sch.*, p. 33, donne comme un ouvrage original d'*ASPASIUS*, une Junon debout, le paon à ses pieds, dont il a une empreinte. Il croit de ce graveur une tête de la ville d'Antioche du Musée Worsley, p. 143, No. 6, où l'on a cru lire LIPASIUS, et que M. Sillig a donné sous ce nom ΛIΠACIOY, que M. Raoul-Rochette change en ACΠACIOY, ce qui est plausible sans être tout-à-fait positif. Cette idée m'était aussi venue. — ACΠACIOY, tête de Minerve, profil à droite, casque, cheveux longs, collier à trois rangs, boucles d'oreille en grappe de raisin, égide à tête de Méduse, 5 Pégases sur le devant du casque, griffon, sphinx au cimier; jaspe rouge, int., ovale, 0,032m. sur 0,025m.; autrefois coll. Rondanini et Ottoboni à Rome, et depuis de celle de l'empereur d'Autriche; Canini, *Iconogr.*, pl. 32, No. 92, donne cette admirable tête comme une *ASPASIE*, et cependant il lit ACΠACOY. Selon lui, les chevaux du casque indiquent les guerres dont fut cause la maîtresse de Périclès!! — Peut-être cette tête a-t-elle été inspirée par celle de la Minerve de Phidias au Par-

thénon. Raponi, pl. 5, Nº. 10, donne de cette pierre
une mauvaise gravure sans le nom. Visconti, *Op. var.*,
t. 2, p. 122, 165, est porté à regarder *Aspasius* comme
assez ancien, parce qu'il a employé beaucoup le jaspe
rouge, pierre que sous les empereurs on n'eût pas
trouvé assez précieuse pour être gravée par une si habile main. Voy. *Mus. Pio-Clem.*, t. 6, p. 63. Stosch,
pl. 12; Bracci, pl. 29; Winckelm., *Cat. Stosch*,
p. 61, Nº. 190; Lipp., 1, p. 52, Nº. 119.—Dolce, *Denh*,
p. 31, Nº. 48, et Lessing, *Kol.*, t. 1, p. 273, appellent
ce graveur *Aspasias*. Eckhel, pl. 18; de Murr, p. 51;
Millin, *Intr.*, p. 185; Raspe, Nº. 1536; Quatrem.
de Quincy, *Jup. Ol.*, pl. 9; Millin, *Gal. Myth.*,
t. 1, E. 132, pl. 37. — Belle copie par Natter sur calcéd., collect. de La Haye, De Jonge, p. 174, Nº. 4;
bien loin de l'original selon Winckelmann. Il parle
encore de cette belle pierre, *Hist. de l'Art*, éd. allem.
de Meyer, t. 1, p. 258, et t. 5, p. 125, et note 886 du 8e.
livre de l'*H. A.*, p. 542, l. 4, c. 2, § 31, t. 4, p. 60,
et t. 7, p. 470. — Autre belle copie par le même, sur
cornaline, avec son nom en grec, ΝΑΤΤΕΡ ΕΠΟΙΕΙ.
Lipp., I, Nº. 120; Raspe, Nº. 1537. — Une autre du
même. Raspe, Nº. 1539, où Lipp., I, Nº. 18, a cru
lire ΤΕΥΚΡΟΥ. — Raspe, Nº. 1543, cite la même
tête de Minerve avec le nom d'Aspasia. Ce doit être
quelque copie moderne, où le graveur ignorant a cru
corriger en changeant Aspasius en Aspasie.

* ASPUS, gr. f. ΑCΠΟΥ, Centaure enlevant
une Bacchante, pâte améthyste, int., ovale,
0,019m. sur 0,014m., Cte. de Thoms, pl. 5, Nº. 4. ? ?

* ASSALECTUS, sc. Auteur, selon Winckelmann,
d'un médiocre Esculape du palais Verospi. *H. A.*, t. 5,
p. 289; Bracci, t. 2, p. 263.

* ASSTÉAS, ΑΣΣΤΕΑΣ ΕΓΡΑΨΕ. Ce nom se trouve
sur trois vases peints, et toujours avec deux Σ. Millingen, *Uned. Monum.*, part. 1, p. 69, pl. 27; *Peintures de Vases grecs*, pl. 46, il y a ΕΓΡΑΦΕ; Bœckh,
C. Inscr., t. 1, p. 42. — ARISTONIDAS, père d'O-
phélion, au Musée Royal, Nº. 150, est aussi écrit avec
deux Σ, ΑΡΙΣΣΤΟΝΙΔΑΣ. *Voy.* ASTRAGALUS.

ASTÉRION, stat. Cet *Astérion* était fils d'un Eschyle,
autre que le pt. tragiq. *Voyez* à la *Table alphabétique
des Statues* CHERÆAS.

	Siècles.
(ASSALECTUS)	1* ?
(ASSTÉAS)	?
(ASTÉRION)	?

	Siècles.

* **ASTRAGALUS**, stat. Son nom, écrit ΑΣΣΤΡΑΓΑ- ΛΟΣ, conservé dans une inscription. BŒCKH, *C. Insc.*, t. 1, p. 42; WELCK., *Kstbl.*, 13 oct. 1827.   **?**

* **ATHANASIUS**, gr.f. ΑΘΑ. Une Amazone. BRACCI. D'après la *Smithiana* de Gori, p. IV, ???.   **?**

ATHANODORE, cis., fd. *Bullet. de Corresp. archéol.*, 1831, p. 155.   **?**

† **ATHÉNÉE**, stat. PLINE, l. 34, c. 19, *init.* Il paraît que l'on doit supprimer cet artiste, dont le nom n'est dû qu'à une fausse leçon de Pline. *Voyez* SILLIG, *Cat.*, art. POLYCLÈS, et l'*Amalthœa*, t. 3, p. 293.   **?**

* **ATHÉNÉE**, plast. ΑΘΗΝΑΙΟΥ. On a trouvé souvent le nom de ce modeleur en ornemens sur la base d'antéfixes modelées avec goût. Le Musée Britannique en a une qui vient de la collection Elgin, et peut-être d'abord de celle du Cte. de Choiseul-Gouffier, car une partie de ces monumens, capturés par l'amiral Nelson, et transportés à Malte, ont passé dans la collect. Elgin; d'autres, mis en dépôt à Cherson, en Tauride, ont disparu. Il y avait plusieurs tuiles ornées et inscrites comme celles d'Athénée et d'HÉRACLÈS (*Voy.* ce nom). Le nom de celle du Musée Britannique a été donné par M. Osann, *Syll.*, l. 39, p. 135, et par M. Bœckh, *C. Inscr.*, t. 1, N°. 542. Notre Musée Royal possède une antéfixe avec ce nom, et trouvée à Marathon par M. Dubois, où l'on en rencontre fréquemment de pareilles, et elles forment le couronnement de petites stèles funéraires. Voy. *Cat. de la coll. de du Fourny, par M.* DUBOIS, N°. 74, et D'AGINCOURT, *Recueil, etc.*, pl. 29, N°. 8.   **?**

ATHÉNION de Maronée, ptr. *Voyez* à la *Table alphabétique des Peintures* ACHILLE.   **IV***d* l, p. 584.

* **ATHÉNION**, gr.f. ΑΘΗΝΙΩΝ. Jupiter dans un quadrige foudroyant deux géans anguipèdes, camée, sard., ovale, 0,037^m. sur 0,031^m.; le nom gravé en relief dans une couche différente du fond. Collection Farnèse, et depuis de celle du roi de Naples, *Museo Borbonico*, t. 1, pl. 53; WINCKELMANN, *Cat. Stosch*, p. 50, N°. 110; *Hist. de l'Art*, t. 5, p. 127; *Mon. inéd.*, p. 11, N°. 10; BRACCI, pl. 30; LIPP., I, p. 11, N°. 26; RAPONI, pl. 41, N°. 5; ECKHEL, *Choix, etc.*, pl. 13; DE MURR,   **?**

p. 52; Visc., *Mus. Pio-Clem.*, t. 2, et *Op. var.*, t. 2,
p. 159; Raspe, No. 986, pl. 19; Millin, *Intr.*, p. 185;
Gal. Myth., t. 1, E. 33, pl. 9; Inghirami, *Mon. etr.*,
fasc. 33, No. 1; Howard, *Revue Européenne*, août
1824. Malgré des différences essentielles des procédés
de la gravure sur pierres fines et de celle des médailles,
il est à présumer qu'autrefois, comme aujourd'hui,
les graveurs sur pierres fines gravaient aussi des médailles. Souvent elles ne le cèdent en rien aux plus
belles pierres gravées, et Heyne, *Antiq. Aufs.*, t. 1,
p. 23, fait observer qu'une médaille de la collection
Albani offre la plus grande ressemblance avec le camée
d'*Athénion*. Welck., *Kstbl.*, 18 oct. 1827. Lippert,
II, p. 81, No. 303, donne une tête de femme sur améthyste, avec les lettres AΘЄ ou peut-être AΘH. Ce serait
ou le commencement du nom de la femme ou de celui
du graveur, où l'on pourrait trouver tout autre qu'*A-
thénion*.

ATHÉNIS, nommé aussi ANTHERMUS, fils d'AR-
CHENEUS; stat., fd. *Voy.* ce dernier nom.

ATHÉNOCLÈS, cis. Athén., *Casaub.*, l. 11, c. 4, t. 2,
p. 493.
                                                 ?

ATHÉNODORE de Clitore, stat. *Voy.* à la *Table alphabétique des Statues* APOLLON.
                                                 V*d*
I, p. 541,
542.

* ATHÉNODORE, fils d'Agésandre; stat. Pline, l. 36,
c. 5, 4, dit qu'il travailla avec son père et Polydore,
son frère, au Laocoon. On a trouvé son nom, AΘA-
ΝΑΔΩΡΟΣ ΑΓΗΣΑΝΔΡΟΥ ΡΟΔΙΟΣ ΕΠΟΙΗΣΕ,
sur la base d'une autre statue. Winckelm., t. 7, p. 383.
Voy. ici t. 1, p. 669.
                                               I*
I, p. 669.

ATOY. On lit ce mot, ou ce fragment de mot, au bas
d'un camée publié par Caylus, t. 5, pl. 49. Ce doit
être selon lui la fin d'un nom; mais telle qu'est cette
inscription il ne veut pas que ce soit un nom propre.
—Hercule immolant d'un coup de mas-
sue un taureau à Apollon qui tient sa
lyre, entre eux le trépied. Le costume romain de
l'Hercule prétendu pourrait faire penser que ce n'est
qu'un victimaire. Pierre ronde, 0,016ᵐ.
                                                 ?

ATTALUS ou TALUS, prétendu neveu de l'ancien
Dédale; stat. ??.
                                             ? AAA

ATTALUS d'Athènes, stat. On a déterré à Argos, près
                                             ?

Siècles.

du théâtre (DODWELL, *Class. tour, etc.*, p. 217), une statue que M. Bœckh, *C. Inscr.*, t. 1, Nº. 1146, est porté à croire un Apollon fait par cet *ATTALUS* d'Athènes, dont parle Pausanias. *Voyez* à la *Table alphabétique des Statues* APOLLON *LYCIEN*.

* ATTICIANUS d'Aphrodisium, OPVS ATTICIANIS AFRODISIENSIS (*sic*). Auteur d'une statue de Muse de la Galerie de Florence. M. Sillig lit ATTILIANUS. GORI, *Mus. Flor.*, t. 3, pl. 22 et 82; BRACCI, t. 2, p. 263; VISCONTI, *Op. var.*, t. 1, p. 94, et R.-ROCH., *Journ. des Sav.*, oct. 1830, p. 619.? Son nom est aussi sur une statue consulaire de la même collection. ATTICIAI pour ATTICIANI. R.-ROCH., *Let. Sch.*, p. 62.   ?

* ATTICUS, fils d'Eudoxus de Sphette; stat. M. Bœckh, *C. Inscr.*, t. 1, Nº. 399, pense que cet *ATTICUS* ne fit que consacrer, après le règne de Commode, la statue de M. Aurelius Prosdectus, chef de la famille des *Ceryx* ou hérauts sacrés d'Eleusis; mais Welcker, *Kstbl.*, 15 oct. 1827, croit que ce fut lui qui la fit d'après l'inscription, qui porte ΑΤΤΙΚΟΣ ΕΥΔΟΞΟΥ ΣΦΗΤΤΙΟΣ ΕΠΟΙΗΣΕ.   ?

* AUDENUS, gr.f. P. AVDENI. Aigle tenant une couronne au bec, soufre du baron de Stosch. RASPE, Nº. 1038.   ?

* AUGIAS ?, grav. mon. ΑΥΓΙ. sur une médaille de Métaponte. R.-ROCH., *Let. au D. de Luynes*, p. 40.   ?

AULANIUS EVANDER d'Athènes, sc. et cis. PLINE, l. 36, c. 5, 4.   I   I, p. 660.

* AULUS, cis. et gr.f. ΑΥΛΟΣ. Amour clouant un papillon sur un tronc d'arbre, cornaline, int., ov., caboch., 0,019m. sur 0,013m. Thoms, pl. 5, Nº. 1, dit cette pierre une hyacinthe. Il écrit ΛΥΛΟC. RASPE, Nº. 7067. —ΑΥΛΟΣ, Amour esclave, les fers aux pieds, appuyé sur une bêche, cam., onyx, ov., 0,019m. sur 0,016m., cabinet du Bon. de Gleichen, à Bareuth. WINCKELM., *C. Stosch*, p. 147, Nos. 819, 820; LIPP., II, p. 66, Nº. 232; DENH, I, p. 92, Nº. 37, et p. 106, Nº. 44; Dolce y nomme le graveur *AVLIVS*; BRACCI, t. 1, pl. 33; RASPE, Nº. 6988; VISC., *Op. var.*, t. 2, p. 193; il cite plusieurs répétitions de cette pierre, et il paraît douter

de l'inscription ; si elle est vraie, cette pierre et d'autres
seraient des copies de l'original d'*Aulus*. — AYΛOY,
Amour enchaîné devant un trophée, sard.,
int., carrée, à coins rabattus, 0,016ᵐ.; très-belle; coll.
du Cᵗᵉ. de Carlisle. Natter, dans le titre de sa planche
24, dit que c'est une améthyste, et dans le texte une
aigue-marine. Il préfère cet Amour à celui de Solon.
STOSCH, pl. 54; BRAC., t. 1, pl. 32; RASPE, Nᵒ. 7114.
— AYΛOY, Amour portant une corne
d'abondance, calcéd., int. RASPE, Nᵒ. 6607. —
AYΛOY, tête d'Auguste jeune, corn. LIPP.,
II, p. 189, Nᵒ. 577; RASPE, Nᵒ. 10,813. — AYΛOY,
cavalier courant, à gauche, casqué, chlamyde, lance à la main droite, bouclier rond à tête de
Méduse, bottines courtes; sard., int., ov., 0,014ᵐ. sur
0,011,5ᵐ; coll. du gr. D. de Tosc. STOSCH, pl. 16;
GORI, *M. Flor.*, t. 2, pl. 2, Nᵒ. 1; BRAC., t. 1, pl. 38.
— AYΛOC, partie de devant d'un cheval
bridé grenat, int., ov., 0,020ᵐ. sur 0,014ᵐ.,5. CAY-
LUS, *Rec.*, pl. 52, Nᵒ. 1; BRAC., t. 1, pl. 39.—Diane
ou Amazone d'après la grosseur de son sein gauche; tournée à gauche, peau ou égide sur le sein droit;
sard., int., cab., ov., 0,024ᵐ. sur 0,020ᵐ.; coll. Boncompagni à Rome. STOSCH, pl. 17. C'est probablement cette
pierre que Lippert, 1, p. 55, Nᵒ. 126, donne pour une
Minerve, et dit être de la coll. de Brunswick. BRAC., t. 1,
pl. 42; selon lui, la pierre est une hyacinthe. — Tête
d'Esculape, profil à gauche, en avant serpent autour d'un bâton; le nom d'*Aulus* dans un cartouche;
fracturé : il ne reste que le masque avec la barbe et sans
le front; sard., int., ov., 0,022ᵐ. sur 0,018ᵐ.; collect.
Strozzi. GORI, *Mus. Flor.*, t. 2, pl. 7, Nᵒ. 3; WINC-
KELM., *H. A.*, la cite t. 7, p. 130; *Art du Dessin*, etc.,
c. 4, § 67; LIPP., 1, p. 236, Nᵒ. 652; BRAC., t. 1, pl.
34; VISC., *Op. var.*, t. 2, p. 177. De la collect. Strozzi
cette superbe pierre a passé dans celle du duc de Blacas. — Cette belle tête copiée sur calcédoine avec le
nom par Ant. Pichler; en bas, les lettres A. P.; RASPE,
Nᵒ. 4084. — Autre copie du même, A. P.; RASPE, Nᵒ.
4085. — AYΛOⴐ, tête de faune, de face, cornaline, intaille, ovale, 0,015,5ᵐ. sur 0,013ᵐ.; collection de Thom. Jenkins. WINCKELM., *Monum. inéd.*,
p. 72, Nᵒ. 58; BRACCI, t. 1, pl. 36; VISC., *Op. var.*,
t. 2, p. 207. — AYΛOY, femme presque nue
versant une libation sur un autel allu-
mé; empr. de Stosch ??. RASPE, Nᵒ. 8357. C'est peut-

être la cornaline que cite de Murr, p. 54, et qui appartenait au Bon. de Gleichen.—AYΛOY, tête d'Hercule jeune, profil à droite, massue sur l'épaule gauche, corn., intaille, caboch., ovale, 0,016m. sur 0,011m.; coll. de lord Percy, fils du D. de Northumberland. Brac., t. 1, pl. 35; Raspe, No. 5467.—AYΛOY, tête de jeune homme, profil à droite, camée, onyx, ovale, 0,016m. sur 0,012m.; collect. du collége romain. Bracci, t. 1, pl. 42, croit cette tête un Caracalla.— La même tête de la coll. Ludovisi. Brac., t. 1, pl. 41.—Un buste sans nom. Stos., pl. 16; Brac., t. 1, pl. 37. — AYΛOY, lion dévorant un cheval, jaspe vert; coll. de lord Meghan. Lipp., II, p. 251, No. 1014; Brac., t. 2, pl. 10, No. 2, des preuves. — AYΛOY, Mercure debout, tête de bélier dans la main droite, corne d'abondance à la main gauche; corn., int., caboch. Raspe, No. 2323. — AYΛOY, tête de Sext. Pompée, dans le champ une proue de vaisseau; corn., int. Raspe, No. 10,813.— Tête de Ptolémée Philopator, et selon Bracci Abdolonyme; diadème, profil à gauche, dans le champ, en arrière, vieillard tenant un bâton; en avant de la tête un bœuf grossièrement fait : ces deux accessoires ne paraissent pas du même temps; sard.; int., ov., 0,032m. sur 0,021m.,5; Bibl. Roy. de Paris. Stosch, pl. 19; Mariette, 1. 2, part. 2, pl. 87; Bracci, t. 1, pl. 40; Raspe, No. 9801. Visconti, *Op. var.*, t. 2, p. 296, trouve cette tête trop médiocre pour être d'*Aulus*, et il semble avoir raison. Peut-être est-elle d'après lui. — Quadrige, sard., int., ov., 0,019m. sur 0,014m.; coll. du Bon. de Morpeth et depuis de de lord Carlisle. Stosch, pl. 16; Lipp., II, p. 234, No. 900; Brac., t. 1, pl. 37; Raspe, No. 7896.—AYΛOC, Vénus, demi-nue, assise sur un rocher, tenant une baguette en équilibre sur la main droite, un petit amour devant elle volant pour l'attraper; agate, intaille, ov., 0,024m. sur 0,018m.; coll. Vettori. Winckelm., *Cat. Stosch*, p. 49, No. 573, semble douter de l'authenticité du nom d'*Aulus* sur cette pierre. Visconti partage cette opinion, *Op. var.*, t. 2, p. 187. Lippert, I, p. 124, No. 289, donne une explication singulière de cette pierre. Selon Dolce, *Coll. Denh.*, 1re part., p. 78, No. 30, de la coll. Vettori elle passa dans celle de Jenkins.

Pour expliquer les différences de style que présentent les pierres qui portent le nom d'*Aulus*, Bracci et Raspe pensent qu'il y eut plusieurs graveurs de ce nom; Visconti penche aussi vers cette opinion. Le premier en admet six, ce qui n'est pas impossible, mais on ne saurait le prouver. Il se peut aussi, comme le croit Visconti, *Op. var.*, t. 2, p. 123, que le nom de ce graveur ait été mis sur des copies antiques de ses ouvrages. Au reste, c'est un des noms que les graveurs modernes ont le plus souvent empruntés pour tromper les amateurs, et la différence du style peut tenir aux divers degrés de talent des faussaires. Lorsqu'il se présente une pierre qui porte ce nom elle doit toujours exciter de grands soupçons, et il faut l'avoir bien considérée et étudiée sous tous les points avant de lui accorder quelque confiance. Natter, *De la Méthode*, etc., préf., p. XXX, dit qu'il a mis le nom d'*AULUS* sur une copie de la Vénus Vettori, dont il fit une Danaé. Cet artiste a copié avec une grande habileté beaucoup de belles pierres antiques, mais il ne les vendait pas comme telles. Parmi les pierres attribuées à *AULUS*, on cite : A m o u r t e n a n t u n p a p i l l o n, intaille, hyacinthe, collection royale de La Haye, DE JONGE, p. 148, No. 26. — T ê t e d e C é r è s, cornaline, int., autrefois au Mis. de Drée. *Voy.* son *Catal.*, pl. 167. — T ê t e d e F a u n e, Nicolo, intaille, appartenant à M. de Beck. — (F a u n e, copie de celui de Nicomaque, avec un Priape en hermès, gravé par Jeuffroi avec le nom d'AULUS. (*Note de M. Dubois.*) — T ê t e d e L a o c o o n, *Descript. des Antiq. de la Biblioth. Roy.*, par DU MERSAN, p. 72. — AYΛOY, L e d a e t l e c y - g n e. RASPE, No. 1211, pl. 21. — AYΛOY, l i o n a t - t a q u a n t u n c e r f, jaspe rouge, à Ld. Meghen. LIPP., II, No. 1014; RASPE, No. 12,928. — AYΛOY, t ê t e d e M é c è n e, profil à gauche, corn., ovale, 0,013m.,5 sur 0,010m; à lord Greville. SPILSBURY, *etc.*, pl. 14; RASPE, No. 10,742. — M e r c u r e p o r t a n t B a c - c h u s e n f a n t, hyacinthe, intaille, ovale, 0,016m. sur 0,011,5m.; coll. roy. de La Haye, DE JONGE, p. 145, No. 13; DE THOMS, pl. 5, No. 3. — P a n e t O l y m - p u s, sard. à trois couches, du cabinet de M. Beck. — AYΛOY, s a c r i f i c e : trois femmes, un Satyre et un homme sacrifiant à Vénus; peut-être du XVIe. siècle. RASPE, No. 6427. — *Voy.* sur *AULUS*, DE MURR, p. 52; MILLIN, *Intr.*, p. 173, et une discussion intéressante de M. R.-ROCHETTE, *Let. Sch.*, p. 33.

* **AULUS-ALEXA.** *Voy.* ALEXA.

* **AULUS PANTULEIUS,** fils de Caius Pantuleius

d'Éphèse; stat. LESSING, *Kollekt.*, t. 2, p. 419; BŒC., *C. Inscr.*, t. 1, N°. 339; WELCK., *Kstbl.*, 15 oct. 1827.

AUTOBULUS, ptr., élève d'Olympiade. PLINE, l. 35, c. 11, 40.   **?**

* AXEOCHUS, gr.f. ΑΞΕΟΧΟΣ ΕΠ. Faune jouant de la lyre, pardalis sur la tête, et en arrière, devant lui, amour ou Bacchus enfant portant un thyrse; sur un autel, entre eux, un croissant; int., ov., 0,017^m. sur 0,019^m. STOSCH, pl. 20; BRAC., pl. 43; DE MURR, p. 55; MILL., *Intr.*, p. 187. — ΑΞΕΟΧΟΣ, tête d'Hercule jeune ou d'Omphale, corn., int.; à la C^{sse}. Cheroffini à Rome. WINCKELM., *Cat. Stosch*, p. 242, N°. 1513; LIPP., I, 626; RASPE, N°. 5515; DE MURR, p. 55. — ΑΞΕΟΧ. sur le bouclier de Persée portant la tête de Méduse, soufre de Stosch, int., ov., 0,01^m.,5 sur 0,013^m. DE THOMS, pl. 6, N°. 6; RASPE, N°. 8864. *V.* R.-ROCH., *Lett. Sch.*, p. 35, et ici ACHIOPHILUS. — Bacchante pâte, int., ov., 0,025^m. sur 0,019^m. DE THOMS, pl. 6, N°. 9 ??. Lippert, I, p. 231, N°. 626, donne comme d'*AXÉOCHUS* une cornaline, intaille, offrant Hercule, Mercure et Vulcain, appartenant au Cte. Wackerbarth Salmour. — Lessing, *Kollekt.*, t. 1, p. 273, écrit, par inadvertance sans doute, *AXIOCHUS*.   **?**

* AZEOZAS, gr.f. ? ? ?. C'est peut-être AXEOCHUS. AMADUZZI, *Acad. Cort.*, t. 9, p. 149; *Nov. Thes.*, t. 1, p. 17; DOLCE, *Denh*, préf., XII; BRACCI, t. 2, p. 284.

B.

BATHYCLÈS de Magnésie, stat. *Voy.* à la *Table alphabétique des Statues* APOLLON d'Amyclées.   **VI** *b* / I, p. 506.

BATRACHUS, sc., arch. PLINE, l. 36, c. 5, 4.   **I** / I, p. 646.

BATTON, stat. *V. Tab. alph. des Statues* APOLLON.   **?**

BÉDAS, fils de Lysippe; stat. *Voyez* à la *Table alphabétique des Statues* ADORANTE.   **IV***d* / I, p. 582.

ÉDAS de Byzance, stat. VITR., l. 3, *præf.*, § 2. Peut-être est-ce le même que le précédent. Pas d'ouvrages cités. SILLIG.   **?**

Siècles.
XVI
4, p. 463

BÉSÉLÉEL, fils d'Uri, fils de Hur, de la tribu de Juda; sc., cis. hébreu.

Les chapitres 25–31, 35, 39, de l'*Exode*, sur les ouvrages que Moïse fit exécuter pour l'arche d'alliance, le tabernacle, le propitiatoire et l'autel des holocaustes, par Béséléel et Ooliab, sont extrêmement curieux et d'un grand intérêt. On voit (c. 35, 10, 34, c. 36, 4) qu'ils avaient formé des élèves, et qu'un grand nombre d'artistes et d'ouvriers, qui ne sont pas nommés, travaillaient sous leurs ordres. Les femmes même (c. 35, 25) exerçaient leurs talens et étaient employées au tissage, à la teinture et à la broderie des étoffes, qui étaient variées des plus riches couleurs et ornées de figures brodées (c. 36, 35). Il paraîtrait que Béséléel était le directeur en chef, que les ouvrages de fonte, de sculpture et de ciselure le regardaient particulièrement, et qu'Ooliab était spécialement chargé de la direction des étoffes et de la menuiserie. On y employait les bois les plus beaux, qu'on recouvrait souvent de lames d'or. Il fallait que le bois de Sétim provînt d'un fort grand arbre, car les planches du tabernacle avaient 17 pieds 1/2 de long sur 2 pi. 7 po. de large; travaillées avec soin, elles étaient assemblées à languettes et à tenons. Les Hébreux fondaient, modelaient des figures au marteau ou par retreint (c. 37, 7), sculptaient, ciselaient; ils mettaient en œuvre tous les métaux, le marbre, les pierres précieuses qu'ils gravaient (c. 39, 6); et ils avaient un grand luxe en vases d'or, d'argent, en candélabres, en lampes, et en toutes sortes d'ustensiles. Les femmes portaient de riches bijoux d'or et de pierres fines et des chaînes habilement tressées, et dont celles du Musée égyptien du Louvre nous donnent une très-bonne idée; elles avaient aussi des miroirs précieux. Ils faisaient des colonnes de bronze, cerclées d'argent et à chapiteaux d'or ou d'argent. Les habillemens d'Aaron et des prêtres étaient de la plus grande magnificence en lin, en byssus, des plus riches couleurs, telles que la pourpre deux fois teinte, l'écarlate, l'hyacinthe, et en étoffes tissues de lames et de fils d'or. Des rideaux de 75 et de 150 pieds de long, sur une grande largeur, annoncent une grande habileté dans le tissage des étoffes. Les Hébreux avaient aussi de grands tapis en peaux teintes de couleurs vives; d'autres étaient en poil de chèvre. Tous ces arts et ces métiers, sur lesquels la Bible entre dans beaucoup de détails, et que les Hébreux tenaient des Egyptiens, se pratiquaient chez eux à une époque où

	Siècles.

les arts qui devaient un jour illustrer la Grèce étaient encore bien loin de naître.

BION de Milet, sc. DIOG.-L., IV, 58, d'après Polémon. — ?

BION de Chio ou de Clazomène, sc. DIOG.-LAËRCE, IV, 58, d'après Hipponax. — ?

* BISITALUS, gr.f., BEICITAΛOC. Amour debout, les jambes croisées, appuyé sur une haste pure; agate, sard., int.; grandduc de Tosc. GORI, *Mus. Flor.*, t. 2, N°. 3; *Inscript. antiq.*, t. 1, pl. 5, N°. 2; RASPE, N°. 6661. — ?

BOËTHUS de Carthage, stat., cis. D'après des passages mal compris de deux épigrammes grecques, inscrites sur une base trouvée près des thermes de Trajan, et consacrée par Nicomèdes, médecin de Smyrne (SPON, *Misc.*, p. 102, et JACOBS, *Append. Anth. Pal.*, t. 2, p. 777), on avait donné le nom de SIOBOËTHUS à un autre sculpteur. *Voyez* DIODOTE et MÉNODOTE. — HEYNE, *Commentat. Soc. Gothing.*, t. 10, p. 84; SILLIG. *Voy.* à la *Table alphabétique des Statues* ENFANT ÉTRANGLANT UNE OIE. — V c? I, p. 537.

* BOËTHUS, gr.f., BOHΘOY. Philoctète assis et éloignant de sa blessure les insectes avec une aile d'oiseau, sard., camée, nom en relief; autrefois à Miliotti. ÆNÉAS VICUS et MAFFEI, *Gem. antiq.*, t. 4, pl. 67; RASPE, N°. 9357, pl. 53. (Très-mal gravé et méconnaissable par les additions dans le *Voyage* du Cte. de Choiseul, t. 2, pl. 18, *carte de Lemnos*; MILLIN, *Gal. Myth.*, t. 2, E. 604, pl. 145; INGHIRAMI, fascic. 27, pl. T, N°. 6. (*Note de M. Dubois.*) — M. Raoul-Rochette, *Let. Sch.*, p. 36, est porté à regarder ce *BOËTHUS* comme le même que le précédent, qui, bien que ciseleur, pouvait aussi graver sur pierres fines; car des médailles, ouvrage de ciselure, semblent prouver par leur travail que l'on y employait quelquefois la bouterolle, instrument du graveur sur pierres dures. — ?

BOÏSCUS, sc. Gessner croit, sans en donner de raisons, que c'est le même que Boëthus. SILLIG. *Voyez* à la *Table alphabétique des Statues* MYRTIS. — ?

* BOÏSCUS, grav. mon., BOIΣ-KOY- sur une médaille de Catane. R.-ROCH., *L. au D. de L.*, p. 30. — ?

Siècles.

BRIÉTÈS, ptr. Pl., l. 35, 11, 40. — **IV** *b* — I, p. 542.

* **BROMIUS (P. CLODIUS)** *EBORARIUS*, peut-être cis. en ivoire. Inscript. de Rome, tirée de Smith par Gruter, p. 640, 8; Orelli, N°. 4180; R.–Roch., *Let. Sch.*, p. 71. Si les *aurarii* sont des ciseleurs sur or, ce qui n'est pas certain, il n'y a pas de raisons pour que les *eborarii* ne soient pas des ciseleurs ou des sculpteurs en ivoire.

BROTÉAS, fils de Tantale. D'après Pausanias, *Lac.*, c. 22, on lui attribuait, soit qu'il l'eût faite, soit qu'il l'eût simplement consacrée, la plus ancienne statue de la mère des Dieux, érigée sur la roche de Coddin, partie du côté septentrional du mont Sipyle, en Magnésie. Ni Facius, ni Sillig, ni Siebelis, ne donnent ce *Brotéas* dans leurs listes des artistes de Pausanias : il faut qu'ils ne le considèrent pas comme statuaire ; cependant Pausanias dit positivement qu'il a fait cette statue : ποιῆσαι δὲ οἱ μάγνητες αὐτὸ Βροτέαν λέγουσι τὸν Τάνταλου, que Facius et Siebelis traduisent par : *Broteam vero illud Tantali filium* FECISSE *perhibent* ; Clavier dit seulement qu'il l'a ÉRIGÉE : je ne vois pas pourquoi. Il me semble donc qu'il n'y pas lieu d'exclure ce *Brotéas* du nombre des artistes, plus qu'incertains il est vrai, des temps mythologiques. — ? AAA

BRYAXIS, stat. *V.* à la *Table alphabétique des Statues* APOLLON. — **IVc** — I, p. 573.

* **BRYAXIS**, ptr. de vases. On suppose que la syllabe BPY... sur un vase de Tarquinii est le commencement de ce nom. Gerhard, *C. A.*, t. 3, p. 179, N°. 704*. — ?

BULARQUE, ptr. *Voyez* à la *Table alphabétique des Peintures* COMBAT DES MAGNÈTES. — **VIIIcd** — I, p. 486.

BUPALUS de Chios, stat. Paus., *Méss.*, c. 30; *Béot.*, c. 35. *Voy.* à la *Table alphabétique des Statues* FORTUNE A SMYRNE. — **VI** *b* — I, p. 507.

* **BUPALUS**, sc. Un sculpteur de ce nom serait l'auteur d'une jolie Vénus nue et accroupie. La base, qui porte pour inscription ΒΟΥΠΑΛΟΣ ΕΠΟΕΙ, était celle qu'elle avait autrefois ; mais ce nom sur la base moderne a été copié, lors de la restauration de la statue, de celui qui était sur un piédestal trouvé très-près de la statue, à la ferme de Salone, près de Rome, sur le chemin de Palestrine. Il n'est pas prouvé que cette — ?

base ait appartenu à cette Vénus. Dans tous les cas, si ce *BUPALUS* était l'auteur de la statue, d'après le style et le travail ce serait un autre BUPALUS que l'ancien statuaire, élève de Dipœne et de Scyllis, dont parle Pausanias, et qui n'eût pas représenté Vénus nue. Voy. *Mus. Pio-Clém.*, t. 1, pl. 10; SILLIG.

BYZÈS de Naxos, arch. et stat. *Voyez* à la *Table alph.* des *Statues* LATONE.

VI *a*
I, p. 499.

C.

* CÆCAS. *Voy.* SLÉCAS.

* CÆLIUS (L.), stat. Inscription de Vérone. GRUT., p. 640, 9. Omis par M. Raoul-Rochette.

+ CÆLON, statuaire qui, suivant Dallaway, p. 256, aurait coulé en bronze une statue équestre de Domitien, placée près d'un temple qu'elle dépassait en hauteur. Dallaway cite Stace, *Silv. Ire.* du l. 1. Voici les vers, et l'on verra que ce prétendu statuaire n'a dû le jour qu'à une grossière erreur de l'historien des arts en Angleterre, et que Stace se demande seulement si ce chef-d'œuvre est descendu du ciel, *cœlone peractum fluxit opus ?* ou s'il est l'ouvrage des Cyclopes ?

> Quæ super imposito moles geminata colosso
> Stat latium complexa forum? *cœlone peractum*
> *Fluxit opus ?* siculis an conformata caminis
> Effigies, lassum Steropen Brontemque reliquit?

On est étonné que Millin, dans ses notes sur la traduction de l'ouvrage de Dallaway, n'ait pas relevé cette énorme bévue.

* CÆSILAX, gr.f. ΚΛΕΣΙΛΑΞ. M i n e r v e ou R o m e a s s i s e, sardoine, int.; cabinet Constable. RASPE, N°. 1758, pl. 26. Ce nom, très-extraordinaire, paraît faux ou altéré : ce pourrait être ΚΛΕΣΙΔΑΣ ??.

* CAIUS, ΚΑΙοϹ ou ΓΑΙοϹ ЄΠοΙЄΙ. T ê t e d u c h i e n S y r i u s v u d e f a c e, grenat syrien, intaille d'une gr. profond.; ov., caboch., 0,023^m. sur 0,076^m.; elle appartint d'abord au Vte. Duncanon; depuis à lord Besborough, et ensuite au duc de Marlborough, t. 2, pl. 34. WORDLIGE, t. 2; il écrit ЄΠΟΙϹΙ, Ϲ au lieu de Є; BRACCI, pl. 35; RASPE, N°. 3251.

	Siècle
Voy. ce que dit Natter, *De la Méth.*, p. 27, pl. 16, sur le travail extraordinaire de cette pierre ; il ne la donne pas comme de lui. Selon Raspe, le nom serait faux, et cette belle pierre un ouvrage de Natter. Dans la pl. 45 de Bracci le nom est écrit ΤΑΙΟϹ, le Τ pour le Γ. Natter met le Γ comme dans la planche de la collect. Marlborough. — Copie par Laur. Masini avec son nom ; — autre copie sur topaze à Saint-Pétersbourg, inscrite ϹΚΥΛΑΚΟϹ, donnée par M. de Kœhler, *Bemerk.*, etc.; WINCKELM., *Cat.*, p. 206, N°. 1240, et *H. A.*, l. 8, c. 4, § 5, t. 5, p. 289; DE MURR, p. 81; ESCHENBOURG dans LESSING, *Kollekt.* I, p. 283, court extrait de de Murr. — (ΓΑΙΟϹ, S i l è n e a s s i s j o u a n t d e l a d o u b l e f l û t e, hyacinthe, int.; coll. du Bon. Roger. — ΓΑΙΟϹ, b u s t e d e j e u n e f i l l e é l e v a n t l'i n d e x d e l a m a i n d r., corn., int., idem. (*Note de M. Dubois.*) — ΓΑΙΟΥ, b u s t e d e N é m é s i s f a i s a n t u n s i g n e d e l a m a i n, soufre de Stosch. Peut-être est-ce la pierre de M. Roger. RASPE, N°. 8235.	
CALAMIS, stat., cis. en arg. Spon, *Miscel.*, p. 138, attribue à ce *CALAMIS* une statue du fils du philosophe athénien Hippasus, dont la base était chez M. Fouquier de Marseille.....ΠΟϹ ΙΠΠΑϹΟΥ ΠΕΛΟΠΟΝ..... ΚΑΛΑΜΙϹ ΕΠΟΙΕΙ. *Voyez* à la *Table alphabétique des Statues* ALCMÈNE.	**V** *b* I, p. 52, 527, 53,
CALATÈS, CALACÈS ou CALADÈS, ptr. de genre. PLINE, l. 35, 10, 37.	**III** *a* I, p. 588
CALLESCHROS, arch. VITR., VII, *præf.*, § 15. *Voy.* ANTIMACHIDES.	**VI** *b* I, p. 506
CALLIADÈS, stat. *Voyez* à la *Table alphabétique des Statues* NÉÆRA.	?
CALLIADÈS, cis. en arg. PL., l. 34, c. 19, 25. Il paraît que ce *CALLIADÈS* est différent de celui de Tatien.	?
CALLIADÈS, ptr. Sillig croit ce nom de l'invention de Lucien, *Dial. Meret.*, t. 3, p. 300, in-8°., *éd. de Wetstein.*	?
CALLIAS, arch., méc. d'Aradus, en Phénicie, du temps de Démétrius Poliorcète. VITRUVE, X, 16, 5.	**III** *a*
CALLICLÈS de Mégare, fils de Théocosme ; stat. *Voy.* à la *Table alphabétique des Statues* DIAGORAS.	**IV** *a*

Siècles.

CALLICLÈS, ptr. de genre. PLINE, l. 35, c. 37. III *a*
I, p. 588.

CALLICRATE de Lacédémone, cis. Il faisait des ou- ?
vrages d'une extrême petitesse, des chars que cou-
vraient des ailes de mouches; il gravait des vers d'Homère sur un grain de sésame. Athénée dit cependant
qu'il cisela des vases. PLINE, l. 7, 21 ; l. 36, c. 4, 15 ;
ATHÉN., t. 2, p. 493; PLUT., *Adv. Stoic.*, t. 10,
p. 495; et FACIUS, *Excerp.*, p. 217; ÆL., *V. H.*, 1,
17; SILLIG.

CALLICRATE, arch. PLUT., *Pericl.*, 13. V *c*
I, p. 531.

CALLICRATE, ptr. THÉOPHILACTE SIMOC., *Epist.* 6; ?
JUN.; SILLIG.

CALLIDÈS, stat., cis. Peut-être le même, selon M. Sil- ?
lig, que CALLIAS, CALLIADÈS, et même que
GALLIDES, CALLASÈS, que donnent plus. manuscrits. Au reste, on ne connaît pas l'époque de cet
artiste, que Pline, l. 34, c. 19, 25, range, quelque
nom que l'on adopte, parmi les artistes qui n'ont laissé
aucun ouvrage remarquable.

CALLIMAQUE, arch., stat., ptr., cis., surnommé *Ka-* V *d*
kizotechnos, *qui n'est jamais content de ses ouvrages* I, p. 542.
ou *de celui des autres*, ou, selon Vitruve, *Catatechnos*,
peut-être *trop recherché, maniéré;* ou plutôt, d'après
des Mss., selon M. Sillig et M. Welcker, *Kstbl.*, 11
oct. 1827, *Katatexitechnos*, ou *qui affaiblit son ou-*
vrage par la minutie du travail; et cette opinion est
prouvée par un beau passage de Denys d'Halic., *De*
Vi Demosth., t. 6, p. 1114, cité par M. Sillig. VITR.,
IV, 1, § 9, 10; PLINE, l. 34, c. 19, 35; PAUS., *Att.*,
c. 26, 7; *Bœot.*, c. 2, 5; DION. HALIC., *Isocr.*, p. 95.
Voyez à la *Table alphabétique des Statues* JUNON
FIANCÉE.

* **CALLIMAQUE**, sc., auteur d'un bas-relief du Mu- ?
sée du Capit., t. 4, pl. 42, ΚΑΛΛΙΜΑΧΟΣ ΕΠΟΙΕΙ.
Voy. *Antiq. d'Orta* par Fontanini, citées dans les
Marm. Taurin., part. 2, p. 2. MONTF., *A. E.*, t. 1,
p. 268; WINCKELM., *H. A.*; BRACCI, t. 4, p. 264.

* **CALLIMORPHUS**, gr.f. ? ?, ΚΑΛΛΙ-ΜΟΡΦΟC.
Femme, peut-être Thalie, debout, vêtue
d'une robe longue, serrée, bras nus, masque à la main
droite, thyrse dans la gauche; sard., int., coll. du

	Siècle
grand-duc de Tosc. GORI, *Mus. Flor.*, t. 2, pl. 16, No. 4; RAPONI, pl. 26, No. 16; RASPE, No. 3586.	
CALLIPHON de Samos, ptr. *Voy.* à la *Table alpha-bétique des Peintures* COMBAT DES GRECS.	IV *a* I, p. 58
† CALLIPHON, prétendu peintre d'un vase grec. MIL-LIN, *Peint.*, etc., t. 1, pl. 44. ΚΑΛΛΙΦΟΝ ΕΠΟΙΕ-ΣΕΝ. Ce nom et la peinture sont faux. Voy. *Journ. des Sav.*, 1830, févr., p. 121, et R.-ROCH., 7me. sect. du *Bull. Férussac*, 1831, p. 149. Ce *CALLIPHON* doit être rayé de la liste des peintres. Son nom avait été tracé sur une peinture de vase faite à plaisir, et avec beaucoup de talent et d'adresse, par un jeune antiquaire, pour induire Millin en erreur et le faire se repentir d'un défi et de quelque propos léger. M. Sillig, qui ne pouvait connaître cette anecdote que nous tenons de l'auteur de l'espièglerie, et qui n'avait pas vu le vase, a donné ce peintre dans son *Catalogue*.	
CALLISTONICUS de Thèbes, stat. *Voyez* à la *Table alphabétique des Statues* FORTUNE.	IV *b* I, p. 558
CALLISTRATE, stat. PLINE, l. 34, c. 19, *init.*; TAT., *O. Gr.*, p. 183. On ne cite aucun ouvrage de lui.	II *b* I, p. 610
CALLITÉLÈS, stat. *Voy.* à la *Table alphabétique des Statues* MERCURE *CRIOPHORE*.	V *bc* I, p. 530
* CALLITYCHÉ ZOÏLI. CORINT. AGRIP. GRUT., p. 639, 7. Cette *CALLITYCHÉ*, d'une inscription tirée de Smith, et appartenant au Cal. de Carpi, était ou la femme d'un ZOÏLUS, *fabricant ou marchand de vases de Corinthe, de la maison d'Agrippa ou d'une des Agrippines*, ou bien elle vendait elle-même de ces vases.	
CALLIXÈNE, stat. PLINE, l. 34, c. 19. On ne cite rien de lui.	II *b* I, p. 610
CALLON d'Égine, stat. *Voyez* à la *Table alphabétique des Statues* MINERVE *STHÉNIADE*.	VI *c* I, p. 510
CALLON d'Élis, stat. *Voy.* le *Cat.* de Sillig et à la *Table alphabétique des Statues* AULÈTE de Messine.	V *bc* I, p. 530
CALUS, stat. *Voyez* à la *Table alphabétique des Sta-tues* EUMÉNIDES.	III *d*
CALYNTHUS, stat. *Voy.* à la *Table alphabétique des Statues* CAVALIERS.	V *b* I, p. 528

	Siècles.
CALYPSO, fem. ptr. *Voy.* à la *Table alphabétique des Peintures* THÉODORE.	?
CANACHUS de Sicyone l'Ancien, stat. PL., l. 34, c. 19, 14; l. 36, c. 4, 14; THIERSCH, *Ep.* 2, *adnot.* 38, 44; SCHORN, *de Stud. art. gr.*, p. 199; OD. MULLER, *Kstbl.*, 1821, N°. 16; BŒCKH, *C. Inscr. gr.*, t. 1, p. 39; MEYER, *H. A.* WINCKELM., t. 2, p. 74; SILLIG. *Voy.* à la *Table alphabét. des Statues* APOLLON *ISMÉNIEN*.	VI *d* I, p. 514.
CANACHUS LE JEUNE de Sicyone, stat. PLINE, l. 34, c. 19, *init. Voy.* à la *Table alphabétique des Statues* AGAMÈNES de Sicyone.	V *d* I, p. 541.
CANTHARE de Sicyone, stat., cis. *Voyez* à la *Table alphabétique des Statues* ATHLÈTES.	III *a* I, p. 590.
*** CAPITO** de Pannonie, *argentarius*, affranchi d'Arrius Diomèdes. La maison de Campagne de Pompéi appartenait à un Arrius Diomèdes : peut-être était-ce celui-ci. Cette inscription de Gruter, p. 639, 3, trouvée à Lubenheim en Saxe, est tirée d'Apiani. Il serait très-possible que cet *argentarius* ne fût pas un artiste.	?
*** CAPHISIAS** ou **CÉPHISIAS**, stat. béot. ΚΑΦΙ-ΣΙΑΣ ΕΠΟΕΙΣΕ (*sic*) sur une base de statue déterrée à Tanagre. ROSI, *Inscr. Vetustiss.*, p. 308; SILLIG; BŒCKH, *C. Inscr.*, etc., N°. 1582; WELCKER, *Syl.*, N°. 158; R.-ROCH., *Lett. Sch.*, p. 62.	
† **CAPHISODORUS.** *Voy.* ÆSCHRAMIUS.	
CARBILIUS ou **CARVILIUS**, ptr. Bracci, t. 2, p. 264, le met au rang des peintres, d'après un passage de la vie de Virgile du prétendu Donat, qui dit que le peintre *CARVILIUS* avait écrit contre Virgile l'*AEneido-Mastix*, ou le *Fouet de l'Énéide*. SILLIG, *Appendix*.	?
CARMANIDE, ptr., disc. d'Euphranor. PLINE, l. 35, c. 40, 42. On ne cite rien de lui.	IV *c* I, p. 572.
CARPION, arch. VITR., VII, *præf.*, § 12.	V *c* I, p. 531.
*** CARPUS**, gr.f. ΚΑΡΠΟΥ. Bacchus barbu et Ariane sur une lionne ayant pour collier une couronne de feuillages. Ce sujet est ainsi désigné dans Stosch, pl. 22, et Bracci, t. 1, pl. 46; mais il offre plutôt un Bacchant et une Nymphe.	V *c* I, p. 531.

Les Bacchus barbus n'ont pas la barbe dans ce style. Jaspe rouge, int., ov., 0,017m. sur 0,013m.; collect. du gr.-duc de Tosc. GORI, *M. Flor.*, t. 2, pl. 6; AMADUZZI, *Acad. Cort.*, t. 9, p. 150; DENH, p. 54, No. 73; DE MURR, p. 56; VISC., *Op. var.*, t. 2, p. 211. — Mongès, *Gal. de Flor.*, a omis le nom, ainsi que Raponi, pl. 45, No. 7. — KAPΠOY, Faune dansant ivre, près de lui un canthare, pâte antiq. bleue, intaille, ov., 0,042m. sur 0,031m.; coll. Stosch; depuis au Cte. de Thoms, pl. 5, No. 6, et à la coll. roy. de La Haye, DE JONGE, p. 146, No. 17; RASPE, No. 4732. — Tête d'Hercule et Iole, de profil, calcéd., int.; coll. Medina à Livourne, depuis au présid. de Saint-Morys à Paris, auj. au grand-duc de Tosc. GRAVELLE, II, 38; LIPP., I, p. 221, No. 601; DENH, p. 70, No. 102; RASPE, No. 6146. De Murr, p. 56, appelle l'héroïne *DÉJANIRE*. VISC., *Op. var.*, t. 2, p. 220; il est porté à croire cette pierre du XVIe. siècle. — (Copie sans nom sur agate, cab., de M. Slade. (*Note de M. Dubois.*) — KAPΠO, copie, empreinte de Stosch., RASPE, No. 6147. — Autre sans nom, agate noire. RASPE, No. 6148. Ne serait-ce pas celle de M. Slade? — Le nom de ce graveur est sur une copie moderne de l'Hercule et Iole de Teucer. RASPE, No. 6134. — Fragment de jambe d'homme avec le nom de CARPUS, int. RASPE, No. 12,647. — KAPΠOY, Persée, de face, tenant la tête de Méduse et la harpé. RASPE, No. 8866.

CASATUS CARATIUS, plast., *fictiliarius*. Inscr. trouvée à Metz. GRUT., p. 643, 1; ORELLI, No. 4189.

* CASIDOCUS. *Voy.* CLÉSIDORUS.

CASTORIUS, stat. ??. ORLANDI. *Voy.* CLAUDIUS.   III*?

CELER, arch.   I*
I, p. 692.

* CELEUTHIUS LIVIÆ *MARGARITARIUS*. Ce ne devait être, comme le pense Gori, *Columb.*, p. 141, No. 102, qu'un *marchand de perles* chargé de fournir à la parure de Livie.

CENCHRAMIS, stat. *Voyez* à la *Table alphabétique des Statues* ATHLÈTES.   ?

CÉPHIS, stat. *Voy.* à la *Table alphabétique des Statues* ATHLÈTES.   ?

	Siècles.
CEPHALIO (L. SEMPR.), cis. en arg. et en or, *aurifex*; peut-être n'était-ce qu'un orfèvre. MARINI, *Atti, etc.*, I, 254; R.-ROCH., *Let. Sch.*, p. 63.	
* CÉPHISIAS. *Voy.* CAPHISIAS.	?
CÉPHISODORE, ptr. PLINE, 35, c. 36, 1. Rien de cité.	Vd
*† CEPHISODORE, fd., cis. *Voy.* ÆSCHRAMIUS.	
CÉPHISODOTE l'Ancien d'Athènes, stat., frère de la prem. fem. de Phocion. PLUT., *Phoc.*, 19. *Voy.* à la *Table alphabétique des Statues* JUPITER *SOTER*.	IV *ab* I, p. 556.
CÉPHISODOTE, fils de Praxitèle, stat., ptr. *Voy.* à la *Table alphabétique des Statues* ANYTE.	IV *d* I, p. 581.
* CÉPHISSODOTE, sc. On a trouvé à Athènes son nom sur la base de la statue de P. Cornelius Scipion, que M. Welcker, *Kstbl.*, 15 oct. 1827, pense pouvoir être celui qui fut cons. en 737 de Rome, ou bien son père. BŒCKH, *C. Inscr.*, No. 364.	?
* CERDON. *Voy.* M. COSSUTIUS et L. VITRUVIUS.	
* CHACHRYLION, ↑A↑PVⱢIOꙄ Ͷ⊖ꙄꙄⱢOͶꙄ (ⱭΓOΙΕ- ꙄΕⱯ), ptr. de vases. *Coll. Canino*, No. 51. L'intérieur de cette coupe de Vulci, à peint. rouges, diam. 1 pi., représente une Amazone armée; l'extér. Bacchus barbu, une Ménade et un Satyre; au revers deux Ménades et un hom. barbu. Elle faisait partie de la collect. Durand, et a été acquise pour 300 fr., à Paris, le 13 mai 1836, par M. Wagner, joaillier du roi de Prusse. Sur un autre vase ↑A↑PVⱢION. GERHARD, *C. A.*, t. 3, p. 179, No. 705.	
CHÆRÉAS, stat. *Voyez* à la *Table alphabétique des Statues* ALEXANDRE-LE-GRAND.	IV *cd*
CHÆRÉAS, stat., surnommé *Chrysotechtón*, ouvrier en or, par Lucien, *Lexiph.*, p. 334.	?
* CHÆRÉMON, gr.f. ΧΑΙΡΗΜΩΝ. Vainqueur aux jeux, corn. brûlée, bas-emp. RASPE, No. 8008. D'après son travail, Visconti, *Op. var.*, t. 2, p. 127, place ce graveur aux temps de la décadence de l'art.	?

	Siècles.

CHÆRÉPHANES, ptr. PLUT., *De aud. Poet.*, p. 18. *Voy.* à la *Table alpabétique des Peintures* COURTISANNES. — ?

CHALCOSTHÈNES, stat. *Voyez* à la *Table alphabétique des Statues* ATHLÈTES. — ?

CHARÈS de Linde, stat., fd. *Voy.* à la *Table alphabétique des Statues* LACHÈS et APOLLON *SOLEIL.* — IV *d* / I, p. 580.

* **CHARITON**, ptr. d'un vase grec. MILLING., *Coll. Coghill*, pl. 11. — ?

* **CHARITUS**, ΧΑΡΙΤΟΥ. Toilette de Vénus, corn., autref. à Casanova LIPP., III, 140; RASPE, No. 6424; DE MURR, p. 56.

CHARMADAS, ptr. monochr. très-ancien. PLINE, l. 35, c. 34. Appelé **CHARMAS** par Junius. — IX *c* / I, p. 485.

CHARON, indiqué comme artiste, sans autre désignation, dans un fragm. d'Archiloque. WELCK., *Kstbl.*, 15 oct. 1827.

CHARTAS, stat. PAUS., *El.* 2, c. 4, 2. — VI *c* / I, p. 509, 524.

* **CHÉLIDON**, ΧΕΛΥ. que le Cte de Thoms, pl. 5, No. 8, lit **CHELYDON**; sphynx, sard., intaille, 0,015^in. sur 0,013^m. ??.

* **CHÉLIS**, peintre de vases. ΧΕΛΙΣ ΕΠΟΙΕΙ, ΧΕΛΙΣ ΕΠΟΙΕΣΕΝ. Coll. du prince de Canino. GERH., *C. A.*, t. 3, p. 179, No. 706.

CHERSIPHRON de Cnosse, arch. PL., l. 7, c. 38; l. 36, c. 21; VITR., VII, *præf.*, § 16. — VII *d* / I, p. 497.

* **CHILO (P. VEGELLIUS)** *VASCULARIUS.* Inscr. trouvée à Rome près de S. Jean de Malva; tirée de Smith par Gruter, p. 643, 7.

* **CHIMARUS (C. JULIUS)**, stat. *Voy.* à la *Table alphabétique des Statues* GERMANICUS. — I * ?

CHION. VITR., *præf.*, l. III, § 2; JUNIUS. — ?

CHIONIS, stat. PAUS., *El.* 2, c. 13, 1; *Phoc.*, c. 13, 4. — V *b* / I, p. 528.

CHIRISOPHUS de Crète, stat. ancien, dont le nom fictif indique l'*adresse de la main.* — ? A

CHIROCRATES. *Voy.* DINOCRATES.

* **CHŒCÉON**, ??, grav. mon., qui, selon M. Raoul-Rochette, *Let. au D. de L.*, p. 38, aurait terminé la tête d'une méd. de Catane commencée par Apollonius. | ?

+ **CHŒRILUS**. Sillig, *Cat.*, p. 469, prouve que ce prétendu statuaire est né d'un passage de Pausanias (*El.* 2, c. 17, 3), mal interprété par Junius, et que ce *Choerilus* était un athlète vainqueur à Olympie, dont Sthénis d'Olynthe fit la statue. *Voy.* STHÉNIS.

* **CHRESTUS**, sc. ΧΡΗCΤΟC ΠΑΤΗΡ ΚΑΙ ΓΑΥΡΟC ΕΠΟΙΗCΑΝ. Ces noms sont sur la plinthe d'un bas-relief mithriaque du Musée Pio-Clém. La désignation de PÈRE indiquerait que *Chrestus* avait un fils aussi sculpteur, et qu'il travaillait avec GAURUS, à moins que PÈRE ne fût ici, comme ailleurs, un des degrés et des titres des initiations mithriaques dont eût été revêtu le sculpteur *Chrestus*.

* **CHRONIUS**. *Voy.* CRONIUS.

* **CHRYSÈS**, gr.f. ΧΡΥCΟΥ. Collier de perles et ornemens, camée onyx, carré long, à pans arrondis, 0,011m. sur 0,008m. CAYLUS, t. 6, pl. 27, 2; AMADUZZI, *Acad. Cort.*, t. 9, p. 150; *Nov. Thes.*, t. 1, p. 18; BRACCI, t. 2, p. 284; DE MURR, p. 57; R.-Rochette, *Let. Sch.*, p. 38.

CHRYSÈS, arch. et ingén. de Justinien, fit des fortifications, des canaux, des aqueducs, à Darra et à Amide, aux frontières de Perse. PROCOPE, *De Ædif.*, l. 2, c. 3. | VI*

CHRYSOTHÉMIS d'Argos, stat. *Voy.* à la *Table alphabétique des Statues* DÉMARATE ATHLÈTE. | VI *d*
 I, p. 514.

CIMON de Cléone, ptr. mon. PLINE, l. 35, c. 34; ÆL., *V. H.*, VIII, 8. Est-il bien certain que ce soit de cet ancien *Cimon* qu'il soit question dans deux épgr., chacune d'un distiq., de l'*Anth. Pal.*, t. 2, p. 257, No. 758, de Simonide; p. 468, No. 84, épigramme incertaine. La prem. dit que *Cimon a peint le battant droit de la porte d'un temple, et Dionysus de Colophon la gauche.* Il paraît cependant que ce *Dionysus* est beaucoup moins ancien que *Cimon* et contemporain de Polygnote. C'est probablem. un autre *Cimon*. *V.* SILLIG. | IX *c*
 I, p. 485.

CIMON, cis. ATHÉN., XI, p. 781; SILLIG. | ?

* **CIMON**, grav. mon. ΚΙΜΩΝ; ΚΙ; ΚΙΜ; Κ.Μ.Ν. | ?

Siècles.

On trouve ce nom, en entier ou en abrégé, sur plusieurs des plus beaux médaillons de Syracuse. R. PAYNE KNIGHT, *Archeol.*, t. 19, p. 369; SILLIG; R.-ROCH., *Let. au D. de L.*, p. 16.

* CINCIUS (PUB.) SALVIUS, sc. Son nom était sur la pomme de pin en bronze du mausolée d'Adrien. WINCKELM., t. 5, 442; WELCK., *Kstbl.*, 15 oct. 1827. II*

* CINNA, gr.f. Selon Venuti, nom du graveur d'une tête casquée. AMADUZZI, *Acad. Cort.*, t. 9, p. 150; *Noc. Thes.*, t. 1, p. 18; BRACCI, t. 2, p. 234. ???.

* CISSONIUS. arch. GRUT., p. 537, N°. 4; BRACCI, t. 2, p. 264. Sous les empereurs. ?

* CLARIANUS. Son nom sur des vases de terre de la Gaule. MILLIN, *Voyage dans le Midi de la France*, t. 4, p. 114; R.-ROCH., *Let. Sch.*, p. 63.

* CLASSICUS, KΛΑCCIKOC. Sérapis assis sur un trône, corn., int.; coll. Crozat. MARIETE, *Cat. Crozat*, p. 29, N°. 552.

CLAUDIUS, stat. ORLANDI. ?. C'est peut-être celui qui avec quatre autres sculpteurs. NICOSTRATE, SYMPHORIANUS, CASTORIUS et SIMPLICIUS, refusèrent sous Dioclétien de faire des idoles et furent martyrisés. BRACCI, t. 2, p. 265, qui cite le martyrologue Adonis, p. 567, et Bede le Vénérable, t. 3, p. 118. III*?

* CLAUDIUS (N.), gr.f. Tête d'homme incon.; d'une coll. de Flor. AMADUZZI, *Acad. Cort.*, t. 9, p. 150; *Noc. Thes.*, t. 1, p. 18.

* CLAUDIUS (T.) FAUSTUS, gr.f. Tête de Jupiter Ammon, sard. d'une coll. de Flor. AMADUZZI, *Acad. Cort.*, t. 9, p. 151; *Noc. Thes.*, t. 1, p. 18; BRACCI, t. 2, p. 285. ??. *Voy.* FAUSTUS.

CLÉAGORAS, ptr. ?. XÉNOPH., *Anab.*, VII, 8. Sillig pense que Xénophon parle d'un écrivain plutôt que d'un peintre.

CLÉANTHE de Corinthe, ptr. mon. PL., 1. 35, c. 5; STRAB., VIII, p. 343. Il se pourrait que le *CLÉANTHES* auquel Strabon associe Arégon fût un autre que celui de Pline, et que ces deux peintres appartinssent à des épq. incertaines. SILLIG, *Cat.*, ARÉGON, CLÉANTHES. IX *a*?
1, p. 482, 483.

	Siècles.

CLÉARQUE de Rhégium, plast. PAUS., *El.* 2, c. 4, 2 ;   **V***d*   I, p. 516
SILLIG.

CLÉOCHARÈS ou plutôt LÉOCHARÈS.

CLÉŒTAS de Sicyone, fils d'Aristoclès de Cydonie, et   **VI** *c*   I, p. 549.
et père d'Aristoclès le jeune de Sicyone ; stat. *Voyez* à
la *Table alphab. des Statues* STATUE par Cléœtas.

CLÉŒTAS ou CLÉTAS, ptr. *Voy.* LUDIUS.   I, p. 486.

CLÉOMÈNES, sc. *Voy.* à la *Table alphabétique des
Statues* THESPIADES.

* CLÉOMÈNES, sc. Une inscription gravée sur la base
moderne de la Vénus de Médicis, mais qui paraît avoir
été copiée d'après une ancienne inscription, porte le
nom de CLÉOMÈNES, fils d'APOLLODORE, Athénien.
Est-ce celui dont parle Pline? *Voyez* une *Notice* de
Visconti sur les sculpteurs qui ont porté le nom de
CLÉOMÈNES, et THIERSCH, *Ep.* III, *adnot.*, p. 83.

* CLÉOMÈNES, sc., fils de Cléomènes d'Athènes,
peut-être le précédent. Son nom gravé sur la tortue de
la statue du Musée Royal, N°. 712, connue sous le
faux nom de GERMANICUS. SPON, *Misc.*, p. 124.
Voy. ORESTÉIDE de M. R.-Rochette, p. 130, N°. 6 ;
THIERSCH, *Ep.* III, p. 91.

* CLÉOMÈNES, ΚΛΕΟΜΕΝΗΣ ΕΠΟΙΕΙ sur un b.-
relief d'un autel cylindrique de Florence. LANZI, *Œuvres posth.*, t. 1, p. 333 ; VISC., *Op. var.*, t. 3, p. 21.
Ce nom sur 4 statues de Wilton-House, très-suspect.
SILLIG, p. 488 ; R.-ROCH., *Let. Sch.*, p. 63.

CLÉON de Sicyone, stat. *Voy.* à la *Table alphabétique*   **IV** *ab*   I, p. 536.
des Statues ALCÉTUS ATHLÈTE.

CLÉON, ptr. *Voy.* à la *Table alphabétiq. des Peintures*   ?
CADMUS.

CLÉON, fils de Périclidas de Lacédémone ; arch., construisit, à ce qu'il paraît, un temple consacré à Lycur-
gue à Sparte. BŒCKH, *C. Inscr.*, N°. 1458.

* CLÉON, gr.f. ΚΛΕΩΝΟC. A p o l l o n C i t h a-   ?
r è d e, derrière lui autel et trépied, devant casque ;
empreinte de Gori, *Inscr. antiq. Etr.*, p. 1, pl. 1, N°. 2 ;
il dit que cette pierre avait été volée à l'abbé Andréini ; ovale, 0,028^m sur 0,021^m,5. BRAC., t. 1, pl. 47.

Siècles.

CLÉOPHANTE de Corinthe, ptr. Si pour colorer ses figures, qui avant lui n'étaient que de simples traits, il se servit le premier de tuiles ou de tessons de pots de terre pilés, il doit être très-ancien, et placé avec CLÉANTHE, p. 482, et avant ARDICÈS et TÉLÉPHANE, p. 484, dont l'époque est aussi fort incertaine. Mais peut-être le *CLÉOPHANTE* est-il le même que *CLÉANTHE*. PLINE, l. 35, c. 5.   IX ?

CLÉOPHANTE. D'après ce que dit Pline, l. 35, c. 5, le peintre de ce nom qui suivit en Italie Démarate était différent du précédent plus ancien.   VII*ab*? I, p. 493.

* CLÉOPHRADÈS, ΚΛΕΟΦΡΑΔΕΣ ΕΓΟΙΕϟΕΝ : ΑΜΑϟ. ......ϟ sur un vase de la coll. Fossati. *Voy*. AMASIS.

CLÉSIAS. *Voy*. CTÉSIAS.

CLÉTAS ou CLÉŒTAS. *Voy*. LUDIUS.   I, p. 486.

* CLEUDORUS, pour CLÉODORUS, graveur mon. ΚΛΕΟΔΟΡΟΥ sur le casq. de Minerve de méd. de Vélia, lu ΕΛΕΥΔΩΡΟΥ par Combe, ΕΛΕΥΘΟΡΟΥ par M. Welcker, et ΚΑΣΙΔΩΚΟΥ par le Père Magnan. R.-ROCH., *Let. au D. de L.*, p. 36 ; p. 42 ce savant pense que le Κ gravé sur la cuisse du taureau d'une méd. de Thurium indique aussi ΚΛΕΥΔΩΡΟΣ. ? ?.

CLISTHÈNES d'Erétrie, arch. et ptr. de décorations théâtrales ; contempor. de Socrate. DIOG.-L., II, 125.   V*c*

CLITON, stat. XÉNOPH., *Memor.*, III, 10. Rien de cité.   V*b*

CLONUS, cis. selon Virgile, *Æn.*, X, 499 ; SILLIG.   ?

* CLYMENUS (C. ASPASIUS) *MARGARITARIUS*. Ce n'était probablement qu'un joaillier trafiquant de perles et de pierres fines. GRUT., p. 1116, 9 ; ORELLI, N°. 4218.

* CNEIUS ou GNEIUS, gr.f. ΓΝΑΙΟC. Tête d'Antinoüs, empreinte de Stosch. RASPE, N°. 11,761. — ΓΝΑΙΟΥ, Athlète vainqueur se frottant d'huile près d'une table supportant un vase et une palme, béril, int., ov., caboch. faible, 0,018^m. sur 0,015^m. ; d'abord à Apostolo Zeno, qui l'offrit à Clément V, elle passa ensuite à Stosch et depuis dans la coll. du Vte. Duncanon. De Murr, p. 58, écrit ΓΝΑΙΟΥ, l'A sans barre horizontale. Venuti, pl. 5, nomme cette pierre une hyacinthe,

de même que de Murr, et il lit le nom ΓΗΛΙΟΥ,
ainsi que Raponi, pl. 49, No. 3. Visconti, *Op. var.*,
t. 2, p. 319, la dit aussi une hyacinthe. Sur la pl. 35 du
t. 1 de la coll. Marlborough les lettres, excepté l'O, ne
sont indiquées que par des points aux angles, sans lignes qui les lient. La pierre y est donnée comme une
sardoine ; peut-être a-t-elle été repolie. Lippert, II,
p. 236, No. 903, lit aussi ΓΗΛΙΟΥ, de même que
Winckelmann, *C. Stosch*, p. 455. *Voy.* aussi NATTER,
Méth., etc., p. 38 ; pl. 25 ; BRAC., t. 1, pl. 15. Raspe,
No. 7931, dit que le nom est écrit ΓΜΑΙΟΥ : la moindre éraillure dans la pierre a pu faire prendre à l'N
la forme de l'M. — Deux empreintes de Stosch, dont
l'une un peu plus grande que l'autre, donnaient le
même sujet avec le nom sans vase ni palme. RASPE,
No. 7938, 7939. (*Voy.* RHEGIO.) — Le même sujet
sur un *nicolo* de la Bibliothèque Royale, avec le nom
ΓΝΑΙΟΥ mal écrit. DU MERSAN, p. 75, No. 222.
M. Raoul-Rochette, *Let. Sch.*, p. 50, croit que c'est
une copie de la belle pierre ci-dessus. — ΓΝΑΙΟΥ,
a t h l è t e j e u n e n u, tourné à droite, tenant un
strigille, corn., int., ov., 0,012ᵐ. sur 0,010ᵐ., coll. de
Joachim Rendorp, à Amsterdam. LIPP., II, p. 239,
No. 920 ; il ne donne que ΓΝΑΙ. — ΓΝΑΙΟC, t ê t e
d e B r u t u s, de profil, corn., int., au chev. Azara.
LIPP., II, p. 226 ; RASPE, No. 10,649. — ...ΑΙΟΥ ??
(ce pourrait être la fin d'un autre nom), t ê t e d e
c h e v a l, int., fragm., dont M. Dubois a l'empreinte.
— ΓΝΑΙΟΤ, D i o m è d e n u, assis, tourné à dr.,
tenant son épée de la main droite, le paludamentum
de la gauche, chlamyde sur le bras g., dans le champ
cippe et statue ; corn., int., ov., 0,027ᵐ. sur 0,022ᵐ. ;
coll. de Chr. Denh. LIPP., II, p. 57, No. 187 ; RASPE,
No. 9399 ; DE MURR, p. 57 ; MILLIN, *Intr.*, p. 175. —
ΓΝΑΙΟΤ, t ê t e d e d é e s s e ; peut-être celle que
Lippert, II, p. 125, No. 430, donne pour une Sappho,
et Bracci, t. 1, pl. 53, pour une Cléopâtre. Visconti,
Op. var., t. 2, p. 164, y reconnaît Junon, son sceptre
sur l'épaule g., profil à droite ; autrefois de la coll. de
Kirker, corn., int., ov., 0,020ᵐ. sur 0,015ᵐ. ; coll. du
Collége rom. Denh ou Dolce, p. 108, No. 4, lit le nom
ΕΝΕΙΟΥ.—ΓΝΑΙΟC, t ê t e d ' H e r c u l e j e u n e,
de profil ; une petite partie de la chevelure sur le haut
de la tête manque, massue sur l'épaule, superbe béril,
int., ov., 0,032ᵐ. sur 0,022ᵐ., autref. coll. Strozzi. Cette
admirable pierre, l'objet d'un procès, existe à ce que

l'on croit, mais on ignore où elle est. Selon Gori, *Columbar.*, p. 155, elle appartenait à l'abbé Andréini, qui ne la céda presque que de force à Strozzi, et qui en fut très-malade et la regretta toute sa vie. STOSCH, pl. 23; GORI, *M. Flor.*, t. 2, pl. 7, N°. 2; LIPP., I, p. 202, N°. 527, ou peut-être plutôt p. 205, N°. 539; DENH, p. 56, N°. 3; il dit cette pierre une aigue-marine, et il nomme le graveur *ENÉUS*; BRACCI, t. 1, pl. 49; WINCKELM., *H. A.*, l. 2, c. 1, § 12, v. 6, p. 200; v. 1, p. 304; v. 5, p. 185; v. 7, p. 371; RASPE, N°. 5458; VISC., *Op. var.*, t. 2; p. 218, et dans sa *Lettre sur le Parthénon*, p. 26. — Belles copies de cette tête, peut-être par Costanzi, ΓΝΑΙΩC. RASPE, Nos. 5439 9699; DE MURR, p. 57. — (Une copie en camée par Capperoni, coll. du Bon. Roger. (*Note de M. Dubois.*) — Une autre copie, int. GORI, *Dactyl. Smith.*, pl. 23. — Une belle copie sur corn. par Natter, coll. royale de La Haye, DE JONGE, p. 173, N°. 1. — Tête de Melpomène et un masque tragique, ΓΝΑΙΟΥ, coll. de la Turbie. VISC., *Op. var.*, t. 3, p. 405, N°. 25. On pourrait avoir quelque doute sur cette pierre.—(Tête de Mercure, à l'abbé Pullini à Turin. MILLIN, *Voyage en Savoie*, t. 1, p. 321. (*Note de M. Dubois*). — *Voyez* NÉUS. — ΓΝΑΙΟC, Tête de Thésée, profil à dr., int., ov., 0,017^m. sur 0,014^m.; coiffé de la peau d'une tête de bœuf. Bracci, t. 1, p. 48, donne cette tête pour celle de Junon *Lanuvienne*, et c'est aussi l'opinion de de Murr, p. 59. Stosch et Winckelmann, *C. Stosch*, p. 326, N°. 69, la reconnaissent pour un Thésée, coiffé de la peau du taureau de Marathon. Cette pierre, selon de Murr, p. 60, Visconti, *Op. var.*, t. 2, p. 126, 260, appartint d'abord au Mis. Sacchetti, ensuite à Belisario Amidei, M^d. d'antiquités, qui la vendit à Joach. Bendorp, à Amsterdam. Ils assurent que le nom de ΓΝΑΙΟC y fut mis alors par Pichler, mais la tête est antique. Depuis, elle passa dans la coll. de Gavin Hamilton et celle de lord Besborough. Visconti cite l'empreinte de la coll. Chigi prise avant que le nom fut mis sur la pierre. Tout ceci est très-curieux si c'est positif et si le nom n'a pas disparu, ce qui arrive aux empreintes lorsqu'elles ne sont pas parfaitement moulées. LIPP., III, A., 355; BRAC., t. 1, pl. 48; RASPE, N°. 8647.— (On trouve le nom de *CNEIUS* sur une intaille autrefois de la coll. du Mis. de Drée, *Catal.*, pl. III, A. (*Note de M. Dubois.*)

Siècles.

COCCEIUS AUCTUS (L.), arch. Fabretti, *Inscr. domest.*, p. 267, 623; Grut., p. 623, 4; Maffei, *Ars lapid.*, p. 199; Brac., t. 2, p. 265. Cette inscription, donnée d'abord par Smith d'après Pighi, se trouve sur le mur de gauche de Saint—Proculus, cathédrale de Pouzzoles et autrefois temple d'Auguste. — Ier; I, p. 666.

CŒMUS ou plutôt **QUINTUS**, KOIMOY ou KOINTOY, selon Visconti, *Op. var.*, t. 2, p. 120. Adonis nu, tourné à droite, la main dr. sur la hanche, tenant un javelot de la main g. appuyée sur un cippe, jambe g. croisée sur la dr., chien en avant; onyx, int., ov., 0,115[m]. sur 0,009[m]., coll. du Cte. Canini, à Milan, et depuis au prince de Lichtenstein. Il y a plusieurs copies de cette pierre. Raspe, N°s. 6484, 6489. — KOIMOY, tête d'Auguste, souf. de Stosch. Raspe, N°. 11,053; Stosch, pl. 24; il écrit KOINOY, de même que Raspe, N°. 6482; Lipp., I, p. 127, N°. 295; Brac., pl. 55. — KOIMOY, Faune célébrant les bacchanales, tourné à dr., thyrse à la main dr., pardalis sur le bras g., vase à la main; nicolo, int., d'une finesse extrême, ov., 0,010[m]. sur 0,007[m]., coll. de L. Natter, *De la Méth.*, p. 35, pl. 22. D'après lui, on ne voit que des traces de lettres très—petites, altérées, presque indéchiffrables, et il n'est pas certain qu'il y ait KOIMOY. *Voy.* de Murr, p. 61; Bracci, pl. 55. — KOIMOY, une figure de Pythagore, corn., int., au Mis. de Salinas. Visc., *Icon. gr.*, t. 1, p. 155; pl. 17, N°. 2. Il paraîtrait que les pierres du Mis. de Salinas, de même que celles de M. de La Turbie, peuvent être quelquefois suspectes. De Murr place *Coimus* au temps d'Adrien, et il dit qu'il était peut-être disciple d'Apollonide, mais on fait remonter celui-ci vers l'époque d'Alexandre-le-Grand.

CŒNUS, ptr. Il peignait, selon Pline, des *stemmata*, ce qui pourrait bien être des portraits de famille pour des arbres ou des tableaux généalogiques. Sillig. — ?

COIOS, cis. Son nom était sur un très—ancien casque trouvé à Olympie. Bœckh, *C. Inscr.*, N°. 31; Welcker, *Kstbl.*, 15 oct. 1827.

COLOCASIUS, ptr. en mosaïque. Colocasio vernæ dulciss. musicario (pour musivario). Orelli, N°. 4238, fait observer que le *Code Théodosien*, lig. 2, *de excusationibus artificum*, joint les *musivarii* aux peintres, aux sculpteurs, aux statuaires. On trouve l'*opus*

Siècles.

musivum, la mosaïque, dans Muratori, 478-7-438;
l'*opus museum*, Spon, *Misc.*, p. 39, 1; Gori, *Étr.*, 1,
p. 8, 3; Orelli, N°. 4239, et au même numéro l'*opus
quadratarium*, espèce de mosaïque. M. R.-Rochette,
Let. Sch., p. 85, N°. 56, ayant admis le *musicarius T.
Jul. Nicéphorus*, n'aurait pas dû omettre Colocasius, qui, au même titre, a droit d'être placé parmi
les artistes. Il cite comme étant dans Orelli, N°. 4238,
l'inscription de *Nicéphorus*, qui n'y est pas, tandis
que celle de Colocasius est sous ce même numéro.

COLOTÈS de Paros, stat., élève de Phidias et de Pasitèles 1er. Sillig. *Voyez* à la *Table alphabétique des
Statues* BACCHUS.

Vb c
I, p. 530.

COLOTÈS de Téos, ptr. *Voy.* à la *Table alphabétique
des Peintures* IPHIGÉNIE.

Vd
I, p. 542.

* CONSTANTIUS, arch. Gudi, *Inscr.* 372, 3; Bracci, t. 2, p. 265.

IV*

COPONIUS, sc. *Voy.* à la *Table alphabétique des Statues* NATIONS (QUATORZE).

Ib

* CORNELIUS THALLUS (PUB.), arch. Grut.,
Inscr., p. 99, 9; Bracci, t. 2, p. 265.

?

CORÈ de Corinthe, femme qui, selon Athénagore, *Legat.* 14, p. 59, inventa la plastique, découverte attribuée aussi à la fille de Dibutade. Peut-être ignorant
son nom l'appela-t-on tout simplement *Coré, fille.*

CORNELIUS PINUS, ptr. Pline, l. 35, c. 37.

I*
I, p. 697.

CORŒBUS, arch. Plut., *Pericl.*, 13.

Vc
I, p. 531.

CORYBAS, ptr. Pline, l. 35, c. 40; rien de cité.

IVd
p.564,584

* COSSUTIUS, arch. rom. Vitr., VII, *præf.*, § 15;
Jacobs, *Amalth.*, t. 2, p. 249; Bœckh, *C. Inscr.*, t. 1,
p. 434, N°. 363.

IIa
I, p. 607,
665.

COSSUTIUS CERDON (MARCUS), sc. Un faune en
marb. du Musée Brit., t. 2, pl. 33, porte sur sa base :
ΜΑΑΡΚΟΣ ΚΟΣΣΟΥΤΙΟΣ ΚΕΡΔΩΝ ΕΠΟΙΕΙ.

1*?
I, p. 665.

COSSUTIUS CERDON (M.), affranchi de Marcus.
Sur la base d'un autre faune de la même collection on
lit : ΜΑΑΡΚΟΣ ΚΟΣΣΟΥΤΙΟΣ ΜΑΑΡΚΟΥ ΑΠΕ
ΛΕΥΘΕΡΟΣ ΚΕΡΔΩΝ ΕΠΟΙΕΙ, qui apprend que
ce *M. C. Cerdon* était affranchi du premier. Voy. *Spe-*

cimens of ancient Sculpture, t. 1, pl. 71 ; *Mus. Brit.*, t. 2, pl. 33, 43 ; WELCKER, *Kstbl.*, 15 oct. 1827.

✻ CRANIANUS. *Voy.* RANIANIUS.

✻ CRATÈRE, ? gr.f. KPATEPOY. D i a n e d' E- p h è s e , corr., int. WINCKELM., *C. Stosch*, p. 78 , No. 304 ; DE MURR, p. 62 ; LESSING, ou plutôt son annotateur ESCHENBOURG, *Kollektan.*, t. 1, p. 283, et non 280, comme l'indique M. Raoul-Rochette, *Lett. Sch.*, p. 39, qui n'a pas remarqué que cette citation n'était pas de Lessing, mais d'Eschenbourg.

CRATÈRE, collaborateur de **PYTHODORE** ; stat. PLINE, l. 36, c. 4, 11 ; aucun ouvrage cité.   I✻ / I, p. 669.

CRATÈRE, ptr. Lucille, dans une épigramme en 2 vers, *Anth. Pal.*, t. 2, p. 386, No. 234, dit que si ce peintre avait les pieds et les mains en bon état, certainement sa tête ne l'était pas lorsqu'il fit un pareil tableau, dont le sujet n'est pas indiqué.

CRATÈS, cis. habile. Rien dans Athénée, XI , p. 782.   ?

CRATINUS, ptr., nommé **CRATÈRE** dans quelques éditions de Pline. *Voyez* plus bas IRÈNE ; SILLIG , *Cat.*, et à la *Table alphabétique des Peintures* CO- MÉDIENS.   ?

CRATINUS de Sparte, stat. *Voyez* à la *Table alpha- bétique des Statues* PHYLLIS.   ?

CRATON de Sicyone, ptr. très-ancien, le premier qui, selon Athénagore, *Legat.* 14, p. 59, inventa le dessin.   IX *a* ? / I, p. 484.

✻ CRESCENS *ARGENTARIUS* (P. JUNIUS). Peut- être n'était-ce pas un artiste. Inscription trouvée par- mi les pierres destinées à bâtir Saint-Pierre, à Rome. GRUT., p. 1117, 2. Omis par M. Raoul-Rochette.

✻ CRESCES. KPHCKHC.??. C i t h a r i s t e, assez sem- blable à celle d'Allion et d'Onésas ; coll. Poniatowski. Ce nom est peut-être le même que CRESCENS, ou plutôt un faux nom, ce qui est très-fréquent dans cette collection où une foule de noms sont faux ou suspects. Empreinte de Cadès. (*Note de M. Dubois.*) — M. R.- Rochette cite ce graveur, *Let. Sch.*, p. 38.

CRESSIDAS de Cydonie, sc. D'après une inscription on pourrait croire qu'une offrande consacrée chez les

Hermionéens, par un Alexias, était une statue de Cé-
rès *Chthonia*, de la main d'un statuaire de ce nom.
Bœckh, *C. Inscr.*, t. 1, p. 595, Nº. 1195; Welck.,
Ksthl., 15 oct. 1827.

CRISIAS de Cydonie, sc. Il fit pour Minerve, avec la
dîme de dépouilles, un t r é p i e d consacré par le
fils d'un Théomneste. *Anth. Pal.*, t. 2, p. 537, Nº. 13;
Welck., *l. l. Voy.* à la *Table alphabétique des Statues* EPICHARINUS.   **?**

CRITIAS NÉSIOTÈS ou l'*INSULAIRE*, stat.   **Va**
I, p. 522.

* CRITON et NICOLAÜS, stat. Auteurs des C a r y a-   **1?**
t i d e s, et probablem. du B a c c h u s i n d i e n,
le prétendu S a r d a n a p a l e, trouvés en 1766 dans
la vigne de Strozzi, sur la voie Appienne. Winckelm.,
t. 6, P. 1, p. 203; Bracci, t. 2, p. 265.

* CRITONIUS DASSUS (Q.), cis. de vases en bronze,
dans le Mus. Kircher, à Rome. SCALPTORIS VCLARI,
mis, selon Marini, *Iscriz. alb.*, p. 110, pour VASCLARI
ou VASCVLARII.—Fabretti, *Inscr. antiq.*, t. 2, p. 285,
p. 17, Nº. 75; Vettori, *Dissert. Glypt.*, c. 21, p. 73;
Bracci, t. 2, p. 285; Orelli, Nº. 4276; Sillig; R.-
Roch., *Let. Sch.*, p. 64.

CRITONIUS HILUS (P.), affranchi de Publius; cis.
arg. — P. CRITONIVS P.L. HILVS, *AURIFEX*.
Inscr. Doni, p. 321, Nº. 24; R.-Roch., *Let. Sch.*,
p. 65. — Ces *CRITONIUS* sont peut-être de la même
famille que le *CRITON* nommé avec *NICOLAÜS*.

* CRONIUS, gr.f. Un des quatre graveurs célèbres ci-   **?**
tés par Pline, l. 37, c. 4. Une T e r p s i c h o r e,
autrefois de la coll. Andréini, à qui elle fut volée et
qui n'en avait plus que l'empreinte, publiée pour la
première fois par Fr. Gori, *Inscr. antiq. etr.*, t. 1,
pl. 1, Nº. 1, ensuite donnée par Lippert; Bracci, pl.
56, porte le nom de ce graveur, KPONIOCEΠ; mais
il paraît certain que cette inscription est une fraude
moderne, et que d'ailleurs cette pierre, à en juger par
le travail, est moins ancienne qu'on peut supposer
l'être *CRONIUS*. F i g u r e debout, tournée à droite,
tenant une lyre, drapée, épaule et bras nus, appuyée
contre un cippe carré, dessus statue d'Hercule, nu,
massue à la main dr., int., ov., 0,025^m. sur 0,016^m. —
Visconti, *Op. var.*, t. 2, p. 123, pense que *CRONIUS* est

	Siècles.
antérieur à Auguste, et que sa muse a été copiée par Allion et Onésas, qui lui sont probablement postérieurs. — KPONIOY, Persée, corn., int., du duc de Devonshire. NATTER, *Catal. Besborough*, pl. 20 ; RASPE, N°. 8850 ; ils écrivent XPONIOY et XPΩNIOY.	
CTÉSIAS, stat., cis. en arg. PLINE, l. 34, c. 19, 25. Il fit des statues de philosophes. Nommé à tort CLÉSIAS dans d'anciennes éditions de Pline, et FTÉSIAS, ÉTHÉSIAS dans des manuscrits. Rien de cité.	?
CTÉSICLÈS, stat. Il fit à Samos, en marbre de Paros, une statue si jolie, qu'un certain Clisophus de Sélembrie en devint amoureux. ATHÉN., XIII, p. 606 ; SILLIG.	?
CTÉSIDÈME, ptr. *Voy.* à la *Table alphabétique des Peintures* LAODAMIE.	IV*c* I, p. 569
CTÉSILAÜS et CTÉSILAS, stat. Nommé aussi dans les manuscrits DESILAÜS et CRÉSILAS, noms inadmissibles. SILLIG. *Voyez* à la *Table alphabétique des Statues* AMAZONE BLESSÉE.	V*c* I, p. 537.
CTÉSILOQUE, ptr. *Voy.* à la *Table alphabétique des Peint.* JUPITER ACCOUCHANT DE BACCHUS.	IV*d* I, p. 581.
CTÉSIPHON. *Voy.* CHERSIPHRON.	
CYDIAS de Cythnos, ptr. PLINE, l. 35, c. 40, 26 ; DION. CASS., t. 1, LIII, p. 721 ; THÉOPHR., *de Lapid.*, p. 95 ; SILLIG.	IV*c* I, p. 567.
CYDON, stat. *Voy.* à la *Table alphabétique des Statues* AMAZONE BLESSÉE.	V*c* I, p. 537.
CYRUS, arch. CICER., *Fam.* VII, 14 ; *Att.* 11, 3 ; *ad Quint. frat.* 11, 2.	1 *bc*

D.

DACTYLIDES. *Voy.* DERCYLIDES.	
DÆSIAS, cis. de vases. ATHÉN., X, p. 424.	?
DÆTONDAS de Sicyone, stat. *Voyez* à la *Table alphabétique des Statues* THÉOTIME.	IV*d* I, p. 580.
DAÏPHRON, stat. *Voyez* à la *Table alphabétique des Statues* PHILOSOPHES.	?

<table>
<tr><td></td><td>Siècles.</td></tr>
</table>

DAÏPPUS, fils de Lysippe; stat. Par une inadvertance de Pline, il est aussi nommé **LAÏPPUS**, les lettres grecques Δ et Λ se confondant aisément. *Voy.* SILLIG, et à la *Table alphabétique des Statues* ATHLÈTES. — **IV***d* I, p. 582.

* DALIO, gr.f. ΔΑΛΙΩΝ. Nymphe sur un hippocampe et sur deux dauphins, améth., int., coll. de Thoms, ensuite de La Haye, DE JONGE, p. 153, N°. 18; BRACCI ?. — M. de Kœhler, *Archeol. und Kunst*, t. 1, p. 28, met en doute l'authenticité de ce nom. *Voy.* ALLION.

* DAMNAMÉNÉUS, ΔΑΜΝΑΜΕΝΕΥϹ. Momie entourée d'un serpent sur le cou duquel sont deux éperviers, pierre de touche, style égypt. rom., coll. de la Turbie. Visconti, *Op. var.*, t. 3, p. 433, N°. 214, ne dit pas s'il croit ce nom celui du graveur ou celui du propriétaire.

DAMOPHON ou DÉMOPHON de Messène, stat. *Voy.* à la *Table alphabétique des Statues* APOLLON DE MESSÈNE. — **III***a* I, p. 590.

DAPHNIS, arch. VITR., VII, *præf.*, § 16. *Voy.* DÉMÉTRIUS et PÆONIUS. — **?A**

* DARON, gr.f. ??. ΔΑΡΩΝ. Janus à deux faces, corn., int., coll. Crozat, MARIETTE, p. 1; DE MURR, p. 64 : ce sont les seuls qui donnent ce nom.

DASSUS. *Voy.* CRITONIUS DASSUS.

* DECIMIUS FAUSTUS et DECIMIUS FORTUNATUS, ? gr.f. Ils sont indiqués dans une inscription de Gruter, p. 622, N°. 1, comme des *cabatores* ou *cavatores* de *via sacra*, et dans cette rue sacrée il y avait aussi des *gemmarii*, joailliers ou lapidaires. D'après un passage de Pline, l. 37, c. 4, et Saumaise sur Vopiscus *in Suturn.* 8, t. 2, p. 370, M. Raoul-Rochette, *Let. Sch.*, p. 38, pense que les *cabatores* étaient des graveurs sur pierres fines : cela se peut; cependant le passage de Palladius cité par Saumaise ne me paraît pas aussi *décisif* que le déclare M. Raoul-Rochette, en expliquant λιθουργὸς par Καβιδάριος. Palladius indique bien qu'il s'agit d'un ouvrier en pierre, qui la travaille, la creuse, la *cave*, et les mots latins *cavum*, *cavare*, *cavator*, *cabator*, que nous retrouvons dans notre mot *cave*, pour creux, et ses composés, répon-

dent au χοῖλον, *creux*, des Grecs, d'où les Latins ont tiré leur *cœlum*, ciel, la cavité du firmament, et *cœlus*, burin, ciselet, instrument pour creuser, graver, excaver. Mais il n'est peut-être pas prouvé que dans le passage de Palladius *kabidarios* (le même que *cabator*) et *lithourgos* signifiaient des graveurs sur pierres fines, non plus que les *gemmarii* d'autres inscriptions. Les deux premiers mots peuvent aussi bien, et peut-être même mieux, se rapporter à des ouvriers non en pierres fines, mais en pierres telles que le marbre, que souvent les auteurs et les inscriptions ne désignent que par l'expression *lithos*, pierre (comme pierre par excellence), à laquelle pour le marbre blanc statuaire on ajoute l'épithète *blanche* pour le spécifier. Il serait donc possible, et même assez probable, que *Faustus* et *Fortunatus*, nommés *cabidarii*, *cavatores*, *lithurgi* (ouvriers en pierres), ne travaillassent pas les pierres fines, ou du moins ne les gravassent pas, et qu'ils ne fussent que des ouvriers en marbre.

DECIUS, stat. Il paraît qu'il vécut du temps de P. Lentulus Spinther, consul 57 av. J.-C. Il y avait au Capitole une belle tête par *Décius*, consacrée par ce Lentulus. PLINE, l. 34, c. 18. | ?

DECRIANUS. *Voy.* DETRIANUS.

DÉDALE d'Athènes, sc. *Voyez* SILLIG, et à la *Table alphabétique des Statues* ARIADNE (DANSE D'). | XIV? I, p. 469. 472.

DÉDALE de Sicyone, stat., fils de Patrocle. *Voy.* à la *Table alphabétique des Statues* ARCAS. | IV a I, p. 546

DÉDALE de Bithynie, stat. *Voy.* à la *Table alphabétique des Statues* JUPITER *STRATIOS*. — M. Thiersch, *Ep.* 1, *adnot.*, p. 26, croit que ce statuaire doit être placé après la fondation de Nicomédie par Alexandre-le-Grand. | ?

DEINIADES, ΔΕΙΝΙΑΔΕΣ ΕΠΟΙΕΣΕΝ, fabricant de vases d'argile. *Collet. Canino*, 1re. cent., N°. 74. Son nom est joint à celui du peintre *Phintias*.

DÉLIADES, stat. et cis. en argent. PLINE, l. 34, c. 19, 25. Rien de cité. | ?

DÉMÉAS ou DAMÉAS de Crotone, stat. *Voyez* à la *Table alphabétique des Statues* MILON DE CROTONE. | VI c I, p. 509

DÉMÉAS ou DAMÉAS de Clitore, stat. PLINE, l. 34, c. 19, *init. Voy.* à la *Table alphabétique des Statues* DIANE. — **V***d* — I, p. 542.

DÉMÉTRIUS, arch. VITR., VII, *præf.*, § 16. Il termina avec Pæonius le temple d'Éphèse, commencé par Chersiphron, et travailla avec Daphnis à un temple d'Apollon, à Milet. On ne sait pas positivement son époque, mais il est très-ancien. — **VI***a*?

DÉMÉTRIUS. *Voy.* DÉMÉTRIANUS.

DÉMÉTRIUS, ptr., surnommé γραφικός, *le peintre* ou *l'écrivain habile.* DIOG.-LAËRCE, l. V, 83. — ?

DÉMÉTRIUS, peut-être le même statuaire que le Démétrius d'Alopécé de Lucien. PLINE, l. 34, c. 19, 15. Son époque n'est pas très-certaine. *Voyez* à la *Table alphabétique des Statues* LYSIMACHE et SIMON. — **V***c*?

DÉMÉTRIUS d'Éphèse, cis. en argent, Ἀργυροκόπος, *Act. Ap.*, c. 19, § 24. — **I*** — I, p. 683.

DÉMÉTRIUS de Sparte, fils de DÉMÉTRIUS; fit une statue que les Lacédémoniens érigèrent à un Paulin. BŒCKH, *C. Inscr.*, t. 1, p. 451, N°. 1330; p. 675, N°. 1409; WELCK., *Kstbl.*, 15 oct. 1827. — ?

* DÉMÉTRIUS (AURÉLIUS), arch. des Thermes de Caracalla, d'après une inscription trouvée en 1825. R.-ROCH., *Let. Sch.*, p. 66.

* DÉMÉTRIUS, gr.f. ΔΗΜΗΤΡΙΟΥ. Hercule étouffant le lion de Némée suspendu à un arbre, corn., int., coll. du Mis. de Drée, *Cat.*, pl. 3, N°. A. (*Note de M. Dubois.*) — ΔΗΜΗ.., taureau, corn., int., cabin. du Bon. de Schellersheim. (*Note de M. Dubois.*) — DEMET., Hercule étouffant Antée, pâte antiq., collect. Townley. RASPE, N°. 5820.

DÉMOCRATÈS, arch. MURAT., *Nov. Thes.*, t. 2, p. 919, 6; BRACCI, t. 2, p. 266; SILLIG. D'après l'inscription il serait du temps d'Alexandre-le-Grand; elle porte περικλύτος αρχιτέκτος. — **IV***d*

DÉMOCRITE de Sicyone, stat. *Voy.* à la *Table alphabétique des Statues* HIPPON. — **IV***ab* — I, p. 556.

	Siècles.
DÉMOCRITE, cis. en arg. Il faisait de ces vases d'argent nommés *Rhodiens*. ATHÉN., XI, p. 500, B.	?
* DÉMOCRITE, stat. *Voyez* à la *Table alphabétique des Statues* LYSIS.	?
DÉMON ou DÆMON, stat. *Voy.* à la *Table alphabétique des Statues* PHILOSOPHES.	?
DÉMOPHILE ou DAMOPHILE d'Himère, plast., ptr., avec GORGASUS. PLINE, l. 35, c. 45.	**V***a* I, p. 523.
DÉMOPHILE, ptr. PLINE, l. 35, c. 36, 2. Rien de cité.	**V***b* I, p. 527, 530.
DÉMOPHILE, arch. VITR., VII, *præf.*, § 14. Il écrivit sur l'architecture.	?
DENTRIANUS. *Voy.* DETRIANUS.	
DENYS. *Voy.* DIONYSIUS.	
DERCYLIDES, stat. *Voy.* à la *Table alphabétique des Statues* LUTTEURS.	?
DÉSILAÜS ou CTÉSILAÜS. *Voy.* ce dernier nom.	
DÉTRIANUS, arch. SPART., *Adrien.*, 19. On le trouve nommé DÉCRIANUS, DÉMÉTRIANUS, DEN-TRIANUS et DEXTRIANUS.	II * I, p. 712.
* DEUTON, gr.f., ΔΕΥΤΟΝΟC, lu par Thoms, pl. 5, No. 1, ΛΕΥΚΟΝΟC, que donnent aussi Natter, *De la Méth.*, etc., *préf.*, p. 37, et Lessing, *Kollektan.*, p. 279. Course de quatre quadriges autour d'une *méta* ou borne du cirque, pâte antiq. imit. la sard. WINCKELM., *C. Stosch*, p. 468; DE MURR, p. 64; coll. de La Haye, DE JONGE, p. 163, No. 20. M. Raoul-Rochette, *Let. Sch.*, p. 39, lit dans Thoms ΛΕΥΤΟΝΟC; M. Sillig adopte ΔΕΥΤΟΝΟC, et la question peut être encore incertaine entre DEUTON et LEUCON.	?
DEXIPHANE, arch. Tzetzès, *Chil.* 2, 33, v. 44, le place à tort du temps de Cléopâtre et d'Antoine, tandis que Sostrate, fils de Dexiphane, éleva le phare d'Alexandrie sous Ptolémée, fils de Lagus. Il n'est pas positif que Dexiphane fût architecte.	?
DIADÈS ou CLIADÈS, arch., mécan. VITR.	IV
* DIADUMENUS, sc. Auteur d'un joli bas-relief du	?

Siècles.

Musée Royal du Louvre, N°. 324. *Voy.* aussi WELCKER, *Kstbl.*, 15 oct. 1827.

DIBUTADE, plast. PLINE, l. 35, c. 43.   **X?**
I, p. 481.

* DIDA *VASCULARIUS* (P. CLODIUS). Inscription trouvée à Sancta Maria in Valicella, sur le Tibre, tirée de Smith par Gruter, p. 643, 5. — Il aurait dû trouver place dans les additions que M. Raoul-Rochette a faites à l'ouvrage de M. Sillig, puisqu'il admet, *Let. Sch.*, p. 90, THAMYRUS qui n'était qu'un *vascularius*, et qui dans Gruter est à côté de DIDA, dont M. Raoul-Rochette cite cependant le nom, *Let. Sch.*, p. 68, *note* 1.

DIDYMAON. VIRG., *Æn.*, l. V, v. 359. Il se pourrait   **?**
que ce fût un ciseleur estimé, dont Virgile se plut à citer le nom, ainsi qu'il l'a fait pour plusieurs autres artistes, tels qu'ALCIMEDON, ALCON, CLONUS, LYCAON. *Voy.* WELCKER, *Kstbl.*, 15 oct. 1827.

* DIÈS, stat. Son nom se trouvait sur la base d'une st.   **?**
de guerrier ath.; peut-être n'a-t-il pas été bien lu. BŒCKH, *C. Inscr.*, N°. 412; WELCK., *Kstbl.*, 15 oct. 1827.

DIMOCLÈS. *Voy.* DINOMÈNES.

DINIAS, ptr. très-anc. PL., l. 35, c. 34; rien de cité.   **IX c**
I, p. 485.

* DINIAS, ptr. de vases. ΔΕΙΝΙΑΔΕϞ ΦΙϞΤΙΑϞ ou ΦΙΝΤΙΑϞ. Coll. du prince de Canino. GERH., *C. A.*, t. 3, p. 179, N°. 707; p. 180, N°. 728.

DINOCHARÈS. *Voy.* DINOCRATE.

DINOCLÈS. *Voy.* DINOMÈNES.

DINOCRATES de Macéd., arch. VITR., II, *præf.*, § 1;   **IV d**
PL., l. 5, c. 11; l. 7, c. 38; l. 34, c. 42. On le trouve   I, p. 565,
aussi nommé, mais à tort, DINOCHARÈS, DIO-   575.
CLÈS de Rhégium, CHIROCRATES, TYMOCHARÈS, TIMOCRATES et STASICRATES. *Voyez* SILLIG.

DINOMÈDES. *Voy.* DINOMÈNES.

DINOMÈNES, stat. Nommé aussi, dans les manus-   **V d**
crits de Pline, DINOMODES, DIMOCLÈS, DINO-   I, p. 541.
CLÈS, DIOMÈNES, DIOMÈDES. On a trouvé le nom de DINOMÈNES sur une base, et c'était peut-

Siècles.

être celle d'une statue de ce *Dinomènes* offerte à la citadelle d'Athènes par un certain Métrotime du dême d'Oé. ΜΗΤΡΟΤΙΜΟΣ ΑΝΕΘΗΚΕ ΟΗΘΕ ΔΕΙΝΟΜΕΝΗΣ ΕΠΟΙΗΣΕΝ. Bœckh, *C. Insc.*, t. 1, p. 466, N°. 470. *Voy.* Sillig, et à la *Table alphabétique des Statues* BÉSANTIS.

DINOMODE. *Voy.* DINOMÈNE.

DINON, stat., disc. de Polyclète. Pline, l. 34, c. 19, *init.* Rien de cité. **V** *d*
I, p. 541.

* DIOCLÈS, gr.f. ΔΙΟΚΛΕΟΥC. Tête de jeune Faune, jaspe ov., coll. du roi de Prusse. Winckelmann, *C. Stosch*, p. 238, N°. 1485, croit ce grav. des bas temps. Amaduzzi, *Acad. Cort.*, t. 9, p. 151; *Nov. Thes.*, t. 1, p. 19; Bracci, t. 2, p. 285; de Murr, p. 64; Lessing, *Kollekt.*, I, p. 278; Sillig; Raoul-Roch., *Let. Sch.*, p. 39. ?

DIOCLÈS. *Voy.* DINOCRATE.

DIOCLIDE d'Abdère, arch., mécan. Athén., l. 5, p. 206. Nommé DIOGNÈTE par Vitruve, l. 10, c. 22. III

DIODORE I, cis. en arg. *Voyez* à la *Table alphabétique des Statues* SATYRE ENDORMI. ?

DIODORE II, ptr. *Voy.* à la *Table alphabétique des Peintures* MÉNODOTE. ?

DIODORE III. Ce nom se trouvait dans l'inscr., en 16 vers élégiaques, d'un des monumens de Gabies, publiés par Visconti, p. 154; mais il se pourrait que ce *Diodore* ne fût pas un artiste. Sillig, *Appendix*. ?

DIODOTE, stat., auquel on a attribué la Némésis de Rhamnus, chef-d'œuvre d'Agoracrite. **V***bc*?

DIODOTE de Nicomédie, fils de Boéthus et frère de Ménodote; sc. Il fit avec son frère une st. d'Hercule, ainsi que le dit l'inscr. : ΜΗΝΟΔΟΤΟΣ ΚΑΙ ΔΙΟΔΟΤΟΣ ΟΙ ΒΟΗΘΟΥ ΝΙΚΟΜΗΔΕΙΣ ΕΠΟΙΟΥΝ. Elle était encore à Rome au XVIᵉ. siècle. Winckelm., t. 6, P. 1, p. 38; Bracci, t. 2, p. 270. I, p. 537.

DIOGÈNE I, ptr. Pline, l. 35, c. 40, 42. Du temps de Démétrius Poliorcète. Rien de cité. III *a*

DIOGÈNE II d'Athènes, sc. *Voy.* à la *Table alphabétique des Statues* CARYATIDES. I* *a*
1, p. 667.

5

Siècles.

* DIOGÈNE III , ?. *Voy.* ÆSCHINE.

* DIOGÈNE IV ou DÉOGÈNE, ???, gr.f. ΔΕΟΓ. Lip- ?
pert, II, p. 114, N°. 383; Lessing, *Kollekt.*, I,
p. 280, N°. 67.

DIOGNÈTE , arch., mécan., fut d'une grande utilité à III *a*
Rhodes assiégée par Démétr. Poliorcète. Vitr., X, 22.
Voy. DIOCLIDE.

DIOGNÈTE , ptr. Jul. Capit. II* *b*

* DIOMÈDE (L. FURIUS), *CÆLATOR DE* I, p. 716
SACRA VIA , cis. Grut. , *Inscr.*, p. 622 , N°. 5; ?
p. 639, N°. 11; Brac., t. 2, p. 266; Orelli, N°. 4156.

DIOMÈDE. *Voy.* DINOMÈNE.

* DION , arch. Donati. *Suppl. vet. Inscr.* Murat., ?
p. 318; Bracci, t. 2, p. 266; Sillig. Cette inscript.
est au Vatican. *Corrid. del Inscr. compart.*, 8; R.-
Roch., *Let. Sch.*, p. 92. Elle porte : ...ANIO DIONE
ARC..TECTO.

DIONYSICLÈS de Milet. stat. *Voyez* à la *Table al-* ?
phabétique des Statues DÉMOCRATE de Ténédos.

DIONYSIODORE ou DIONYSODORE , élève de V *d*
Critias; stat. et cis. en arg. Pline, l. 34, c. 19, 25; rien
de cité.

DIONYSIODORE de Colophon , ptr. Pline , l. 35, ?
c. 40, 42; rien de cité.

DIONYSIUS I ou DENYS d'Argos, stat. *Voyez* à la V *b*
Table alphabétique des Statues AGON. I, p. 528

DIONYSIUS II, sc. *Voy.* à la *Table alphabétique des* ?
Statues JUNON.

DIONYSIUS III de Colophon, ptr. Æl., *V. H.*, 4, 3; V *b*
Plut., *Timol.*, 36. *Voy.* Sillig. On vante beaucoup
le talent de ce ptr. et l'on ne cite aucun ouvrage de lui.

DIONYSIUS IV , ptr. Pline, l. 35, c. 40, 43; rien. I *a*
                                                     I, p. 618

DIONYSIUS V, arch. D'après une inscript. il construisit le toit d'un odéou à *Patara*, en Lycie. Welcker,
Syl., N°. 35, p. 44; R.-Roch., *Lett. Sch.*, p. 66.

* DIONYSIUS VI, gr.f. ??. ΔΙΟΝΥΣΙΟΥ. Tête de ?
Bacchante. De Murr, p. 64, le seul qui cite ce
graveur et cette pierre, n'en apprend rien de plus.

Siècles.

DIONYSODORE. *Voy*. DIONYSIODORE.

* DIONYSODORE , fils d'Adamas et frère de Ladamas
et de Moschion. *Voyez* à la *Table alphabétique des
Statues* ISIS.   II*b*

* DIOPHANE , ?, graveur monét. ΔΙΟΦΑΝΟΥΣ sur
une méd. de Naples. R.-ROCH., *L. au D. de L.*, p. 34.

DIORÈS, ptr. VAR., *de L. L.*, VIII, p. 129. *V*. ARIMNA.   V ?

* DIOSCOURIDE ou DIOSCORIDE de Samos. On a   ?
trouvé de lui deux mosaïques à Pompéi , avec le nom
ΔΙΟΣΚΟΥΡΙΔΗΣ ΣΑΜΙΟΣ ΕΠΟΙΗΣΕ. WINC-
KELM., l. 6, P. 1, p. 296; BRACCI, t. 2, p. 266.

* DIOSCOURIDE , gr. f. SUÉTONE , *Aug.* , 50. Un   I *a*
des quatre grands graveurs sur pierres fines cités par   (, p. 665.
Pline, l. 37, c. 4. D'après l'inscription d'une pierre
gravée , Visconti a prouvé que cet habile graveur était
d'Ægée en Æolide (*voy*. EUTYCHÈS). Son nom paraît avoir été DIOSCOURIDES , et il est presque toujours écrit ainsi ; cependant Winckelmann , Visconti
et Millin l'appellent ordinairement DIOSCORIDES.
—ΔΙΟCΚΟΥΡΙΔΟΥ, Io ou t ê t e d e f e m m e de
3/4 , regardant à g., bandelette dans la chevelure, collier à 2 rangs , corn. , int. très-profonde , ov. , 0,014ᵐ.
sur 0,012ᵐ., cabin. du D. de Bracciano à R., auj., dit-
on, au P. Poniatowski. DENH, p. 3, Nᵒ. 13. Bracci, t. 2,
pl. 63, l'appelle I s i s . Visconti, *Op var.*, t. 2, 123,
160, 336, 377, dit cette tête le plus bel ouvrage de *Dioscoride*. — ΔΙΟCΚΟΥΡΙΔΟΥ, M e r c u r e *C r i o -
p h o r e* , nu, debout, tête de 3/4 , sans ailes, drape-
ries sur l'épaule g. appuyé contre un pilastre, caducée
à la main g., tête de bélier dans la dr. ; corn., int., ov.,
0,017ᵐ. sur 0,012ᵐ.; coll. du duc de Devonshire. NAT-
TER , *De la Méth.* , pl. 28; WINCKELM., *H. A.*, t. 2,
p. 354 ; LIPP., I, p. 139, Nᵒˢ. 331 et 470 ; DENH, p. 47,
Nᵒ. 24 ; RAPONI , pl. 8 , Nᵒ. 8 ; BRACCI , t. 2 , p. 64 ;
VISC., *Op. var.*, t. 2, p. 183 ; RASPE, Nᵒ. 2311. — Une
copie, sur corn. pâle, peut-être Nᵒ. 8 de Natter, avec
le nom de *DIOSCOURIDE* , ΔΙοCΚοΥΡΙΔοΥ, coll. Carlisle. RASPE, Nᵒ. 2312 ; aux Nᵒˢ. suiv. il cite plus. belles
copies de Natter et de Pichler sans nom, et au Nᵒ. 2316
une pâte antiq. de la coll. Townley. — Une belle copie
sur jaspe noir, ? par Natter, dans la coll. de La Haye,
DE JONGE, p. 175, Nᵒ. 18. — ΔΙοCΚοΥΡΙΔοΥ, M e r -
c u r e v o y a g e u r , debout, de face, coiffé du pé-

tase, caducée à la main g., chlamyde dans le genre de celle de la st. connue sous le nom de *Phocion*; corn., int., ov., légérèm. chevée, 0,019m. sur 0,014m.; coll. de lord Holderness. STOSCH, pl. 28; LIPP., I, p. 138, No. 330; DENH, p. 47, No. 23; BRACCI, t. 2, pl. 65; VISC., *Op. var.*, t. 2, p. 183; selon lui, cette pierre plus belle que le Mercure *Criophore*, est aussi plus authentique, et l'autre Mercure pourrait être une copie. MILLIN, *Gal. Myth.*, t. 1, E., 206, pl. 51; RASPE, No. 2324. — Une belle copie par Natter avec le nom antiq., corn. pâle, coll. du Cte. de Carlisle. — Une autre dans la collect. de La Haye, DE JONGE, p. 174, No. 14. — ΔΙΟCΚΟΥΡΙΔΟΥ, P e r s é e, nu, debout, tourné à g., la main dr. sur un bouclier à tête de Méduse, placé sur un rocher, et au-dessous cuirasse, casque, lance, chlamyde sur le bras g., et tenant le parazonium; sard., int., ov., 0,025m. sur 0,018m.; coll. Farnèse de Parme, depuis au roi de Naples. STOSCH, pl. 300; LIPP., II, p. 5, No. 12; DENH, p. 53, No. 4; GRAVELLE, t. 2, pl. 46; WINCKELM., t. 1, p. 25; BRACCI, t. 1, pl. 60; RASPE, No. 8867. Raponi donne cette pierre sans le nom, pl. 86, No. 7. M. Dubois, dans une note manuscrite, pense que ce héros n'est pas Persée, mais Achille examinant les armes fabriquées par Vulcain; c'est aussi l'opinion de Visconti, *Op. var.*, t. 2, p. 274. Au fait, les détails ne rappellent pas Persée, et quant à la tête de Méduse elle occupe le bouclier d'Achille sur deux pierres de Pamphile. — Copie par Torricelli, ou par Natter, avec qq. variantes. Lippert, II, p. 5, No. 13, dit que Torricelli mettait souvent à ses ouvrages des noms de graveurs anciens. RASPE, No. 8868. — ΔΙΟCΚΟΥΡΙΔΟΥ, D i o m è d e m a î-t r e d u P a l l a d i u m, assis, tourné à dr., jambe g. repliée, parazonium à la main dr., chlamyde sur le bras g. qui tient le pallad., en avant cippe sur lequel une st. d'hom. ayant un manteau jusqu'aux reins. Sard., int. peu prof., ov., 0,019m. sur 0,017m. Louis XIV donna cette admirable pierre à la Psse. de Conti, de qui elle passa au médecin Dodard, au chimiste Homberg, au joaillier Hubert, enfin à Sevin, acad., qui la vendit en 1726 au D. de Devonshire. STOSCH, pl. 20, critiq. du Diomède; WINCKELM., t. 1, p. 75, 132; t. 6, pl. 8, B; BRAC., t. 2, pl. 61; D'HANCARVILLE, *Vases*, *etc.*, III, p. 73, sans le nom; LIPP., II, p. 56, No. 183; DENH, p. 74, No. 71. Visconti, *Op. var.*, t. 2, p. 273, pense que cette pierre a pu être inspirée par le tableau de Polygnote à Athènes ou par les ornemens de la tasse d'arg. de Pithias. MILLIN, *Gal. Myth.*, t. 2, E, 563, pl. 171; RASPE, No. 9385; une autre, No. 9387, à la Biblioth. roy., MARIETTE, No. 94; une autre No. 9388; un souf. de Stosch, RASPE, No. 9393. — ΔΙΟCΚΟΥΡΙΔΟΥ, D i o m è d e e n l e v a n t l e p a ll a d i u m, corn., int.; cette pierre est fendue; coll. de La Haye; de Jonge ne doute pas de son authenticité, p. 158, No. 23. — ΔΙΟCΚΟΥΡΙΔΟΥ, t ê t e d e D é m o s t h è n e, sel. Visconti, *Op. var.*, t. 2, p. 123, 124, 559; presq. de face, à barbe courte, améth., int. très-profonde, ov., 0,021m. sur 0,016m., coll. du P. de Piombino Ludovisi. WINCKELM., t. 6, p. 298, note 1093, et p. 235, note 652. MM. Meyer et Schulze y citent la st. de Démosthène debout, du duc de Dorset en Angleterre, trouvée en Campanie. *Voy.* FEA, *H. A.* de WINCKELM., t. 2, pl. 6 : elle y est gravée; et page 254 *E* il parle d'une autre st. de la villa Aldobrandini à Frascati. *Voy.* aussi *Mus. Pio-Clem.*, t. 3, p. 15. Meyer croit les têtes et la stat. de Démosth. postér. à son épq. BRAC., t. 2, pl. 69; il écrit ΔΙΟCꟼΟΥΚΟΙΔ. C'est sans doute une faute de son grav. Il regarde cette tête comme inconnue, de même que Winckelmann, *M. inéd.*, p. XCI, No. 108; d'autres y virent Térence. — ΔΙΟCΚΟΥΡΙΔ, t ê t e d ' A u g u s t e, étoile dans un champ (le haut et le derrière de la tête manquent), améth., int., ov., 0,018m. sur 0,013m. D'après Suétone, cette superbe tête aurait peut-être été exécutée pour Auguste; mais Bracci la prétend gravée par Sirletti; DE MURR, p. 65. Cette belle pierre a passé, avec la collection Strozzi, dans le magnifique cabinet du duc de Blacas. STOSCH, pl. 26. — ΔΙΟCΚΟΥΡΙΔΗΣ, b u s t e d ' A u g u s t e, avec le paludamentum, profil à droite, étoile au-dessous, améthyste, intaille, ovale, 0,019m. sur 0,014m., collect. du marquis Massimi à Rome, depuis au chev. Thoms, pl. 1, No. 2, et pl. 5, No. 7. STOSCH, pl. 25; WINCKELM., *Art du Dessin, etc.*, c. 4, § 171, ou t. 7, p. 218, 298, et notes p. 517, 521; *Traité prél. Mon. in.*, p. 90; BRACCI, t. 2, pl. 57; LIPP., II, p. 189, No. 580; RASPE, No. 11,058. Cette pierre, selon Winckelm., a été brisée en 3 morceaux en la montant. Bracci, t. 2, pl. 58, et de Murr, p. 64, disent que c'est un grenat. RASPE, No. 11,056. A La Haye, DE JONGE, p. 169, No. 16.—ΔΙΟCΚΟΥΡΙΔΟΥ, t ê t e *dite* d e M é c è n e, donnée pendant long-temps comme un S o l o n; profil à gauche,

améthyste, intaille, ovale, cabochon, 0,020m. sur
0,015m.; d'abord de la collection Lauthier à Aix, ensuite à la Bibliothèque Royale MARIETTE, t. 2, part. 2,
pl. 49; elle en avait été tirée en 1810 pour être mise
au trésor de la couronne. M. DUMERSAN, *Notice*,
p. 78. Il y a une copie de cette tête à la Bibliothèque
Roy. SPON, *Voyage, etc.*, t. 1, p. 9; il la croyait un
C i c é r o n; STOSCH, pl. 27; GORI, *Mus. Flor.*, t. 2,
pl. 31, 2; DENH, p. 23, No. 60; WINCKELM., *Cat.
Stosch*, p. 144, No. 414; LIP., II, p. 179, No. 550; BRAC-
CI, t. 2, pl. 59; RASPE, No. 10,723; VISC., *Icon. rom.*,
pl. 13, No. 5. *Les* PIERRES GRAVÉES *qui précèdent passent pour des productions authentiques de* DIOSCOU-
RIDE; *les suivantes n'offrent pas le même degré de cer-
titude.*—ΔIOCKOPIΔOY (*sic*), t ê t e d'A u g u s t e
l a u r é e, camée, coll. Hamilton. RASPE, No. 1066.
— ΔIOCKO., B a c c h u s i v r e, tenant un thyrse
et un canthare, monté sur une panthère, intaille très-
belle, empreinte de Cadès. (*Note de M. Dubois.*)—
ΔIOCKOYPIΔOY, t ê t e d e C a l i g u l a, camée,
collection Walmoden à Hanovre. Cette tête fut découverte du temps de Winckelmann, t. 2, p. 188;
cet habile antiquaire pense que le nom y a été mis
depuis, parce qu'il est en creux, et que sur les camées
les noms sont toujours en relief. RASPE, No. 11,288. —
ΔIOC., t ê t e d e J u l e s - C é s a r, de face, à côté
le *lituus.* — ΔIOC., g é a n t a n g u i p è d e, petit
bouclier rond et javelot à la main droite, bouclier et
peau de lion à la main gauche, béril, intaille, ovale,
0,019m. sur 0,015m., coll. Zanetti, pl. 33, LESSING,
Kollekt., II, p. 454; et ensuite de la Turbie; aujourd'hui au duc de Blacas, qui a acquis de Mme. de
Staël la collection de la Turbie. VISCONTI, *Op. var.*,
t. 2, p. 413, No. 11; BRACCI, t. 1, pl. 67; WINC-
KELMANN, *Catal.*, p. 339, No. 128; RASPE, No. 196;
il y a des doutes sur cette pierre, DE MURR, p. 72. —
ΔIOCKOYPIΔOY, H e r c u l e e n c h a î n a n t
C e r b è r e, camée, onyx, coll. du roi de Prusse.
BEGER, *Thes. Brand.*, III, 192; LIPP., III, 325;
STOSCH, pl. 31; BRACCI, t. 2, p. 66; RAPONI, pl. 1,
No. 5, sans nom sur la pier.; RASPE, No. 5798; VISC.,
Op. var., t. 2, p. 223. — ΔIOC., H e r m a p h r o -
d i t e c o u c h é, la tête appuyée sur la main g.,
près de lui Amour jouant de la lyre, un autre tenant
un flambeau allumé, un troisième jouant de la flûte,
améth., int., ov., 0,025m. sur 0,015m.; en 1721 ou 31

coll. Zanetti, pl. 58; WINCKELM., *C. Stoch*, p. 101,
N°. 434. Bracci, t. 2, pl. 68, croit, sans motiver son
opinion, cette pierre de Sirletti. ESCHENB., LESSING,
Kollekt., II, p. 460. — ΔIOCK, tête de jeune
fille, tourn. à dr., topaze, 0,015m.,5 sur 0,013m.,5,
coll. du duc de Devonshire, et depuis du duc de Marlborough. WORDLIGE. — ΔIΩC. (*sic* dans le texte
et sur la planche), buste de Jupiter *Sérapis*, petit modius à 2 rayons, grenat, int., ov.,
0,027m. sur 0,020m., pierre fracturée des deux côtés
supérieurs, cabinet du Cte. de Caylus. BRACCI, t. 2,
pl. 62. — Tête de Livie, sans nom de graveur,
onyx, int., coll. de Thoms, pl. 1, N°. 1, et depuis de
La Haye. De Jonge croit cette belle tête de *DIOSCOU-
RIDE*, p. 124, N°. 4. — Léda, corn., int. Lippert, I,
p. 15, N°. 35, est le seul qui donne cette pierre ??. —
ΔIOCKOYPIΔ□Y, tête de Mécène, corn.,
intaille, caboch. RASPE, N°. 10,734. — ΔIOCK., Persée tenant la tête de Méduse, soufre
de Stosch. WINCKELM., *C. Stosch*, p. 339, N°. 128;
RASPE, N°. 8860. — ΔIOCKOP., Silène et un
jeune Faune jouant de la double
flûte, corn., int.; coll. du roi de Naples. Raspe,
N°. 4688, ne croit pas cette pierre de *DIOSCOURIDE*. Le
nom est mal écrit. Très-belle pierre. —ΔIOC., Thalie, le haut du corps nu, masque à la main droite,
corn., int., fragm., autref. ronde, aujourd'hui 0,020m.
sur 0,015m.; coll. Blacas. Millin, *Pierres grav. inéd.*,
pl. 9, doute de l'authenticité de ce nom, que, selon
lui, *DIOSCOURIDE* écrit toujours en entier; très-belle
pierre. Bracci, t. 2, p. 285, cite une pierre de la coll.
Medina, à Livourne, dont le catalogue, p. 8, N°. 11,
défigure le nom de *DIOSCOURIDE* de cette manière
ΑΛΟCKOYPAOY. *Voy.* sur *DIOSCOURIDE* DE MURR,
Bibl. Dact., p. 64–73; LESSING, *Kollekt.*, I, p. 274,
rien; MILLIN, *Dict. B.–A.*, p. 710, et *Intr.*, p. 175,
presque rien.

Parmi les objets offerts en don à Colbert par le chapi-
tre de l'église de Figeac, se trouve mentionnée une cornaline de la grandeur d'une pièce de trente sous, sur laquelle était gravée une tête rayonnée, de face, avec le
nom ΔIOΣKOPIΔOY (Ms. de la Biblioth. Roy., cartul.
de l'église de Figeac). Cette pierre était sans doute depuis
long-temps dans ce lieu et les faux noms d'artistes n'ont
commencé à être mis sur les pierres que du temps de

Siècles.

Stosch ; et ce nom gravé très-finement, comme l'est toujours celui de *DIOSCOURIDE*, a pu être mal copié et sans Y
dans le cartulaire. (*Note de M. Dubois.*)

* **DIPHILUS**, gr.f. ???, **DIPHILI**, nom grec écrit   ?
en latin. Gori, *Smith.*, p. VII, et Bracci, t. 2, écrivent,
mais à tort, ΔΙΦΙΛΟΥ. *Voy.* WINCKELM., *C. Stosch*,
p. 490, N°. 122.—Un vase, deux masques,
un sphinx et deux épis de blé, sur
une pâte antiq., int., ov., 0,013ᵐ. sur 0,010ᵐ. RASPE,
N°. 5513, pl. 40; DE MURR, p. 73. Millin, *Introd.*,
p. 187, doute de l'authencité de cette inscript. où un
nom d'artiste grec serait écrit en latin. M. Welcker,
Kstbl., oct. 1827, pense qu'elle est bonne et que c'est
le nom du grav. M. de Kœhler, *Arch., etc.*, t. 1, p. 38,
décide, sans en apporter de preuves, que ce nom est
celui du propriétaire de la pierre. M. Raoul-Rochette,
Let. Sch., p. 40, discute ce point et est de l'avis de
Millin et de M. de Kœhler, et peut-être la question
est-elle encore douteuse.

DIPHILUS, arch. D'après une inscription donnée par   ?
Corsini, *Not. græc.*, p. 64. BRACCI, t. 2, p. 266; SIL-
LIG.

DIPŒNUS, stat. SILLIG. *Voy.* à la *Table alphabétique*   **VI** *a*
des *Statues* APOLLON.   I, p. 503.

DIYLLUS, stat. PAUS., *Phoc.*, c. 13, 4. *Voy.* AMY-   **V** *b*
CLÆUS.

* **DOCCIO**. Nom d'un grav. monétaire sur une mon-   ?
naie de Clovis. (*Note de M. Dubois.*)

* **DOMÉTIS**, gr.f. ΔΟΜΕΤΙΣ ?, Jupiter assis,
un aigle à ses pieds, deux au-dessus
de lui, et Junon, le Soleil, Mer-
cure, calcéd.; coll. de Berlin, TŒLKEN, p. 99,
N°. 100. GORI, *Gem. astrif.*, t. 3, p. 200; WINCKELM.,
C. Stosch, p. 39, N°. 43; BRAC., t. 2, p. 284; DE
MURR, p. 74; LESSING, *Kollekt.*, I, 283. D'après
M. Tœlken, ΔΟΜΕΤΙΣ ne serait pas le nom du graveur, mais signifierait ΔΟΜΕΤΙΑΝΟϹ ϹΕΒΑϹΤΟϹ,
Domitien auguste, et les deux aigles volant indiqueraient l'apothéose de Vespasien et de Titus, père et
frère de l'empereur Domitien.

* **DONION** pour ATHÉNION. DOLCE, DENH, *Préf.*,

	Siècles.

p. 23, Nᵒ. 64; AMADUZZI, *Nov. Thes.*, t. 1, p. 19; BRACCI, t. 2, p. 284.

DONTAS, stat. de Lacéd., élève de Dipœne et de Scyllis. *Voyez* à la *Table alphabétique des Statues* HERCULE COMBATTANT ACHÉLOÜS.   **VI** *bc*   I, p. 507.

* DORDONOS, mosaïquiste. BRACCI, t. 2, p. 266.

* DORIS, peintre de vases, ΛΟϜΙϟ ΕΛϜΑΦϟΕΝ. Ce nom se trouve sur une coupe ou cylix de Vulci, à peintures noires, de la coll. E. Durand, *Catal.*, Nᵒ. 118, et acquise à sa vente, le 25 avr. 1836, pour 670 fr., par M. de Magnoncourt. A l'intérieur, B a c c h u s et u n F a u n e j o u e u r d e f l û t e; à l'extérieur, en 2 scènes, d e u x j o u e u s e s d e f l û t e et 14 h o m m e s b a r b u s, o b s c è n e s; diam. 11 po. 6 li., haut. 4 po. 3 li. — ΠΟϜΙϟ ΕΛϜ sur une cylix du prince de Canino, avec le sujet de T h é s é e, pourrait bien être ce ΔΟϜΙϟ mal écrit. GERH., *Corr. archéol.*, t. 3, p. 179, Nᵒ. 713. — M. Raoul-Rochette, 7ᵉ. *Bull. Fér.*, 1831, p. 151, lit ΛΟΡΙΣ, au lieu de ΔΟΡΙΣ, et il pense que ce doit être ΕΛΩΡΙΣ. C'est une lettre ajoutée et deux changées, et l'on ne voit pas ce qu'on y gagne. Au reste, ces noms sur les vases peints sont souvent si mal écrits qu'on peut y lire ce que l'on veut, et qu'ils ne méritent guère la peine qu'ils donnent.   ?

* ..... ΔΩΡΟΣ ΡΟΔΙΟΣ ΕΠΟΙΗΣΕΝ, fin d'un nom, tel qu'Apollodore, Athénodore, Polydore, etc., qui étaient aussi de Rhodes. Cette inscriprion, sur un fragment de vase en pierre de touche, citée par Caylus, *Recueil*, etc., t. 1, pl. 51, Nᵒ. 4.

DOROTHÉE, ptr. *Voyez* à la *Table alphabétique des Peintures* VÉNUS ANADYOMÈNE.   **I** * *c*   I, p. 692.

* DORY...., gr.f. ???. La L u n e ou D i a n e u n c r o i s s a n t s u r l a t ê t e. GORLÉE, *Dactyl.*, p. 2, Nᵒ. 540. Gronovius penche à voir dans le fragment ΔΟΡΥ... ΔΟΡΥΛΑΟΣ ΕΠΟΙΕΙ.

DORYCLIDAS, ptr. *Voyez* à la *Table alphabétique des Peintures* THÉMIS.   **VI** *bc*   I, p. 507.

* DORYPHORUS *PATER*, sc. Sur la base d'un candélabre du Mus. roy. du Louvre, Nᵒ. 90, on trouve ce nom, qui est peut-être celui du sculpteur qui l'a

exécuté. Il est suivi du mot *PATER*, ce qui ferait présumer que l'on a voulu distinguer *DORYPHORUS* le père d'avec son fils, qui portait le même nom. On pourrait en inférer que l'un et l'autre étaient sculpteurs.

E. -

ECHION, ptr., stat. *Voyez* à la *Table alphabétique des Peintures* BACCHUS.

IV*c*
I, p. 56₇.

* ECPHANTUS, stat. ??. Ce nom a excité beaucoup de discussions, et l'on n'en est cependant pas encore arrivé à une solution très-positive. Il a été fourni par une inscription publiée plusieurs fois, entre autres par le savant et ingénieux Lanzi, *Saggio di Lingua etrusca*, t. I, p. 93. Suivant les uns, *ECPHANTUS* aurait été l'auteur d'une statue consacrée par un certain Grophon, qu'on ne connaît pas plus que le sculpteur ; selon M. Welcker, *Sylloge épigr.*, etc., p. 156, Grophon ou Trophon serait le sculpteur de cette statue. M. Bœckh, *C. Inscr.*, t. I, N°. 3, pense que ΓΡΟΦΟΝ est mis pour ΓΡΑΦΩΝ, qui indiquerait l'artiste ; et il faut que ce savant archéologue ait trouvé que ce mot, qui s'emploie pour le dessin et la peinture, a pu s'adapter à un statuaire ou à un sculpteur. Suivant d'autres, *ECPHANTUS* aurait consacré à Bacchus la statue de son père nourricier Silène, si au lieu de ΓΡΟΦΟΝ on lit ΤΡΟΦΟΝ (*nourricier*) dans une très-ancienne inscription gravée sur une petite colonne du Musée Nani, à Venise. Ainsi, l'existence de ce sculpteur est très-douteuse.

?

EGÉSIAS. *Voy.* HÉGÉSIAS.

* EILUS, gr.f., pour HYLLUS (*voy.* ce nom). AMADUZZI, *Nov. Thes.*, t. I, p. 19.

* EIPLUS pour EUPLUS (*voy.* ce nom). AMADUZZI, *Acad. Cort.*, t. 9, p. 152.

ELADAS. *Voy.* AGÉLADAS.

* ELEUDOROS, gr.f., ΕΛΕΥΔΟΡΟΥ. On trouve ce nom, peut-être celui d'un grav. en méd., sur le casq. de Pallas d'une médaille de Vélia. HUNTER, WELCK., *Kstbl.*, 18 oct. 1827. *Voy.* CLEUDORUS.

* ELEUTHORUS. *Voy.* CLEUDORUS.

Siècles.

* ELIGIUS, *St. ELOI*, ELIGIVS MON., cis., fd., grav. monét., sur une monnaie de Dagobert. (*Note de M. Dubois.*)

* ELORIS. *Voy.* DORIS.

EMILUS, stat. PAUS., *El.* 1, c. 17, 1. *Voy.* SMILIS. | VI *bc* p. 472, 473 ?

* EMMOCHARÈS d'Argos, sc. ?. Sel. Gudius, *Inscr.*, p. 224, 7, son nom était sur le fragment d'une statue de Vénus. SILLIG. M. Raoul-Rochette, *Lett. Sch.*, p. 67, pense que ce nom doit être lu HERMOCHARÈS.

* EMO. HMO..... Il paraît que c'est le commencement d'un nom sur une pierre gravée, citée par Bracci, t. 2, N°. 52. SILLIG. | ?

On ne saurait dissimuler, d'après la tradition sur l'abbé Bracci, qu'il ne passait pas pour avoir un tact très-sûr et se connaître très-bien en pierres gravées. Il avait aussi la réputation d'être fort porté à juger de l'antiquité des pierres en proportion de la générosité des propriétaires à son égard, et il était assez exigeant sur ce point. Plus d'une fois aussi fut-il soupçonné, et il paraîtrait avec raison, de s'être laissé aller, pour quelques sequins, à admettre comme antiques les pierres les plus fausses et dont l'origine lui était très-bien connue, et pour cause ; et malheureusement il n'est pas le seul antiquaire, même de mérite du reste, qui ait ainsi fait fléchir sa délicatesse.

ENDŒUS d'Ath., stat. *Voyez* à la *Table alphabétique des Statues* GRACES. | VI *d* I, p. 515.

* ÉNÉIUS pour CNEIUS (*voy.* ce nom). AMADUZZI, *Nov. Thes.*, t. 1, p. 19. Cet auteur altère souvent les noms; son goût et sa critique ne sont pas toujours sûrs.

ENTINOPUS, arch. | V * I, p. 596. ?

ENTOCHUS, sc. *Voy.* à la *Table alphabétique des Statues* JUPITER.

ÉOSION. *Voy.* AËTION.

EPÉUS, fils de Panopéus ; sc., arch., ing. *Voyez* à la *Table alphabét. des Statues* CHEVAL DE TROIE. | XIII ? I, p. 470.

EPHORUS d'Ephèse, ptr., maître d'Apelle et de Pamphile. Rien de cité. SUIDAS, *v.* Ἀπελλῆς. | IV *c*

* EPICRATE, ? arch. sicilien d'après une inscription grecque. R.-ROCH., *Let. Sch.*, p. 67. | ?

* **EPICTÈTE,** ΕΠΙΚΤΕΤΟΣ ΕΓΡΑΦΣΕΝ. Ce nom est sur plus. vases peints : cylix de Vulci à peint. rouges, de la coll. E. Durand, *Cat.*, N°. 133. S i l è n e p o r t a n t u n e o u t r e, vendue chez E. Durand, 4 mai 1836, 175 fr. à M. le D. de Blacas ; diam. 7 po., haut. 2 po. 8 li. Voy. *Bull. C. arch.*, 1829, p. 139, et GERH., *Rapp. volc. C. arch.*, 1831, p. 179. — Une cylix bachique du Mus. étr. du P. de Canino, N°. 561, porte ΕΠΙΚΤΕΤΟΣ ΕΓΡΑΦΣΕΝ, *EPICTÈTE a peint ;* ainsi qu'un autre avec un j e u n e h o m m e t e n a n t u n e a m p h o r e. *Cat. du P. de* CAN., N°. 578. — Autre cylix de la même coll., de Vulci, à peint. r. ; extérieur T h é s é e, le minotaure et deux jeunes filles, cinq autres buvant et dansant ; à l'intérieur, u n h o m m e b a r b u, couronné de pampres, couché sur un lit, tenant une lyre ; acquis par M. Rollin pour 610 fr., à la vente E. Durand, 13 mai 1836 ; diam. 11 po., haut. 4 po. — A la vente de vases et de bronzes étrusques de la collect. du Pce. de Canino, faite à Paris du 8 au 12 mai 1837, il y avait 8 petits plats avec le nom d'*EPIC-TÈTE ;* sur tous, excepté le N°. 53, se lisait ΕΓΡΑΣΦΕΝ, au lieu d'ΕΓΡΑΦΣΕΝ *Voy.* pour tous ces vases le *Cat.* de M. de Witte. Paris, Bourg.-Maze, libr., quai Voltaire, N°. 23. Cette vente s'est terminée d'une manière extraordinaire et tout-à-fait inouie à Paris : 23 vases ou bronzes les plus capitaux, pour lesquels s'étaient réservés les amateurs, mais qu'on avait peut-être sous-main vendus à l'amiable, contre toutes les règles, ont été retirés en masse, en les mettant de prime-abord à des prix exorbitans, pour éviter les enchères et les droits. La vente a été rompue aux justes clameurs des assistans, indignés d'avoir été ainsi dupés par des procédés hors de toute convenance. — N°. 53, peinture rouge, S a t y r e *i t h y p h a l l i q u e* a c c r o u-p i, couroné de lierre, tenant des flûtes, ΕΠΙΚΤΕΤΟΣ ΕΓΡΑΦΣΕΝ, diam. 6 po. 9 li. ; acquis par M. le Cte. de Pourtalès pour 271 fr. — N°. 78, coupe à peinture rouge, H e r c u l e b a r b u m e t t a n t e n f u i t e d e s C e n t a u r e s. Ici se trouve le nom du potier, **HISCHYLUS,** ΗΙΣΧΥΛΟΣ ΕΠΟΙΕΣΕΝ ; au revers, B a c c h u s b a r b u a s s i s à t e r r e e n t r e d e u x S a t y r e s ; intérieur, f e m m e n u e e t o b j e t s o b s c è n e s, ΕΠΙΚΤΕΤΟΣ ΕΑΡΑΣΦΕΝ ; diam., 11 po. 10 li. ; acheté 650 fr. par M. de Magnon-court. — N°. 117, peinture rouge, petit plat, A m a-z o n e a r m é e d e l'a r c, d'u n e f l è c h e

et d'un carquois à écailles avec quatre flèches, ΕΠΙΚΤΕΤΟΣ ΕΛΡΑΣΦΕΝ; diamètre, 6 po. 9 li.; acheté 505 fr. pour le Musée Britannique par MM. Millingen et Hawkins, conservateur des vases, des bronzes et des médailles de ce musée.—N⁰. 174, petit plat, peinture rouge, deux jeunes athlètes, dont un nu, l'autre couvert d'un manteau et tenant une baguette fourchue, ΕΠΙΚΤΕΤΟΣ ΕΛΡΑΣΦΕΝ; diam., 7 po. 2 li.; acheté par M. Révil. — N⁰. 175, petit plat, peinture rouge, jeune homme nu, couronné de lierre, jouant de la double flûte, et homme barbu, couronné de lierre, vêtu d'une chlamyde, et se baissant pour relever un vase, ΕΠΙΚΤΕΤΟΣ ΕΛΡΑΣΦΕΝ; diam., 6 po. 8 li.; acheté 420 fr. par M. le duc de Blacas.—N⁰. 177, petit plat, peint. r., jeune homme nu monté sur un coq, ΕΠΙΚΤΕΤΟΣ ΕΛΡΑΣΦΕΝ; diamètre, 6 po. 9 li.; acheté 510 fr. par M. W. Hope.—N⁰. 178, petit plat, peinture rouge, homme nu portant sur l'épaule sa chlamyde au bout d'un bâton, et un sac en peau à son bras g., ΕΠΙΚΤΕΤΟΣ ΕΛΡΑΣΦΕΝ; diam., 7 po.; acheté 450 fr. par M. le Cᵗᵉ. Beugnot. — N⁰. 189, petit plat, peinture rouge, jeune guerrier debout près de son cheval, ΕΠΙΚΤΕΤΟΣ ΕΛΡΑΣΦΕΝ; diamètre, 6 po. 10 lig.; acheté 230 fr. pour le Musée Britannique. — N⁰. 16, petit plat, dans le même genre que les autres et de la même main, et quoique le nom d'*Epictète* ne s'y trouve pas, on ne peut guère mettre en doute qu'il ne soit de lui. Groupe très-obscène d'un jeune homme et d'une femme nus; 6 po. 7 li.; acheté 216 fr. — Sur un vase du prince de Canino, *Mus. étr.*, N⁰. 572 *Cat.*, Irᵉ. cent., N⁰. 28, et dont le sujet est Busiris, le nom d'*Epictète* est joint à celui du *fabricant* PYTHON. *Voyez* ICTÉTUS, et GERH., *C. archéol.*, t. 3, p. 162, N⁰. 546. — Sur un autre vase il est accompagné du nom de NICOSTHÈNE, ΝΙΚΟΣΘΕΝΕΣ. GERH., *C. arch.*, t. 3, N⁰. 727. — Sur une cylix de Vulci, intérieur à figures noires, jeune homme tenant un vase à boire; extér., à figures rouges, Silène *ithyphallique* assis, au côté opposé un cheval entre deux grands yeux.

* ÉPICURE, gr.f. ?. ΕΠΙΚΟΥΡΟΥ. Tête d'homme imberbe, de profil, sard., caboch., int.; mauvais travail; de chez M. Van Hoorn a passé avec le reste de son cabinet à la collect. de La Haye. Il est incertain que ce nom, gravé en très-grandes lettres devant le visage, soit celui du graveur ou celui du philosophe *Épicure*. DE JONGE, p. 168, Nᵒ. 22.

ÉPIGONE, stat. *Voyez* à la *Table alphabétique des Statues* ENFANT CARESSANT SA MÈRE.   ?

ÉPIMAQUE d'Athènes, arch., méc. VITR., X, 2; rien de cité.

* ÉPITIMUS, peintre de vases, ΕΠΙΤΙΜΟϚ ΕΠΟΙΕϚΕΝ.   III *a* ?
GERH., *C. A.*, t. 3, p. 719, Nᵒ. 712*.

* ÉPITONUS, gr.f. ΕΠΙΤΟΝΟϹ, Vénus victo-   ?
rieuse, debout, appuyée sur un cippe; coll. de la Haye, DE JONGE, p. 143, Nᵒ 4; *Ephem. litt. Jena*, 1825, Nᵒ. 193, p. 100.

* ÉPITYNCHANUS, gr.f. ΕΠΙΤΥΓΧΑ. Tête nom-   ?
mée Germanicus par Stosch et Dolce, DENH, III, p. 30, Nᵒ. 36, qui appelle le graveur *Fpitynchanius*; Marcellus, neveu d'Auguste, selon Bracci, LIPP., II, p. 193, Nᵒ. 616*; et S. Pompée par Millin, *Introd.*, p. 177*, ainsi que par Visconti, *Op. var.*, t. 2, p. 306; profil à dr., sard., cam., ov., 0,030ᵐ. sur 0,031ᵐ.; un tiers de la partie inférieure de la pierre manque; coll. Strozzi, aujourd'hui du duc de Blacas. STOSCH, pl. 32; GORI, *Mus. Flor.*, t. 2, pl. 9; BRAC., t. 2, pl. 70; RASPE, Nᵒ. 11,220. De Murr, p. 74, semble admettre deux pierres : l'une, de Germanicus, avec le nom d'ΕΠΙΤΥΓΧΑΝΟϹ, et ce serait celle de Stosch et de Bracci, dont il y aurait une copie sur calcéd. dans la *Dactyl. Smith.* de Gori, t. 2, Nᵒ. 5,; la 2ᵈᵉ. pierre, une cornal., porterait ΕΠΙΤΥΓΧΑΝΟϹ ΕΠΟΙΕΙ, et serait une tête de Marcellus, donnée par Fulv. Ursinus, p. 41, pl. 87. Mais il paraîtrait qu'il y a eu confusion, et que c'est la même pierre sous des noms différens, qu'Orsini a donnée comme une cornaline et avec l'addition ΕΠΟΙΕΙ. De Murr cite aussi un triomphe, une Vénus et l'Amour d'*Epitynchanus*. Au Nᵒ. 11,250 Raspe donne une tête de Germ. avec ΕΠΙΤΥ, souf. de Stosch. — ΕΠΙΤΥ, Mercure sur l'aigle de Jupiter, cadu-cée dans la main dr., souf. de Stosch. Raspe, Nᵒ. 2369,

le dit un graveur du 2e. ou 3e. S. — ΕΠΙ, B e l l e r o-
p h o n m o n t é s u r P é g a s e, corn., int., d'A-
zara. Visconti, *Op. var.*, t. 2, p. 121 et 252, croit cette
pierre d'*EPITYNCHANUS*; mais cette préposition ΕΠΙ,
qui peut commencer plusieurs noms propres, ne suffit pas pour décider, d'une manière positive, que ce
soit celui de ce graveur : c'est la réflexion que M. R.-
Rochette, *Let. Sch.*, p. 22, fait avec raison ; et, de
même que M. de Kœhler, il rejette la supposition de
Visconti. Mais des deux lettres ΝΙ ou ΝΚ, M. Raoul-
Rochette a fait le nom du grav. monét. ΝΙΚΩΝ, et
cette indication était bien incomplète. *EPITYNCHANUS*
et *AGATHOPUS* étaient probablement des affranchis de
Livie; il est à croire que c'étaient des orfèvres grecs
au service des premiers empereurs; leurs noms ont été
conservés dans une des inscr. du *columbarium* de Livie.
GORI, *Columb.*, p. 151, No. 115; on voit EPITYCA-
NUS *AURIFEX* AGATHOPUS, Nos. 116, 117,
118, 119. M. Welcker, *Kstbl.*, 18 oct. 1827. Trompé
par Gori, *Gem. etr.*, t. 2, pl. 9, No. 1, M. Sillig a lu
et donné le nom de SPITYNCHAS, ϹΠΙΤΥΓΧΑϹ,
au lieu d'ΕΠΙΤΥΓΧΑΝΟϹ. *Voyez* R.-ROCH., *Lett.
Sch.*, p. 22.

* ÉRATON, ΕΡΑΤΩΝ ΕΠΟΙΕΙ sur un vase de pierre | ?
qui servait de support à une st. de Bacchus de la villa
Albani. WINCKELM., t. 5, p. 49; *C. Stosch*, p. 167,
No. 959. Ce nom était inconnu avant Winckelmann.
BRACCI, t. 2, p. 267.

ERGINUS. *Voy.* AGAMÈDE.

* ERGOTIME, ptr. de vases. ΕϜΛΟΤΙΜΟϹ ΕΓΟΙΕ- | ?
ϹΕΝ sur une coupe d'Egine de la collection Fon-
tana, à Trieste. R.-ROCHETTE, 7e. *Bullet. Fér.*, 1831,
p. 153. *Voy.* EUCÉRUS.

ÉRIGONE, ptr. PLINE, l. 35, c. 40, 41 ; rien de cité. | III *c*
                                                             J, p. 595.

* ÉROPHILE, fils de Dioscouride. Son nom, selon
M. Meyer, *H. A.* de Winckelmann, t. 6, p. 301,
note 1121, et pl. 8 D, est gravée sur un camée en jaspe
vert, offrant la t ê t e d'A u g u s t e, et trouvé près
de Trèves; il est brisé vers le milieu du front; la tête
est laurée et le profil à dr.; on y lit ..ΡΟΦΙΛΟ. La
manière dont les lettres de la seconde ligne sont rendues dans la gravure (ΟϹΚΟΥϜ) ne dit pas si l'on en
aperçoit des traces ou si on les a ainsi restituées. On

peut d'ailleurs avoir bien des doutes sur l'authenticité d'un camée en *jaspe vert*, pierre très-peu gravée par les anciens, surtout de cette manière.

* ÉROS (L. GAVIDIUS) *FABER ARGENTA-RIUS*, *fondeur* et peut-être *ciseleur en argent*. Inscr. de Florence. SPON, *Miscel.*, p. 214; GORI, *Etr.*, t. 1, p. 411, Nᵒ. 234; R.-ROCH., *Lett. Sch.*, p. 68.　　?

ÉRYSICHTON , arch., prétendu élève de Dédale. ???.　　AAA?

ÉSOTÉRICHUS (L.) *ciseleur en argent et fabricant de vases*, L. ESOTÉRICHUS VIVIR. ARGEN. VAS-CLARIVS. Il remplissait aussi la charge municipale de *sévir*. Inscr. du Mus. de Vérone. R.-ROCH., *Lett. Sch.*, p. 72.

EUBIUS de Thèbes , stat. *Voyez* à la *Table alphabétique des Statues* HERCULE *PROMACHOS*.　　?

EUBULIDE I d'Athènes, statuaire, nommé aussi à tort EUBOLIDE. *Voyez* à la *Table alphabétique des Statues* APOLLON D'EUBULIDE. — Ce pourrait être l'*EUBULIDE* dont il est question à l'article d'Euchir V, et dont le père et le fils se seraient appelés *EUCHIR*. On sait que ces homonymies ne sont pas rares dans les familles des artistes grecs, où l'on donnait au fils le nom de son grand-père, ainsi qu'on le voit dans la famille d'Aristoclès de Cydonie, qui offre de suite Aristoclès, Cléœtas, Aristoclès.　　?

* EUBULIDE II. Dans une inscription grecque du Musée Royal, Nᵒ. 616, il est question d'un *EUBULIDE* qui, conjointement avec un autre personnage dont le nom est effacé, a fait..... ou un monument ou une statue, ce que l'état de l'inscription ne permet pas de déterminer; et je n'oserais pas affirmer que cet *EUBULIDE* fût un artiste, et encore moins un architecte ou un statuaire. Ces deux personnages étaient du dême de *Cropia*, de la tribu Léontide. *Voyez Musée de Sculpture antique et moderne*, t. 2, 443.　　?

* EUBULUS ou EBULÆUS , stat., ΠΡΑΞΙΤΕΛΟΥC ΕΥΒΟΥΛΕΥC, fils d'un Praxitèle, et dont la patrie et l'époque sont inconnues. On a trouvé le nom de cet *EUBULUS* sur une tête qui de la villa Négroni avait passé dans la collect. du sculpteur Albaccini. WINCKELM., t. 6, p. 166; BRACCI, t. 2, p. 267. Visconti ,　　?

	Siècles.
Mus. Pio-Clem., t. 6, p. 36, est porté à regarder cet *Eubulus* comme un fils de Praxitèle.	
EUCADMUS, stat. PAUS., *Phoc.*, c. 19, 3.	V c I, p. 531.
EUCÉRUS, fils d'Ergotime ; ptr. de vases. EVKEPOϞ : EΠOIEϟEN HOPΛOTIMO HVIHVϟ. Le dernier mot HVIHVϟ est pour YIOϟ, *fils*, et HOPΛOTIMO est au lieu d'HEPΛOTIMOY. Cylix à peintures noires, C h i m è r e, diam. 6 po.; collect. du prince de Canino. *Catal.* DE WITTE, N°. 121.	
EUCHIR I, dont le nom signifie *adroit de la main*, parent de Dédale, inventa, selon Théophraste cité par Pline, l. 7, c. 57, la peinture en Grèce.	IX a I, p. 484.
EUCHIR II ou EUCHIRUS de Corinthe, ptr., plast. PLINE, l. 35, c. 43 ; PAUS., *El.* 2, c. 4, 2.	VII ab I, p. 493.
EUCHIR III, élève de SYADRA et de CHARTA, et maître de CLÉARQUE de Rhégium, stat.	VI c I, p. 509, 511.
EUCHIR IV, fils d'Eubulide ; sc. Cet *Euchir*, d'après le genre de ses ouvrages, n'est peut-être pas, selon MM. Sillig et Thiersch, d'une époque très-reculée. *Voy.* à la *Table alphabétiq. des Statues* ATHLÈTES.	?
EUCLIDE I d'Egine, père de Smilis. PAUS., *Ach.*, c. 4, 4. Peut-être n'était-il pas artiste.	?
EUCLIDE II d'Athènes, sc. *Voyez* à la *Table alphabétique des Statues* BACCHUS DE BURA.	IV ab
*EUCLIDE III, grav. mon., EYKΛEI, EYKΛEIΔA. Plusieurs beaux médaillons de Syracuse portent ce nom, gravé sur une tessère, dans un cartouche, sur un bandeau de la coiffure d'Aréthuse ou sur le devant du casque de Minerve. M. Nœhden et M. Raoul-Rochette, *Let. au D. de Luynes*, p. 11–17, pensent que c'est le nom du graveur. M. le duc de Luynes avait cru y voir EUCLIO. *Corresp. arch.*, t. 2, p. 86. *Voyez* plus bas MI.	?
EUDONUS, stat. et décorat. de théâtre. PLINE, l. 35, c. 40, 34 ; rien de cité.	?
*EUELPISTUS, EYEΛΠICTOY, gr.f. des bas-temps. LESSING, *Kollekt.*, I, p. 277 ; GORI, t. 2, N°. 310. Un *gryllus* composé de deux têtes d'h o m m e, d'une de f e m m e, et d'une t r o m p e d'é l é p h a n t qui	?

tient un caducée. M. de Kœhler, *Arch. und Kunst*, p. 48, regarde ce nom comme celui du propriétaire, mais rien ne le prouve. On trouve cette pierre parmi celles que Chiflet a publiées, comme représentant Socrate, pl. 4, N°. 15, et *Smith.* de Gori, p. xxv. Bracci, t. 2, p. 285, donne le nom comme très-douteux.???. — (ΕΥΕΛΠΙϹΤΟΥ, Némésis, corn., int., autrefois coll. Grivaud, *Catal.*, N°. 223. (*Note de M. Dubois.*)

* EUELPISTUS (L. CANIDIUS), *GENIARIUS*, peut-être *sculpteur ou ciseleur de petites figures de génies en or, en argent et en ivoire.* ORELLI, N°. 4195; R.-ROCH., *Let. Sch.*, p. 73. *Voy.* PHILONICUS.   ?

EUGRAMMUS, stat. PLINE, l. 35, c. 43.   VII *ab* I, p. 493.

* EUM.... EYM. *Voy.* MI.

EUMARUS, ptr. monochr. PLINE, l. 35, c. 34; rien de cité.   IX *ab* I, p. 485.

EUMÉLUS, ptr. *Voyez* à la *Table alphabétique des Peintures* HÉLÈNE.   II* ?

EUMÈNE. *Voy.* MI.

* EUMOLPUS (Q. CONSIDIUS), *FABER EBURARIUS*, cis. ou *sculpt. en ivoire.* Inscript. de la villa Strozzi, à Florence. SPON, *Misc.*, p. 222; FABRET., p. 700; N°. 216; GORI, *Etr.*, p. 366, N°. 109; RAOUL-ROCH., *Let. Sch.*, p. 71.

EUNICUS de Mitylène, stat., cis. en arg. PLINE, l. 33, c. 35; l. 34, c. 19, 25, le donne comme un ciseleur célèbre, sans indiquer ses ouvrages.   ?

* EUONYMIOS, ptr. de vases, ΕΛΡΑΦΕ ΕΥΟΝΥΜΙ. Son nom sur un vase, trouvé à Adria, décrit par Lanzi, *Gior. del. Letter. ital.*, t. 20, p. 180; WELCK., *Kstbl.*, 18 oct. 1827.   ?

EUPALINUS de Mégare, fils de NAUSTROPHUS; arch., ingén. HÉRODOTE, l. 3, c. 60.   VIII *c* I, p. 487.

* EUPHAS, ? grav. monét. ΕΥΦΑ sur des médailles de Thurium et d'Héraclée, de Lucanie. R.-ROCH., *Lett. au D. de Luynes*, p. 41.   ?

EUPHÉMON (Q. PLAUTIUS), arch., paraît avoir bâti ou réparé une des portes de Messène. BŒCKH, *C. Inscr.*, t. 1, N°. 1460.   ?

	Siècles.
EUPHORION, stat., cis. Pline, l. 34, c. 19, 25, en parle, de même que d'**EUNICUS**, sans rien citer.	?
EUPHRANOR de Corinthe, élève de Persée et d'Ariston; ptr., stat., cis. *Voy.* à la *Table alphabétique des Statues* ADORANTES, et à celle des *Peintures* GÉNÉRAL RENTRANT SON ÉPÉE.	IV*b* 1, p. 560.
EUPHRANOR, arch., écrivit sur les proportions des édifices. VITR., VII, *præf.*, § 14.	?
EUPHRONIDE, stat. PLINE, l. 34, c. 19, *init.*; rien de cité.	IV*b* I, p. 564.
*****EUPHRONIUS**, ptr. de vases, ΕΥΦΡΟΝΙΟΣ ΕΠΟΙΕΣΕΝ (*sic*), inscrit avec une pointe sur l'une des anses d'une coupe de Vulci, à figures rouges, acquise pour 1251 fr. par le Musée Britannique, à la vente de E. Durand, le 2 mai 1836, *Cat.*, N°. 61; diam. 15 po. 5 li., haut. 4 po. 6 li.; intérieur: un h o m m e b a r b u, couronné de mirte, assis, près de lui une jeune fem., peut-être une courtisane, détache sa ceinture; extérieur : H e r c u l e a p p o r t a n t l e s a n g l i e r d' E r y m a n t h e v i v a n t à E u r y s t h é e, qui se cache dans une cuve; de l'autre côté : q u a d r i g e m o n t é p a r u n j e u n e h o m m e, accompagné de Mercure et d'un guerrier barbu armé de toutes pièces. Sur une cylix du Musée Étrusque du prince de Canino, N°. 568, représentant T r o ï l e, est aussi le nom d'ΕΥΦΡΟΝΙΟΣ. — Cylix trouvée près de Viterbe, avec le même nom. *Corr. Arch. Bull.*, 1830, p. 233, 243; 1831, p. 85, et p. 179, N°. 708, GERH. Mais il paraîtrait que cet *EUPHRONIUS* n'était que fabricant de vases. On trouve son nom, suivi de l'ΕΠΟΙΕΣΕΝ avec celui d'ONÉSIMUS, indiqué comme peintre par le mot ΕΛΓΑΦΣΕΝ. GERH., *Cor. Arch.*, 1831, p. 180, N°. 723; et d'après ce savant, *ibid.*, p. 185, N°. 751, le peintre *EUTHYMIDE*, ΕΥΘΥΜΙΔΕΣ (sur une amphore tyrrhén. du musée étrusque du prince de Canino, N°. 1386, *Cor. archeol. Bull.* 1829, p. 140, 143), plaisanterait par ces paroles ΩΣ ΟΥΔΕΠΟΤΕ ΕΥΦΡΟΝΙΟΣ, le talent du potier *EUPHRONIUS*. On trouve aussi ΕΥΦΡΟΝΙΟΣ sur un fragm. de la collect. Fossati. R.-ROCH., 7e. *Bull. Fér.*, 1831, p. 153.	?
*****EUPLUS**, gr.f. ΕΥΠΛΟ. A m o u r, u n f o u e t à l a m a i n, s u r u n d a u p h i n a l l a n t à	?

d r o i t e, onyx, camée, ovale, 0,013^m. sur 0,010^m.,
autref. à la C^sse. Francesca Cheroffini, à Rome. Dolce
(*Denh*, p. 96, N°. 98), l'appelle EIPLVS. BRACCI,
pl. 72; DE MURR, p. 79; SILLIG. Je croirais volontiers, avec Winckelmann, qui lisait ΕΥΠΛΟΙ, *Cat.
Stosch*, 138, N°. 737, que ce n'est pas le nom du graveur, mais le souhait d'une navigation favorable : *vogue
heureusement.* Millin, *Introd.*, etc., p. 190, et M. de
Kœhler, qui, *Arch. und Kunst*, p. 31, doute de l'authenticité de la pierre, sont aussi de cet avis. M. R.-
Rochette, *Let. Sch.*, p. 41, pense que l'inscription doit
être lue ΕΥΠΛΟΙΑ (*heureuse navigation*), ce qui re-
vient au même sens. Son article est intéressant. Il cite
une belle lampe, à 20 lumignons, en terre cuite, en
forme de grande barque, de la coll. de M. Éd. Durand,
où est inscrit le mot ΕΥΠΛΟΙΑ. Elle a été acquise au
prix de 1,200 fr. par M. Hope, le 19 mai 1836. *Voyez*
le *Cat.* de M. J. DE WITTE, N°. 1777. Il y avait une
Vénus *EUPLOEA* qui accordait des vents favorables.
Cette déesse avait une petite édicule dans le golfe de
Naples, à l'extrémité du mont Pausilype, dans un ilot.
Peut-être le nom d'*EUPLUS* aurait-il donné au graveur
l'idée de traiter un sujet qui avait rapport à la navigation.—Un autre camée avec le même a m o u r appartenait au B^on. de Gleichen, et ces pierres auraient, ce
me semble, de l'analogie avec une autre citée par
Winckelmann, p. 534, N°. 50, et où l'on voit un vaisseau précédé d'un amour sur un dauphin et abordant
à un port, avec le mot ΚΑΤΑΠΛΟΥC, *abord au port.*
On trouve souvent dans les bas-reliefs des génies mon-
tés sur des dauphins ou des animaux marins : ils trans-
portent les âmes aux îles des bienheureux. M. Welcker,
Corr. Arch., 1831, p. 420, croit reconnaître *EUPLOEA*
dans une jolie figure de déité ailée sur une langelle de
Nola, qui, de la collection Bartoldy, a passé dans le
Musée de Berlin, et qu'a publiée M. Millingen, *Mon.
in.*, pl. 29. De la main gauche elle tient un long sceptre
et dans la droite des objets très-peu distincts, et que
M. Welcker regarde comme une aplustre et un de ces
yeux qu'on mettait à la poupe des vaisseaux. Le judi-
cieux Millingen ne se décide pas sur la divinité, et
M. Panofka, *Mus. Bartoldy*, p. 104, y voit une Victoire navale.

EUPOLÉMUS d'Argos, arch. PAUS., *Cor.*, c. 17, 3 ;   **V d**
THUCYD., IV, 133.   I, p. 540.

	Siècles.
EUPOMPE, ptr., maître de Pamphile. PLINE, l. 34, c. 19, 6. *Voyez* à la *Table alphabétique des Peintures* ATHLÈTE VAINQUEUR.	**IV***a* I, p. 543.
EURIPIDE le poète fut d'abord peintre.	**V***a* I, p. 520.
EURYCION, cis. VIRGILE.	??
EURYCLÈS de Sparte, arch., fit à Corinthe de très-beaux bains, près du temple de Neptune. PAUS.; *Cor.*, c. 3, 5.	?
EUSÈBE de Byzance, ptr. *V.* à la *Table alphab. des Peintures* HIPPOCRATE.	**VI***b*
EUTÉLIDAS, stat., travailla avec CHRYSOTHÉMIS. *V.* à la *Table alph. des Statues* DÉMARATE.	**VI** *d* I, p. 514.
* **EUTHUS**, gr.f. ϹVⳆOV. Silène, nu, couronné de lierre, ivre, assis à terre, petit vase derrière lui, devant deux amours, un jouant de la lyre, l'autre de la syrinx; onyx, cam.; coll. Altieri, à Rome. BRACCI, t. 2, pl. 71. De Murr, p. 79, place ce graveur à l'époque de Septime-Sévère, sans en donner de raisons. MILLIN, *Introd.*, p. 190. M. de Kœhler, p. 43, pense que ce nom est supposé, et que c'était peut-être ϹVOⳆOY que le faussaire voulait écrire, ce qui n'est guère probable.	?.
EUTHYCRATE, fils et élève de Lysippe. *Voyez* à la *Tab. alph. des Statues* ALEXANDRE-LE-GRAND.	**IV***d* I, p. 582.
EUTHYMÈDE, ptr. Pline, l. 35, c. 40, 42, n'en apprend rien.	?
* **EUTHYMIDE** ou **EUTHYMIDÈNE**, peintre de vases, ΕVΘVΜΙΔΕϞ ΕΛΡΑΦϞΕΝ sur une amphore tyrrh. représentant Hector s'armant devant Priam et Hécube, de la collect. CAN., *Mus. étrusq.*, 1836; GERH., *C. Ar.*, t. 3, p. 178, No. 698. — D'après une autre amphore tyrrh. à fig. r., coll. CAN., *Catal.*, 1re. cent., No. 56, il était fils de *Polius*, ou, selon M. Gerhard, de *Losia* ou *Polia*. Ce vase représente Pâris s'armant; au revers est inscrit: ΕVΘVΜΙΔΕϞ ΗΟΡΟVΙΟ (*EUTHYMIDÈS, fils de Polius*), et sur la face : Η.....ΙΟ (Ηο Πολιο) Ε...ΦϞΕΝ (εγραψσεν) ΕVΘV (μ) ΙΔΕΝΕϞ. Ce n'est que d'après des inscriptions mal rendues que M. Gerhard et M. R.-Rochette, *Bullet. Fér.*, 1831, p. 153, ont pu lire ΗΟ-	?

ΛΟΛΙΟ, et ces derniers mots avaient porté M. Rochette à penser que ce devoit être lu ΓΟΓΙΟ pour ΓΟΡΓΙΟ ou GORGIAS. Et au fait cette leçon eût eu de la vraisemblance, le Γ de ces inscriptions étant toujours fait en Λ, si le mot eût été écrit ΛΟΛΙΟ, quoique encore il y eût manqué un Ρ; mais il est positivement écrit ΓΟVΙΟ (POLII). Ce vase curieux (*Cat.* DE WITTE, Nᵒ. 146, article de M. Ch. LENORMANT) n'a été poussé qu'à 140 fr. en mai 1837, à la vente du P. de Canino. Il a été retiré et reporté en Angleterre.

*EUTROPUS, sculpteur de sarcophages chrétiens. FA-BRETTI, *Insc.*, c. 8, Nᵒ. 102; R.-ROCH., *L. Sch.*, p. 73.   ?

* EUTYCHÈS I, fils et peut-être disciple de DIOS-COURIDE, et né à Ægée, en Æolide. ΕΥΤΥΧΗϹ ΔΙΟϹΚΟΥΡΙΔΟΥ· ΑΙΓΕΑΙΟϹ ΕΠ. Buste de Minerve, de face, casque, égide, main gauche retenant le manteau sur la poitrine, améthyste blanche, intaille très-profonde, ovale, 0,036m. sur 0,029m.; collection Salviati et Colonna à Rome, aujourd'hui au Bᵒⁿ. de Schellersheim, ou chez le duc de Marlborough, t. 2, pl. 12; une des deux pierres est une répétition ou une copie de l'autre. Lorsque Visconti écrivait, *Op. var.*, t. 2, p. 124, cette pierre appartenait au prince d'Avella, à Naples. STOSCH, pl. 34; LIPP., I, p. 54, Nᵒ. 123 : il écrit ΑΙΓΕΑΤΟϹ; BRAC., pl. 73; RASPE, Nᵒ. 1527; DE MURR, p. 79, avec qq. détails; MILLIN, *Introd.*, p. 178; SILLIG; R.-ROCH., *Let. Sch.*, p. 42. — ΕΥΤΥΧΗϹ, Apollon, soleil dans un quadrige, onyx, int., ov., 0,010m. sur 0,007m.; coll. de La Haye, DE THOMS, pl. 6, Nᵒ. 3; DE JONGE, p. 163, Nᵒ. 3; RASPE, Nᵒ. 3100. — Tête de jeune Romain, avec ce nom, calcéd., int. LIPP., II, p. 122, 407; RASPE, Nᵒ. 1063. — ΕΥΤΥΧΗϹ : ΔΙΟϹ, Minerve déposant son suffrage, int. ECKHEL, *Choix*, etc., pl. 21; R.-ROCH., *Let. Sch.*, p. 42.   I* b

EUTYCHÈS II de Bithynie. *Voyez* à la *Table alphabétique des Statues* GUERRIER SUR UN TOMBEAU.   ?

* EUTYCHÈS III (P. MATRINIUS), *EBORA-RIUS*, cis. en ivoire. REINES., cl. XI, Nᵒ. 93; R.-ROCH., *Let. Sch.*, p. 72.

EUTYCHIDÈS I de Sicyone, élève de Lysippe et   V d
I, p. 580.

	Siècles.

maître de Canthare ; stat., sc. *Voyez* à la *Table alphabétique des Statues* ANTIOCHE.

EUTYCHIDÈS II, ptr. *Voy.* à la *Table alphab. des Peintures* VICTOIRE CONDUISANT UN BIGE. — ?

* EUTYCHIDÈS III, sc. de Milet, fils de Zoïle, et connu par une inscription sépulcrale. SPON, *Misc.*, p. 347 ; *Append. Anth. Pal.*, t. 2, p. 853 ; SILLIG ; R.-ROCH., *Let. Sch.*, p. 74. — ?

EUTYCHUS, ptr. Une épigramme de Léonidas, *Anth. Pal.*, t. 2, p. 382, Nº. 215, ne cite de lui que les vingt enfans dont il était père, et dont aucun ne lui ressemblait. — ?

EUXÉNIDAS, ptr., maître d'Aristide. PLINE, l. 35, c. 36, 7 ; rien de cité. — IV *a* — I, p. 543.

* EUXITHÉUS, ptr. de vases. ΕΥ+ΣΙΘΕΟΣ ΕΠΟΙΕ-ΣΕΝ écrit en noir sur les anses d'une jolie amphore de Vulci, à figures rouges, de la coll. E. Durand, acquise à la vente, le 7 mai 1836, par le Musée Britan- pour 565 fr. ; haut. 12 po. 9 li. ; sujets : A c h i l l e b a r b u e t a r m é e t B r i s é i s, revers avec les noms ΑΧΙΛΕΥΣ. ΒΡΙΣΕΙΣ. *Cat.* DE WITTE, Nº. 386. Gerhard, *Cor. arch.*, 1831, p. 179, Nº. 709, cite ce peintre, qui, p. 180, Nº. 729*, est joint à un autre peintre dont le nom est en partie effacé : ΕΥ+ΣΙΘΕΟΣ ΕΣΕΙΟΙΕ... ΟΛΤΟΣ ΕΓ...ΣΕΝ sur une cylix offrant P a t r o c l e. *Mus. Etr.*, 1120, *vases du prince de* CANINO, pl. 5. Sur ΕΠΟΙΕΣΕ *voyez* EXÉKIAS. — ?

EVANTHÈS, ptr.??. ACH. TAT., 111, 6. Il paraît que ce nom a été fabriqué par cet auteur. *Voy.* BŒTTIGER, *Kunst Mythologie*, t. 1, p. 232 ; SILLIG. — ?

ÉVÉNOR, ptr., père et maître de PARRHASIUS. PLINE, l. 35, c. 36, 1. *Voy.* SUIDAS, HARPOCRATION, PHOTIUS, auxquels renvoient M. Sillig, et qui n'apprennent rien sur ce peintre. — V *ab* — I, p 526.

* EVHÉMÈRE, ΕΥΗΜΗΡΟΥ. E m p e r e u r r o - m a i n e n c u i r a s s e, corn., int., coll. du land- grave de Hesse. RASPE, Nº. 7319. — ?

* EVHODUS, gr.f. ΕΥΟΔΟΣ ΕΠΟΙΕ (ΕΥΟΔΟΣ ΕΠΟΙΕΙ. T ê t e d e J u l i e, fille de Titus ; dia- dème, cheveux à petites boucles, collier, boucles d'o- — I* *d*

reilles, profil tourné à droite, aigue-marine selon Lippert, II, p. 201, Nº. 686 ; Denh, III, p. 35, Nº. 68 ; selon Bracci, pl. 73, un béril ; selon Raspe, Nº. 11,521, un saphir ; intaille, ovale, cabochon, 0,046m. sur 0,032m. ; du Trésor de Charlemagne, ensuite de celui de Saint-Denis a passé à la Bibliothèque Royale, DUMERSAN, *Description*, p. 30 ; STOSCH, pl. 33 ; VISC., *Op. var.*, t. 2, p. 307 ; MONGÈS, *Icon. rom.*, t. 2, pl. 35. — ΕΤΟΔΟϹ, tête de cheval, de 3/4, sard., int. ; cabinet du Bon. de Schellersheim, aujourd'hui au Bon. Roger. MILLIN, *Dict. B.-A.*, t. 1, p. 711. (Il existe des copies de cette pierre, trouvée à Malte et qui n'est pas publiée. (*Note de M. Dubois.*) — ΕΤΟΔΟϹ ΕΠΟΙ, Muse, tête ceinte de bandelettes, demi-figure. LIPP., I, 414 ; RASPE, Nº. 3418. Natter, *De la Méthode*, p. 25, attribue, mais sans en donner de preuves, à *EVHODUS* la belle tête de Marciane du Vte. de Duncanon.

* **EXACESTIDAS**, gr. mon. ΕΞΑΚΕΣΤΙΔΑΣ sur un médaillon de Camarine. R.-ROCH., *Let. au D. de L.*, p. 32.   ?

* **EXÉKIAS**, fabricant et peintre de vases. EXϞEKIAϞ ΕΓΟΙΕϞΕ sur une belle et grande amphore de Vulci, à peintures noires, de la collection Éd. Durand, à Paris, acquise à la vente, le 2 mai 1836, pour 900 fr., par M. de Magnoncourt : c'était le plus beau vase de cette collection, avec le sujet d'Hercule, HϞA-KVEϞ, combattant Géryon, ΛΕϞVΟΝΕ, à 3 têtes casquées, armé de 3 lances et de 3 boucliers ronds ; dont l'un avec la tête de Méduse ; près d'eux le berger Eurytius, ϞΟΙΤVϞVꟼ (en rétrograde), tué, derrière Géryon, ϞΟVΑϞϞΑΙϞꟼΤϞ (ΤϞEϞΙΑϞ ΚΑ-VΟϞ), *le beau Stésias* ; au revers : quadrige, guerrier nommé ΑΝΧΙΓΟϞ, *Anchipus*, armé de toutes pièces et un aurige, au-dessus sirène ou oiseau à tête humaine ; les chevaux ϞΟΜꟼϞ (ϞEΜΟϞ), *Sémus*, ΓV-POKOME, *Pyrocomé*, à la crinière de feu, ΚΑVΙ-QOME, *Calicomé*, à la belle crinière ; ΚΑVΙΦΟΡΑ, *Caliphora*. Hauteur 16 pouces 6 lignes. *Voyez* le *Catalogue* de M. J. DE WITTE, Nº. 190. — ϞΑΙϞꟼϞΧꟼ ꟼϞꟼΙΟꟼꟼ (EXϞEKIAϞ ΕΓΟΙEϞE), *Exsékias a fait*, sur une très-belle amphore de Vulci, à peintures noires, de la même collect., *Cat.* de DE WITTE, Nº. 389, acquise, le 7 mai 1836, par le Musée Britannique, pour   ?

3,600 fr.; sujet : A c h i l l e, ΑΧΙVΕVϟ, c o m-
b a t t a n t l'a m a z o n e P e n t h é s i l é e, ΓΕΝ-
ΘΕϟΙVΕΑ, b l e s s é e se défendant sur un genou;
derrière elle : ΟΝΕΤΟΡΙΔΕϟ ΚΑVΟϟ, *le bel Onéto-
rides;* revers : B a c c h u s b a r b u (ΔΙΟΝVϟΟϟ),
vêtu d'une tunique blanche et d'un manteau noir, à
riches bordures, et un éphèbe nommé ΟΙΝΟΡΙΟΝ,
ŒNOPION, nu, couronné de myrte, tenant un vase.
Haut. 15 po. — ΕΧϟΕΚΙΑϟ ΕΓΟΕϟΕ sur une cylix, à
figures noires, du Musée étrusque du prince de Canino, No. 1900. GERHARD, *Cor. Arch.*, 1831, p. 179,
No. 709*. — Aux Nos. 722 et 742 *d*, M. Gerhard cite
un vase de Vulci, à figures noires, sur lequel on lit
ΕΧϟΕΚΙΑϟ ΕΛΡΑΦϟΕ ΚΑ ΓΟΕϟΕΜΕ, *Exsékias m'a
peint et fait;* ce qui prouve, selon ce savant, que le
mot ΕΓΟΙΕϟΕ sur les vases peints ne peut à la fois
appartenir au peintre et au potier; cependant, sur les
vases à figures le mot ΕΓΟΙΕϟΕ doit indiquer le travail du peintre (*V.* EUXITHÉUS), à moins que le potier fabricant ne lui eût pas laissé mettre son nom, et
n'eût voulu inscrire que le sien; et c'est ce que pourrait porter à croire l'inscription du vase, où *Euxithéus*
semblerait être indiqué comme le potier ou le fabricant, et ...*oltus* comme le peintre. Alors sur le vase
d'*Achille et Briséis,* signé *Euxithéus* avec l'ΕΓΟΙΕϟΕ,
il n'aurait mis que son nom sans y ajouter celui du
peintre. Le sujet de ce vase est A c a m a s, ΑΚΑΜΑϟ,
c a s q u é, conduisant un cheval nommé ΦΑVΙΟ...
et un autre g u e r r i e r armé de même, ΜΟΦΟΝ
ou ..ΜΟΡΦΟϟ, menant aussi un cheval ou une jument
nommée ΚΑVΙΦΟΡΑ, comme l'une de celles de l'autre
vase. On y retrouve aussi l'ΟΝΕΤΟΡΙΔΕϟ ΚΑVΟϟ, et
au revers H e r c u l e e t l e l i o n; I o l a ü s et
M i n e r v e, avec l'inscript. (ΙΟ) VΑΟϟ, (*Io*) *laüs;*
ΗΕΡΑΚVΕϟ, *Hercule;* ΑΘΕ....., *Minerve.*

F.

FABIUS MAXIMUS PICTOR (Q.), ptr. PLINE, l. 35,
c. 7. Il paraît qu'il y eut dans cette famille plusieurs
peintres de suite : QUINCTUS, CAIUS et NUME-
RIUS FABIUS. *Voy.* BRACCI. M. Sillig ne dit pas
la raison qui l'empêche de les admettre, non plus que
FABIUS MAXIMUS PICTOR, dans son *Cata-
logue;* cependant celui-ci se trouve dans son troisième

IV *d*
l, p. 585.

Siècles.

tableau chronologique : il en dit aussi un mot à l'article PICTOR.

FABULLUS, ptr. de genre, nommé, à ce qu'il paraît   I* c
à tort, AMULIUS (*voyez* ce nom). PLINE, l. 35,   I, p. 692
c. 37.

* 1. FAUSTUS, gr.f. ???. M. CL. FAVSTVS, tête   ?
d'Apollon, corn., int. Lippert, II, 146, est le
premier qui ait donné cette pierre. AMADUZZI, *Acad.
Cort.*, t. 9, 151, 153; RASPE, N°. 3076, pl. 35; coll.
de Saint-Pétersbourg. M. de Kœhler, *Arch.*, etc., p. 45,
croit que ce nom est celui du propriétaire, ce qui est
probable. M. Raoul-Rochette, *Let. Sch.*, p. 40, partage
cette opinion.

* 2. FAUSTUS (L. PRECILIUS), gr.f. ???. L. PRE-   ?
CILI FAVSTI. Sujet : le sagittaire, le lion,
le bélier, calcéd., int. RASPE, N°. 3207. Ce grav. paraît très-douteux ; il est probable que le nom est celui
du propriétaire de la pierre. Les animaux pouvaient
avoir rapport à son horoscope ou former une espèce de
talisman.

* FAVRA, gr.f. ??. Apollon vainq. de Marsyas,   ?
onyx, coll. Jablonowski. LIPP., I, p. 76, Nos. 181, 182;
LESSING, *Kollekt.*, I, p. 280, N°. 68; très-suspect.

* FÉLIX, gr.f., élève ou affr. de Calpurnius Severus.   ?
Son nom écrit en grec ΚΑΛΠΟΥΡΝΙΟΥ ϹΕΟΥΙ·ΙΡΟΥ
Ο̇Ι·ΙΛΙΞ ΕΠΟΙΕΙ. Diomède et Ulysse enlevant le pallad. Diom. nu, assis (sur la base où il
est assis : Ο̇Ι·ΙΛΙΞ, etc.), jambe g. repliée sous lui, parazonium à la main dr., chlamyde sur le bras g. et pallad.
dans la main g.; Ulysse nu, coiffé du pilidion, marchant
sur le corps de la prêtr. tuée et dont on voit les pieds;
ayant à la main gauche javelot et chlamyde, près de
lui un cippe et dessus une st. tenant de la main g. une
lance ; dans le fond un temple. Sard., int., ov., 0,034m.
sur 0,027m. Cette admirable pierre de la collect. du
Cte. d'Arundel a passé dans celle du duc de Marlborough, t. 1, N°. 39. STOSCH, pl. 35; WINCKELM., t. 1,
p. 76; *Coll. Stosch*, p. 390; RAPONI, pl. 49, N°. 5;
BRACCI, pl. 75; RASPE, Nos. 9433, 9534, 9535.
De Murr, p. 81, croit cette pierre une corn. — MILLIN,
Gal. Myth., t. 1, E. 165, pl. 171; *Introd.*, p. 77. —
Belle copie dans la coll. de La Haye. DE JONGE, p. 174,
N°. 12. — (Un grav. florent., nommé FÉLIX BARNABÉ,

a signé ΦΗΛΙΞ. *Voy.* RASPE, N°. 7181. Ce qui peut
jeter des doutes sur des pierres avec ce nom. *Note de
M. Dubois.*) — Centaure portant deux cor-
beilles, ΦΗΛ. ЄCP??, corn.; *Mus. Odescalchi.* RASPE,
N°. 4445. — Une victoire à génoux, immolant un taureau, a sur la cuisse nue le mot FELIX.
Est-ce le nom du graveur? RASPE, N°. 7758. — Près
d'une tête de Mercure, sur un jaspe rouge de la
Biblioth. Roy. (*voy.* MARIETTE, N°. 114) on lit : K.
Φ, où Raspe, N°. 2291, voit ΚΑΛΠΟΥΡΝΙΟΥ ΦΗΛΙΞ,
ce qui est douteux. — Visconti, *Op. var.*, t. 2, p. 192,
pense que le nom de FELIX sur une corn. de la coll.
Strozzi offrant Amour et Psyché, est plutôt celui
du propriétaire que celui du graveur; cependant la
pierre d'Arundel pourrait faire pencher vers l'opinion
contraire, qui est celle de M. Raoul-Rochette, *Let.
Sch.*, p. 42. — Portrait d'homme de profil,
FELIX, coll. de Saint-Pétersbourg; c'est peut-être le
nom du propriétaire. R.-ROCH., *Let. Sch.*, p. 42,
note 7.

* 1. FESTUS, gr. f. FESTI, Amour tenant une
palme et une couronne; coll. du landgrave de
Hesse; sard., int. RASPE, N°. 6964.   ?

* 2. FESTUS (L. CALPURNIUS) *PICTOR*, inscr.   ?
de Pouzzoles. IORIO, *Guida di Pozzuoli*, pl. 25,
N°. 15; ORELLI, N°. 4261; R.-ROCH., *Let. Sch.*, p. 74.

* FICTORIUS (CAIUS) *VASCULARIUS*, cis. ou   ?
ouvrier en vases. Inscr. de la coll. du card. de Carpi.
GRUT., p. 643, 6; WELCK., *Kstbl.*, 15 oct. 1827.

* FLAVIUS (T.), mosaïq. T. FLAVIUS *fa*C. R.-ROCH.,   ?
Let. Sch., p. 74.

FRONTIN, arch. rom.   I * *b*
     I, p. 700.

* FRUCTUS, arch. rom. DONI, *Inscr. antiq.*, p. 316, 5;   I * ?
BRACCI, t. 2, p. 267.

FUFIUS (C.), sc. *Voy.* RUFIUS.   ?

† FULVIUS, RUTUBA, PLACIDIANUS, cités par
Horace (l. 2, sat. 7, v. 96, et la note de Jean Bond,
ed. var., 1663), pris par Erasme pour des peintres,
n'étaient que des gladiateurs. Mon ami, l'habile Mazois, dans son excellent et charmant ouvrage, le *Palais
de Scaurus*, p. 72, s'est trompé en donnant aussi,

Siècles.

d'après Erasme, pour des peintres nos trois gladiateurs.
Voy. *Palais de Scaurus* de MAZOIS, in–8º., p. 72.

FUSSITIUS ou FUFITIUS, arch. rom., écrivit le premier, à Rome, un très-bel ouvrage sur l'architecture.
VITR., VII, *Præf.*, § 14.   ?

G.

GALATON, ptr. *Voy.* vol. suiv. aux *Peint.* HOMÈRE   ?
vomissant.

* GAMUS, gr.f. ΓΑΜΟC, l'Espérance, comme sur   ?
des méd. de gr. bronze du haut–empire; émer., int.,
coll. de M. de Kestner, à Rome. M. R.-Rochette, *Let.
Sch.*, p. 42, offre une note intéressante sur le nom de
Gamus et ses dérivés, assez fréquent dans les inscript.

* GAUDENTIUS, arch. chrét., martyr sous Vespasien,   Iˣ
construisit peut–être le Colisée. NARDINI, *Rom. ant.*,
éd. de NIBBY, t. 1, p. 234; P. VISCONTI, *Atti dell'
Acad. rom. d'Archeol.*, t. 2, p. 629; R.-ROCH., *Let.
Sch.*, p. 74.

* GAURANUS, fils d'Anicétus; gr.f. ΓΑΥΡΑΝΟC   II?
ANIKH TOY (les A barrés très–haut font l'effet du Λ
grec); combat d'un chien contre un sanglier, jaspe vert-sanguin, int., ov., 0,034ᵐ. sur
0,027ᵐ., coll. du duc de Beauvilliers Saint-Aignan.
BRACCI, p. 18. Millin, *Introd.*, p. 182, croit que
c'est le nom du chien : ce serait alors peut–être le fier
ou l'ardent fils de l'invincible. M. de Kœhler, p. 40,
décide, sans le prouver, que ce nom est celui du propriétaire de la pierre. RASPE, Nº. 2244. Visconti, *Op.
var.*, t. 2, p. 125 et 330, place ce graveur vers le temps
de Septime-Sévère. De Murr, p. 82, dit que peut–être
on pourrait lire Γ. ΑΥΡΑΝΟC, C. AURANUS.

GAURUS, sc. *Voy.* CHRESTUS.

GÉLADAS. *Voy.* AGÉLADAS.

* † GÉLAS, gr.f. Dolce, DENH, p. 48, Nº. 49,
donne ce nom comme celui du graveur d'une pierre
qui représente Hébon ou le taureau à tête humaine;
mais c'est le type de la ville de Géla fondée par Gélas.

* GELIUS. *Voy.* CNEIUS et RHÉGIO.

	Siècles.
.* GELLIUS (L.), sur le pied d'un vase ou scyphus. Ce nom est regardé comme celui du fabricant du vase dans les *Marm. Taurin.*, part. 2, p. 105.	?
.GITIADAS de Lacédémone, stat. *V.* vol. suiv. aux *St.* ÆNÉTUS.	VIIIcd I, p. 488.
.GLAUCIAS d'Égine, stat. *V.* vol. suiv. aux *St.* GELON, fils de Dinomène.	V a I, p. 519.
.GLAUCIDÈS, stat. *V.* vol. suiv. aux *St.* ATHLÈTE.	?
.GLAUCION de Corinthe, ptr. PLINE, l. 35, c. 40, 29; rien de cité.	IV d I, p. 580.
1. GLAUCUS de Chios ou de Samos, cis. *V.* vol. suiv. aux *St.* CRATÈRE d'argent.	VI a I, p. 448 et 935.
2. GLAUCUS de Lemnos, stat. ET. de BYZ., v. Αἰθάλη. Quoiqu'il eut de la célébrité, on ne cite aucun de ses ouvrages.	?
3. GLAUCUS d'Argos, stat. *V.* vol. suiv. aux *St.* AMPHITRITE.	V b I, p. 528.
* GLAUCYTÈS, peintre de vases. ΓΛΑΥΚΥΤΕΣ ΕΠΟΙΕΣΕΝ sur une coupe de Vulci de la coll. Ed. Durand, mais qui n'y était plus lors de sa vente en 1836.	?
* 1. GLYCON d'Ath., sculpteur de l'Hercule Farnèse et d'un autre Hercule de la collection Guarnacci. Son nom se trouve encore sur un bas-relief représentant Hercule devant un hermès de satyre. BOISSARD, part. III, fig. 117. Mais peut-être, ainsi que le remarque Carlo Fea, WINCKELM., *H. A.*, t. 2, p. 286, n'est-ce que le nom de celui qui consacra ce bas-relief. Le nom de *GLYCON*, sur l'Hercule Farnèse, est écrit avec un ω et non Ω, et Winckelmann pensait que cette forme n'avait été adoptée que sous les rois de Syrie, successeurs d'Alexandre-le-Grand. Mais Carlo Fea et Eckhel ont trouvé l'ω sur des médailles qui doivent être plus anciennes; et le premier croit qu'un athlète, nommé d'abord *Lycon*, ensuite *Glycon*, et qui, s'étant voué à la philosophie, succéda à Straton dans l'école d'Aristote, dans l'olympiade 127, fut le premier qui porta ce nom. Il pense qu'il faut placer le sculpteur GLYCON au moins 10 olympiades plus tard, et je l'avais déjà mis à l'olympiade 145, mais cette époque reste toujours douteuse. — Le nom de ce	II a?

GLYCON, ΓΛΥΚΩΝ ΑΘΗΝΑΙΟΣ ΕΠΟΙΕΙ, où l'o-méga a la forme Ω, se trouve sur une base du Musée Biscari, à Catane. Il avait été lu CAYKΩN par Torremuzza, *Inscr. vet. Sic.*, cl. VII, No. XVI, p. 69. R.-Roch., *Let. Sch.*, p. 75.

* 2. GLYCON, gr.f. ΓΛΥΚΩΝ, Vénus sur un taureau marin, entourée d'Amours, sard., int. *Biblioth. Roy. de Paris*, Dumersan, *Descr.*, p. 68, No. 50; Millin, *Gal. Myth.*, I, pl. 42, 177; cette belle pierre y est gravée. Sillig; R.-Roch., *Let. Sch.*, p. 43.   ?

* GNEIUS. *Voy.* CNEIUS.

GOMPHUS, stat. *V.* vol. suiv. aux *St.* PRAXORIS.   ?

GORGASUS de Lacédémone, plast., ptr. *Voy.* DÉMO-PHILE.   **V** *a* / I, p. 523 et 530.

GORGIAS de Laconie, stat., dont on a fait un GOR-GIAS et LACON, ce que le savant Heyne a démontré être faux. Pline, l. 34, c. 19, *init.;* Heyne, *Op. acad.*, t. 5, p. 371; Sillig, *Amalth.*, t. 3, p. 285. Rien de cité.   **V***c* / I, p. 537.

* GOURGOS d'Ath., fondeur ou cis. en or. ΓΟΥΡΓΟΣ ΧΡΥΣΟΧΟΟΣ ΚΕΙΜΑΙ ΠΟΛΛΟΙΣΙ ΠΟΘΕΙΝΟΣ, *(moi) Gourgos, fondeur en or, je gis (ici) très regretté.* Bœckh, *C. Inscr.*, t. 1, No. 930; Welck., *Syll.*, No. 16; R.-Roch., *Let. Sch.*, p. 75.   ?

GRÉGOIRE, stat. Voy. *Anth. Pal.*, t. 2, p. 631, No. 22.   ?

GROPHON ou TROPHON, stat.??. *V.* vol. suiv. aux *St.* ECPHANTUS.   ?

* GRYLLION, stat. Diog.-L., V, § 15; Visc., *Icon. gr.*, t. 1, p. 185; ptr. selon M. Sillig. Rien de cité.   IV*d*

GYGÈS, roi de Lydie. Quelques auteurs lui attri-buaient, mais bien à tort, l'invention de la peinture en Égypte, car on trouve des peintures dans des tombes de rois antérieurs de plusieurs siècles à Gygès, qui régnait au VIIIe. siècle avant notre ère. Pline, l. 7, c. 57.   VIII

	Siècles.

H.

HABRON ou ABRON, ptr. *V.* vol. suiv. aux *Peint.* AMITIÉ. — ?

* **HARMATIUS.** *Voy.* AGNEIUS et HÉRACLIDES.

HÉCATÉE, stat., cis. en arg. PLINE, l. 33, c. 55; l. 34, c. 19, 25, sans indication de ses ouvrages, quoiqu'il passât pour très-habile. — ?

HÉCATODORE et SOSTRATE, stat. *V.* vol. suiv. aux *St.* MINERVE d'Aliphère, par Hypatodore. — IV*a* — I, p. 537.

* **HECTOR**, ptr. de vases. ΗΕΚΤΟΡ ΕΛΡΑΦϟΕΝ sur un vase, coll. du prince de Canino, *Mus. Etr.*, p. 121; *C. Arch.*, juin 1830, p. 134; R.-ROCH., 7e. *Bul. Fér.*, 1831, p. 155. — ?

* **HEDON** (FL. AQUILIUS) *CANDELABRARIUS*, fabricant de candélabres. Inscr. de Florence. GORI, *Etr.*, t. 3, p. 130, 141; ORELLI, No. 4157; R.-ROCH., *Let. Sch.*, p. 77, No. 40. — ?

* **HEDYS** *AURIFEX*, cisel. ou *orfèvre* grec de la maison des premiers empereurs. GORI, *Columb.*, p. 153, No. 122; WELCKER, *Kstbl.*, 18 oct. 1827. — ΗΕΔΥ, ??, tête de Méduse, d'après celle de Solon. RASPE, No. 8974. — ?

HÉGÉSANDRE. *Voy.* AGÉSANDRE.

1. **HÉGÉSIAS**, HAGÉSIAS ou AGÉSIAS, AGASIAS, d'Ephèse, stat. *V.* vol. suiv. aux *St.* CASTOR ET POLLUX. — VI*c* — I, p. 512.

2. **HÉGÉSIAS** d'Éphèse, fils de Ménophile; sc. Il travailla, avec un Aristandre de Paros, à Délos du temps des Rom. Cependant l'inscr. citée par M. Sillig, porte le nom d'AGASIAS, de même que celle du Héros combattant du Musée Royal. Ce savant, se fondant sur ce que les noms *AGASIAS* et *AGÉSIAS* sont des formes du dialecte dorique, les change en *HÉGÉSIAS* pour les adapter au dialecte ionique, ce qui peut paraître assez inutile, car ces artistes, qui nous ont laissé leurs noms gravés sur leurs ouvrages, devaient assez les connaître pour nous les transmettre exactement, et n'est-on pas autorisé à conserver ce nom d'*AGASIAS*, écrit ainsi — ?

deux fois dans des inscriptions, tandis que celui d'*HÉ-
GÉSIAS*, pour lequel on voudrait le changer, n'a pour
appui qu'un seul passage de Pline, qui même est con-
testé? Ne peut-on pas souvent causer bien des désor-
dres dans les textes par des subtilités d'érudition?

HÉGIAS d'Athènes, stat. Heyne, *Opusc.*, t. 5, p. 369, et
M. Thiersch, *Epoch.*, 2, adnot., p. 35, le croient le
même que 1. HÉGÉSIAS. Muller, *Ægin.*, p. 102, et
M. Sillig pensent le contraire, et nous sommes de leur
avis. — *V.* vol. suiv. aux *St.* MINERVE.

    V a
    I, p. 516.

* HÉIUS, gr.f. HEIOY, Diane chasseresse, épaule
et sein g. nus, longue robe serrée, à petits plis, dans
l'ancien style, raide, sec et maigre; arc à la main g.;
tenant de la dr. un cerf par son bois, cheveux tressés;
bords à grenetis; corn., int., ov., 0,023m. sur 0,017m.
STOSCH, pl. 36; WINCKELM., *C. Stosch*, p. 76,
No. 287; *H. A.*, l. 6, c. 2, § 59, t. 5, p. 48; t. 7, p. 463;
LIPP., I, p. 90, No. 212; DENH, p. 40, No. 45;
BRACCI, pl. 76; RASPE, No. 2127; VISC., *Op. var.*,
t. 2, p. 178; MILLIN, *Intr.*, p. 167. D'Agincourt, t. 1,
pl. 48, No. 9, et Rapoui, pl. 6, No. 9, donnent cette
belle pierre sans le nom du grav. — HEIOY. D'après
son style, Stosch regarde ce grav. comme très-ancien;
Bracci le croit étrusque, et selon Visconti, *Op. var.*,
t. 2, p. 116, il pourrait être antérieur à Praxitèle; il
pense que son nom doit être lu en trois syllabes : E É US
ou E EI US. Stosch, pl. 51; Winckelmann, *C. Stosch*,
p. 76, No. 287, de Murr, p. 83, ne prennent l'H que
comme une aspiration et lisent HÉIUS. C'est aussi l'avis
de M. Raoul-Rochette, *Let. Sch.*, p. 43, qui assimile ce
nom à celui de l'HÉIOS ou HEIUS de Messine, dépouillé
par Verrès, ou à celui de CN. HEIUS cité aussi par Cicéron. — HEIOY, Amazone mourant, sard.
à biseau. RASPE, No. 5781. — HEIOY, tête de
jeune homme, à cheveux bouclés et ceints d'une
bandelette; corn., int., ov., 0,011m.,5 sur 0,008m.;
coll. de lord Gréville. SPILSBURY, pl. 13. — HEIOY,
Minerve, diadème au lieu de casque, égide, nicolo,
int. RASPE, No. 1651, pl. 25; VISC., *Op. var.*, t. 2,
p. 166. Cet E pourrait jeter quelque doute sur l'an-
cienneté de cette inscription. — (Ulysse et Diomède tuant Dolon, int.; coll. du D. de Blacas.
— Autre int. dessinée plus. fois. TISCHBEIN, *Peint.
homériq.*, pl. 43; *Voyage du C^to. de* CHOISEUL-
GOUFF., t. 2; MILLIN, *Gal. myth.*, pl. 162, No. 571,

    ?

Siècles.

sans le nom qui se trouve sur d'autres pierres d'antiquité suspecte. *Note de M. Dubois.*) — Cette dernière pierre n'a nullement le caractère d'un ouvrage très-ancien, et s'il y a un nom il est de facture moderne.

HÉLÈNE, fem. ptr., fille de Timon Égyptien. *V.* vol. suiv. aux *Peint.* ISSUS. — ?

* HÉLIAS *ARGENTARIUS*, M. 405 de J.-C. GRU-TER, 1053, Nº. 4; R.-ROCH., *Let. Sch.*, p. 77, Nº. 41. — IV*

HÉLICON de Salamine, habile brodeur de personnages, et dont on conservait à Delphes de belles tapisseries. JUN.; WELCKER, *Kstbl.*, 18 oct. 1827. — Une épgr. anonyme de l'*Anth. Pal.*, t. 2, p. 863, Nº. 334, en 2 vers, dit seulement que Minerve a donné aux mains d'*HÉLICON* une grâce divine. — ?

HÉLIODORE, stat. *V.* vol. suiv. aux *St.* ATHLÈTES. — ?

HÉLIOGABALE ou ÉLAGABALE (L'emp.) s'amusait à la peinture, selon son biographe Lampride, *Heliog.*, § 30; R.-ROCH., *Journ. des Sav.*, mars 1842, p. 166. *Voy.* SÉVÈRE (ALEX.-), VALENTINIEN.

HELLAS d'Athènes, stat. VITR., III, *Proœm.*, § 2, artiste ne manquant pas de talent, mais sans célébrité. — ?

* HELLEN, gr.f. ЄΛΛΗΝ, buste d'Antinoüs sous la forme d'Harpocrate, tourné à g., l'index de la main g. sur la bouche; chlamyde laissant la poitrine à découvert; corn., int., ov., caboch., 0,020ᵐ. sur 0,015ᵐ. STOSCH, pl. 37; WINCKELM., *C. Stosch*, p. 76, Nº. 287; BRACCI, pl. 77; RASPE, Nº. 2127; DE MURR, p. 84; MILLIN, *Intr.*, p. 182. — M. Raoul-Rochette, *Let. Sch.*, p. 44, relève, avec une sorte de raison, que dans la *Descript. du Musée Royal*, p. 420, de l'édit. de 1820, j'ai dit *Antinoüs* ET *Harpocrate*, au lieu de *Antinoüs* EN *Harpocrate*, ce qui est certes un peu différent, mais le savant critique aurait pu avoir la charité de relever cette erreur comme une faute d'impression, et de croire qu'ayant Stosch et Bracci sous les yeux, d'une seule figure je n'en aurais pas fait deux. Mais des trois vertus théologales, la charité pour son pauvre prochain n'est pas celle pour laquelle M. Raoul-Rochette a le plus de dévotion. L'Antinoüs a passé de la Collect. d'Orléans, t. 2, pl. 9, dans celle de l'empereur de Russie; cependant il existe une autre pierre semblable, et qu'on dit aussi — II*

III.   6.

l'original, dans la coll. royale de La Haye. De Jonge, p. 160, assure que c'est celle qu'a publiée Stosch; *sub judice lis est.* M. de Kœhler, *Arch.*, etc., p. 32, pense que le nom n'est pas celui du grav., mais qu'il indique *Antinoüs* comme l'HARPOCRATE grec ou *HELLÈNE.* Cette opinion est certainement assez singulière. *Voy.* ce qu'en dit M. Raoul-Rochette, *Let. Sch.*, p. 44. Nous y ajouterons que l'une des raisons de M. de Kœhler est qu'il n'y a pas d'exemple que les Grecs aient porté les noms de leurs anciens héros. Cependant on connaît un poète tragique nommé ION, comme le fils de XUTHUS, fils d'*Hellen*, et premier chef des Ioniens. On retrouve aussi quelque part un XU-THUS; plusieurs Grecs cités dans l'histoire se sont appelés ORESTE, PYLADE (un acteur), JASON (des oculistes), CASTOR, POLLUX, etc.; même sous les emp., les auteurs et les inscript. en font foi, et *HELLEN* serait du temps d'Adrien sans qu'il y eût rien d'extraordinaire à son nom. Ainsi les preuves de M. de Kœhler ne semblent pas de nature à pouvoir faire exclure *HELLEN* du nombre des graveurs. — (C. Fulv. Ursinus et Gronovius, *Imag.*, pl. 64, et *Thes.*, t. 1, pl. K, ont vu dans cette tête signée *HELLEN,* le fils de Deucalion. — Mariette, *Cat. Crozat*, pl. 11, N⁰. 189, donne une pierre semblable. *Notes de M. Dubois.*) C'est probablement une des deux pierres connues. — ΕΛΛΗΝ, masq. com. de la coll. de la Turbie, auj. au D. de Blacas; ce qui montre le peu de fondem. de l'opinion de M. de Kôhler. — *Voy.* AMPHOTÉRUS. — Visconti, *Op. var.*, t. 2, p. 430, croit, sans en donner de raisons, qu'*HELLEN* est le nom du propriétaire, ce qui ne servirait pas à confirmer l'opinion du savant archéologue de St.-Pétersbourg.

* 1. HÉPHÆSTION, fils d'un Myron Athénien, sc. ΗΦΑΙΣΤΙΩΝ ΜΥΡΩΝΟΣ ΑΘΗΝΑΙΟΣ ΕΠΟΙΕΙ. SPON, *Misc.*, p. 126; BRACCI, t. 2, p. 268. — Une inscr. de Délos, qui a appartenu à une statue, porte ΗΦΑΙΣΤΙΩΝ ΜΥΡΩΝΟΣ ΑΘΗΝΑΙΟΣ ΕΠΟΙΕΙ. BŒCKH, *C. Inscr.*, t. 2, p. 235, N⁰. 2284. Le N⁰. 2293 est l'inscr. de Spon signée de même que l'autre. — M. Bœckh pense que cet *HÉPHÆSTION*, fils d'un Myron, doit avoir vécu après la 152ᵉ. ol., 172 av. J.-C., et ? après la bat. d'Actium, mais il croit que ce MYRON descendait du célèbre stat. de ce nom.   ?

* 2. HÉPHÆSTION, fils de Démophile, sc. Son nom,   ?

	Siècles.
trouvé sur la base d'une statue à Délos, ΗΦΑΙΣΤΙΩΝ ΔΗΜΟΦΙΛΟΥ ΑΘΗΝΑΙΟΣ ΕΠΟΙΕΙ. VILLOISON, *Mém. de l'Acad. des Inscr.*, t. 47, p. 297; WELCKER, *Kstbl.*, 15 oct. 1827.	
* HÉRACLA, ptr., affr. d'une impératrice, peut-être de Livie. GORI, *Columb.*, p. 157, No. 126; BRACCI, t. 2, p. 268.	I * ?
1. HÉRACLIDE de Macédoine, ptr. PLINE, l. 35, c. 40, 30, 42; rien de cité.	II *b*
2. HÉRACLIDE, Phocéen, sc. DIOG.-L., V, § 54; rien de cité.	?
3. HÉRACLIDE d'Éphèse, fils d'Agasias; stat. Ce nom, sur le M a r s du Musée Royal, No. 411, se lit ΗΡΑΚΛΕΙΔΗΣ avec celui d'ΑΓΝΕΙΟΣ, AGNEIUS ou d'ΑΡΝΕΙΟΣ, ARNEIUS, et non d'ΑΡΜΑΤΙΟΣ, HARMATIUS, comme il avait été donné. *Voy.* AGASIAS.	?
4. HÉRACLIDE, arch., mentionné dans une inscript. des carrières de porphyre; vivant sous Trajan. *Recueil des Inscript. de l'Egypte,* par M. LETRONNE, de l'Acad. des Inscr., t. 1, p. 426.	II*
* 5. HÉRACLIDE, plast. ΗΡΑΚΛΕΙΔΟΥ. Ce nom se trouve au Musée Royal du Louvre sur une de ces tuiles en fronton, ornées de palmettes, qui servaient de couronnement à des stèles funéraires, et que l'on rencontre fréquemment en Attique et surtout à Marathon. HÉRACLIDE est un nom propre et n'a pas de rapport avec l'adjectif démotique d'un citoyen du dème d'Héraclée en Attique, qui serait un *Héracléote* ou *Héracléiote*. *Voy.* ATHÉNÉE.	?
6. HÉRACLIDE de Tarente, arch. et ing. POLYBE, XIII, 4, 6; TITE-LIVE, XXXI, 16 et 33, XXXII, 5; ATHÉNÉE, VI, 59, E; R.-ROCH., *Let. Sch.*, p. 77, No. 42.	
* 1. HÉRACLITE, mosaïquiste. ΗΡΑΚΛΙΤΟΣ ΗΡΓΑΣΑΤΟ, *il a fait,* est l'auteur d'une grande mosaïque d'un beau travail trouvée dans la vigne Lupi, près du bastion de Saint-Gall et de la porte Saint-Paul à Rome. Cette mosaïque, de 18 palmes rom. carrés (12 pi. 4 po. ou 4,005ᵐ.) était dans une salle de 43 palmes (29 pi. 5 po. 8 li. ou 9,569ᵐ.), enrichie de beaux marbres. La mo-	?

saïque était entourée d'ornemens variés faits de marbres rares, de porphyre, de serpentin, d'albâtre oriental; un encadrement saillant en marbre de Paros indiquait qu'elle ne devait pas être foulée aux pieds. Cette mosaïque est du genre de celles qu'avait inventées Sosus pour les salles de festin, et que les anciens, au rapport de Pline, l. 36, c. 60, désignaient sous le nom d'*Asaroton*, qui n'est pas balayé. Aussi une partie de celle-ci, entre deux larges bandes ornées de caissons rouges en perspective, entremêlés de feuillages, de bucranes, représentait-elle les débris tombés de la table et éparpillés sur le plancher après un festin, des fruits à demi-mangés, raisins, noix, des feuilles de légumes, de petits os, des coquillages, des arêtes de poissons, des pattes de langoustes, et l'on y découvre une souris qui fait chère lie de ces débris. Dans deux des angles de l'encadrement intérieur de ce riche pavement sont deux figures égyptiennes, un homme et une femme, restes de quatre qui y étaient, de 0,390^m (1 pi. 2 po. 5 li.) de haut. D'un côté du carré, au lieu des asarotes, il y a six beaux masques scéniques et d'autres accessoires. Entre ces figures et dans le carré intérieur, on voit des animaux et des plantes du Nil sur un fond noir, et quelques oiseaux nageant dans une eau limpide. Les cubes de la mosaïque sont en marbres de couleur et en émaux; ils sont d'une petitesse telle, qu'il est très-rare de trouver autant de délicatesse dans les mosaïques antiques, et l'on a calculé qu'un palme rom. ou 8 po. 2 li. pouvait contenir 7500 morceaux. Les lettres de l'inscription ont deux pouces de haut, l'O et le Σ sont de forme carrée, □, ⊏, comme en offrent d'anciennes inscriptions; peut-être était-ce par un goût d'archaïsme assez répandu à l'époque à laquelle M. Bunsen place cette mosaïque. Mais plutôt peut-être aussi trouvait-on que les petites pierres, en général cubiques ou à peu près, se prêtaient mieux à faire des lettres carrées que des rondes. On doit remarquer le mot ΗΡΓΑ⊏ΑΤ□, *il a exécuté, travaillé, il a fait*, au lieu d'ΕΠΟΙΕΙ ou d'ΕΠΟΙΗϹΕΝ, que l'on trouve ordinairement sur les ouvrages signés par les artistes. M. Bunsen croit que le mosaïquiste *Héraclite* a pu vivre entre Adrien et Caracalla. Voy. *Bullet. Cor. arch.*, 1833, p. 81.

2. HÉRACLITE, arch. en Égypte. MURATORI, p. 477, 3.   II*

L. p. 702.

* 1. HERMÉROS (CURTILIUS) *FABER ARGEN-*

TARIUS. Grut., 621, 1; R.-Roch., *Lct. Sch.*, p. 78, N°. 44.

* 2. HERMÉROS (C. FULCINIUS) *BRACTEARIUS*. Orelli, N°. 4153; R.-Roch., *Lct. Sch.*, p. 78, N°. 44.   ?

* HERMOCHARÈS. *Voy.* EMMOCHARÈS.

HERMOCLÈS de Rhodes, plast. *V*. vol. suiv. aux *St.* COMBABUS.   ?

HERMOCRÉON, arch., sc. Il fit pour Parium, dans la Propontide, un autel d'une grandeur et d'une beauté remarquables. Strab., XII, p. 487; XIII, p. 588.   ?

HERMODORE de Salamine, arch. Il éleva, à Rome, un temple dans le cirque de Flaminius. Corn. Nép. Selon Turnèbe, *Advers.* XI, 2, c'est peut-être le même que l'Hermodus de Vitruve, III, 2, § 5, qui éleva un temple à Jupiter *Stator* dans le portique de Metellus Macedonicus. Cet *Hermodore* aurait été arch. de constructions navales, pourrait avoir fleuri 148 av. J.-C., et, d'après Cicéron, *Orat.* I, 14, § 62, avoir travaillé encore en 99 av. J.-C., année où fut consul M.-Antoine, qui plaida pour un Hermodore. *Voy.* Sillig.   II *cd?*

HERMODUS. *Voy.* HERMODORE.

1. HERMOGÈNE d'Alabanda, arch. Vitr., III, 2, §§ 6, et 3, § 8; VII, *Prooem.*, § 12; IV, 3, § 1. Il éleva de beaux édifices, et fit de bons ouvrages sur l'architecture. D'après ce qu'en dit Vitruve, il paraît ancien.   ? A

2. HERMOGÈNE de Cythère, stat. *V*. vol. suiv. aux *St.* VÉNUS.   ?

3. HERMOGÈNE, ptr., contemporain de Tertullien, qui l'attaque dans un ouvrage sur la doctrine des stoïciens que ce peintre défendait. Bracci, t. 2, p. 268; Sillig.   II* *b*

* 4. HERMOGÈNE, ptr. ou plutôt potier de vases de Vulci. ΗΕΡΜΟΓΕΝΕΣ ΕΠ sur des coupes, avec qq. ornemens sans figures; coll. Magnus à Berlin. Gerh., *Corr. Arch.*, t. 3, p. 178, N°. 690. — Il a été vendu deux coupes de ce genre, avec deux fois ΗΕΡΜΟΓΕΝΕΣ ΕΠΟΙΕΣΕΝ, à la vente Durand, 4 mai 1836, *Catal.*, N°. 1000, acquises par le *Mus. Brit.*, 206 fr., diam. 0,243^m. (9 po.), haut. 0,109^m. (4 po.); —   ?

Siècles.

No 1001, par M. le D. de Blacas, 151 fr., diam. 0,190^m. (7 po.), haut. 0,121^m. (4 po. 6 li.).

HERMOLAÜS, sc. PLINE, l. 36, c. 4, 11. — I* *ab* l, p. 669. ? AA

1. HERMON de Trœzène, stat. Ce stat., qui paraît appartenir aux temps mythologiques, est peut-être l'HERMON qui, selon le grand étymologiste, aurait inventé les *Hermonées*, les *Hermès*, et leur aurait donné son nom. *V.* vol suiv. aux *St.* APOLLON *THÉARIUS*.

2. HERMON, fils de Pyrrhus et frère de Lacratès; arch.; il fit à Olympie le trésor des Épidamniens. PAUS., *El.* 2, c. 19, 5. — V ?

HÉRODOTE d'Olynthe, stat. *V.* vol suiv. aux *St.* GLYCÈRE. — IV*d* I, p. 579.

* HÉROS, gr.f. HPΩΣ, berger appuyé sur son pedum, coll. Borgia. AMADUZZI, *Acad. Cort.*, t. 9, p. 152; *Nov. Thes.*, t. 1', p. 20; BRACCI, t. 2, p. 285. ???. — ?

HIÇANUS, stat. *V.* vol. suiv. aux *St.* ATHLÈTES. — ?

1. HIÉRON de Cibyre, frère de Tlépolême; plast. en cire. CICER., *Verr.*, IV, 13. — I*c* I, p. 968.

* 2. HIÉRON, ptr. de vases. HIEPOΛ EΓOIE4EΛ sur une cylix bachique du P. de Canino, 1re. cent., No. 23; *Mus. étrusq.*, 565 et 1183; sur une cylix avec Thétis et Pelée, au revers Criséis. La table du Cat. du P. de Can. porte *HIÉRON*, et au No. 1183, p. 105, on trouve ANDOCIDE. Au No. 62 du Catal. il y a EΓOIE4N. — EΓOIE4EN sur une cylix, *Mus. etr.*, 1439. — Gravé à la pointe sèche sur le pied d'une cylix bachique de la collect. Depoletti; sur le manche d'une patère de la coll. Pourtalès, et d'une autre de la coll. Fossati. GERH., *Cor. arch.*, 1831, p. 179, No. 710. — Grande cylix de la coll. E. Durand, avec HIEPON EΓOIE4EN, sujet: Trois éphèbes drapés, couronnés de laurier, une femme assise présentant une couronne, une joueuse de flûte; R., à peu près le même sujet, mais ce sont des hommes barbus; intér., joueuse de flûte assise, femme dansant avec des crotales; diam. 0,325^m. (1 pi.), haut. 0,127^m. (4 po. 8 li.). — ?

	Siècles.
HIÉRONYME, arch. DIOD. SIC. ?	IV
	l, p. 581.
HILARIUS de Bithynie, ptr. EUNAP., *De Vit. Philos.*, etc., p. 94.	IV *
	l, p. 779.

* **HILARUS**, gr.f. ???. *HILARI*, masque de Silène. Amaduzzi, *Nov. Thes.*, t. 1, p. 20, dit cette pierre d'une coll. de Flor. ; auj. elle est à St.-Pétersbourg. DE KŒHLER, *Arch.*, *etc.*, p. 45 ; BRACCI, t. 2, p. 285 ; OBERLIN, *Magas. encyclop.*, 1796, t. 3, p. 273 ; R.-ROCH., *Let. Sch.*, p. 40. Ce nom peut bien être celui du propriétaire de la pierre.   ?

* HILINUS, potier de vases, dont le nom est joint sur un vase du genre *alabastron* ou *lecythus* à celui du ptr. PSIAX. ΗΙLΙΝΟΣ ΕΠΟΙΕΣΕΝ ΦΣΙΑΧΣ ΕΛΡΑΦΣΕΝ. Dans sa Dissertation sur ce vase ath., M. Fréd. Creutzer, *Alt. Athen. Geffœs*, p. 53, 56, après plus. discuss., pense que dans le nom ΗΙLΙΝΟΣ l'H n'est employée que comme aspiration, et qu'on doit le lire HILINUS et non EILINVS, comme celui d'HISCHYLUS et non ÆSCHYLUS. *Voyez* HISCHYLUS. — Et au fait, dans nos inscript. athén. du Mus. Roy., Nos. 222 et 222 *bis*, qui pour la forme de la plupart de leurs lettres et par leur ΧΣ pour Ξ, ΦΣ pour Ψ, paraissent du même temps que le vase d'Ath. où le nom ΦΣΙΑΧΣ pour ΨΙΑΞ, et ΕΛΡΑΦΣΕΝ pour ΕΛΡΑΨΕΝ, offrent le même système d'orthographe. On trouve que l'H n'est employé que comme aspiration dans les noms ΗΙΠΠΟΘΟΝΤΙΔΟΣ, col. 3, l. 58 ; ΗΙΠΠΟΝ, col. 1, l. 61 ; ΗΑΓΝΟΣΤΡΑΤΟΣ, col. 1, l. 63, de même que No. 222 ; dans ΗΥΠΕΡΒΙΟΣ, col. 2, l. 56 ; ΗΙΠΠΟΔΑΜΑΣ, col. 1, l. 63 ; ΗΑΛΝΟΝ, col. 2, l. 57. — Et l'on retrouve le ΦΣ et le ΧΣ des deux noms dans plus. de ceux de nos inscr., entre autres dans ΑΦΣΕΦΕΣ, No. 222, col. 1, l. 33 ; ΧΣΕΝΟΦΙΛΟΣ, col. 2, l. 55 ; ΚΑLΛΙΧΣΕΝΟΣ, col. 2, l. 34 ; ΑΝΑΧΣΙΛΑΣ, col. 3, l. 17 ; ΟΦΣΙΑΔΕΣ, No. 222 *bis*, col. 1, l. 34. Tous ces noms montrent que celui d'ΗΙLΙΝΟΣ doit être lu HILINUS. — M. Creutzer croit que ce nom peut venir d'Ἴλυς, qu'à l'époque de nos inscript. (457 av. J.-C.) et du vase on aurait aspiré et écrit ΗΙLΟΣ ou ΗΙLΥΣ, et qui, désignant la terre, l'argile, convenait à former un nom de potier, comme celui de *Smilis*, ciseau, à un sculpteur. *Voy.* p. 55 les conjectures de M. Creutzer sur le nom de ΦΣΙΑΧΣ ou ΨΙΑΞ, le même que ΨΙΑΣ   ?

Siècles.

ancien mot ath. qui avait la même signification que
ΨΑΚΑΣ, ΨΕΚΑϞ, *goutte*, *rosée*, et qu'on sait avoir
été un sobriquet.

HIPPASIS, cis. en fer. JUNIUS. ?   ?

HIPPÆCHMUS, ptr. de vases. ΗΙΠΠΑΙΧΜΟϞ
ϞΕΡΑΥΛΕ, mot presque effacé qu'on lit ΕΛΡΑΦϞΕ.
Ce nom, sur un vase du P. de Canino, est incertain.
GERH., *C. A.*, t. 3, p. 180, N°. 716; *voy.* aussi
R.-ROCH., 7e. *Bull. Fér.*, 1831, p. 155.   ?

HIPPÉUS, cis. ATHÉNÉE. ?   ?

1. HIPPIAS, stat. *V*. vol. suiv. aux *St.* DURIS DE
SAMOS.   ? ΑΑΑ

2. HIPPIAS, stat., selon Dion Chrysostôme, *Orat.*,
LV, t. 2, p. 282, édit. Reisk.   V *a*
I, p. 516.

3. HIPPIAS, ptr., nommé à tort IPHIS. *V*. vol. suiv.
aux *Peint.* NEPTUNE.   ?

4. HIPPIAS, arch. ?   II *
I, p. 712.

* HISCHYLUS, peintre de vases ou plutôt potier.
ϞΟΛΥΧϞΙΗ (ΗΙϞΧΥΛΟϞ) ΕΠΟΙΕϞΕΝ; P. de Ca-
nino, 1re. cent., N°. 6. Le premier mot, en écriture
rétrograde, est le nom du potier *qui a fait* le vase
d'argile peint par PHIDIPPUS, ΗΙΣΧΥΛΟϞ ΕΠ.
ΦΕΙΔΙΠΟ ΕΓΡ. Sur un autre vase on trouve ΗΙΣ-
ΧΥΛΟϞ ΕΠ ΕΠΙΚΤΕΤΟΣ ΕΓΡ. Cet *HISCHYLUS*,
potier, travaillait pour les ptr. PHIDIPPE et EPIC-
TÈTE (*voy.* ces noms). GERHARD, *C. A.*, t. 3, p. 179,
N°. 704, p. 180, N°s. 124, 125.   ?

M. Raoul-Rochette, *Let. Sch.*, p. 4, croit que dans
ce nom l'H est une voyelle et qu'il doit être lu ÆS-
CHYLUS. M. Gerhard, p. 75, et p. 180, N°. 124, l'écrit
de même; cependant, p. 79, N°. 704, il dit que ce nom
doit être lu HISCHYLUS. M. Creutzer, *Alt. Athen.
Gefæss.*, p. 55, ainsi que M. C. O. Muller (*Gœtting. ge-
lehrte Anzeig.*, 1831, p. 1329) pense de même; et ce
qui peut prouver qu'ils ont raison, c'est que dans nos
inscript. athén. du Mus. Royal, le N°. 222 *bis*, qui
paraît du même temps que les vases en question, offre,
col. 2, lig. 19, ΑΙϞΧΥΛΙΔΕϞ, et col. 3, lig. 66,
ΑΙϞΙΜΙΔΕϞ, et non ΗΙΣΧΥΛΙΔΕϞ et ΗΙϞΙΜΙΔΕϞ,

Siècles.

comme ils auraient dû être écrits si HI eût remplacé AI. *Voy.* HILINUS.

HIPPODAMUS de Milet ou de Thurium, arch. HAR-POCR., v. Ἱπποδάμειαι; SILLIG. — V*b* I, p. 328

HOROTHÉE d'Argos, sc. Il paraîtrait que ce stat. fit une st. de Cérès *Chthonia* consacrée à Hermione par un Aristomène. BŒCKH, *C. Inscr.*, N°. 1194; WELCKER, *Kstbl.*, 15 oct. 1827. — ?

* HORUS, gr.f.?. Tête de Tibère, coll. de l'abbé Pullini à Turin. MILLIN, *Voyage en Piémont*, t. 1, p. 321. — ΩΡΟΥ, Silène. GORI, *Hist. glyptogr.*, p. 26; ZANETTI, pl. 43. — Bracci, t. 2, donne ce nom comme douteux. — DE MURR, p. 84. *Voy.* LESSING, *Kollekt.*, I, p. 227, et II, p. 454, à l'article ZANETTI. — I* ?

* † HYDRUS. ΥΔΡΟΥ, Pâris. LIPP. II, p. 36, N°. 120. — Il est singulier que Lessing, *Kollekt.*, I, p. 280, N°. 70, donne ce nom parmi ceux des graveurs anciens sans faire aucune réflexion : cette pierre étant de NATTER, très-habile graveur, qui traduisait son nom en grec par ΥΔΡΟΣ, *hydre*, qui en allemand a à peu près la même signification ou celle d'*aspic*. De Murr, p. 85, ne donne pas ce nom comme antique.

HYGIÉMON, ptr. mon. PLINE, l. 35, c. 34. Un des plus anciens peintres monochrômes. — ? AAA

* HYLLUS, gr.f. ΥΛΛΟΥ, taureau *Dionysia-que*, ou Bacchus sous la forme d'un taureau, marchant vers la droite, au-dessus un thyrse, ceinture de lierre; calcéd., int., ov., caboch., 0,030m. sur 0,022m. STOSCH, pl. 40; MARIETTE, t. 2, part. 1, pl. 42; WINCKELM., *C. Stosch*, p. 260, N°. 1602; LIPP., II, p. 198, N°. 512; DE MURR, p. 85; BRACCI, pl. 80; VISC., *M. P.-Clém.*, t. 5, p. 64; *Op. var.*, t. 2, p. 124, 217; il fait remarquer les rapports de style du taureau avec celui des méd. de Sybaris, et il pense, ainsi que Millin, *Introd.*, p. 85, qu'*Hyllus* est probablem. antérieur à Auguste. *Biblioth. Royale*, DUMERSAN, *Descript.*, p. 30; RASPE, N°. 13,078; répétitions aux Nos. 13,079, 80, 90; Fr.-Marie Dolce, DENH, p. 38, N°. 75, nomme ce grav. ILLIUS ou en ital. ILLIO. Au reste l'Italien, supprimant ou changeant plus. des lettres grecq., l'Y, l'H, le Θ, le Ξ, le Φ, dénature souvent les — ?

noms grecs, ce qui, si l'on n'y fait pas attention, peut causer beaucoup d'erreurs. — Une corn., caboch., signée HYLLUS avec le même taureau est de la coll. de lord Clanbrasil. Wordlige, t. 2, dit que c'est un béril ; il écrit VΛΛOV ; 0,015m. sur 0,013m. — Au No. 13,098 de Raspe, corn. à la Dsse. de Glocester. Millin, *G. M.*, pl. 55, No. 256, écrit aussi VΛΛOV. — Le taureau *dionysiaque* de la coll. de La Haye est aussi signé YΛΛOY, mais il diffère de celui de notre Bibl. Roy. DE JONGE, p. 157, No. 13. Notre belle pierre a souvent été copiée.— YΛΛOY, tête de femme diadémée, nommée *Cléopâtre* par Bracci, pl. 79; corn., int., ov., 0,019m. sur 0,013m.; autrefois coll. d'Orl., auj. de l'emp. de Russie. *Cab. d'Orl.*, t. 1, pl. 14. Fulv. Ursinus, *Imagines*, pl. 75, d'où Stosch, pl. 39, avait tiré cette tête, en fait celle du bel Hylas, et Canini, pl. 3, celle d'Hyllus. DE MURR, p. 85; LESSING, *Kollekt.*, I, p. 274; MILLIN, *Intr.*, p. 85. — YOΛΛY (rétrograde), Hercule jeune, nu, debout, tourné à g., massue à la main dr., nommé *Aventinus* par Winckelmann, *C. Stosch*, p. 492, et de Murr, p. 85; onyx, int., ov., 0,013m. sur 0,010m. BRACCI, pl. 78. — Tête de philosophe ceinte d'une bandelette, tourné à dr.; sard., int., ov., cab., 0,019m. sur 0,015m.; appartenant d'abord à Hippol. Vitelleschi depuis au Mis. Ant. Tassi, et à présent au gr.-duc de Toscane. CANINI, *Icon.*, No. 3; GORI, *Mus. Flor.*, t. 2, pl. 2; STOSCH, pl. 38; BRACCI, pl. 81; DE MURR, p. 85. — YΛΛOY, Triton et Néréide, deux Amours, corn., int., 0,015m. sur 0,019m.; Coll. Marlbor., t. 1, pl. 40. — (YΛΛOY, Ariane abandonnée, corn., int., col. du Bon. Roger. *Note de M. Dubois.*) — YΛΛOY, tête de Muse, corn., int., coll. d'Orl., et venant de celle des Médicis, LAVR. MED. RASPE, No. 15,210. — VΛΛOY, Pâris, sard., int., coll. Algernon-Percy; est moderne. RASPE, No. 9117. — ΛΛOY, Pallas assise regardant la tête de Méduse, pâte antiq., coll. de La Haye, DE JONGE, p. 143, No. 8. De Thoms, pl. 6, No. 5, lit THRASYLLUS. — (YΛΛOY, masque silénique, corn., int., coll. du gén. Rottier. *Note de M. Dubois.*) — HYΛOY, Diane, calcéd., coll. Townley; imitation mod.; nom mal écrit. GORI, *Hist. Glyptogr.*; RASPE, No. 2128.— On trouve le nom d'*HYLLUS* sur plus. autres pierres mod. *Catal.*

Siècles.

du Mis. DE DRÉE, p. 60, N°. 46 *bis*, et c'est peut-être le nom dont ont le plus abusé les faussaires. — ΥΛΛΟΥ, buste de Silène, de profil, très-beau, améth., int., coll. de la Turbie, auj. D. de Blacas. VISC., *Op. var.*, t. 2, p. 410, N°. 60. — ΥΛΛΟΥ, tête d'Harpocrate, de profil, coll. Blacas; même provenance. VISC., *Op. var.*, t. 2, p. 423, N°. 148. — ΥΛΛΟC ΔΙΟCΚΟΥΡΙΔΟΥ ΕΠΟΙΕΙ ???, tête de jeune Faune. GORI, *Observ. ad Gem. M.-Flor.*, t. 2, p. 13; DE MURR, p. 85. Cet *HYL-LUS*, fils ou élève de *DIOSCOURIDE*, est plus que suspect.

HYPATODORE de Thèbes, stat. avec Aristogiton. PLINE, l. 34, c. 19, *init. V*. vol. suiv. aux *St.* MI-NERVE d'Aliphère.   IV *a*   1, p. 537.

HYPERBIUS. *Voyez* AGROLAS.

* HYPHRONIUS, ptr. de vases. ΥΦΡΟΝΙΟΣ ΕΠΟΙΕ-ΣΕΝ, patère, coll. E. Durand; n'en faisait plus partie à la vente en 1836.   ?

* HYPSIS, ptr. de vases. ΗΥΦΣΙΣ ΕΛΡΑΦΣΕΝ sur un vase de Vulci. GERH., *C. A.*, t. 3, p. 178, N°. 697; *Bullet. C. Arch.*, sept. 1829, p. 109; R.-ROCH., 7e. *Bull. Fér.*, 1831, p. 155; *Let. Sch.*, p. 9, N°. 19, il relève, avec raison, la singulière idée d'antiquaires italiens, qui en martyrisant ce nom très-clair auraient voulu y trouver celui du célèbre peintre Zeuxis.   ?

HYRAM de Tyr, arch. BIBLE.   XI ?

* HYTHILUS, gr.f. ???. ΥΘΙΛΟΥ, Mars. AMADUZZI, *Acad. Cort.*, t. 9, p. 153.   ?

I.

IADES. *Voyez* SILANION et ZEUXIADES.

* IADIS, gr.f.??. ΙΑΔΙΣ. Diane marchant, prête à décocher un trait, béril, int., coll. Algernon-Percy. RASPE, N°. 2138, p. 28.   ?

* † IASAMAS. Tout en mettant ce nom barbare parmi ceux des grav. anciens, de Murr, p. 86, prévient qu'on doit plutôt lire ΠΑΖΑΛΙΑC, et que c'est le nom du grav. mod. PAZZALI. *Voyez* PASSAGLIA.

ICMALIUS, ouvrier en bois. HOMÈRE, *Odys.*, 19, 57.   ???   1, p. 477.

	Siècles.
* ..ICTÉTUS, ..ΙΚΤΕΤΟΣ ΕΛΡΑΦΣΕΝ. *Vases du P. de Canino*, 1re. cent., Nº. 19. Il est probable que dans son entier ce nom devait être ÉPICTÈTE, ΕΠΙΚΤΕΤΟΣ.	?
ICTINUS, arch. VITR., VII, *Proœm.*, § 12, 16 ; PAUS., *Arc.*, c. 41, 5 ; STRAB., IX, p. 606.	Vc I, p. 531.
IDÆUS, ptr. XÉNOPH. ?	V
IDECTÉE ou TECTÉE. *Voyez* ce dernier nom.	
ILLYRIUS, arch. BŒCKH, *C. Inscr.*, t. 1, p. 456, Nº. 428.	?
* INGÉNUUS, stat. Son nom sur la base d'une statue de Mercure. VISC., *M. Pio-Clém.*, t. 3, pl. 41, p. 53, et *Op. var.*, t. 1, p. 83 ; WELCKER, *Kstbl.*, 15 oct. 1827.	?
ION, stat. PLINE, l. 34, c. 19, *init.;* rien de cité.	IIIa I, p. 588.
IPHICRATES. *Voyez* AMPHICRATES.	
IPHION de Corinthe, ptr. *Anth. Pal.*, t. II, p. 256, Nº. 757 ; épgr. de Simonide, un distiq., *IPHION* cité sans aucun détail.	?
IPHIS. *Foy.* HIPPIAS.	
IRÈNE, fille et disc. de Cratinus, ptr. *V.* vol. suiv. aux *Peint.* FILLE (JEUNE).	?
IRÉNÉ, gr.f. ΕΙΡΗΝΗ, homme tenant une coupe surmontée d'un oiseau, corn., int., ov., 0,013m. sur 0,009m. *Mus. Corton.*, pl. 65 ; GRAVELLE, t. 2, pl. 96, horriblement rendue. Raspe, Nº. 8524, donne cette pierre comme un soufre de Stosch ; belle gravure, ancien style.	?
1. ISIDORE de Paros, fils de Numénius, stat. Fragm. de base de statue découverte au forum de Cumes avec l'inscr. : ..ΟΔΕΚΜΟΣ ΕΙΟΣ ΠΑΚΙΟΥ ΙΣΙΔΩΡΟΣ ΝΟΥΜΗ.... ΠΑΡΙΟΣ ΕΠΟΕΕ (*Thé*)odecnius *Heius*, *fils de Pacius Isidore, fils de Numénius de Paros, a fait.* Pline, l. 34, XIX, 16, cite cet *Isidore.* IORIO, *Guida di Pozzuoli*, pl. 11, Nº. 20, p. 119 ; R.-ROCH., *Let. Sch.*, p. 79, Nº. 45. *V.* vol suiv. aux *St.* HERCULE de Paros.	?
2. ISIDORE de Milet, arch. sous Justinien.	VI* I, p. 839.
3. ISIDORE, neveu du précédent, arch.	VI*

	Siècles.
NSIGONE, stat. PLINE, l. 34, c. 19, 23; rien de particu-lièrement cité.	III *c* 1, p. 596.
1. ISMÉNIAS de Chalcis, ptr. PSEUDO-PLUT., *Vit. dec., Orat., Lycurg.*, t. 2, p. 590; BRACCI, t. 2, p. 269; SILLIG. Ce ptr., de même que CŒNUS, faisait des *stemmata*, peut-être des tableaux ou des légendes gé-néalogiques avec des portraits.	?
* 2. ISMÉNIAS (C. CŒLIUS) *KAELATOR*, cis. GUDI, p. 213, N°. 9, d'après Pirro Ligorio. R.-ROCH., *Let. Sch.*, p. 80, N°. 46.	?

J.

	Siècles.
JEAN de Contantinople, arch. sous Justinien.	VI * 1, p. 839.
* JUCUNDUS (CÆDICIUS) *AVRIFEX*, peut-être fils d'AGATHOPUS, aussi *aurifex*. GRUT., p. 638, 7; ORELLI, N°. 4149; R.-ROCH., *Lett. Sch.*, p. 80, N°. 47.	?

L.

	Siècles.
LABEON (ANTISTIUS) et non ATÉRIUS, comme il est écrit p. 697, ptr. PLINE, l. 35, c. 7; SILLIG.	I* *b c* 1, p. 697.
LACER (C. JULIUS), arch. Belle inscript. en 12 vers élégiaq. dans GRUTER, p. 162, 1 ; BRACCI, t. 2, p. 269.	I* *d* 1, p. 701.
LACHÈS ou CHARÈS. *Voyez* ce dernier nom.	
LACON. *Voyez* GORGIAS de Laconie.	V ?
LACRATÈS, arch., fils de PYRRHUS. *Voyez* HERMON.	
LADAMAS, stat. *Voyez* DIONYSODORE.	
* LÆCANUS CÆSARIS (C.) *ARGENTARIUS*, cis. en arg. Inscr. trouvée à Cumes, tirée des *Antiq. de Cumes* de Scipion Mazzelio. GRUT., p. 639, 2.	?
LÆDUS STRATIATÈS. *Voyez* LÉOSTRATIDÈS.	?
LAÏUS, sc. TZETZÈS. ?.	?
LAÉRCÈS, orfèvre cité par HOM., *Od.*, 3, 425.???.	?

	Siècles.
LAHIPPUS. *Voyez* DAÏPPUS.	
LALA de Cyzique, fem. ptr. *V*. vol. suiv. aux *Peint.* FEMME (VIEILLE).	I *a* I, p. 617.
LAPHAÈS de Phlionte, stat. *V*. vol. suiv. aux *St.* APOLLON d'Égire.	?AA
LASIMUS. *Voyez* ALSIMUS.	
* LARGONIUS (T. FLAVIUS) HEROS MALACAS *FABER FLATURARIUS SIGILLIARIA- RIUS* (*sic*) pour *SIGILLIARIUS*, fond., cis., fondait probablem. et ciselait des figurines et autres petits objets, des *sigilla* en bronze. REINES., XI, 89, p. 640; WELCKER, *Kstbl.*, 15 oct. 1827; ORELLI, N°. 4280; R.-ROCH., *Let. Sch.*, 1832, p. 80, N°. 48. — Inscr. trouvée, selon Orelli, sur la route de Rome à Préneste (Palestrine); mais Reinésius dit qu'elle fut découverte aux Esquilies, dans la vigne de M. d'Aquino.	?
* LAUDICIUS, gr.f. ???. Cybèle. AMADUZZI, *Acad. Cort.*, t. 9, p. 154; *Nov. Thes.*, t. 1, p. 21; BRACCI, t. 2, p. 285.	?
LÉARQUE de Rhégium, stat. *V*. vol. suiv. aux *St.* JUPITER à Sparte.	VIII*b*? I, p. 485.
* LÉOCHARÈS d'Athènes, stat. et sc. *V*. vol. suiv. aux *St.* ALEXANDRE-LE-GRAND.	IV *c* I, p. 573.
LÉOCRAS, stat. Le même que LÉOCHARÈS.	
LÉOCRATÈS, fils de Strœbus, stat. *Anth. Pal.*, t. 1, p. 231, N°. 144. — D'après une épgr. d'Anacréon il aurait fait une belle statue de Mercure.	VI
1. LÉON, stat.?. *V*. vol suiv. aux *St.* ATHLÈTES.	?
2. LÉON, ptr. *V*. vol. suiv. aux *Peint.* SAPPHO.	?
1. LÉONIDES d'Anthédon, élève d'Euphranor; ptr. ET. DE BYZ., v. Ανθηδών; EUSTH., *ad Hom. Iliad.* B., 508; rien de cité.	IV*c* I, p. 564 et 576.
2. LÉONIDES, arch.; il écrivit sur les règles de l'ar- chitecture. VITR., VII, *Præf.*, § 14; SILLIG.	?
LÉONTICHUS ?. Selon M. Raoul-Rochette, *Let. Sch.*, p. 81, N°. 50, c'est le nom supposé d'un artiste qui, sur le point de renoncer aux travaux de sa profession, en dédie les instrumens à Minerve. Mais d'après l'épgr.	?

	Siècles.

de Léonidas de Tarente, BRUNCK, *Anal.*, t. 1, p. 225, N°. 4, il nous paraîtrait que les instrumens désignés sont ceux d'un ouvrier, d'un menuisier, plutôt que ceux d'un sculpteur et d'un artiste.

LÉONTION, ptr. PLINE, l. 35, c. 36, 19; rien de cité. — IV *c*

LÉONTISCUS, ptr. *V*. vol. suiv. aux *Peint.* ARATUS. — III *c*

LÉONTIUS. *Voyez* PYTHAGORE de Rhégium.

LÉOPHON, stat. *Voyez* LOPHON.

LÉOSTRATIDÈS, cis. en arg. PLINE, l. 33, c. 55. Il est nommé dans les Mss. LÆDUS STRATIATÈS, LÆDUS STRALITÈS, LIDISTRATICÈS, LEDIS-TRATICÈS, LEDISTHRACIDÈS; que M. Sillig a rétabli en LÉOSTRATIDÈS. — I — I, p. 665.

LESBOCLÈS, stat. et ptr. PLINE, l. 34, c. 19, 25. On le trouve nommé LESBOLÈS et LESTOLÈS dans les Mss. Rien de cité. — ?

LESBOTHÉMIS, sc. *V*. vol. suiv. aux *St.* MUSE tenant une grande flûte. — ?

1. LEUCON, sc. *V*. vol. suiv. aux *St.* CHIEN. — ?

*2. LEUCON, ΛΕΥΚΟΝΟϹ, lu aussi ΔΕΥΤΟΝΟϹ. Selon Natter, *Préf.*, p. 37, ce serait un graveur en pierres fines dont le nom se serait trouvé sur des pâtes de la collect. du Cte. de Thoms ??. LESSING, *Kollekt.*, I, p. 281; DE MURR, p. 86, sans réflexions; THOMS, pl. 6, N°. 1. — ΛΕΥΚѠΝΟϹ, course de quatre quadriges, pâte, int., ov., 0,012^m. sur 0,011^m. *Voyez* DEUTON. — ?

* LIBENS, gr.f. ??. LIBENS, Antonin-le-Pieux, soufre de Stosch. RASPE, N°. 11,767. — II* ?

LIBON Eléen, arch. PAUS., *El.* 1, c. 10, 2. — V *c* — I, p. 531.

LINAX. *Voyez* ZÉNAS.

* † LIPASIUS, gr.f. ΛΙΠΑΣΙΟΥ, tête de Rhéa. WORSLEY, *Mus.*, p. 143. N°. 6; SILLIG. — Ne serait-ce pas plutôt ΑΣΠΑΣΙΟΥ? Cette idée m'était venue et ceci était écrit long-temps avant que parût la Lettre de M. R.-Rochette à M. Schorn, p. 45, et elle me donne plus de confiance en mon opinion; cependant cette pierre est très-douteuse. *V*. ASPASIUS. — ?

LOCRUS de Paros, stat. *V.* vol. suiv. aux *St.* MI-NERVE. — ?

LOPHON ou LÉOPHON, stat. *V.* vol suiv. aux *St.* ATHLÈTES. — ?

LUC (SAINT) l'Évangéliste passe pour avoir été peintre. — I*

LUCIEN de Samosate. Cet écrivain fut statuaire jusqu'à l'âge de trente ans. — II *

* LUCIFER (SATYRUS) *VASCULARIUS*, ? cis. en vases. Inscription trouvée au Champ de Mars. REINES., cl. XI, 101. — Omis par M. Raoul-Rochette.

LUCILLUS, ptr. SYMMAQUE, *Epist.* 11, 12, IX, 47. Rien de cité.

* 1. LUCIUS, gr.f. ΛΕΥΚΙΟΥ, Victoire dans un bige, allant à gauche, le fouet à la main droite, sard., int., ov., 0,020m. sur 0,015m., d'abord coll. Marciana à Harlem, ensuite au comte Walkenaer. STOSCH, pl. 41; WINCKELM., *Cat.*, p. 185, No. 1086; LIPP., I, p. 246, No. 692; DENN, 102, No. 18. Dolce l'appelle LUCCIUS. — BRACCI, pl. 82; il écrit ΛΕΥΚΟΥ. RAPONI, pl. 80, No. 12; DE MURR, p. 86; LESSING, *Kollcht.*, I, p. 274; RASPE, No. 7784. — ΛΕΥΚΤΕΥ (est-ce bien LUCIUS?), masque de Faune barbu à oreilles de chèvre. GORL., *Dactyl.*, No. 506; STEPHANONI, pl. 9; il écrit ΛΟΥΚΤΕΙ, et le prend pour LUCIUS de Patras ou pour APULÉE. LIPP., I, p. 183, No. 452; RASPE, Nos. 3979, 3982. — ΛΕΥ ??, Popée, corn., autref. au C.te Wackerbarth Salmour. LIPP., II, p. 197, No. 656; RASPE, No. 11,416. — Visconti, *Op. var.*, t. 2, p. 125, place *Lucius* parmi les grav. des temps romains. — ?

* 2. LUCIUS, plast. Son nom. ΛΟΥΚΙΟΥ, conservé sur une lampe en terre où est représenté Achille traînant Hector autour de Troie. BARTOLI, III, 9; WELCKER. *Ksthl.*, 18 oct. 1827. — ?

1. LUDIUS (MARCUS) HELOTAS d'Étolie, ptr., ou, selon M. Sillig, MARCUS PLAUTIUS CLEOE-TAS d'Italie; mais plutôt, d'après M. Letronne. *Lettres d'un antiquaire*, etc., pp. 39, 42, MARCVS LVDIVS CLETAS d'Étolie ou de Préneste. — VIII *b* — I, p. 486.

2. LUDIUS, ptr. d'ornem. PLINE, l. 35, c. 37. — I, p. 670.

	Siècles.
1. LUPUS (C. SÉVIUS), arch. Grut., *Inscr.*, p. 57, 7 ; Sillig.	
2. LUPUS (LUCILIUS) ou RUFUS, sc., ce que rend incertain l'ambiguité des signes hiéroglyphiques égyptiens avec lesquels sont inscrits sur l'obélisque de Bénévent les noms de celui qui en a fait les sculptures. On sait que dans l'écriture hiéroglyphique phonétique la lettre L se rend par le même signe que l'R, et l'F par celui qui exprime le P, ce qui jette du doute sur l'orthographe et la prononciation des noms où entrent ces lettres. (*Ce nom m'a été fourni par M. Dubois avec la copie autographe de Champollion le jeune.*)	?
LYCAON, cis.??. Virgile.	?
LYCISCUS, stat. *V.* vol. suiv. aux *St.* LAGON.	?
LYCIUS d'Eleuthère, stat. et sc., fils de Myron. Son nom est corrompu dans plusieurs manuscrits, où on lit MIRUMLITIUM, MIRUNLITIUM, et BUTHYRÉUS pour ÉLEUTHÉRÉUS. Sillig. *V.* vol. suiv. aux *St.* ACHILLE ET MEMNON.	V *c* I, p. 537.
LYCUS, stat. Quoique Hardouin l'ait admis parmi les artistes cités par Pline, il paraît que c'est le même que LYCIUS d'Éleuthère. Sillig, *Cat.*, p. 251.	?
LYSANIAS, fils de Dionysius; sc. Son nom trouvé sur la base d'une statue de Bacchus. Winckelm., *H. A.*, t. 6, P. 2, p. 342 ; Bracci, t. 2, p. 269.	?
LYSIAS, sc. *V.* vol. suiv. aux *St.* APOLLON ET DIANE, quadrige.	I *
LYSINIANUS (SELEUCUS) JULIÆ AUG. *ARGENTARIUS*, cis. en argent de la maison impériale et de celle d'une des Julie, peut-être la fille d'Auguste. *Inscr. de Flor.*, Spon, *Misc.*, p. 218. — Omis par M. Raoul-Rochette.	?
1. LYSIPPE de Sicyone, stat. La suite de cet ouvrage offrant toutes les statues de *Lysippe*, décrites ou indiquées par les auteurs anciens, il serait superflu de rapporter ici l'indication des passages des livres 34 et 35 de Pline, et ceux des *Attiques*, des *Corinthiaques* de la 2me. *Eliaque* et des *Béotiques* de Pausanias, non plus que ce que l'on trouve dans Strabon, l. 6	IV *c* I, p. 578.

et 13 ; dans Callistrate, éd. de Jacobs et de Welcker. — *Lysippe* avait fait un grand nombre de statues d'Alexandre-le-Grand, à tous les âges et dès sa jeunesse. PLUTARQUE, *de Alex.-Mag. fort.*, II, 2 ; *Vit. Al.-M.*, 4 ; *Is. et Os.*, 24. — Sur le caractère qu'il avait donné à ses statues, sur la vérité et le naturel de ses productions : QUINCTIL., XII, 10 ; PROP., III, 7, 9 ; PLINE, l. 34, 8, 19. — Sur les statues des officiers et des cavaliers d'Alexandre tués au passage du Granique : ARRIEN, *Exped. Alex.*, I, 16, 7 ; VELL. PATERC., I, 11, 3. — *Lysippe* qui jouit de toute la faveur d'Alexandre, dont seul il avait le privilége de faire les statues, qui pendant sa carrière fit sortir de ses ateliers plus de 1500 statues, au rapport de Pline, mourut presque de misère, comme le grand Corrège, et en mettant la dernière main à un de ses chefs-d'œuvre. Les principaux élèves de ce grand maître furent son frère LYSISTRATE, EUTHYCRATE, son fils TISICRATE, BÉDAS, DAIPPE. SILLIG. *V*. vol. suiv. aux *St.* ALEXANDRE-LE-GRAND ET SÉLEUCUS.

2. LYSIPPE d'Athènes, ptr. ancien. Un de ses ouvrages à Egine portait qu'il avait été fait à l'encaustique (ἐνέκαεν), *Lysippe* l'a brûlé ou peint au feu. PLINE, l. 35, c. 39 ; SILLIG, *Cat.*, p. 264.   ?

* 3. LYSIPPE, sc. Ce pourrait être un autre stat. que le célèbre Lysippe de Sicyone. Son nom est gravé sur un Hercule du palais Pitti à Florence : ΛΥΣΙΠ-ΠΟΥ ΕΡΓΟΝ, *ouvrage de Lysippe* ; il est cependant probable que c'est une copie de quelque Hercule du grand Lysippe. Voy. *Mon. Gabini*, p. 44 ; *Galer. de Flor.*, ser. 4, t. 3, p. 26 et 27 ; MEYER, *H. A.*, t. 1, p. 128. — Flaminio Vacca, N⁰. 77, p. LXXXVII du 1er. vol des *Miscellanea* de Carlo Fea, en indiquant cette statue, trouvée dans la vigne Ronconi, donne en latin, OPVS LISIPPI (*sic*), l'inscr. qui est en grec.   ?

* 4. LYSIPPE d'Héraclée, fils d'un Lysippe ; sc., sur la base d'une statue d'Apollon à Délos, du temps des Romains, ΑΠΟΛΛΩΝΙ ΛΥΣΙΠΠΟΣ ΛΥΣΙΠΠΟΥ ΗΡΑΚΛΕΙΟΣ ΕΠΟΙΕΙ. VILLOISON ; WELCKER, *Kstbl.*, 15 oct. 1827.

LYSISTRATE de Sicyone, stat., frère du grand Lysippe. PLINE, l. 35, c. 44. *V*. vol. suiv. aux *St.* MÉLANIPPE.   IV *a* i, p. 580.

	Siècles.

LYSON, stat. *V.* vol. suiv. aux *St.* ATHLÈTES et PEUPLE d'Athènes. — ?

LYSUS, Macédonien, stat. *Voyez* vol. suiv. aux *St.* CRIANIUS. — ?

M.

* MACHATAS, sc., d'après des inscriptions trouvées à Aïlias, près de Vonitza, en Acarnanie. MONTF., *Diar. ital.*, p. 425; *Anth. Pal.*, t. 2, p. 868. M. Bœckh, *C. Inscr.*, t. 2, p. 3, N°. 1794 *ab (voy.* N°. 1798), cite un MACHATAS. Si c'était le même que le sculpteur, il aurait été fils d'un Socrate. Mais cette inscr. a été trouvée à Arta, l'ancienne Ambracie, en Epire, et l'autre ville est en Acarnanie. *V.* vol suiv. aux *St.* ESCULAPE. — ?

* MÆCIUS (PUBL.) PROCULUS, de la tribu POLLIA RUSTICA; arch. MURAT., *Thes. nov.*, t. 2, p. 231, 8; BRACCI, t. 2, p. 270. — ?

* MÆTIUS APRILIS *ARTIFEX SIGNARIUS*, ? sc. chrét. BOLDETTI, *Osserv.*, etc., p. 316; ORELLI, N°. 4282; R.–ROCH., *Let. Sch.*, p. 81, N°. 51.

MALAS de Chios, sc. PLINE, l. 36, c. 4, 2; rien de cité. — VI *a* I, p. 499.

* MALCHIO PHILEROS, cis. ou sc. en arg. *Monum. Matt.*, III, 122; R.-ROCH., *Lct. Sch.*, p. 82, N°. 52. — ?

MALLIUS (LUCIUS), ptr. MACR., *Sat.* 2, 2. Ce *MALLIUS* passait à Rome pour un très-bon peintre. Un jour un certain Servilius Geminus voyant que les enfans de *MALLIUS* étaient fort laids, lui dit qu'il ne modelait pas aussi bien qu'il peignait : c'est, lui répondit *MALLIUS*, que je modèle dans les ténèbres, et que je peins dans le jour. C'est tout ce que l'on sait de ce peintre. — ?

MAMURIUS VETURIUS??, stat. ou ouvrier en bronze des premiers temps de Rome; fort douteux. *V.* vol. suiv. aux *St.* VERTUMNE. — VIII *d* I, p. 490.

MANDROCLÈS, arch. HÉRODOTE; TZET., *Chil.*, v. 826. — V

* MARCIA (T.-F.), fille de T..., *AURARIA* et *MARGARITARIA*. Il est probable que ce n'était — ?

	Siècles.
qu'une orfèvre et une marchande de perles de la Voie Sacrée, à Rome, DE VIA SACRA. MURAT., No. 964; ORELLI, No. 4148; R.-ROCH., *Lett. Sch.*, p. 89, No. 79.	
1. MARCUS, arch.	I
* † 2. MARCUS, ΜΑΡΚΟC. Ce nom écrit en grec sur des pierres gravées est celui de Marc Tuscher, bon graveur allemand. DE MURR, p. 87.	I, p. 623.
* MARIENUS (Hagenbuch lit MARTINUS) MESTRIUS *PICTOR*, ptr. Inscr. trouvée à *Alba Julia*. GRUT., p. 90,4; ORELLI, No. 4260; SILLIG.	
MARON, père de Virgile; potier.	I
* MASCIANUS ou? MÆCIANUS (M.), cis. ou sc. en argent. Son nom sur un beau cratère d'argent trouvé dans les ruines de Faleri. ALEX. VISCONTI, *Atti dell' Acad. rom. d'Archeol.*, t. 1, P. 2, p. 314; R.-ROCH., *Let. Sch.*, p. 82, No. 53.	?
MAXALAS, gr.f. ΜΑΞΑΛΑC ??, Antonin *le Pieux* couronné de laurier, cam., sard. à trois couches, ov., 0,035m. sur 0,023m. Gori, *Dactyl. Smith.*, t. 2, p. 34, de même que de Murr, p. 87, croit ce nom moderne. Mariette, *Traité*, t. 2, p. 110, fait l'éloge de ce camée. BRACCI, *Préf.*, t. 1, p. XVIII; coll. de La Haye, de THOMS, pl. 5, No. 9; DE JONGE, p. 126, No. 7.	II*?
* MAXIMUS. *Voyez* ALSIMUS.	
MÉCHOPANES, ptr. PLINE, l. 35, c. 40, 31.	IV*d* I, p. 580.
MÉDON de Lacédémone, stat. *V.* vol. suiv. aux *St.* MINERVE armée.	VI*b* I, p. 507.
MÉGACLÈS, arch. PAUS., *El.*, 2, c. 19, 4. Il fit, avec POTHÆUS et ANTIPHILE, le trésor des Carthaginois à Olympie.	? A
MÉLAMPUS, arch., écrivit sur l'architecture. VITR., VII, *Præf.*, § 14.	?
MÉLANTHIUS ou MÉLANTHUS, peut-être de Sicyone où il travailla; ptr. MEYER, *H. A.*, t. 1, p. 172; t. 2, p. 171, No. 197. *V.* vol. suiv. aux *Peint.* ARISTRATE.	IV *d* I, p. 581.
MEMNON, arch., construisit pour Cyrus un beau palais à Ecbatane. HYGIN., *Fab.* 222.	VI*b* I, p. 555.

	Siècles.

*** MÉNA**, gr.f., fils de Diodore??. MHNA TOY ΔIO-ΔΩPOY, tête de femme, diadêmée, tournée à gauche, devant la tête HI; onyx, ov., int., 0,022ᵐ. sur 0,015ᵐ. Cᵗᵉ. DE THOMS, pl. 2, Nᵒ. 3. Très-suspect, comme bien des pierres de la coll. de Thoms. — **?**

1. MÉNÆCHME de Naupacte, stat. *V.* vol. suiv. aux *St.* DIANE *LAPHRIA.* — **VI** I, p. 515.

2. MÉNÆCHME de Sicyone, stat., fils d'Alcibius ou d'un Alcibiade. *V.* vol. suiv. aux *St.* VEAU abattu. — **IV** *d* I, p. 957.

MÉNALIPPE, arch.?. *Voyez* STALLIUS.

*** MÉNANDRE (M. LIVIUS)** *AURIFEX*, ciseleur ou orfèvre grec affranchi d'une impératrice, peut-être de Livie. GORI, *Columb.*, p. 153, Nᵒ. 121; WELCKER, *Kstbl.*, 18 oct. 1827. — **?**

MÉNÉCRATES, sc. PLINE, l. 36, c. 4, 10. Il eut pour élèves APOLLONIUS et TAURISCUS, auteurs présumés du Taureau Farnèse. Rien de cité. — **?**

MÉNÉDÈME, phil. et ptr. DIOG.-L., 11, 127. — **?**

*** MÉNÉLAS**, sc., élève de Stéphanus, qui est peut-être celui dont parle Pline, l. 36, c. 4. Ce *MÉNÉLAS* a sculpté le groupe de la villa Ludovisi, connu sous le nom de Papirius avec sa mère ou d'Oreste et Electre. ΜΕΝΕΛΑΟΣ ΣΤΕΦΑΝΟΥ ΜΑΘΗΤΗΣ ΕΠΟΙΕΙ. WINCKELM., t. 6, P. 1, p. 242; THIERSCH, *Ep.*, III, *adnot.*, p. 93; SILLIG, à l'article STÉPHANUS. — **?**

MÉNESTHÈS, arch. Il fit un temple pseudodiptère d'Apollon. VITR., III, 2, § 6; SILLIG. — **?**

MÉNESTHÉUS d'Aphrodisias, sc. Gruter, p. 1021, 2, cite une inscription sur le vêtement d'un fragm. de st. faite par MÉNESTHÉUS, fils de MÉNESTHÉUS. ΜΕΝΕϹΘΕΥϹ ΜΕΝΕϹΘΕΩϹ ΑΦΡΟΔΙϹΙΕΥϹ ΕΠΟΙΕΙ. SILLIG. — **I*?**

1. MÉNESTRATE, ptr. *Anth. gr.*, t. 11, p. 213. *V.* vol. suiv. aux *Peint.* DEUCALION. — **?**

2. MÉNESTRATE, sc. *V.* vol. suiv. aux *St.* HÉCATÉ. — **IV** *c* I, p. 759.

1. MÉNIPPE, stat. DIOG.-L., VI, § 101. Rien de cité. — **?**

2. MÉNIPPE. Deux peintres de ce nom sont cités par — **?**

	Siècles.
Apollodore, selon Diogène-Laërce, VI, § 101. Rien de cité.	
1. MÉNODORE d'Athènes, sc. *V*. vol. suiv. aux *St.* CUPIDON imité de Praxitèle.	I* I, p. 691
2. MÉNODORE, stat. Pline, l. 34, c. 19, 34, cite un statuaire, peut-être différent du précédent. *V*. vol. suiv. aux *St.* ATHLÈTES.	?
* MÉNODOTE de Nicomédie, sc. *Voy.* DIODOTE.	V *c d*
MÉNOGÈNES, stat. *V*. vol. suiv. aux *St.* QUA- DRIGES.	?
* MÉNOPHANTUS, stat. On a de lui une copie de la Vénus d'Alexandria Troas. Voy. *Mus. Roy.*, N°. 190; WINCKELM., t. 4, p. 113, 130, 329. L'inscription porte ΑΠΟ ΤΗϹ ΕΝ ΤΡΩΑΔΙ ΜΗΝΟ- ΦΑΝΤΟϹ ΕΠΟΙΕΙ. BRACCI, t. 2, p. 270.	?
MENTOR, cis. et grav. sur métaux, sur pierre et sur verre. PLINE, l. 33, c. 52; l. 7, c. 39; CICER., *Verr.*, IV, 18, § 38; MART., III, 41; IV, 39; VIII, 50; IX, 59; XIV, 91; JUVEN., VIII, 104; PROPERT., I, 14, 2; III, 7, 12; VARRON, *Fragm. Agath.*, p. 261, ed. Bip. *Voy.* SILLIG. et au vol. suiv. aux *Monum. divers* THÉRICLÉENS (VASES).	V *c* I, p. 537
* MERCURIUS, gr.f. ??. MERCVRI, chien, corn., int. Caylus, pl. 71, N°. 3, ne le donne pas comme un nom, et ce peut-être une consécration. DE MURR, p. 87.	?
* MERSIS, arch., probablement Egyptien, dans une inscript. trouvée par feu l'Hôte aux carrières de *Breccia Verde*, sur la route de Cosseir en Egypte. (*Fourni par M. Letronne, de l'Acad. des Inscript.*)	?
* MESTRIUS MARINUS, ptr., éleva un temple aux grandes déesses. GRUTER, p. 90, 4.	?
1. MÉTAGÈNES, arch., fils de Chersiphron.	VI *a* I, p. 499.
2. MÉTAGÈNES, Athénien du bourg de Xypété, arch. PLUT., *in Pericl.*, 13.	V *c* I, p. 537.
MÉTICHUS, arch., son nom donné à un forum d'Ath. POLLUX, VIII, 10, 121; JUNIUS.	?
1. MÉTRODORE d'Athènes, ptr. et philos., ami d'Épicure. PLINE, l. 35, c 40, 30; rien de cité.	II *b* I, p. 608.

	Siècles.

2. MÉTRODORE d'Éphèse, sc. Son nom sur la base d'une statue. BOISSARD, part. IV, pl. 123; WELCKER, *Kstbl.*, 15 oct. 1827. — ?

* MI..MI.. Commencement d'un nom, peut-être celui d'un monétaire, sur des médailles de Syracuse. Nœhden, *Selection of ancient Coins*, p. 49, pense que ce pourrait être MICYLLUS; de même que ΣΩ serait SOSION; ΞΑ, XANTHOS; ΕΥΜ, EUMÈNES, et ΕΥΚΛΕΙΔ, EUCLÉIDES. *Voyez* SILLIG, *Catal.*, p. 483; WELCKER, *Kstbl.*, 18 oct. 1827.

MICCIADES de Chio, sc., fils de Malas et père d'Anthermus ou d'Archénéus. Rien de cité. — IV *b* — I, p. 502.

MICCION, ptr., élève de Zeuxis. LUCIEN, *Zeux.*, 7, p. 845, t. 1, éd. Wetst.; SILLIG. Rien de cité. — IV *b*

1. MICON, fils de Phanocus, ptr. et stat. Il est aussi nommé, dans les Mss. de Pline, MYCON, MECON, NICON. *V.* vol. suiv. aux *Peint.* AMAZONES, et aux *St.* CALLIAS. — V *a* — I, p. 519.

2. MICON, le jeune, ptr., père de Timarète. PLINE, l. 35, c. 40, 43; rien de cité. — Confondu par Bœttiger, *Archeol. der Mal.*, p. 254, avec 1. Micon. — ?

3. MICON, de Syracuse, fils de Nicératus; stat. PLINE, l. 34, c. 19, 30. — III *d* — I, p. 598.

* 4. MICON, gr.f. ??. Spon, *Misc.*, p. 122, donne comme faite par un *Micon* la tête d'un personnage romain gravée sur une sardoine ou une hyacinthe, selon Lippert, II, p. 195, N°. 629, qui la dit un Caligula. — ?

MICYLLUS. *Voyez* MI.

* MIDÉE, plast. ΥΟΙƎΔΙΜ (ΜΙΔΕΙΟΥ). Un vase modelé sur une tuile antéfixe, portait le nom de ce plasticien, qui, de même que le 2e. Athénée, était probablement Athénien. Cette grande tuile, trouvée en Attique, a été donnée par M. Fauvel, *Magasin encyclopédiq.*, an. XVII, 1812, t. 2, p. 94. BŒCKH, *C. Inscr.*, t. 1, N°. 542. — ?

1. MIDIAS, ΜΕΙΔΙΑΣ ΕΠΟΙΗΣΕΝ, ptr. de vases. Les Danaïdes, ou plutôt Enlèvement des filles de Leucippe par Castor et Pollux; très-beau vase de Nola au Musée Britann. — Les figures rouges sur fond noir ont des diadèmes, des bracelets, — ?

des colliers autrefois dorés. On y lit dix-huit ou vingt noms. D'Hancarville, *Vases d'Hamilton*, I, pl. 130; Millin, *Gal. Myth.*, N°. 385.

* 2. MIDIAS ou MIDIUS, gr.f. ΜΙΔΙΟΥ, griffon mordu par un serpent, sard. brûlée, cam., fragm. *Biblioth. Roy. de Paris.* Caylus, *Rec.*, t. 1, pl. 53, N°. 4; Bracci, t. 1, pl. 25, des preuves; de Murr, p. 87; du Mersan, *Notice*, p. 20. — M. Raoul-Rochette, *Let. Sch.*, p. 45, nomme MIDIAS ce grav.; il reprend, avec sa grâce habituelle à mon égard, M. Sillig de ne l'avoir cité que d'après ma *Notice*, et il a raison; mais il a tort de trouver étrange que Millin, qui avait le monument sous les yeux à la Bibliothèque Royale, ait omis le nom de l'auteur dans sa liste des anciens graveurs, parce que Millin l'ayant donné dans son *Dict. des B.-A.*, t. 1, p. 712, en 1806, M. Raoul-Rochette pouvait l'y trouver en 1831 et 1832! — *Voyez* PANÉUS.

* MILÉSIUS, gr.f. ΜΙΛΗΣΙΟΣ, Apollon assis sur une base carrée devant un trépied. Bracci, t. 2, d'après Gori, *Smith.*, p. XI, donne cette pierre comme un très-bel ouvrage, et sans exprimer de doute ni sur son authenticité ni sur celle du nom du graveur; mais il est prudent d'être en garde contre Bracci. — On voudra peut-être y voir l'Apollon de Milet.

* MILÉTUS, ΜΕΙΛΗΤΟΣ (Q. JULIUS) de Tripolis de Syrie, probablement arch. et ? sc. en marbre de quelque école d'Ionie. D'après une curieuse inscript. grecque de la coll. Borghèse, et deux autres, une grecque et une latine, d'après une seconde inscript. grecque sur un très-beau cippe de la villa Ludovisi, il éleva à Rome, sous Septime-Sévère, pour les plaisirs du peuple, un labyrinthe orné en marbre. Dans l'inscript. Borghèse, il invoque Sérapis en faveur de la race de la corporation des *marmorarii*, des ouvriers en marbre, ΜΑΡΜΑΡΑΡΙΩΝ ΤΟ ΓΕΝΟΣ, dont sans doute il faisait partie. Boissard, *Antiq. rom.*, part. 5, 16; Grut., 330, 5; Spon, *Misc.*, p. 348, N°. 80; Welcker, *Syll.*, *Præf.*, p. XVI-XIX; R.-Roch., *Let. Sch.*, p. 82, N°. 54. — L'inscription latine porte Q. JULIUS FAENTIUS ALUMNUS CUM *ARTEFICIBUS* POSUIT. M. Raoul-Rochette croit qu'ici *Alumnus* est un surnom et ne signifie pas élève ou apprenti. Cela se peut, et ce surnom ne serait pas plus

extraordinaire que celui d'*Alimentus*, qui a la même étymologie, mais ce n'est pas probable. Dans l'immense collection d'inscriptions de Gruter, dans celles de Reinesius, de Spon, dans le recueil d'Orelli, où les mots *Alumnus*, *Alumna*, pris comme nourrisson, élève, et répondant aux mots grecs, θρέπτος, θρέμμα, se trouvent une foule de fois, ils ne s'y présentent pas une seule comme nom propre. L'inscript. grecq. Ludovisi se termine par ΟΙ ΤΕΧΝΕΙΤΑΙ ΑΝΕΘΗΚΑΝ, *les artistes* (ou les ouvriers reçus maîtres) *ont consacré*. N'est-il pas à croire que JULIUS FAENTIUS, élève ou apprenti, et qui probablem. était né et avait été élevé dans la maison de *MILÉTUS*, a voulu se réunir aux sculpteurs ou aux marbriers grecs qui élevaient un monument à leur maître? C'est l'apprenti jaloux de se joindre aux ouvriers étrangers déjà formés, et qui inscrit son hommage en sa langue, CVM ARTEFICIBVS POSVIT. — M. Raoul-Rochette, pour appuyer son opinion, cite une autre inscription trouvée à R. près de Sainte-Marie-de-la-Paix, et d'après Mazzocchi donnée par Gruter, p. 627, 5; mais cette inscript. de *Julius Faentinus* (sic) *Alumnos*, pour *Alumnus*, dit absolument la même chose que l'autre, excepté qu'au lieu de CUM ARTEFICIBVS il y a CVR ARTEFICIBVS, qu'on pourrait lire CVRANTIBVS, etc., si toutefois sur le marbre il n'y avait pas CVM, ainsi que dans l'autre inscription. Ainsi, pouvant s'expliquer de même que son espèce de Sosie, elle ne prouve rien en faveur du sens que M. Raoul-Rochette voudrait donner ici à *Alumnus*. Ces *Alumni* ne seraient-ils pas, à la liberté près, ce qu'étaient les *Vernæ* : ceux-ci étaient les enfans des esclaves, et les *Alumni* auraient été ceux des affranchis, qui obtenaient de les faire élever dans la maison de leur ancien maître, dont ils formaient, pour ainsi dire, une partie de la famille? Au reste, l'inscription de *Julius Faentinus* de Gruter présente une difficulté à laquelle n'a pas fait attention M. Raoul-Rochette, et qui, bien qu'elle n'influe pas sur la signification du mot *Alumnus*, pourrait indiquer que ce *Q. Julius Faentinus* est un autre personnage que le *Q. Julius Faentius* de l'inscr. Ludovisi. — On trouve dans celle de Gruter une PROCULEIA STIBIAS, affranchie de Livie, femme d'Auguste, LIVIÆ DIVÆ AVG. L. Cette princesse est morte en 29 de J.-C., Septime-Sévère, en 211 : il y a par trop de distance entre ces deux époques pour que les personnages de ces ins-

cript. aient pu vivre en même temps, comme semble
l'indiquer la manière presque identique dont elles sont
énoncées. Si l'on pouvait croire que dans l'inscr. de
Gruter il y eut IVLIÆ au lieu de LIVLÆ, ce serait
JULIA DOMNA, femme de Sept.-Sévère, et cela arran-
gerait bien les choses. C'est ce que je laisse à examiner
et à décider à de plus habiles ; mais on sait que Jacques Mazzocchi, de qui Gruter a tiré cette inscript.,
est souvent très-inexact. Au reste, d'après son nom,
espèce de diminutif, le Q. JULIUS FAENTINUS
pourrait être un descendant de Q. JULIUS FAEN-
TIUS. *Voyez* ORELLI, t. 1, p. 57.   I.

MILON, ptr. *Voyez* MYDON.

MIMNÈS ou MIMNÉTOS, ptr. de vaisseaux. HIP-   ?
PONAX, *Fragm.*, 7 ; WELCKER, *Kstbl.*, 18 oct. 1827.

* MIRON. *Voyez* MYRON.

* MITH...., ? MIΘ, commencem. d'un nom, MITHRI-
DATE ou MITHRANE, ? celui d'un grav. — Tête
de cheval, corn., int., ov., $0,013^m$ sur $0,009^m$;
coll. du roi de Prusse. WINCKELM., *C. Stosch*, p. 543 ;
on y lit MYΘ, faute d'impression, car sur la pl. il y a
MIΘ ; *Mon. in.*, p. 238 ; *H. A.*, l. 5, c. 6, § 22, t. 4,
p. 241. — De Murr, p. 88, et Lessing, *Kollekt.*, I, p. 278,
écrivent aussi MYΘ ; le premier croit cette pierre gravée en Sicile sous les Carthaginois. BRACCI, pl. 85 ;
VISC., *Op. var.*, t. 2, p. 118 ; MILLIN, *Intr.*, p. 176 ;
Dictionn. des B.-A., t. 1, p. 712 ; *Intr.*, p. 186. —
MIΘ, tête d'aigle, coll. Poniatowski. VISC.,
Op. var., t. 2, p. 330, Nᵒ 559, p. 383, Nᵒ 103.
Cette pierre est douteuse, comme la plus grande partie
de celles du prince Poniatowski, qui passe pour avoir
fait graver des noms anciens sur plus de douze cents
de ses pierres, ce qui a répandu le plus grand discrédit
sur les signatures des pierres de ce cabinet. — MITH.,
MIΘ, sur une cornal. blonde, $0,015^m$ sur $0,011^m$.
Selon le Cat. de la Biblioth. de M. de Wlassoff, Mos-
cou, 1819, elle ferait partie de son cabinet. WINC-
KELM., *Mon. in.*, p. 298.

MNASITHÉE de Sicyone, ptr. PLINE, l. 35, c. 40, 42 ;   ?
rien de cité.

MNASITIME, fils d'Aristonidas ; ptr. PLINE, l. 35, c. 40,   ?
42 ; rien de cité.

	Siècles.

MNÉSARQUE, gr.f. ou ? cis. d'anneaux étrusque, père **VI *b*** du phil. Pythagore, né vers 570, ce qui fait mettre la naissance de son père vers 600 ; aussi *MNÉSARQUE* est-il mal placé, t. 1, p. 512, à l'an 518 av. J.-C. DIOG.-L., VIII ; LESSING, *Kollekt.*, II, p. 418. Rien de cité.

MNÉSICLÈS, arch., esclave né chez Périclès qui le ché- **V *c*** rissait. *V*. vol. suiv. aux *St.* MINERVE *HYGIE* et I, p. 537. SPLANCHNOPTÈS.

* MODERATUS (C. VEDENNIUS) d'Antium, arch. **I*** milit. de Vespasien et de Domitien, d'après une inscr. du Vatican trouvée en 1816 près de Ste.-Agnès, hors des murs : C. VENDENNIVS C.F. QVI MODE-RATVS ANTIO *ARCITECT* (*sic*) ARMAMENT. IMP. — CAIUS VEDENNIUS, nommé aussi MO-DERATUS, d'Antium, architecte de l'arsenal im-périal. CARLO FEA, *Varietà di Notizie*, p. 86, 87 ; *Atti dell'Acad. rom. d'Archeol.*, t. 1, p. 109 ; R.-ROCH., *Let. Sch.*, p. 84, No. 55.

* MOLOSSUS, gr. mon. ΜΟΛΟΣΣΟΣ sur des méd. de **?** Thurium. R.-ROCH., *Let. au D. de Luynes*, p. 42.

* MORSIUS, gr.f.???. Hercule portant le tau- **?** reau de Crète. DENH, p. 61, No. 47 ; AMADUZZI, *Acad. Cort.*, t. 9, p. 154 ; *Nov. Thes.*, t. 1, p. 22 ; BRACCI.

* MOSCHION d'Athènes, sc., fils d'Adamas. *Voyez* DIONYSODORE.

* MUSICUS, gr.f. ΜΟΥCΙΚΟΥ ??, Harpocrate **?** debout, sard. à trois couches, coll. de La Haye ; DE JONGE, p. 155, No. 24 ; il n'émet pas de doute sur ce nom, non plus que M. Raoul-Rochette, *Let. Sch.*, p. 45. Il paraîtrait cependant que bien des pierres de La Haye sont suspectes.

MUSONIUS, arch. *Anth. Pal.*, t. 2, p. 238, No. 677. **?**

MUSTIUS, arch., ami de Pline le jeune. *Epp.* IX, 39. **I*** I, p. 700.

MUSUS, stat. *V*. vol. suiv. aux *St.* JUPITER. **?**

MUTIUS (C. M. CORDUS), arch. rom. VITR., VIII, **II *c d*** *Préf.*, § 17. I, p. 615.

MYAGRUS de Phocide, stat. qui n'était pas sans mérite. **?** VITR., III, *Préf.*, § 2. *Voyez* vol. suiv. aux *St.* ATHLÈTES.

* **MYCON**, gr.f. MYKΩNOC, tête de vieillard sans barbe, tournée à dr., jaspe, int., autrefois à Fulv. Ursinus ou Fulvio Orsini. STOSCH, pl. 43. Spon, *Misc.*, p. 172, écrit MIKΩNOC. Raspe, N°. 12,187, donne la pierre pour une hyacinthe. — MYKΩNOC, tête de Caligula, jaspe, autref. à Fulv. Ursinus. LIPP., II, N°. 629; DE MURR, p. 87, 88; R.-ROCH., *Let. Sch.*, p. 45. — Un joli nicolo, jadis à la reine de Naples, madame Caroline Murat, auj. à M. le baron de Magnoncourt, porte un Amour à cheval sur un lion marchant vers la dr.; au-dessus est le nom de MYCON, MYKΩNOC. Cette pierre, d'un bon travail, m'a paru antique ainsi que le nom.

MYDON ou MILON de Soles, ptr., disciple du stat. Pyromaque. PLINE, l. 35, c. 40; appelé aussi MILON.   III*d*

MYRMÉCIDES de Milet ou d'Ath., sc., cis. VARRON; CICER., *Acad.*, IV, 38; PLINE, l. 36, c. 4, 15; PLUT., *adv. Stoic.*, t. 10, p. 459, ed. R.; ÆL., *V. H.*, 1, 17; GALIEN, t. 1, p. 20, éd. Kuhn; SUIDAS, s. v. Γελοῖος; ATHÉN., XI, p. 782; SILLIG. — Il travailla avec Callicrates et faisait des ouvrages d'une extrême délicatesse : il gravait des vers d'Homère sur des grains de sésame, et fit des chars qu'une mouche couvrait de ses ailes.   ?

1. MYRON d'Eleuthère, stat., sc., cis. en arg. *Voy.* SILLIG. — Spon, *Misc.*, p. 126, suppose que *MYRON* était le père d'un Héphestion dont le nom s'est trouvé sur la base d'une statue qui n'existait plus, mais rien ne le prouve. Spon dit aussi que le nom de *Myron* était à Vienne en Dauphiné sur une base qui avait servi à une statue; il n'est pas dit que ce fut le célèbre MYRON, et l'on sait, par les anciens mêmes, que ce nom a été souvent supposé par des faussaires ou des marchands de statues.   V*bc* I, p. 530.

* 2. MYRON, sc. Son nom sur un buste du palais Corsini. WINCKELM., *C. Stosch*, p. 207, N°. 1249. — Ce *Myron* doit être très-postérieur au statuaire de ce nom, contemporain de Polyclète et de Phidias.   ?

3. MYRON, ptr., affr. d'Auguste. MONTF. suppl. *A. E.*, t. 1, p. 52; BIANCHINI, *Iscr. sepolcr. de liberti*, etc., p. 77; BRACCI, t. 2, p. 270; SILLIG.   I*

* 4. MYRON, gr.f. MYPΩN, tête de Muse,   ?

corn., int., coll. du roi de Prusse. WINCKELM., *Cat.*, p. 207, N°. 1249; DE MURR, p. 88; LESSING, *Kollekt.*, I, p. 283; R.-ROCH., *Let. Sch.*, p. 45. — MIPΩNOC, un lion passant, coll. du D. de Blac. M. Raoul-Rochette, *Let. Sch.*, p. 46, cite cette pierre, sans indiquer le sujet. — MIPΩN, Ajax, un genou en terre, se perçant de son épée, pâte antiq., coll. du roi de Prusse. WINCKELM., *Cat.*, p. 385, N°. 298; RASPE, N°. 9371. — MIPΩN, Apollon poursuivant Daphné; paraît moderne. RASPE, N°. 3010, pl. 32.

* MYRTON, gr.f. MYPTΩN, Léda, tenant son voile de la main droite, enlevée par le cygne volant vers la droite, int., ov., 0,019^m. sur 0,014^m.; coll. Strozzi. STOSCH, pl. 43; BRACCI, pl. 84; DE MURR, p. 88; LESSING, *Kollekt.*, I, p. 274. — Millin, *Intr.*, p. 187, par inadvertance écrit MYR-THON. — Cette pierre doit faire partie de la coll. Blacas.   ?

MYS, cis. en arg. PAUS., *Att.*, c. 28, 2; ATHÉN., XI, p. 782. *V.* vol. suiv. aux *St.* CUPIDONS.   V *c*
I, p. 538.

Ajoutez au peu de mots dits sur *Mys*, t. 1, p. 538 : Athénée cite un superbe scyphus ou gobelet héracléotique dessiné par Parrhasius et gravé par *Mys*, et qui représentait la prise de Troie. Deux vers indiquaient le nom des auteurs du vase et le sujet. On voit par le passage de Pausanias que Parrhasius avait dessiné tous les ouvrages ciselés par *Mys*, et entre autres les bas-reliefs du bouclier de la Minerve du Parthénon de Phidias. *Mys* n'y aurait été, dans ces magnifiques ouvrages, que pour le travail manuel de la ciselure, et non pour la composition et le dessin. Cependant Pline, l. 33, c. 12, cite de *Mys*, le plus habile ciseleur après Mentor, un Silène et des Amours dans le temple de Bacchus, à Linde, dans l'île de Rhodes, ciselés probablement sur de grands vases d'argent. Properce, l. 3, et Martial, l. 18, *Epigr.*, 34, 51; l. 14, *Epigr.* 95, parlent avec grand éloge de *Mys*. Il paraîtrait donc que ce ciseleur devait à son talent particulier unir celui de la composition et du dessin, et qu'il pouvait se dispenser d'avoir recours à d'autres. M. Sillig, aux articles de MYS et de PARRHASIUS de son excellent ouvrage (*Catalogus, etc.*), prouve, ce nous semble, très-bien, d'après Sénèque et Pline, qu'il est impossible que *Mys*, contemporain et collaborateur de Phidias, ait pu

vivre jusqu'au temps de Parrhasius. Pausanias et Athénée auront commis une erreur chronol., si tant est, ce qui
est probable, que le Perasus de ce dernier écrivain soit
le même ptr. que le célèbre Parrhasius, dont le nom
aurait été altéré ou par Athénée ou par ses copistes.

N.

* NAMPHÉRUS. *Voyez* NYMPHÉROS.

NAUCÉRUS, stat. *V.* vol. suiv. aux *St.* ATHLÈTE
haletant.   ?

NAUCYDÈS d'Argos, stat. *Voy.* vol. suiv. aux *St.*   V *d*
BAUCIS.   I, p. 540.

NÉALCÈS, ptr. PLUT., *Arat.*, XIII. *V.* vol. suiv. aux   III *b*
Peint. PERSES.   I, p. 593.

NÉARQUE, ptr., père d'Aristarète. PLINE, l. 35, c. 40,   ?
43 ; rien de cité.

* NEISUS ou NISUS, gr.f. ΝΕΙϹΟΥ, Jupiter *Axur*,   ?
sans barbe, debout et nu, tenant le foudre et l'égide,
aigle à ses pieds, corn., int., d'abord coll. Crozat.
MARIETTE, *Descript.*, p. 43 ; depuis coll. d'Orl., auj.
à l'emp. de Russie. RASPE, No. 972, pl. 18 ; WINC-
KELM., *C. Stosch*, p. 39, No. 48 ; *H. A.*, t. 5, p. 213,
et *Lett. adressée à Hagedorn sur le Mus. de Stosch*,
1759, t. 1, p. 283 ; *Mon. in.*, p. 10, No. 9 ; RAPONI,
pl. 72, No. 4 ; DE MURR, p. 91.

1. NÉOCLÈS, ptr. PLINE, l. 35, c. 40, 42 ; rien de cité.   ?

* 2. NÉOCLÈS, stat. D'après M. Bœckh, *C. Inscr.*, t. 1,   ?
No. 150, lig. 39, il y aurait eu un stat. de ce nom.

* NÉPOS, gr.f. ΝΕΠΩϹ, jeune homme debout,   ?
nu, chlamyde en arrière, jouant de la
lyre, corn., int., lettres grandes et assez mal gravées ; coll. Schellersheim. (*Note de M. Dubois.*)

NÉRON. Selon St. Épiphane cité par Saumaise, *Exercitt.*   ?
PLINE, p. 142, un *Néron* gr.f. avait donné son nom à
une espèce d'émeraude d'un vert très-vif qu'il avait
découverte. SILLIG. — St. Épiphane n'aurait-il pas
fait ici une confusion, et ne serait-ce pas l'emp. Néron
qui, selon Pline, ayant la vue faible, regardait, pour
la soulager, les jeux du cirque à travers une émeraude?

	Siècles.
Il paraît que cet emp. s'amusait à peindre, et même avec quelque talent. SUET., *Ner.*, 52 ; TAC., *Ann.*, XIII, 3 ; R.-ROCH., *Journ. des Sav.*, mars 1842, p. 166.	
NÉSÉAS de Thasos, ptr., maître de Zeuxis. PLINE, l. 35, c. 36, 2 ; rien de cité.	Vc I, p. 538
NESSUS, ptr., fils d'Habron. PLINE, l. 35, c. 40, 42 ; rien de cité.	?
NESTOCLÈS. *Voyez* CRITIAS NÉSIOTÈS, dont, d'après une leçon fautive de Pline, on avait fait deux artistes, CRITIAS et NESTOCLÈS.	
* NESTOR, gr.f. ΝΕΣΤ., buste d'amour, qu'on dit une chrysol. ?, int. ; coll. de La Haye, DE JONGE, p. 143, N°. 3. — M. Sillig cite de ce graveur, avec son nom en entier, une pierre dont parlent les *Ephém. littér. de Jena*, 1825, N°. 193, p. 100. R.-ROCH., *Let. Sch.*, p. 46.	?
* NEUANTUS, gr. mon., ? de Crète. On trouve son nom, ΝΕΥΑΝΤΟΣ ΕΠΟΕΙ, sur des médailles rares de Cydonie, rapportées par Eckhel, *D. N.*, II, p. 309. C'est le seul nom de graveurs de médailles connu d'une manière positive ; il y en a d'autres qui sont probables, et il est à croire que la plupart n'ont indiqué leurs noms que par des monogrammes. MIONNET, *Descr. des Méd.*, l. 1, p. 271, N°. 112 ; HIRT, *Amalth.*, t. 2, p. 20 ; R.-ROCH., *Let. au D. de Luynes*, p. 3.	?
* .. NÉUS. ... ΝΑΙΟ, fin d'un nom, peut-être d'un grav., de GNÉUS. — ΥΓΝΑΙΟΥ, buste de Muse ou de Bacchante avec le masque tragique devant elle. Cette belle tête, qui pourrait être un Apollon, a été appelée *Virgile*. RASPE, N°. 3506.	
NEXARIS, arch. VITR., VII, *Præf.*, § 14. Il écrivit sur l'ordonnance de l'architecture.	?
NICÆARQUE, ptr. *V.* vol. suiv. aux *Peint.* HERCULE triste.	?
* NICANDRE, gr.f. ΝΙΚΑΝΔΡΟΥ, tête de Julie, fille de Titus, améth., int., 0,027m. sur 0,020m. — ΝΙΚΑΝΔΡΟΣ ΕΠΟΙΕΙ, cab. Deringh, depuis au duc de Marlborough. RASPE, N°. 11,543 ; AMADUZZI, *Acad. Cort.*, t. 9, p. 154 ; BRACCI, pl. 86, sans le nom du graveur ; DE MURR, p. 91 ; MILLIN, *Intr.*, p. 181.	I*

<table>
<tr><td></td><td>Siècles.</td></tr>
<tr><td>NICANOR de Paros, ptr. enc. PLINE, l. 35, c. 39.</td><td>Vd
I, p. 542.</td></tr>
<tr><td>* NICAS, gr. f. ??. ΝΙΚΟΥ pour ΝΕΙΟΥ. AMADUZZI, Acad. Cort., t. 9, p. 154; Nov. Thes., t. 1, p. 21; BRACCI, t. 2, p. 285 ???. — Voyez NEISUS.</td><td>?</td></tr>
<tr><td>NICÉPHON, stat. BŒCKH, C. Inscr., t. 1, N°. 1402.</td><td>?</td></tr>
<tr><td>* 1. NICÉPHORE, fils de Nicéphore; stat. BŒCKH, C. Inscr., t. 1, N°. 543.</td><td>?</td></tr>
<tr><td>* 2. NICÉPHORE, gr. f. Millin, Intr., p. 195, et Visconti, Op. var., II, p. 127, le placent sous le bas-empire. M. Raoul-Rochette, Let. Sch., p. 46, rappelle qu'un Gemmarius de la Voie sacrée à R. dans une inscr. de Doni, p. 320, N°. 28, s'appelle Q. PLOTIUS NICEPHORUS. — ΝΙΚΗΦ...., Mercure portant sur la main droite l'aigle de Jupiter, onyx, int., coll. du landgrave de Hesse-Cassel. Il se pourrait que l'inscript. n'indiquât pas le nom du grav., mais que ce fût le titre de NICÉPHORE, victorieux, donné à Mercure. Ce pourrait être aussi l'emblême parlant du nom du grav. ou du propriét. de la pierre. RASPE, N°. 2390. Le ΝΕΙΚΗΦΟΡΟϹ sur une pierre qui offre une Victoire (RASPE, N°. 7704) ferait croire au Mercure Nicéphore. Au reste, je tiens peu à ces hypothèses. — ΝΕΙΚΗΦΟΡΟΥ, jeune homme nu (peut-être Vulcain) assis, forgeant un casque, sard., int., coll. du gr.-d. de Tosc. GORI, M. Flor., II, pl. 15; Smith., p. 27. Bracci, t. 2, donne ce nom comme douteux. RAPONI, pl. 26, N°. 9.</td><td>?</td></tr>
<tr><td>3. NICÉPHORE (T. JULIUS) MUSEIARIUS, mosaïquiste de la maison d'un emp. GRUT., p. 586, 3; ORELLI, N°. 4238; R.-ROCH., Let. Sch., p. 85, N°. 56. Voyez COLOCASIUS.</td><td>?</td></tr>
<tr><td>NICÉRATUS d'Athènes, ptr., fils d'Euctémon. V. vol. suiv. aux Peint. ALCIBIADE ET SA MÈRE.</td><td>Vd
I, p, 655.</td></tr>
<tr><td>NICÉROS de Thèbes, stat., fils d'Aristide et frère d'Ariston. PLINE, l. 35, c. 36, 23; rien de cité.</td><td>IVd</td></tr>
<tr><td>* NICÉTÈS, gr. f. ΝΙΚΗΤΟΥ? sur un petit vase d'albâtre où est gravée en creux une main. CAYLUS, Rec., t. 5, pl. 56. — Si Nicétès n'avait gravé que sur l'albâtre, qui ne se travaille qu'au ciseau, et non au touret, il n'était pas graveur sur pierres fines.</td><td>?</td></tr>
<tr><td>NICIAS d'Ath., fils de Nicomède, et disc. d'Antidote; ptr. SILLIG. V. vol. suiv. aux Peint. ALEXANDRE.</td><td>Vd
I, p. 584.</td></tr>
</table>

Siècles.

NICODAMUS de Ménale, stat. *V.* vol. suiv. aux *St.* ANDROSTHÈNE. — V*c* 1, p. 53g.

NICOLAÜS d'Athènes, stat. *Voyez* CRITON.

1. **NICOMAQUE** de Thèbes, ptr. frère et maître du célèbre Aristide, et père d'Aristoclès; maître de Philoxène et de Corybas. PLUT., *Mul. virt.*, t. 8, p. 264; *Vit. Timol.*, 36; VITR. III, *Proœm.*, § 2; SILLIG. *V.* vol. suiv. aux *Peint.* APOLLON ET HÉLÈNE de Nicomaque. — IV*b* 1, p. 564.

* 2. **NICOMAQUE**, gr.f. NICOЛAC (NICOMACHVS ou NICOMACHI), Faune nu couronné de lierre, assis à terre sur sa pardalide, la main gauche au menton, deux flûtes devant lui, agate noire, int. ronde, caboch., 0,015m.; coll. du chev. Odam, ensuite au nonce Molenari, depuis au D. de Marlborough, t. 1, pl. 34; belle copie dans la coll. du D. de Blacas. Ce Faune ou ce Satyre rappellerait l'idée de la belle statue de Myron offrant le même sujet. PLINE, l. 34, c. 8, 3. —Peut-être en est-ce une copie; on la retrouve sur plusieurs pierres et pâtes antiques, entre autres sur une pâte de la collect. Grivaud de la Vincelle, décrite par M. Dubois. Winckelmann, *C. Stosch*, p. 243, N°. 1517, veut que le nom du graveur soit lu ou NISOMAS ou NICOMAS, et que le C dans le premier cas soit à l'ordin. le Σ, et que dans le second il serve de K et de Σ; il cite le nom d'EPICURE écrit ΕΠΙCΟΥΡΟC sur un buste de ce phil. réuni à celui de MÉTRODORE, où le C remplit le double office de K et de Σ; il rapporte aussi, à l'appui de son opinion, le nom de CWCOCΛΕ (*Voyez* SOSTHÈNE), et celui de Corinthe écrit COPIN sur des méd. (HAYM., *Thes. Brit.*, t. 1, p. 132; GRUTER, p. 338, N°. 2; FABRETI, *ad col. Traj.*, p. 254), et il montre que sous les prem. emp. rom. les lettres grecq. furent souvent confondues avec les romaines. Stosch a lu ce nom NICONIAS. — LESSING, *Kollekt.*, 1, p. 274, NISOMAS; — DE MURR p. 89, NISONAS ou NICONAS; — LIPP., I, p. 187, N°. 478; DOLCE, DENH, p. 10, N°. 3; MILLIN, *Introd., etc.*, p. 187, NICOMAQUE. — Il nous semble qu'ils ont raison, et que c'est le nom de NICOMAQUE, NIKOMAXOC, écrit en latin NICOMACHUS, et qui est très-commun dans les inscr. latines. C'est d'ailleurs l'opinion de Visconti, *Op. var.*, — ?

t. 2, p. 119, 208, et il donne *Nicomaque* comme un grav. rom.; cependant, p. 208, il dit que ce pourrait être le nom du propriétaire. M. de Kœhler, *Archeol.*, etc., établit comme incontestable, sans en offrir de preuves, que ce nom mal gravé, quel qu'il soit, est celui du propriétaire, peut-être moderne, de cette jolie pierre. La gravure de cette intaille est trop belle pour être du bas-empire, comme on l'a supposé. RASPE, Nᵒ. 4698. — Belle copie dans la coll. de La Haye, DE JONGE, p. 16, Nᵒ. 15; RASPE, Nᵒ. 4698. — Une autre par Jeuffroi avec le nom d'AULUS. — (NICOMAC, tête d'Hercule jeune, corn., int., autref. du cab. Cinganelli, à Florence, auj. au baron de Schellersheim. (*Note de M. Dubois.*)

NICOMÈDE, arch., ing.　　　　　　　　　　　　　　　I

NICON. *Voyez* MICON.

1. NICON, arch., père de Galien. SUIDAS.　　　　II*

I, p. 716.

?

* 2. NICON,? gr. mon. On ne voit sur des médaillons de Syracuse que NI, NIK., dont M. Raoul-Rochette, *Let. au D. de L.*, p. 31, fait NIKON. Ce nom est-il bien sûr, il y en a tant qui commencent par NI et NIK?

* NICONAS. *Voyez* NICOMAQUE.

NICÔNIDAS de Thessalie, arch., militaire dans l'armée　I
de Lucullus. PLUT., *Lucul.*, § 10; R.-ROCH., *Let. Sch.*, p. 85, Nᵒ. 57.

NICOPHANE, ptr. Il avait de la grâce et de l'élégance,　IV*c*

I, p. 570.
mais on ne cite rien de lui. PLINE, l. 35, c. 36, 23; ATHÉN., XIII, p. 567.

1. NICOSTHÈNES, ptr., maître de Théodore de Sa-　?
mos et de Stadiéus. PLINE, l. 35, c. 11, 40; rien de cité.

* 2. NICOSTHÈNES, ptr. de vases de Vulci. NIKOϚ-　?
ΘΕΝΕϚ ΕΓΟΙΕϚΕΝ, au centre d'une phiale à ornemens noirs, sans figures, de la coll. Feoli. GERH., *Corr. arch.*, 1831, p. 178, Nᵒ. 691.— Même inscript. sur une cylix à fig. n. du Mus. étr. du P. de Can., 567, ayant pour sujet Enée. GERH., *idem*, p. 179, Nᵒ. 711. — Cylix à fig. noires, Thésée et le Minotaure, *idem.*, *ibid.*; *Mus. étr. du P. de Canino*, 567, 1516.— Cylix à fig. noires, procession d'hommes et d'une femme voilée. *Id.*, *ib.*, et 552; *Cat. du P.*

de C., 217. — Cylix, sujet de gymnastique, fig. noire et rouge, avec seulement .. ΚΟϹΘΕΝΕϹ ΕΠΟΙ... *Mus. étr.*, 273. — ΝΙΚΟϹΘΕΝΕϹ ΕΠΟΙΕϹΕΝ sur une petite aiguière de la coll. E. Durand, *Cat.*, No. 147, à fig. n., offrant un Satyre *ityphallique* jouant de la double flûte, acquis à la vente, le 4 mai 1836, par M. Rollin, 111 fr.; haut. 0,190^m.— ΝΙΚΟϹΘΕΝΕϹ ΕΠΟΙΕ..., cylix de Vulci, à peint. n. et blanches de la collection Ed. Durand, *Cat.*, No. 418 : les vaisseaux d'Ulysse à voiles blanches passant devant les Sirènes; R. même sujet avec quelques variétés; charmant vase acheté à la vente, le 4 mai 1836, par M. le baron Beugnot, 701 fr.; diam. 0,277^m., haut. 0,119^m. — ΝΙΚΟϹΘΕΝΕϹ ΕΠΟΙΕϹΕΝ sur un canthare de Vulci à peint. r. de la coll. Ed. Durand : danse très-obscène de trois jeunes gens et de trois femmes; revers, les mêmes personnages couchés; dessin assez médiocre; acheté 1,100 fr. par M...... à la vente le 4 mai 1836; diam. 0,237^m. — NICOSTHÈNES uni comme fabricant à EPICTÈTE peintre, ΝΙΚΟϹΘΕΝΕϹ ΕΠ ΕΠΙΚΤΕΤΟϹ ΕΛΡΑϹΦΕΝ (*sic*), NICOSTHENES *a fait*, EPICTÈTE *a peint*, sur une cylix de Vulci à fig. n., à l'intér. jeune homme tenant un vase; revers, fig. n., Satyre *ithyphallique* assis, et à l'opposé cheval entre deux grands yeux. GERH., *Cor. Arch.*, 1831, p. 180, No. 727. — Coupe : tête de Gorgone; sur le pied ΝΙΚΟϹΘΕΝΕϹ ΕΠΟΙΕϹΕΝ; coll. de la princesse de Canino. — Sur le pied d'une grande coupe noire sans ornement, vendue au Mus. Roy. par M. Dubois, est inscrit le nom de NICOSTHÈNES. — S'il n'y a qu'un *Nicosthènes* pour tous ces vases, il est à croire, d'après les inscriptions, qu'il était en même temps peintre et potier. D'après la cylix du baron Beugnot, on voit qu'il donnait le plus grand soin à sa terre et qu'il la travaillait avec beaucoup de délicatesse.

***3. NICOSTHÈNES**, ptr. de vases. ROSSI, *Pitture dei Vasi*, pl. 54. Il se pourrait que ce fût le même que le précédent.　　?

***1. NICOSTRATE**, ptr. ÆL., *V. H.*, XIV, 47, peut-être le même que 1. NICOMAQUE.　　?

2. NICOSTRATE, sc. chrét. *Voyez* CLAUDIUS.　　III*?

Siècles.

* **1. NILUS**, arch., ΝΙΛΥΣ. On a trouvé son nom sur un gros fût de colonne, près de Monte Citorio à Rome. Bracci, t. 2, p. 270; Welcker, *Kstbl.*, 18 oct. 1827. — ?

* **2. NILUS**, gr.f. ??. ΝΙΛΟC, tête d'Adrien, soufre de Stosch, fragm. Raspe, No. 11,626. — II* ?

* **NISONAS.** *Voyez* NICOMAQUE.

* **NISUS.** *Voyez* NEISUS.

* **NOUCLIDÈS?**, gr. mon. ΝΟΥ à la face d'une méd. de Syrac. et ΚΛΙΔΑ au revers. R.-Roch., *Let. au D. de Luynes*, p. 29. — ?

* **NYMPHÉRUS**, gr.f. ??. ƆΩΡ — ƎΦΜΥΝ (ΝΥΜΦΕΡΩC), guerrier debout touchant de la main droite un laurier, posant de la gauche son casque sur un bouclier appuyé en terre, sard., int., coll. du gr.-duc de Tosc. Agostini, *Gem.*, part. IV, pl. 46; Gori, *M.-Flor.*, t. 2, p. 17, No. 3. — Raponi, pl. 26, No. 18, écrit ΝΑΜΦΕΡΟC. M. Raoul-Rochette, *Let. Sch.*, p. 46, doute, avec raison, de ce nom si singulier de NYMPHÉRUS, de même que de celui de BISITALUS. — ?

* **NYMPHIUS (L. VECTIUS ou VETTIUS)** *AURIFEX*, cis. en or et arg. Spon, *Misc.*, p. 219; R.-Roch., *Let. Sch.*, p. 85, No. 58; inscr. du palais Barberini, à Rome. — ?

O.

OCEANUS, arch. ou sc. *Anth. gr.*, Jacobs, *Append.*, No. 310; Welcker, *Kstbl.*, 18 oct. 1827. — ?

* **ŒCONOMICUS**, gr.f. Amaduzzi, *Acad. Cort.*, t. 9, p. 151; *Nov. Thes.*, t. 1, p. 21; Bracci, t. 2, p. 285 ???. — ?

ŒNIAS, ptr. Pline, l. 35, c. 40, 37. — ?

. . . **OLTUS.** ΟΛΤΟƧ ΕΛ. . . . ƧΕΝ (ΕΓΡΑΦƧΕΝ), ptr. de vases; coll. du *Prince de Canino*, 1re. cent., No. 44. Ce nom est probablement mutilé.

	Siècles.
OLYMPIAS, fem. ptr. qui eut pour élève Autobule. PLINE, l. 35, c. 40, 43; rien de cité.	?
OLYMPIOSTHÈNES, stat. *V*. vol suiv. aux *St.* MUSES (TROIS).	IV*b* I, p 558.
* OLYMPIS, ? gr. mon. ΟΛΥΜ sur deux méd. de Naples et de Tarente, et ΟΛΥΜΠΙΣ sur une méd. d'Héraclée selon M. Mionnet, et de Tarente selon M. Raoul-Rochette, *Let. au D. de Luynes*, p. 34.	?
1. OLYMPUS, stat. *V*. vol. suiv. aux *St.* XÉNOPHON d'Egium.	V*c* I, p. 537.
* 2. OLYMPUS (T. CLAUD. L.), cisel. en or et en arg. SPON, *Misc.*, p. 222; R.-ROCH., *Let. Sch.*, p. 85, N°. 59.	
OMPHALION, ptr., élève de Nicias, orna de peintures un temple de Messène. PAUS., *Arg.*, c. 31, 9.	III *a* I, p. 588.
ONÆTHUS, frère de Thylacus, stat. *V*. vol. suiv. aux *St.* JUPITER des Mégariens.	?
ONASIAS mis pour ONATAS.	
ONASSIMÈDES, stat. *V*. vol. suiv. aux *St.* BACCHUS en bronze massif.	? A
ONATAS d'Egine, stat. et ptr. *V*. vol. suiv. aux *St.* AGAMEMNON.	V*b* I, p. 528.
* ONÉSAS, gr.f. ΟΝΗCΑC ΕΠΟΙΕΙ, Muse debout, tournée à droite, robe longue d'étoffe légère, serrée à la taille, épaule et bras droits nus, tenant une lyre, appuyée contre un cippe carré sur lequel une statue d'enfant nu; pâte antiq., int., ov., 0,026m. sur 0,020m.; autref. de la coll. Andreini, à Flor., ensuite au gr.-duc de Tosc. AGOSTINI, *Gem.*, t. 2, pl. 10; GORI, *M. Flor.*, t. 2, pl. 4; STOSCH, pl. 7 et 45; LIPP., I, p. 269, N°. 758; BRACCI, pl. 88; DE MURR, p. 91; MILLIN, *Intr.*, p. 186; RASPE, N°. 3440. — Visconti, *Op. var.*, t. 2, p. 123, 176, pense que cette Muse d'*ONÉSAS* de même que celle d'ALLION, sont des copies de celle de CRONIUS.—ΟΝΗCΑC, tête d'Hercule jeune couronné d'olivier, tourné à gauche, peau de lion sur le cou; fragmentée dans le haut de la chevelure; sard.,	?

int., ov., 0,024^m. sur 0,017^m.; coll. Strozzi, auj. au D. de Blacas. GORI, *M. Flor.*, t. 2, pl. 1, Nº. 3; STOSCH, pl. 46; WINCKELM., *H. A.*, l. 5, c. 5, § 10, t. 4, p. 189; LIPPERT, I, p. 204, Nº. 532; il la dit une cornal. Denh, p. 57, Nº. 7, donne à cette tête une couronne de laurier, et il appelle le graveur ONESIS. BRACCI, pl. 89; RAPONI, pl. 77, Nº. 9; DE MURR, p. 92; MILLIN, *Gal. myth.* pl. 122; VISC., *Op. var.*, t. 2, p. 218. Raspe, Nº. 5504, dit cette pierre une cornal. — Une tête semblable, corn., int., ONHCAC, dans la coll. roy. de La Haye; de Jonge, p. 156, Nº. 2, la croit plus belle que celle de Strozzi. — Dans la même coll. une belle copie par Natter. DE JONGE, p. 164, Nº. 2. — Une autre copie mod. dans la coll. *Smith.*, t. 1, Nº. 24; DE MURR, p. 92. — ONHCAC ?, tête d'Apollon, corn., int., coll. de la comtesse Cheroffini à R. WINCKELM., *C. Stosch*, p. 269, Nº. 1683; RASPE, Nº. 2857; DE MURR, p. 92. — ◁NHΣ ??, Bacchante ivre, sardoine. LIPP., I, p. 174, Nº. 418; DENH, II, p. 8, Nº. 45; DE MURR, p. 92.— .... CAC??, Ulysse portant son casque sur la main droite, pierre fragm., int., ov.; partie existante 0,014^m. sur 0,012^m. THOMS, pl. 6, Nº. 4; coll. roy. de La Haye, DE JONGE, p. 119, Nº. 17. — On trouve le nom de ce graveur sur d'autres pierres modernes ou d'antiquité douteuse. *Voyez* DE JONGE, p. 149, Nº. 17, et p. 173, Nº. 2.

* † ONÉSIDÉMUS, gr.f. Tête de Minerve, sard., int., qu'on prétend être de la coll. Torlonia. MILLIN, *Dict. des B.-A.*, t. 1, p. 710. — Ce nom devrait être ONÉSIMUS, comme il avait été donné à Millin; mais cette pierre, dont il est encore question dans l'article suivant, n'existe pas, et c'est, ainsi que le nom, une mystification peu convenable qu'un jeune artiste se permit contre cet honorable et utile antiquaire, qui probablement aurait reconnu la fraude s'il avait eu sous les yeux autre chose qu'un dessin.

* † 1. ONÉSIMUS, gr.f. ONHCIMOC, Jupiter conservateur, nu, debout, haste à la main gauche, patère dans la droite, aigle à ses pieds, corn., ov., 0,008^m. sur 0,006^m., autref. de la coll. Van Hoorn. (Elle lui fut volée, avec plus de 400 pierres, dans la nuit du 5 au 6 octobre 1789. *Note de M. Dubois.*) MILLIN, *Pier. gr. inéd.*, pl. 2; *Dict. B.-A.*, t. 1, p. 712; WELCKER,

Kstbl., 18 oct. 1827.— ΟΝΗΣΙΜΟΣ, tête de Minerve casquée, dans le caract. de celle de la Pallas de Velletri; corn. ou sard., int., 0,015^m. sur 0,017^m., trouvée, assurait-on, près de Forli; et très-belle. MILLIN, *Pier. grav. inéd.*, pl. 58. Mais il est certain, d'après les renseignemens que m'a donnés M. Dubois, et ce que dit M. Raoul-Rochette, *Let. Sch.*, p. 47, que cette pierre, la même que celle d'Onésidème, et le vase de Calliphon sont modernes et les noms faux. *Voyez* ONÉSIDÈME et CALLIPHON.

2. ONÉSIMUS, ptr. de vases ou plutôt potier : ΟΝΕϟΙΜΟϟ. Son nom réuni à celui du ptr. EUPHRONIUS. Coll. du P. de Canino, GERH., *C. A.*, t. 3, p. 180, Nᵒˢ. 712, 722.

3. ONESIMUS (C. SELLIUS) *FLATURAR. DE VIA SACRA*, fond., ? cis. GRUT., p. 638, 5; DONI, p. 329, 61; MURAT., p. 976, 1; ORELLI, Nᵒ. 4192; R. ROCH., *Let. Sch.*, p. 81. | ?

OOLIAB, fils d'Achisamech; sc., cis. hébreu (*voyez* BÉSÉLÉEL). Il paraît qu'Ooliab, dans les ouvrages que fit exécuter Moïse, était particulièrement chargé des travaux de menuiserie, probablement de la sculpture en bois et des étoffes. *Exode*, c. 31, v. 6; c. 33, 34; c. 36; c. 38, 23. | XVI
I, p. 463.

1. OPHÉLION, fils d'Aristonidas; sc. ΩΦΕΛΙΩΝ, ΑΡΙΣΣΤΟΝΙΔΑ. Ce dernier nom est écrit avec deux Σ, comme ceux d'ΑΣΣΤΕΑΣ, d'ΑΣΣΤΡΑΓΑΛΟΣ (*voyez* ces noms). — *Mus. Roy.*, Nᵒ. 150. | I

2. OPHÉLION, ptr. *V.* vol. suiv. aux *Peint.* PAN ET ÉROPE. | ?

ORUS. gr.f. *Voyez* HORUS.

OSIUS, gr.f. ?. ΩΣΙΟΥ, tête d'Apollon, béril, int., coll. Devonshire. Lippert, *Suppl.*, Nᵒ. 43, attribue cette pierre à GNÆUS. RASPE, Nᵒ. 2783. — ΟΣΙΩΝ, tête d'Apollon couronnée d'épis, profil à dr., cheveux longs, draperie sur la poitrine; derrière, lyre et étoile, patère en-dessous; onyx, int., ov., 0,011^m. sur 0,016^m.; coll. de Fr. Pallazzi à R. BORRIONI, *Coll. antiq. rom.*, pl. 31; LIPP., I, 145. Raspe, Nᵒ. 2846, paraît ne pas douter de son authenticité. — ΟΣΙωΝ, tête d'Agrippine, nicolo, int. RASPE, Nᵒ. 11,256. | ?

P.

PACUVIUS, poète tragique et ptr., neveu d'Ennius. **IIa**
PLINE, l. 35, c. 7. Il y avait des peintures de lui dans   I, p. 602.
le temple d'Hercule au *Forum Boarium* à R.

1. PÆONIUS d'Ephèse, arch. VITR., VII, *Proœm.*,   **? A**
§ 16. Il termina avec Démétrius le temple d'Ephèse
commencé par Chersiphron, et il construisit à Milet,
avec Daphnis de Milet, un temple ionique d'Apollon
Didyme ou *Branchide*.

2. PÆONIUS de Mende en Thrace, stat. et sc. *Voyez*   **Vc**
vol. suiv. aux *St.* PÉLOPS ET ŒNOMAÜS.   I, p. 531
et 540.

1. PAMPHILE d'Amphipolis, ptr. *V.* vol. suiv. aux   **IVab**
Peint. HÉRACLIDES.   I, p. 557

2. PAMPHILE, sc., élève de Praxitèle. *V.* vol. suiv.   **IVc**
aux *St.* JUPITER *HOSPITALIER.*   I, p. 579.

* 3. PAMPHILE, gr.f. ΠΑΜΦΙΛΟΥ, Achille *Ci-*   **?**
tharède chantant, assis sur un rocher, nu,
jambe g. repliée; tourné à droite, derrière lui son
casque, devant bouclier avec la tête de Méduse et
deux biges, épée suspendue à un tronc d'arbre;
améth., int., ov., 0,019m. sur 0,016m.; coll. de
la Biblioth. Roy. de Paris; donnée au roi de France
par le célèbre Fesch, prof. de théol. à Bâle. STOSCH,
pl. 47; LIPP. II, p. 44, No. 140; BRACCI, pl. 90;
MARIETTE, *Collect. du Roi*, t. 2, 1re. part., pl. 92;
DENH, p. 64, No. 4 : il écrit ce nom PAMPHI-
LIUS; RAPONI, pl. 59, No. 7, sans le nom. — Visconti, *Op. var.*, t. 2, p 270, donne, avec raison,
le titre de *classique* à cette belle pierre. MILLIN,
Gal. myth., pl. 153, No. 567; *Dict. B.-A.*, t. 1,
p. 713; *Intr.*, p. 187; RASPE, No. 9212; il indique des
copies par Brown, No. 9213.— ΠΑΜΦΙΛΟΥ, le même
sujet, Achille fortement penché en arrière, corn., ov., 0,021m. sur 0,015m.; collect. Devonshire. STOSCH, pl. 48; LIPP., II, p. 44, No. 141.
Bracci, pl. 91, dit que c'est une sardoine. Wordlige a mal compris ce nom : il écrit ΠΝΜΡΙΛΟΛ.
D'après lui la pierre serait un béril, et sa gravure ne
lui donne que 0,018m. sur 0,014m. RAPONI, pl. 10,
No. 11; RASPE, Nos. 9216, 9217. — ΠΑΜΦΙΛΟΥ,
Psyché assise devant l'Amour, corn., int.,

coll. de S. Byrès, ensuite de Townley. Visc., *Op. var.*, t. 2, p. 192; RASPE, N°. 7170, pl. 42.—ΠΑΜΦΙΛΟΥ, Thésée tuant le Minotaure. MILLIN, *Dict. B.-A.*, t. 2, p. 722. Il paraît que cette pierre est à présent inconnue (*Note de M. Dubois.*) — ΠΑΜΦΙΛΟΥ, tête de Junius Brutus, soufre de Stosch. RASPE, N°. 10,654.—Hercule jeune, sard. moderne et belle avec le nom abrégé ou plutôt estropié de *Pamphile*, écrit ΜΑΜΦΙΛ; coll. du comte de Pourtalès-Gorgier.

PANÆNUS d'Athènes, ptr., cousin-germain de Phidias. *V.* vol. suiv. aux *Peint.* JUPITER *OLYMPIEN*.

IV *bc*
I, p. 530.

1. PANÆUS, fausse leçon de Pline, pour PANÆNUS.

* 2. PANÆUS, gr.f. ΠΑΝΑΙΟΥ ΑΦΡΟΔΙΤΗ, Pan attaquant Vénus sortant du bain, belle sard. du comte de Caylus (*Rec.*, t. 6, pl. 41, N°. 3), qui paraît ne douter ni de l'authenticité du nom ni de celle de la pierre, indiquée aussi par de Murr, p. 93; et quand on a vu cette pierre, le caractère du travail et de l'inscript., on ne saurait douter de son antiquité. M. Raoul-Rochette n'en semble pas convaincu. Dans sa *Lettre à M. Schorn*, p. 47, N°. 50, ce savant reproche à M. Sillig de n'avoir cité ce graveur que sur ma *seule autorité*, et d'avoir négligé celle de Caylus, *ce qui*, ajoute-t-il, *eût été meilleur à dire*. Mais M. Rochette aurait pu et dû, ce me semble, en relevant M. Sillig, citer et de Murr, *Bibl. dactyl.*, p. 166, N°. 9, où il aurait eu le plaisir de corriger une faute d'impression, ΑΦΡΟΔΙΓΗ pour ΑΦΡΟΔΙΤΗ, et M. Du Mersan, *Notice*, p. 68, N°. 53, qui n'émet aucun doute sur cette pierre, dont M. R.-Rochette, conservateur du Cabinet des Antiques de la Bibliothèque Royale, ne devrait pas parler par ouï-dire, et qu'il aurait pu facilement examiner puisqu'elle se trouve parmi les objets confiés à ses soins, ce qui eût été, pour l'hypercritique, beaucoup meilleur à faire.

?

PANDEIUS ou PANDIUS ou PANTIUS, stat. En travaillant dans le temple de Tégée, il mangea d'un fruit empoisonné qui lui fit perdre la raison. Peut-être est-ce le même que PANTIAS. THÉOPHR., *H. P.*, IX, 13; WELCKER, *Kstbl.*, 15 oct. 1827.

?

PANDÉMIUS, stat. *V.* vol. suiv. aux *St.* DIANE d'Éphèse.

? AAA

* **PANOCTUS (S. JULIUS)** *SYGILLARIARIUS* (*sic*), ?? sc. de figurines, tiré de Pirro Ligorio et très-douteux. GUDI, p. 217, N°. 7; R.-ROCH., *Lett. Sch.*, p. 90, N°. 82. — *Voyez* ORELLI, t. 1, p. 43, sur les fraudes épigraphiques de Pirro Ligorio.　　　?

PANTÆUS, fausse leçon de Pline, au lieu de **PANÆNUS.**

* **PANTHÆUS**, ptr. de vases. ΠΑΝΘΑΙΟΣ ΕΠΟΙΕΣΕΝ sur une cylix à fig. r. du P. de Can., *Mus. Etr.*, 1116, 1303 et 1513. Avec les mêmes mots et d'autres qui les répètent d'une manière inintelligible ΥΟΣ ΥΝΘΙΟΣ ΕΠΟΙΕΝΟΣΕΝΟΝ, Gerhard, *Corr. Arch.*, 1831, p. 172, N°. 661 *b*, et p. 179, N°. 712. — On trouve le même nom sur le pied d'un fragm. de cylix de la société Candelori. *Id., ibid.* — Cylix du cabinet Casuccini à Chiusi, jeune homme tenant un vase à boire, extér. sans fig., ΠΑ.ΘΑΙΟΣ ΕΠΟΙΕΣΕΝ. — Vase forme de tête de pavot à anses surélevées à rotelles, de la coll. E. Durand, *Cat.*, N°. 91, de Vulci à peint. n.; ancien style très-soigné. Sujet : Thiase de Bacchus barbu, couronné de lierre, tunique étoilée, avec Comus, et deux Bacchantes dont une porte une biche sur ses épaules et l'autre danse; rev. : Satyre *Citharède* avec l'inscript. ΠΑΝΘΑΙΟΣ ΜΕΠΟΙΕΣΕΝ, *Panthæus m'a fait;* au-dessus quadrige; au galop, cavalier et gymnasiarque; au-dessous lion et sanglier; haut. 0,366ᵐ., sans les anses. Ce beau vase acheté 800 fr. à la vente E. Durand, le 3 mai 1836, par M. Hope. — ΠΑΝΘΑΙΟΣ ΕΠΟΙΕΣΕΝ en noir sur le pied d'une cylix de Vulci, à fig. r., de la coll. Ed. Durand, *Cat.*, N°. 117; sujet extérieur : Bacchus barbu, ? Satyres et ? chevaux ailés; R. : même composition, Ariane au lieu de Bacchus; intér. : Guerrier nu casqué avec lance et bouclier; acheté 200 fr. par le Mus. Brit. à la vente Durand, le 25 avril 1836; diam. 0,325ᵐ., haut. 0,115ᵐ. — Beau vase de Vulci à trois anses, de 15 po. de haut, à fig. noires, de la coll. de M. le Bᵒⁿ. Beugnot. ΠΑΝΘΑΙΟΣ ΜΕΠΟΙΕΣΕΝ; sur les épaules du vase : Hercule terrassant le lion de Némée en présence de Minerve et d'Iolas; sur la panse : triomphe d'Hercule guidé par Iolas et accompagné de Minerve,

	Siècles.
d'Apollon *Citharède* et de Mercure. — Coupes à figures jaunes, au centre homme nu, debout, à moitié caché par un mur, sur le haut duquel est ΓΑΝΘΑΙΟΣ ΕΠΟΙΕ. Cette coupe fait partie des vases réservés par la princesse de Canino. (*Note de M. Dubois.*)	
PANTIAS de Chios, stat. *V.* vol. suiv. aux *St.* ARISTÉUS d'Argos.	IV *a* 1, p. 543.
PANTIUS, stat. THÉOPHR. *Voyez* PANDEIUS.	?
PANTULEIUS. *Voyez* AULUS.	
* PAPIAS. *Voyez* ARISTÉAS.	
* PAPIRIUS (VITALIS) *ARTE PICTORIA PRAEDITUS*, ptr. FABRET., p. 225, N°. 622. Omis par M. Raoul-Rochette.	?
* PARATUS (T. TALUS ou LAIUS A CORINTH.) probablement sous-entendu *FABER*, cis. de vases de bronze de Corinthe. GRUT., p. 639, 9; R.-ROCH., *L. Sch.*, p. 85, N°. 60. Ce *PARATUS* faisait partie de la maison de quelque empereur; d'après une inscr. de la coll. du card. de Carpi, un vase en b.-rel. sur le monument pouvait indiquer sa profession. GRUT., p. 579, 6.	?
PARÉLIUS. *Voyez* SCOPAS.	
* PARMÉNIDE, gr. mon. ΠΑΡ. ΠΑΡΜΕ. Sur des médailles de Tyr, de Thurium et de Naples. R.-ROCH., *Lett. au D. de L.*, p. 30. — Est-il certain que ce soit le nom d'un graveur, et que ce nom soit *PARMÉNIDE*?	?
PARRHASIUS d'Ephèse, ptr. PLINE, l. 35, c. 21; c. 36, 3, 5; PAUS., *Att.*, c. 28, 2; XENOPH., *Mem.*, III, 10; QUINCTIL., XII, 10, p, 369; PLUT., *Thes.*, 4; ATHÉN., XII, p. 543. *Voyez* SILLIG, et vol. suiv. aux *Peint.* ACHILLE, AGAMEMNOM, etc.	V *d* I, p. 529 et 541.
* PARTHÉNIS (C. OCTAVIUS) *ARGENTARIUS*, cis. en arg. GRUT., p. 639, 5; R. ROCH., *Let. Sch.*, p. 86, N°. 61; inscript. du palais Porcari, à Rome.	?
PARTHÉNIUS, cis.?. Nom peut-être inventé par Juvénal, XII, 44.	?
PASIAS, ptr. PLINE, l. 35, c. 40, 41; rien de cité.	III *d* 1, p. 598.
* PASION, gr. mon. ΠΑΣΙΩΝ. *Voyez* ÆTHON.	?

Siècles.

1. PASITÉLÈS, stat.; il avait appris de lui-même son art. PAUS., *El.* 1, c. 20, 1 ; rien de cité. — **V** *c* — I, p. 529.

2. PASITÉLÈS, nommé aussi **PRAKITÈLE** dans les Mss. de Pline ; sc., cis. *V.* vol. suiv. aux *St.* JUPITER en or. — **I** *b* — I, p. 628.

1. PATROCLÈS de Sicyone, stat. A la page 541, au bas, il faut lire de Sicyone, au lieu de Crotone. *V.* vol. suiv. aux *St.* AGAMÈNE de Sicyone. — **V** *d* — I, p. 541.

2. PATROCLÈS DE CROTONE, fils de Catillus ; stat. *V.* vol. suiv. aux *St.* APOLLON en buis. — ?

* 1. PATROCLUS (L. LICINIUS) *FABER OCULARIARIVS*. Peut-être, comme Sérapion, faisait-il des yeux en argent et en pierres fines aux statues de marbres de couleur ou de bronze. REINES., cl. XI, N°. 66, p. 632 ; SPON, *Misc.*, p. 232 ; ORELLI, N°. 4185 ; R.-ROCH., *Let. Sch.*, p. 93. — ?

* 2. PATROCLUS (C. LICINIUS), affr. du précédent, était aussi *FABER OCULARIARIVS*. Peut-être son frère L. LICINIUS STATORIANUS l'était-il aussi. GRUT., p. 645, 1. — M. Raoul-Rochette n'aurait-il pas dû citer ce C. *PATROCLUS*? — ?

1. PAUSANIAS d'Apollonie, stat. *V.* vol. suiv. aux *St.* APOLLON. — **V** *d*

2. PAUSANIAS, ptr. *V.* vol. suiv. aux *Peint.* COURTISANES. — ?

PAUSIAS de Sicyone, père d'Aristolaüs ; ptr. *V.* vol. suiv. aux *Peint.* CUPIDON jetant son arc. — **IV** *c* — I, p. 574.

PAUSON, ptr. On ne cite rien de lui. Ce peintre était très-pauvre et le but des plaisanteries des poètes comiques. ARISTOPH., PLUT., v. 602. Il paraît qu'il rendait la nature humaine de la manière la plus ignoble : aussi Aristote, *Polit.*, VIII, 5, p. 267, ne voulait-il pas qu'on laissât voir ses ouvrages aux jeunes gens, de crainte, sans doute, de gâter leur goût. — **V** *d* — I, p. 552.

* † PAZALIAS. M. Sillig met ce graveur en pierres fines parmi les artistes anciens dont la patrie et l'époque sont incertaines ; mais c'est une erreur grave que partage M. Raoul-Rochette, puisqu'il ne la relève pas dans son examen critique et sévère des noms suspects des artistes anciens. Ce graveur est moderne et

Italien; il était même lieutenant des gardes pontificales; il se nommait *Antonio Pasaglia* ou *Passaglia*. On lui doit de très-belles pierres souvent citées dans l'ouvrage de Christien Denh. Comme Pichler, Natter et d'autres, il écrivit quelquefois son nom en grec sur les pierres qu'il gravait. Il y a de lui une Muse, auprès de laquelle son nom est écrit ΠΑΣΑΛΙΑΣ; il signe aussi ΠΑΖΑΛΙΑ, ΠΑΖΑΛΙΑΣ; sur une de ses pierres il a mis le nom d'AULUS. *Voyez* Lippert, III, p. 256, qui lit ΠΑΖΑΝΑC et en fait un graveur ancien. RASPE, Nos. 1691, 2955, 4450, 5880, 81, 82, 83, 6762, 6841, pl. 42. — On peut être assez surpris que M. Raoul-Rochette qui, dans sa *Lettre à M. Schorn*, relève les oublis les plus insignifians de M. Sillig et d'autres écrivains, n'ait pas aperçu toutes ces méprises.

PÉDIUS (QUINTUS), ptr. d'une famille romaine consulaire; très-aimé de César; il était muet de naissance, avait déjà du talent lorsqu'il mourut jeune. On ne cite rien de lui. PLINE, l. 35, c. 7.   I *d*

* † PEMMALIO. *Voyez* PERGAMUS. (On voit ce nom sur une pierre moderne représentant une femme debout portant une coupe à sa bouche. *Note de M. Dubois*.)

PERDIX, stat. ???, prétendu neveu de Dédale l'ancien, et le même que TALUS.   ? AAA

PÉRÉLIUS. *Voyez* SCOPAS.

PERGAMUS, gr.f. Faune ivre dansant. Stosch,   ?
pl. 49, Bracci, t. 2, pl. 92, lisent, ainsi que Raspe, No. 4731, ΠΕΡΓΑΜΟΥ sur cette pierre où d'autres voient un autre nom. *Voyez* PYGMON. — ΠΕΡΓΑΝΟΥ pour ΠΕΡΓΑΜΟΥ, Hercule jeune portant un taureau, empr. de Stosch. RASPE, No. 5761 ??. — ΠΕΡΓΑΜ, tête de Nicomède IV, roi de Bithynie, pâte antique int., qui de la coll. Bartholdy à R. a passé dans celle du prince Stanislas Poniatowski. VISC., *Op. var.*, t. 2, p. 360, No. 54, et p. 379, No. 65. — ΠΕΡΓ, jeune tête héroïque. RASPE, No. 10,106 ??. — ΠΕΡΓΑΜ, buste héroïque, empreinte de Stosch. RASPE, No. 10,107; casqué et cuirassé. — ΠΕΡΓ ??, tête barbue, empr. de Stosch; RASPE, No. 10,105. — M. Raoul-Rochette, dans sa *Lettre à M. Schorn*, où il tient, et avec raison, à ne rien omettre, en critiquant M. Sillig de n'avoir

cité qu'une pierre de PERGAMUS, n'aurait-il pas dû, p. 47, N°. 51, rapporter, ne fût-ce qu'avec des signes de doute, les commencements de noms qui peuvent être celui de PERGAMUS? Il est aussi assez singulier que d'après une empreinte, que *possède* M. Raoul-Rochette, de la pâte de la coll. Poniatowski, il décide que la pâte est certainement antique : cela est très-probable, mais une empreinte de plâtre, de soufre ou même de verre ne pourrait pas servir de preuve irréfragable. La nature de la pierre et de la pâte sert beaucoup à faire juger de leur authenticité.

PÉRICLÈTE, stat., disc. de Polyclète d'Argos. On ne cite rien de lui. PAUS., *El.* 1, c. 27. — V *d* I, p. 541.

PÉRICLYMÈNE, stat. *V*. vol. suiv. aux *St.* EUTY-CHÈS. — ?

PÉRILLUS d'Agrigente, stat., fd. *V*. vol. suiv. aux *St.* TAUREAU de Phalaris. — VI *b* I, p. 506.

PERSÉE, ptr., élève d'Apelle. PLINE, l. 35, c. 36. — III *a*

* PÉTROS, sc. ΠΕΤΡΟΣ, tête de Caracalla. MILLIN, *Int.*, p. 78; WELCKER, *Kstbl.*, 18 oct. 1827. — II*

PHÆAX d'Agrigente, arch., chargé de très-grands travaux, et entre autres de cloaques; il s'en acquitta si bien que les Agrigentins donnèrent aux égoûts le nom de *Phæacæ*. — V *ab* I, p. 528.

* PHÆDER (T. CLAUDIUS) *ARGENTARIVS VASCVLARIVS*, cis. sur les vases d'arg. MURAT., p. 945; ORELLI, N°. 4147; R.-ROCH., *Let. Sch.*, p. 86, N°. 62. Dans cette inscript. il est question des *alumni*, apprentis, élèves. Orelli dit qu'il en est fait rarement mention dans les inscript. sépulcrales; cependant il y en a une foule dans Gruter. M. Orelli ne pense pas que ce fussent des apprentis, mais des nourrissons, θρέπτοι. Nous ne pouvons être de l'avis de ce savant. *Voyez* MILETUS. — ?

* PHÆDIMUS, stat. ΦΑΙΔΙΜΟΣ, sur la base d'une statue de Ganymède trouvée en 1800, près d'Ostie, par Fagan. C. FEA, *Viaggio di Roma ad Ostia*, 1805, p. 54; ce nom y est écrit ΦΑΙΔΓΜΟΣ; *Mus. Chiaram.*, t. 1, pl. 11; WELCKER, *Kstbl.*, 15 oct. 1827. — ?

PHÆDRUS, stat. VISCONTI, *Elgin.*, p. 98; BŒCKH, *C. Inscr.*, t. 1, N°. 522. — ?

	Siècles.
PHALÉRION, ptr. *V.* vol. suiv. aux *Peint.* SCYLLA.	?
PHARAX d'Ephèse, stat. VITR., III, *Proœm.*, § 2.	?
* PHARNACES, gr.f. ΦΑΡΝΑΚΗС, cheval marin, tourné à dr., corn., int., ov., 0,015m. sur 0,011m.; coll. du roi de Naples. STOSCH, pl. 50; LIPP., I, p. 34, No. 80; BRACCI, pl. 93; DE MURR, p. 94; VISC., *Op. var.*, t. 2, p. 332, 370. — ΦΑΡΝΑΚΗС, capricorne, améth., int., ov., 0,018 sur 0,015m; coll. de La Haye. DE THOMS, pl. 6, No. 7; DE JONGE, p. 45, No. 5. — (Une pierre semblable chez M. Poquel à Paris. *Note de M. Dubois.*) — (ΦΑΡΝΑΚΟΥ, Némésis debout et tenant un frein, corn., int.; Millin en avait une empreinte. *Note de M. Dubois.*) — ΦΑΡ, sanglier acculé dans des roseaux, int., empreinte de M. Dubois. — ΦΑΡ, tête de Mercure, profil, jaspe rouge, moulée chez un orfèvre à CP., en 1815, par M. Dubois. — ΦΑΡΝΑΚΟΥ, lion passant, à g., corn., int., ov., 0,018m. sur 0,015m.; coll. Greville. SPILSBURY, pl. II; LIPP., III, B, 434; RASPE, No. 12,813.	?
PHASIS, ptr. Il peignit Cynégire. Hérod., VII, 114; *Append. Anth. Pal.*, t. 2, p. 660.	?
* PHEIDIPUS, ptr. de vases. ΦΕΙΔΙΠΟＪ ΕΛΡΑΦΕ. P. DE CAN., 1re cent., No. 16. On peut lire ce nom PHEIDIPUS ou PHEIRIPUS, le Δ et le P étant souvent faciles à confondre dans les anciennes inscriptions. Ce *PHEIDIPPUS* paraît avoir été le peintre du vase fait par HISCHYLUS. *Voyez* ce nom et GERHARD, *C. A.*, t. 3, p. 180, Nos. 718, 722.	?
4. PHIDIAS, fils de Charmidas d'Athènes, élève d'Agéladas et d'Hégias, stat. et ptr. Il est question de *PHIDIAS* dans un trop grand nombre d'auteurs pour qu'il soit possible de les rapporter tous ici et de citer leurs passages. Mais il en sera question aux articles des statues du grand statuaire, sur lequel ils nous ont laissé des documents qui, malheureusement, sont bien loin d'être complets. Ceux de ces auteurs qui nous en apprennent le plus sur les productions de *PHIDIAS* sont Pline, l. 7, 34, 35, 36, et Pausanias; celui-ci en cite dans la plupart de ses livres, et surtout dans ses *Eliaques.* Parmi les modernes on doit consulter Winckelmann qui eût encore mieux parlé de *PHIDIAS* s'il eût connu par ses propres yeux les	V *d* I, p. 516 et 529.

chefs-d'œuvre du Parthénon, en partie dégradés et
en partie rapportés en Angleterre par lord Elgin, et
que l'on conserve au Musée Britannique. On lira avec
grand intérêt ce qu'en ont écrit Visconti et M. Quatremère de Quincy, avec cette supériorité de vues que
leur donne leur profonde connaissance des arts et du
goût de l'antiquité. — *Voyez* aussi ce qu'ont produit
sur *Phidias* Heyne dans ses *Antiq. auss.*, I, p. 97,
201, 203; dans ses Dissertations sur les ouvrages des
arts autrefois à Constantinople, insérés dans les *Mémoires de l'Académie de Gœttingue*; Carlo Fea, dans
ses notes sur Winckelmann, éd. ital., t. 2, p. 416,
424; M. Mayer, dans son *Histoire de l'art* et dans
ses notes sur Winckelmann, éd. allem., t. 6, P. 1re.,
p. 47; P. 2e., p. 66; Bœttiger, *And.*, p. 84, 90;
Amalth., t. 2, p. 247, 314; t. 3, p. 266; M. Bœckh,
C. Ins., t. 1, p. 235, 237, 242; la belle Dissertation
de C.-O. Müller, en trois parties; Gœttingue, 1827;
M. Wagner, *Kunstbl.*, 1824, Nos. 93, 94, 96, 98;
M. Welcker, *Philostr.*, p. 699; Eméric-David dans
la grande *Biographie, etc.*, et l'excellent article du
Catal. artif. de M. Sillig. Il est assez à remarquer que
M. Sillig, parmi tant d'auteurs qu'il cite, et au milieu
de tout ce qu'il rapporte d'intéressant sur *Phidias*,
ne dise pas un seul mot de M. Quatremère de Quincy,
qui, dans son *Jupiter Olympien*, l'un des plus vastes
et des plus beaux monuments littéraire élevés à la
gloire de *Phidias* et de la sculpture grecque, a répandu sur ses ouvrages et sur son école des lumières
que personne avant lui n'avait fait briller avec autant
d'éclat sur cet important sujet. *V.* vol. suiv. aux
St. ABEILLE en bronze.

* 2. PHIDIAS, fils d'un Phidias, et AMMONIUS, sc.   ?
Voyez ce dernier nom.

PHILÆUS, père de Rhœcus de Samos, était probable-   ?
ment statuaire.

* PHILASCURUS, ptr. Reines., cl. XI, No. 67,   ?
p. 362; Montelatici, p. 15; Manilli, *villa Borghèse*, p. 18, lit PHILARCURUS; Bracci, t. 2, p. 271.

* PHILÉAS et * ZEUXIPPE, stat. On a trouvé leurs   ?
noms dans une inscription d'Hermione en Argolide,
qui a pu appartenir à une statue. Bœckh, *C. Inscr.*,
t. 1, No. 1229; Welcker, *Kstbl.*, 15 oct. 1827.

Siècles.

*** PHILÉMON**, gr.f. ΦΙΛΗΜΟΝΟϹ, Thésée, nu, debout, vu par-derrière, massue à la main dr. touchant à terre, devant lui le minotaure tué sur un rocher; trouvé à R. sous une porte en pierre; sard., int., ov., 0,020^m. sur 0,015^m.; coll. de l'emp. d'Autriche. LIPP., II, p. 16, N°. 53; DENH, p. 49, N°. 51; STOSCH, pl. 51; BRACCI, pl. 94; DE MURR, p. 94; RASPE, N°. 8663; VISC., *Op. var.*, t. 2, p. 262; MILLIN, *Dict. des B.-A.*, t. 1, p. 712; *Introd.*, p. 186. — ΦΙΛΗΜΩΝ ΕΠΟΙ, tête de Faune, tournée à g., corn. de lierre, nébride sur l'épaule, pâte antiq., ov., cab., 0,022^m. sur 0,015^m.; coll. Strozzi. STOSCH, pl. 52; WINCKELM., *C. Stosch*, p. 238, N°. 1484; LIPP., I, p. 182, N°. 448; DE MURR, p. 94; BRACCI, pl. 95; la planche ne donne que 0,018^m. sur 0,015^m.; RASPE, N°. 4568. — ΦΙΛΗΜΩΝΟϹ, Hercule enchaînant Cerbère, onyx, caboch.; LIPP., III, 324; RASPE, N°. 5797. Une très-belle onyx de Pichler le père, Hercule étouffant le lion de Némée, et appart. à lord Clanbrasil, est inscrite ΦΙΛΗΜΟΝΟϹ. RASPE, N°. 5692. Bracci, t. 2, p. 177, parle d'une tête de taureau qui porte le nom de PHILÉMON; et dont il n'a pas pu se procurer le dessin. DE MURR, p. 94. Visconti, *Op. var.*, t. 2, p. 117, croit ce graveur postérieur à Alexandre-le-Grand.

PHILÉSIAS d'Erétrie, stat. *V.* vol. suiv. aux *St.* BŒUFS.   ?

*** PHILÉTIMUS**, gr.f.??. PHILETIMS (PHILETIMVS), jeune athlète vainqueur, nu, tenant deux torches, s'approchant d'une table sur laquelle est un vase d'où sort un rameau d'olivier, grenat, int.; coll. du gr.-duc de Florence. GORI, *M. Flor.*, t. 2, pl. 17, N°. 6; *Inscr. ant.*, pl. 2; SMITH., p. 27. Bracci, t. 2, donne ce nom de graveur comme douteux. RAPONI, pl. 26, N°. 24. — Peut-être est-ce le nom du vainqueur ou celui du propriétaire de la pierre.   ?

*** PHILÉTUS**, sc. ?. Il paraîtrait avoir fait le buste (*protóma*) d'un C. CALPURNIUS EUTYCHIUS. BŒCKH, *C. Inscr.*, t. 1, N°. 963.   ?

PHILÉUS, arch. Ecrivit sur le temple ionique de Minerve, à Priène. VITR., VII, *Præf.*, 12.   ?

*** 1. PHILIPPUS** *ARCHITECTUS MAXIMUS*,   ?

III.   8.

	Siècles.

arch. Inscript. trouvée à Nismes. GRUT., *Inscr.*, p. 623, 5; BRACCI, t. 2, p. 271.

* 2. PHILIPPUS?, gr.f.?. Tête d'Hercule barbu laurée, sard., int.; coll. du gr.-duc de Tosc. GORI, *M. Flor.*, t. 2, pl. 12, N°. 1; *Inscr. ant.*, t. 1, pl. 5, N°. 5. Bracci, t. 2, donne ce nom comme douteux. RAPONI, pl. 56, N°. 11. — ?

1. PHILISCUS, ptr. *V.* vol. suiv. aux *Peint.* ENFANT soufflant le feu. — ?

2. PHILISCUS de Rhodes, sc. *V.* vol. suiv. aux *St.* APOLLON drapé. — ?

* PHILISTION, gr. mon. ΦΙΛΙΣΤΙΩΝΟΣ et ΦΙ-ΛΙΣΤΙΩΝ sur le casque de Pallas de médailles de Vélia. HUNTER, pl. 61, 18, 19. — Welcker, *Kstbl.*, 18 oct. 1827, avait lu ΦΙΛΙΣΤΩΝ. — R.-ROCH., *Lett. au D. de Luynes*, p. 35. — ?

* PHILOCALUS, gr.f. Tête de jeune homme couronné d'olivier. GORI, *Inscr. ant.*, P. 1, pl. 5, N°. 3; BRACCI. ???. — ?

PHILOCHARÈS, ? d'Ath., ptr. *V.* vol. suiv. aux *Peint.* JEUNE HOMME (Portrait de). — IV c ?

1. PHILOCLÈS, Egyptien, ptr. PLINE, l. 35, c. 5. — IX a / I, p. 484.

2. PHILOCLÈS d'Acharnes, arch. du nouveau temple de Minerve *Poliade.* BŒCKH, *C. Inscr.*, t. 1, N°. 160. — ?

* PHILODAMUS BASSUS *AVRIFEX*, cis. en or; inscr. de Capoue donnée par Smith. GRUT., p. 638, 10; R.-ROCH., *Lett. Sch.*, p. 86, N°. 63. — ?

* PHILODESPOTA, gr.f.???. ΦΙΛΟΔΕΣΠΟΤΟΥ, masque tragique et deux poissons, pierre ayant appartenu au chanc. Sellari. AMADUZZI, *Acad. Cort.*, t. 9, p. 153; *Nov. Thes.*, t. 1, p. 22; BRACCI, t. 2, p. 285. — ?

* PHILOLOGUE, gr.f.?. ΦΙΛΟΛΟΓΟΣ, deux dauphins, int., jaspe rouge; moulée au Besestein de CP., en 1815, par M. Dubois. Ce nom, gravé en caractères très-fins, peut bien être celui du graveur qui appartient probablement au Bas-Empire. — ?

PHILOMAQUE, sc. Peut-être le PYROMAQUE de Pline. *V.* vol. suiv. aux *St.* ESCULAPE. — ?

	Siècles.
* 1. PHILOMUSUS (P. CORNEL.), ptr. scénique. GORI, *Columb.*, p. 158; MURAT., *Nov. Thes.*, p. 498, 4; GORI, *Inscr.*, t. 2, p. 390; BRACCI, t. 2, p. 271.	?
* 2. PHILOMUSUS, affranchi de Livie; *Inaurator*, doreur. BIANCHINI, *Sepol. de Servi*, etc., No. 136, p. 31; MURAT., 971, 1; R.-ROCH., *L. Sch.*, p. 86, No. 64.	I*
1. PHILON, probablem. fils d'Antipater; stat. *V*. vol. suiv. aux *St.* EPHESTION.	IV *c* I, p. 579.
2. PHILON, arch. Peut-être le même que le Philon de Byzance, qui, au 2e S. av. J.-C., écrivit sur l'architect. deux liv. qui existent encore. CICER., *Orat.*, 1, 14; VITR., VII, *Præf.*, § 12; PLINE, l. VII, c. 38; STRABON, IX, p. 395; VAL.-MAX., VIII, 12; PLUT., *Sylla*, 14. Il avait fait, à Athènes, un arsenal pour mille vaisseaux, qui fut brûlé lors de la prise d'Ath. par Sylla. SILLIG.	II ?
* PHILON....., gr. mon. ΦΙΛ. ΦΙΛΟ. ΦΙΛΩΝ sur des méd. d'Héraclée de Lucanie. R.-ROCH., *Let. au D. de Luynes*, p. 40.	?
* 1. PHILONICUS (C. CORN.), cis. ou fond. en arg. *FABER ARGENT.* sur une inscript. de Narbonne. GRUTER, p. 639, 4; R.-ROCH., *Let. Sch.*, p. 86, No. 65.	?
* 2. PHILONICUS (M. CANULEÏUS) *GENIARIUS*, ? plast., sc. ou cis., faisait probablement des figurines de génies. GRUT., p. 25, 1; ORELLI, No. 4195; R.-ROCH., *Let. Sch.*, p. 86, No. 65.	
+ PHILOPINAX, ou *qui aime les tableaux*; nom, à ce qu'il paraît, inventé par Aristænète, *Epist.* 2, 10, pour un peintre qui, de même que Pygmalion, devint épris de son ouvrage.	?
* PHILOSTRATE (C. FUFIUS), gr.f. ?. Ces noms peuvent être ceux du possesseur sur une pierre gravée représentant un c h e v a l, étoile entre les jambes, croissant, palme ou flamme au-dessus; sard., int., ov., 0,013m. sur 0,010m. SPILSBURY, No. 31.	?
PHILOTIMUS d'Egine, stat. *V*. vol. suiv. aux *St.* XENOMBROTE de Côs.	?
* PHILOUMÈNE, stat. ΦΙΛΟΥΜΕΝΟΣ ΕΠΟΙΕΙ.	?

	Siècles.

Zoëga, dans une Lettre de juin 1808, rapporte que l'on trouva ce nom sur la base d'une statue de la villa Albani représentant un homme vêtu d'une tunique à demi-relevée, un genou en terre, et qui paraissait du temps d'Adrien. Cette statue, en marbre pentélique, en avait pour pendant une autre pareille, mais sans nom. WELCKER, *Kstbl.*, 15 oct. 1827.

PHILOXÈNE d'Erétrie, ptr. *V.* vol. suiv. aux *Peint.* ALEXANDRE combattant Darius. — **IV** *d* — I, p. 584.

PHITÉUS, arch. qui écrivit sur le tombeau de Mausole, qu'il avait construit avec Satyrus. VITR., VII, *Præf.*, § 12. — **IV** *c* — I, p. 473.

* PHITIAS, ptr. de vases. ΦΙΤΙΑΣ ΕΛΡΑΘΣΕΝ. P. DE CAN., 1re. cent., N°. 13 ; sur un autre vase, N°. 74, on trouve ΦΙΥΤΙΑΣ, qui paraîtrait le même nom, à moins que ce ne fût PHINTIAS, ΦΙΝΤΙΑΣ, nom assez commun en Sicile, et surtout à Agrigente, ainsi que le fait remarquer M. Raoul-Rochette, *Lett. Sch.*, p. 10, N°. 23. Ce nom est uni à celui de DINIADE, ΔΕΙΝΙΑΔΕΣ, ΦΙΝΤΙΑΣ. GERH., *C. A.*, t. 3, p. 178, Nos. 719, 728. — ΦΙΝΘΙΑΣ, ? sur un vase en campane, coll. Éd. Durand ; les deux premières lettres manquent. — ?

* PHOCAS, gr.f. ΦΩΚΑΣ, Athlète courant, tenant une palme, hyac., int. Caylus, *Rec.*, t. 7, pl. 27, 2, écrit ΣΑΚΩΦ ; il est à croire que n'ayant pas été gravée au miroir, l'inscript. aura été renversée sur la planche. PACCIAUDI, *Lett. au comte de Caylus*, lett. 84 ; AMADUZZI, *Acad. Cort.*, t. 9, p. 153 ; BRACCI, t. 2 ; RAPONI, p. 80, N°. 13 ; RASPE, N°. 8001, bas-empire ; VISC., *Op. var.*, t. 2, p. 127 ; R.-ROCH., *Lett. Sch.*, p. 47 ; autref. de la coll. de Sellari. — ?

* † PHOCION, gr.f. Millin, *Intr.*, p. 170, semble regarder ce nom comme celui du graveur d'une tête, où il est uni à celui de Pyrgotèle, que, d'après lui, on aurait ajouté pour donner plus de valeur à la pierre. D'après l'inscript. ΠΥΡΓΟΤΕΛΗΣ ΕΠΟΙΕΙ ΦΩΚΙΩΝΟΣ', on pourrait croire Pyrgotèle fils d'un Phocion. D'autres ont cru que ce nom était celui du célèbre *PHOCION*, et que la tête le représentait ; mais il est reconnu que cette pierre, dont l'inscription est singulièrement conçue, est d'*Alessandro Cesari*. — STOSCH, pl. LVI ; BRACCI, II, X, c. IX ; WINCKELM., — ?

	Siècles.

t. 6, P. 1, p. 110; DE MURR, p. 101; R.–ROCH., *Let. Sch.*, p. 50. *Voy.* PYRGOTÈLES.

*** PHOELA**. gr.f.??. ΦΩΙΛΑ, Bacchantes, corn., int.; coll. Schellersheim. (*Note de M. Dubois*.) — ?

1. PHŒNIX, stat., élève de Lysippe. PAUS., *El.*, 2, c. 15, 3; PLINE, l. 34, c. 19, 20. — IV *d*

2. PHŒNIX, arch.?, qui, selon Callisthènes, trans-porta, sous Ptolémée-Philadelphe, à Alexandrie, un obélisque de 80 coudées, qu'avait fait tailler en Egypte le roi Nectanèbe. PLINE, l. 36, c. 14, 3. — III *a* / I, p. 601.

PHRADMON d'Argos, stat. *V*. vol. suiv. aux *St.* AMAZONE. — V *c* / I, p. 537.

*** PHRYGILLUS**, gr.f. ΦΡΥΓΙΓΓΟΣ, Amour sor-tant d'un œuf, couché dans l'attitude d'un joueur d'osselets et tenant une coquille; d'ancien style; l'amour avec de gr. ailes, comme les anc. divinités. Visconti, *Op. var.*, t. 2, p. 117, place ce grav. avant l'époque d'Alex.-le-Gr., et, p. 190, il regarde le travail de cette pierre comme très-ancien et étrusque; corn., int., autrefois au chev. Vettori, auj. au D. de Blacas. WINCKELM., *C. Stosch*, p. 137, N°. 731; *H. A.*, l. 8, c. 2, § 27, t. 5, p. 256; DE MURR, p. 94; LESSING, *Epist. antiq.*, Berol., 1778, t. 1, p. 145; MILLIN, *Intr.*, p. 168. Une copie dans la coll. Pourtalès. — ?

PHRYLLUS, ptr. PLINE, l. 35, c. 36, 1; rien de cité. — V *d* / I, p. 542.

PHRYNON, stat., élève de Polyclète. PLINE, l. 34, c. 19, *init.*; rien de cité. — V *d* / I, p. 541.

*** PHRYNOS**, stat., sur une figure de bronze trouvée à Locres. VISC., *M. Pio-Clem.*, III, XLIX, 66; R.–ROCH., *Let. Sch.*, p. 87, N°. 66. — ?

*** PHRYNUS**, ptr. de vases de Vulci. Très-belle cylix à peint. n., viol. et blanche, de la coll. Ed. Durand, achetée à sa vente, 26 avr. 1836, 620 fr. par M. le D. de Blacas : naissance de Minerve qui sort armée de la tête de Jupiter assis sur un trône très-riche, et dont Vulcain vient de fendre la tête d'un coup de hache; R., Minerve, tête nue, conduit Hercule à Neptune assis tenant un trident à quatre — ?

<table>
<tr><td></td><td>Siècles.</td></tr>
</table>

pointes; au-dessous on lit : ΦΡΥΝΟϟ ΕΠΟΙΕϟΕΝ ΧΑΙΡΕΜΕΝ, et de l'autre côté de la coupe : ΧΑΙΡΕ ΚΑΙΠΙΕΙ ΝΑΙΧΙ, *Phrynus (m') a fait, réjouis-toi; — réjouis-toi et bois au nom des Dieux.* Dans l'intérieur, un très-joli médaillon en relief représente Mercure portant Bacchus à la nymphe Nysa; mais c'est une addition moderne.

* PHYLAX, gr.f.??. ΦΙΛΑΞ, h i s t r i o n, corn., int., cab.; selon Gori, c'est un p h i l o s o p h e. Lippert, III, N°. 136, écrit ΦΥΛΑΞΑΙ. — Si ce nom n'est pas donné exactement, ne pourrait-ce pas être SCYLAX ΓΚΥΛΑΞ, dont il y a un beau m a s q u e silénique? Ou s'il y a ΦΥΛΑΞΑΙ, ne serait-ce pas une invitation à conserver cette pierre ?   ?

PHYLOMAQUE, stat. *V.* vol. suiv. aux *St.* PRIAPE à genoux.   ?

PICTOR. *Voyez* FABIUS.

* PIGMON. *Voyez* PYGMON.

* PILOG.???. On ne voit pas ce que peut être ce mot gravé, selon Ficoroni, *Masch. scen.*, p. 133, pl. 48, sur une agate offrant un masque à cornes, et dont de Murr, p. 95, dit que c'est peut-être le nom du graveur de cette pierre.

PINUS. *Voyez* CORNELIUS PINUS.

PISIAS, stat. *V.* vol. suiv. aux *St.* APOLLON dans le métroon d'Athènes.   ? A

PISICRATES. *Voyez* TISICRATES.

PISON de Calaurie, stat. *V.* vol. suiv. aux *St.* ABAS.   IV *a*
 I, p. 543.

* PISTILLUS, plast., modeleur de figurines. Une petite statuette en terre cuite, du Musée de Lyon, et dont le moule a été trouvé à Autun, porte l'inscription PISTILLVS FECIT.   ?

PISTON, stat. *V.* vol. suiv. aux *St.* FEMME du bige de Tisicrate.   IV *d*
 I, p. 957.

* PLATON, gr.f. ΠΛΑΤΩΝΟΣ, a u r i g e c o n d u i sant un char; coll. Crozat; MARIETTE, p. 46.   ?

* PLAUTIUS (NOVIUS), cisel. On a trouvé sur un vase NOVIOS. PLAVTIOS MED. ROMAI. FECID.   ?

WINCKELM., t. 5, p. 290; BRACCI, t. 2, p. 271. Cette inscr., ainsi conçue, au lieu de NOVIUS PLAUTIUS ME ROMÆ FECIT, annonce une époque très-ancienne.

PLISTÆNÈTE, ptr., frère de Phidias. PLUT., *De Glor. ath.*, t. 7, p. 363; rien de cité. | V *c*

* PLOCAMUS, sc., ΠΛΟΚΑΜΟΣ ΕΠΟΙΗΣΕ sur la plinthe d'une st. BOISSARD, P. IV, pl. 120; MONTF., *A. E.*, t. 2, P. 2, p. 271; BRACCI, t. 2, p. 271; R.-ROCH., *Lett. Sch.*, p. 87, N°. 67. | ?

PLOTARQUE et PLUTARQUE. *Voyez* PROTARQUE.

* POBLICIUS (M.) *MARGARITARIUS*. Ce n'était probablement qu'un joaillier ou marchand de perles. GRUTER, p. 73, 7; GORI, *Columb.*, p. 141. | ?

* POCULENIUS (L. JULIUS) *VASCULARIUS ARGENTARIUS*, cis. en arg. GRUTER, p. 643, N°. 3. — D'après les idées de M. Raoul-Rochette sur les *vascularii argentarii*, il n'aurait pas dû omettre celui-ci, qui est dans Gruter sur le même rang que le CASATUS CARATIUS que donne M. Raoul-Rochette, *Lett. Sch.*, p. 63. | ?

POLÉMON d'Alexandrie, ptr. PLINE, l. 35, c. 40, 42; bon ptr., mais rien de cité. | ?

POLIS, stat. *V.* vol. suiv. aux *St.* ATHLÈTES. | ?

* POLLION ???, arch. MURAT., *Thes. nov.*, t. 2, p. 972, 6; BRACCI, t. 2, p. 271. | ?

POLLIS, arch., écrivit sur son art. VITR., VII, *Præf.*, § 14. | ?

POLYCHARME, sc. SILLIG. *V.* vol. suiv. aux *St.* VÉNUS au bain. | ?

1. POLYCLÈS l'ancien, stat. | IV *b*
 I, p. 560.

2. POLYCLÈS le jeune ou d'Athènes, élève de Stadiéus, stat. PLINE, l. 34, c. 19, *init.*; c. 19, 20; 6, c. 4, 10; PAUS., *El.* 2, c. 4, 3; c. 12, 3; *Phoc.*, 34, 4. — Il y a eu certainement deux *POLYCLÈS*, mais on ne voit pas auquel des deux on doit attribuer les ouvrages cités par Pline et par Pausanias. SILLIG. *V.* vol. suiv. aux *St.* AMYNTAS. — Les fils d'un des deux | II *b*
 I, p. 610.

	Siècles.
POLYCLÈS furent aussi statuaires. *V*. vol. suiv. aux *St.* AGÉSARQUE.	
3. POLYCLÈS d'Adramytium, ptr. VITR., III, *Præf.*, § 2, ptr. de talent, mais peu favorisé par les circonstances. Rien de cité.	?
1. POLYCLÈTE d'Argos l'ancien, probablement le même que le *POLYCLÈTE* de Sicyone de Pline, stat. PLINE, l. 34, c. 19, *init.*, 2 et 3; c. 5; PAUS., *Cor.*, c. 27, 5; *El.* 2, c. 2, 4; c. 4, 7; c. 7, 3; c. 9, 1; c. 13, 4; CICER., *Brut.*, 18; QUINCTIL., XII, 10, *de Isocr.*, p. 95; AUCT., *ad Heren.*, IV, 6; PLUT., *Symp.*, 11, 3, *init.*; ÆL., *V. H.*, XIV, 8, 16; GALIEN; THIERSCH, *Ep.* 11, *adnot.*, p. 62; SILLIG. *V*. vol. suiv. aux *St.* AMAZONE et POLYXÈNE.	V *c* I, p. 539.
2. POLYCLÈTE d'Argos le jeune, stat., élève et peut-être frère de Naucidès. PAUS., *Cor.*, c. 17, 4; c. 20, 1; c. 22, 8; c. 24, 6; *El.* 2, c. 6, 1; *Arc.*, c. 31, 2; DIO. CHRYS., *Or.*, 37, t. 2, p. 122. *V*. vol. suiv. aux *St.* HÉCATÉE d'Argos.	V *a* I, p. 543.
3. POLYCLÈTE de Thasos, ptr. ??. *V*. vol. suiv. aux *Peint.* SALMONÉE.	?
4. POLYCLÈTE, cis., fit pour un roi de Perse ou de Macédoine une très-belle lampe. ATHÉN., t. 5, p. 206; MART., VIII, 51; SILLIG.	?
* 5. POLYCLÈTE, gr.f. ΠΟΛΥΚΛΕΙΤΟΥ, Diomède maître du palladium nu, tourné à droite, assis sur une base, épée à la main droite en arrière; jambe droite en avant, la gauche repliée sous lui, chlamyde sur le bras gauche tenant la statue, à ses pieds la prêtresse morte, cippe sur lequel est une statue, le haut du corps drapé tournant le dos, sard., int., ov., 0,016m. sur 0,013m.; le bras droit et partie du corps de cette superbe pierre fracturés; autref. à l'abbé Andreini, à qui elle fut volée. GORI, *Columb.*, p. 155; auj. au gr.-duc de Tosc. Stosch, pl. 54, de même que Junius, p. 167, et de Murr, p. 97, croient que ce grav. est le même que le célèbre sculpt. Polyclète. Visconti, *Op. var.*, t. 2, p. 118, 119, n'est pas de cet avis, et il pense que son ouvrage serait d'un style et d'un travail plus secs et plus forcés, s'il était de l'ancien	?

Siècles.

Polyclète. De même que l'Achille de Pamphile, ce Diomède-ci pouvait rappeler des ouvrages de sculpture et de peinture des grands maîtres *POLYCLÈTE* et *PAMPHILE*, d'après lesquels les pierres auraient été gravées ; cependant, quoique cette opinion fût plausible, le savant antiquaire n'y tient pas. — De Murr, p. 96, d'après Gori, *M. Flor.*, t. 2, pl. 1, cite de *POLYCLÈTE* un camée offrant un Amour monté sur un lion, que seul il donne. Ne confondrait-il pas ce camée avec l'Amour de Protarque ? — BRACCI, pl. 96; RASPE, N°. 9389 ; MILLIN, *Introd.*, p. 169.

1. POLYCRATE, stat. *V* vol. suiv aux *St.* ATHLÈTES.   ?

* 2. POLYCRATE, gr.f. ΠΟΛΥΚΡΑΤΗΣ ΕΠΟΙΕΙ, Amour et Psyché, grenat, caboch.; R.-ROCH., *Let. Sch.*, p. 48. — D'après Mariette, *Traité*, t. 1, p. 421, cité par de Murr, p. 97, cette pierre a appartenu au marquis de Gouvernet, à Paris.   ?

1. POLYCRITE, arch. myth. PSEUDO-PLUT., *Quæst. gr.*, 37, v. VII, p. 196.   ?

2. POLYCRITE. Spon, *Misc.*, p. 135, dans l'inscript. mutilée ΤΙΜΟΘΕΟΣ ΑΘΗΝ..... ΠΟΛΥΚΡ.... lit POLYCRITE le dern. nom mutilé, que l'on a trouvé sur une base qui avait été celle d'une st. de Timothée d'Athènes, et qui était à la villa Mattei ; et ainsi que le pense M. Sillig, *Append.*, *Cat. artif.*, p. 481, ce peut tout aussi bien et encore mieux être POLYCRATE.

POLYDECTE, sc. PLINE, l. 36, c. 4, 11.   I *
I, p. 669.

1. POLYDORE, stat. PLINE, l. 34, c. 19, 34 ; il traita les mêmes sujets que Polycrate.   ?

* 2. POLYDORE, stat. PLINE, l. 36, c. 4, 11. *Voyez* AGÉSANDRE.   I *
I, p. 669.

POLYEUCTE, sc. *V*. vol. suiv. aux *St.* DÉMOSTHÈNE en bronze.   IV *c*
I, p. 578.

POLYGNOTE de Thasos, ptr. et stat. PLINE, l. 35, c. 35 ; c. 40, *init.*, l. 33, c. 56; l. 34, c. 19, 25; l. 35, c. 25 ; PAUS., *Att.*, c. 15, 3 ; c. 18, 1, 17; c. 22, 3; *Bæot.*, c. 4, 1 ; *Phoc.*, c. 25, 31 ; BŒTTIGER, *Archæol. pict.*, t. 1, p. 265, 369; SILLIG. *V*. vol. suiv. aux *Peint.* DIOSCURES.   V *b*
I, p. 527 et 529.

POLYIDUS, ptr. et pt. DIOD. SIC., XIV, 46 ; rien de cité.   V *a*
I, p. 543.

	Siècles.
POLYSTRATE d'Ambracie, stat. On trouve dans l'*Anthol. palat.*, t. 2, p. 806, N°. 150, un *POLYS-TRATE* dont la stat. fut consacrée par son frère Polyllide, mais il n'est pas dit que ce fût un statuaire. *V.* vol. suiv. aux *St.* PHALARIS.	?
* 1. POLYTIMUS, sc. POLYTIMVS LIB. sur la plinthe d'une statue de chasseur du Musée du Capitole, t. 3, pl. 60; VISC., *Mus. Pio.-Clem.*, t. 3, pl. 41; *Op. var.*, t. 1, p. 83; GUATTANI, *Mon. ined.*, 1787, p. 60; WELCKER, *Kstbl.*, 15 oct. 1827.	?
* 2. POLYTIMUS, gr.f. ΠΟΛΥΤΕΙΜΟΥ, un Hercule. GORI, *Symb. litter.*, t. 8, 1754, p. 119; VILLOISON, *Mém. de l'Instit.*, t. 2, p. 144; WELCKER, *Kstbl.*, 18 oct. 1827; VISCONTI, *Op. var.*, t. 1, p. 83.	?
* 1. POMPEIUS AGASIUS (SEXTUS), arch. Inscr. de l'an de Rome 705. GRUT., p. 623, 5; BRACCI, t. 2, p. 271.	I *
* 2. POMPEIUS EUPHEMUS *SIGIL. DE VICO SIGILLAR.*, sc. de figurines??, tiré de Pirro Ligorio, très-douteux. GUDI, p. 221, N°. 7; R.-ROCH., *Let. Sch.*, p. 90, N°. 82. *Voyez* PANOCTUS.	II
PORINUS, arch. *Voyez* ANTISTATE.	VI *b* I, p. 506.
* POSEIDON, fils de POSEIDON; ptr. de vases. P. DE CAN.; R.-ROCH., 7e. *Bullet. Fér.*, 1831, p. 157, et *Lett. Sch.*, p. 10, N°. 24.	?
POSIDONIUS d'Ephèse, stat., cis. PLINE, l. 33, c. 55; l. 34, c. 19, 34.	I I, p. 665.
POSIS, plast. PLINE, l. 35, c. 45.	I *b* I, p. 631.
* POSPHORUS (C. JULIUS), fils de Luciferus; arch. GRUT., p. 594, 4; BRACCI, t. 2, p. 269; SILLIG. Il y a sans doute une faute dans l'inscription, et l'on doit lire PHOSPHORUS, ce qui cadre avec le nom de *Lucifer*, que portait le père de cet architecte. Inscr. de Florence trouvée à Rome sur un gr. autel sur le chemin du Panthéon au champ de Mars.	?
* POSTHUMIUS (CAÏUS), arch. Inscr. trouvée à R. REINES., cl. XI, p. 616, N°. 22.	?
POTHÆUS, arch. *Voyez* ANTIPHILUS II.	? A
* POTHINUS, stat. Fit pour une palestre la statue	?

	Siècles.

du cosmète Nymphodote. Bœckh, *C. Inscr.*, t. 1, N°. 270.

* POTHOS, gr.f. ΠΟΘΟΥ sur une intaille représentant trois masques. (*Nom fourni par M. Millingen.*)   **?**

* POTIOLUS, gr.f.??. ΠΟΤΙΟΛΟΥ, quatre masques, int., jaspe rouge, formant un vase. Winckelm., *C. Stosch*, p. 499; de Murr, p. 97.   **?**

* POTITUS, gr.f.???. ΠΟΤΙΤΙ, Jason vainqueur du dragon, agate, on. Winckelm., *C. Stosch*, p. 324; Lipp., II, p. 22, N°. 70; Denh, p. 44, N°. 24; Vettori; Lessing, *Kollekt.*, I, p. 280, N°. 71. — De Murr, p. 97, croit que c'est le nom du possesseur de la pierre. M. R.-Rochette, *Let. Sch.*, p. 40, partage cette opinion, qui nous semble aussi très-plausible.   **?**

* PRACHIAS, ΠΡΑΧΙΑΣ ΕΓΡΑΦΣΕΝ (*Prachias a peint*) sans doute pour ΠΡΑΞΙΑΣ, PRAXIAS, sur une petite amphore peinte de Vulci, à figures rouges. (*Note communiquée, mais de mémoire, par M. le professeur Orioli.*)   **?**

PRAXIAS d'Athènes, élève de Calamis; sc. Paus., *Phoc.*, c. 19, 3.   **V** *c* I, p. 538 et 541.

1. PRAXITÈLE, stat., cis., peut-être de Paros ou d'Andros. Une foule d'auteurs ont célébré *Praxitèle* et ses chefs-d'œuvre, et surtout son Amour de Thespies, celui de Parium, tous deux en marbre; son admirable Faune, le *Périboétos*, et par-dessus tout sa Vénus de Cnide nue, d'après sa maîtresse, la belle Phryné, et celle de Côs vêtue. Il en sera question avec détails aux articles des statues de ce grand maître. *Voyez* Pline, aux livres 6, 34, 36; Pausanias, dans presque tous ses livres. L'auteur qui parle le mieux de la Vénus de Cnide est Lucien, *Amorr.*, l. 2, pp. 411, 414, 416; *Imagg.*, p. 463. Il en est aussi fait mention dans Athénée, XIII, p. 585, 591, 605; et pour en faire la critique, par Athénagore, p. 61, et Tatien, p. 115, 53. Éloges enthousiastes des poètes dans l'*Anthol. pal.*, VI, 317; *Append.*, t. 2, p. 664, 674, 676, 705. — Parmi les modernes, voyez Winckelm., *H. A.*, éd. allem., et les notes de Meyer et Schutze; Heyne, *Ant. auf.*, I, 123 et suiv., et *Acad. de Gœtting.*, X; Bœttiger, *Andeut.*, 169 et suiv.; Sillig, *Amalth*,   **IV** *c* I, p. 567.

III, 299 et 302, et *Catalog. artif. V.* vol. suiv. aux
St. APOLLON *SAUROCTONE*, TIMARQUE et
CEPHISODOTE, fils de Praxitèle.

2. PRAXITÈLE, ptr. Pline, l. 35, c. 39.   IV *c*

3. PRAXITÈLE, cis. Schol. Théocr., *Id.* V, 103.   III A ?

* 1. PRIMOGENIUS (P. LUCRETIUS) *FLATU-
RARIUS*, fond. et cis. Inscript. trouvée près de
Tivoli. Reines., cl. XI, 98. Omis par M. R.-Rochette.   ?

* 2. PRIMOGENIUS (M. VIPSANIUS) *MARGA-
RITARIUS*. Grut., p. 340, 2. Ce ne devait être
qu'un marchand de perles.   ?

* 3. PRIMOGENIUS, gr.f. ?, PRIMOGENI, Mercure assis sur un rocher, présentant
des plantes à un bélier, empr. de Tassies.
Raspe, N°. 2412.   ?

* PRIMUS, plast. ΠΡΕΙΜΟΣ. Deux lampes en terre
cuite, trouvées dans l'Attique, portaient le nom de ce
plasticien, dont le nom indique qu'il était Romain ou
du temps de la domination romaine en Grèce. Bœckh,
C. Inscr., t. 1, N°. 543. — PRIMVS, PRIMI ??,
enfant tétant une chèvre; coll. Pourtalès.
C'est peut-être le nom du propriétaire de la pierre.   ?

* PRISCILLA (CASSIA) FECIT? sur un bas-relief
d'Hercule et Omphale de la coll. Borgia à
Velletri. Millin, *Gal. myth.*, pl. 117, N°. 453.
M. Raoul-Rochette, *Lett. Sch.*, p. 87, N°. 69, fait
remarquer, avec raison, que c'est un exemple rare d'une
femme romaine sculpteur.   ?

1. PRISCUS. *Voyez* ATTIUS.

* 2. PRISCUS, gr.f. ???. Bracci, t. 2, p. 285, cite une
tête de l'imp. Plotine avec le nom de *Priscus*, écrit
dans le Catal. de la coll. Medina *ITRIKOE*. — Selon
M. de Kœhler, *Arch.*, etc., t. 1, p. 40, le nom de
Priscus, écrit en grec ΠΡΙΣΚΟΣ, sur une sardoine
de lord Clanbrasil, qu'on ne décrit pas, est celui
du propriétaire de la pierre. Raspe, *Catal.*, *Introd.*,
p. XXXI, N°. 11,611, p. 646.   ?

* PROCLÈS, gr. mon., ΠΡΟΚΛΗ, sur trois médailles
de Naxos. R.-Roch. *Let. au D. de Luynes*, p. 31.
— M. Millingen, *Anc. coins*, etc., p. 35, 36, pl. 11,   ?

Siècles

N°. 15, pense que ce n'est pas un nom de grav., mais bien celui du petit-fils de Proclès, tyran de Naxos. M. le duc de Luynes, *Corr. arch.*, t. 2, p. 513, penche vers l'opinion de M. Raoul-Rochette.

PROCLUS, nommé aussi **PUB. ÆLIUS HARPO-CRATION**, faisait des pavés en mosaïque, assez beaux pour que les Alexandrins lui eussent élevé une statue à Périnthe en Macédoine, où il fit ou orna, peut-être de cette manière, un édifice nommé *Ty-chæum*, consacré probablement à ΤΥΧΗ, *Tyché*, la Fortune. Bœckh, *C. inscr.*, t. 2, p. 68, N°. 2024; l'inscr. N°. 2025, en 4 vers élégiaq., ne le nomme pas; elle le désigne par l'épithète de ψηφοθέτης, qu'on peut traduire par *Mosaïquiste*. Il dit qu'il a inventé l'art que lui avait inspiré Pallas, et que son fils *Proclus* l'exerçait aussi.   ?

PROTARQUE, gr.f. ΠΡΩΤΑΡΧΟΣ ΕΠΟΙΕ, que Stosch, pl. 53; Lippert, I, p. 277, N°. 787; Vettori et Lessing, *Koll.*, I, p. 275; Millin, *Intr.*, p. 188, lisent ΠΛΩΤΑΡΧΟΣ et ΠΛΩΤΑΡΧΟϹ. Winckelmann, t. 2, p. 746, lit, en rendant le nom en caractères allemands, PLUTARCHUS, et t. 7, p. 442, PROTARCHUS. Visconti, *Op. var.*, t. 2, p. 125, n'insiste pas sur la nature de ce nom, et il est porté à regarder ce graveur comme antérieur à Auguste. — Inscription en relief, Amour sur un lion et jouant de la lyre, sard., cam., ov. 0,026m,5, sur 1,020m. D'après Gori, Columb., p. 155, c'est une des pierres qui furent volées à l'abbé Andréini à Florence et vendues au gr.-duc de Tosc. Stosch, pl. 53; Amaduzzi, *Acad. Cort.*, t. 9, p. 154; *Nov. Thes.*, t. 1, p. 22; Bracci, pl. 97; Montf., *A. E.*, t. 1, pl. 115, N°. 2; Agostini, *Gem. ant.*, t. 2, pl. 55; Gori, *M. Flor.*, t. 2, pl. 1, N°. 1; Maffei, *Gem., ant.*, t. 3, pl. 112. — Raspe, N°. 6679, ne met qu'ΕΠΟΙ. — On a préféré le nom de PRO-TARQUE à celui de PLOTARQUE; cependant trois autres pierres portent ΠΛΩΤΑΡΧΟΣ ΕΠΟΙΕΙ. Raspe, N°s. 6680-82. Et il est assez remarquable que la pierre en discussion étant à Florence, on ne se soit pas encore assuré du véritable nom. — De Murr, p. 75, indique une pierre gravée offrant le buste de Cléopâtre avec le nom ΠΛΟΥΤΑΡΧΟΥ, qu'il distingue de *Protarque*; et rien ne s'oppose à   ?

ce que deux graveurs se soient appelés l'un PLU-
TARQUE et l'autre PROTARQUE.

1. PROTOGÈNE de Caune en Carie, ptr. PLINE, l. 7,
c. 39; l. 35, c. 36, 11, 20; c. 37; STAT.; PAUS., *Att.*,
c. 3, 4; QUINTIL., XII, 10; PETRON., *Satyr.*, 84.
V. vol. suiv. aux *Peint.* ALEXANDRE-LE-
GRAND.　　　IV *c*　I, p. 569.

* 2. PROTOGÈNE, affr. de la maison d'Auguste,
cis. ou sc. en or et en arg. BIANCHINI, *Sepol.*, *etc.*,
N°. 191; R.-ROCH., *Lett. Sch.*, p. 88, N°. 71.　　　I

PTÉRAS, arch. myth. Il éleva, dit-on, le premier
temple d'Apollon à Delphes. PAUS., *Phoc.*, c. 5, 5.　　　? A A

* PTIPHSAMUS, arch. ??. DIOD. DE SIC., t. 2, p. 660;
BRACCI, t. 2, p. 272.???.　　　?

1. PTOLICHUS d'Egine, fils et élève de Synnoon;
stat. PAUS., *El.*, 2, c. 9, 1; c. 10, 2.　　　V　I, p. 529.

2. PTOLICHUS de Corcyre, élève de Critias; stat.
PAUS., *El.* 2, c. 3, 2.　　　V *c*　I, p. 539.

PUBLIUS, ptr. Martial, 1, 109, dit qu'il peignit une
très-jolie petite chienne nommée *Issa*.　　　?

PYGMALION, stat. myth. OVIDE.　　　?

* PYGMON, gr.f. Bacchant ou Faune ivre,
nu dansant, tourné à droite, tête renversée, la jambe gauche repliée, thyrse
à la main droite, pardalis sur le bras
gauche, tenant un cratère, un vase à
terre derrière lui; pâte antiq. viol., int.,
ov., 0,016^m. sur 0,012^m.; gr.-duc de Tosc. STOSCH,
pl. 49; BRACCI, pl. 92. — Gori, *M. Flor.*, t. 1,
pl. 3, N°. 3, lit le nom du graveur PEIGMON,
ΠΕΙΓΜΟ ou ΟΜΠΙƎΠ. Les lettres sont d'une extrême petitesse; et Lippert, I, p. 184, N°. 460, qui lit
aussi probablement sur la foi des autres ΠΕΙΓΜΟ,
avoue qu'il ne peut les distinguer. Il paraît que Lanzi,
Giorn. de Litter., t. 47, p. 144, les a mieux déchif-
frées, et il dit avoir lu ΠΥΓΜΩΝ. WELCKER,
Kstbl., 18 oct. 1827. Cependant Stosch et Bracci y ont
vu ΠΕΡΓΑΜΟΥ; Léon Agostini et Gronovius ΠΕ-
ΜΑΛΛΙΟ. — Il semble que Lanzi étant le dernier
qui ait examiné cette pâte antique, on peut, sur son
autorité, la donner à PYGMON plutôt qu'à PER-
GAMUS, jusqu'à ce que de meilleurs yeux ou une　　　?

loupe plus forte ait rendu peut-être à ce dernier un nom qui a excité tant de doutes et qui a été lu si diversement. Raspe, N°. 4731, attribue, avec Stosch et Bracci, cette pierre à PERGAMUS.

M. Raoul-Rochette, *Lett. à M. Schorn*, p. 48, N°. 55, s'exprime ainsi avec son aménité ordinaire : « C'est pour s'en être rapporté uniquement à M. de Cla- » rac, suivant son usage, que M. Sillig a défiguré le » nom de ce graveur en l'écrivant PIGMO. » Je ne connais pas cet usage de M. Sillig, j'en serais très-flatté. — « Mais ce qu'il fallait observer avant tout, » ajoute M. Rochette, c'est que la pierre même avait » été publiée par Gori; qui y avait lu ΟΜⴄΙƎΠ » (ΠΕΙΓΜΟ, PEIGMO), et c'est de là qu'est venue » la fausse leçon PEIGMO. » Il est au fait très-extraordinaire que PEIGMO ait donné l'idée de PIGMON, comme *Roma* celle de *Rome*; mais ce qui serait peut-être aussi extraordinaire, si l'on n'était pas habitué à la légèreté de M. Raoul-Rochette, en fait de critique, ce serait de voir qu'il n'ait pas jeté un coup d'œil-sur la *Bibliothèque Dactyliogr.* de de Murr et les *Kollektaneen* de Lessing : il y aurait vu dans le premier, p. 93, PIGMON, ΠΕΙΓΜΟ, et dans le second, p. 274, PIGMON ; et il aurait reconnu qu'en ne s'adressant pas uniquement à moi, *suivant son usage*, mais bien à des autorités que ne recusera pas M. Raoul-Rochette (Lessing et de Murr), M. Sillig aurait tout aussi bien pu défigurer le nom de PYGMON ou de PERGAMUS, et en faire avec eux ΠΕΙΓΜΟ ou PIGMON. — Au reste, il est encore assez singulier qu'on ait lu obstinément pendant long-temps ΠΕΙΓ dans ΠΕΡΓΑ au lieu de ΠΥΓ. Au fait, cependant, pour peu que les lettres fussent altérées, et que le P eût perdu sa boucle, ce qui s'est vu quelquefois, il était aisé de lire ΠΕΙΓ dans ΠΕΡΓ, mais alors il y aurait eu soustraction de l'A qu'on aurait dû apercevoir ou dont on aurait dû voir la trace. Mais si le nom est vraiment ΠΥΓΜΩΝ, il était plus difficile de changer le ΠΥΓ en ΠΕΙΓ ou en ΠΕΡΓΑ, qui présentent plus de traits que ΠΥΓ avec de tout autres formes.

* PYLADES, gr.f. ΠΥΛΑΔΟΥ, le mont Argée   ? surmonté d'un aigle tenant une couronne dans son bec, à côté étoile et croissant, jaspe rouge, int., ov., 0,018m. sur 0,012m. VENUTI, *Coll. ant. rom.*, pl. 74; de son

Siècles

temps cette pierre appartenait à **Fr. Palazzi**, à Rome. Gori, *Hist. glypt.*, p. 33, suspecte l'authenticité du nom de *PYLADES*. AMADUZZI, *Acad. Cort.*, t. 9, p. 154; *Nov. Thes.*, t. 1, p. 22; BRACCI, t. 2, p. 285; DE THOMS, pl. 5, No. 5; *Coll. de La Haye*, DE JONGE, p. 167, N°. 4; RASPE, N°. 983. Visconti, *Op. var.*, t. 2, p. 162, N°. 21, croit, sans en donner de raisons, que le nom de *PYLADES* est celui du propriétaire de la pierre. SILLIG; R.-ROCH., *Lett., Sch.*, p. 94.

PYREICUS, ptr. de genre. *V.* vol. suiv. aux *Peint.* INTÉRIEURS de boutiques.   **?**

* **PYRGOTÈLE**, gr.f., l'un des quatre habiles grav. sur pierres fines cités par Pline, et qui seul avait le privilége de graver les portraits d'Alexandre-le-Grand. — ΠΥΡΓΟΤΕΛΗΣ, tête d'Alexandre-le-Grand, de la coll. du duc de Blacas; cette pierre est assez belle pour qu'on puisse se hasarder à la croire digne d'être un ouvrage de ce grand maître, du talent duquel, au reste, nous n'avons d'idée que d'après sa réputation, et cette pierre est peut-être la seule qui mérite qu'on lui accorde l'insigne honneur de pouvoir être de sa main. — On parle aussi d'un fragment de tête de Méduse sur améthyste d'un travail admirable et sur laquelle, parmi des lettres presque effacées, on croit apercevoir des traces du nom de *PYRGOTÈLE*. — ΠΥΡΓΟΤΕΛΗΣ?, buste d'Alexandre-le-Grand couvert de la peau de lion, vu de 3/4, regard à dr.; sard., cam., haut. 0,062ᵐ.; coll. de l'élect. de Mayence. BELLORI, *Imag.*, 86; MAFFEI, t. 1, p. 77; STOSCH, pl. 55; BRACCI, pl. 97. Winckelmann, t. 6, 1, 107, nomme cette tête un Hercule, et ne la croit pas authentique; elle a appartenu au comte de Schœnborn. — ΠΥΡΓΟΤΕΛΗΣ ΕΠΟΙΕΙ, tête d'homme âgé, profil à gauche, derrière ΦΩΚΙΩΝΟC, sard., cam., ov., 0,028ᵐ. sur 0,023ᵐ. STOSCH, pl. 46; LIPP., II, p. 93, N°. 334; BRACCI, pl. 99. Il est reconnu que cette pierre a été gravée par Alessandro Cesari, ainsi que le dit Vasari, et il en est peut-être de même du buste d'Alexandre. Du cabinet du Cᵗᵉ. de Castiglione, elle passa dans la coll. Albani. Winckelmann croit l'inscript. antiq., ce qui serait assez singulier, la tête ne l'étant pas. Il pense que c'est le nom du graveur, mais que le C et l'Є du nom de *PYRGOTÈLE*, de même que le nom au nominatif, ce

IV *d*
I, p. 579,

qui est rare, n'indiquent pas l'époque d'Alexandre.
H. A., l. 10, c. 1, §§ 18, 19, 20, 21, t. 6, p. 107,
111, et t. 6, 3, p. 211. M. Meyer, *id.*, note 615,
croit, et probablement avec raison, que jusqu'à présent il n'y a pas de nom authentique de *Pyrgotèle*
sur aucune pierre; mais il est porté à regarder avec
Visconti, *Icon. gr.*, t. 2, p. 41, comme de *Pyrgotèle* (ou bien plutôt d'après lui) un fragment de
la tête d'Alexandre en camée, qui de la coll. du chev.
Azara avait passé dans celle de l'impér. Joséphine.
Voyez encore WINCKELMANN, *Art du dessin*, c. 4,
§ 127, ou t. 7, p. 183, et DE MURR, p. 98; VISCONTI,
Icon. gr., t. 1, p. 68; MILLIN, *Introd.*, p. 170;
R.-ROCH., *Let. Sch.*, p. 49. — On croit voir des traces
du nom de *Pyrgotèle* en caractères d'une extrême
finesse sur un fragment d'une tête de Méduse
sur améth., et que sa beauté rendrait digne de cet habile grav.; elle est de la coll. du D. de Blacas. *Voyez*
une *Lettre de* G. DE ROSSI, Rome 1819. — ΠΥΡ-
ΓΟΤΕΛΗΣ, tête d'Alexandre ??, calcéd.,
coll. Roger. — ΠΥΡΓΟΤ., tête d'Alexandre,
corn., souf. de Stosch. LIPP., II, 267; RASPE,
N°. 9723, pl. 53; il n'y a que ΠΥΡΓΟ. — Le nom de
ce célèbre graveur est un de ceux dont les faussaires
ont souvent abusé; il se peut même que dans l'antiquité on l'ait mis sur des pierres qui n'étaient que des
copies de ses ouvrages. Visconti, *Op. var.*, t. 2, p. 119,
croit que c'est le cas d'une corn. médiocre trouvée
près de Rome en 1788, et représentant Hercule
accompagné d'Iolas et tuant l'hydre; elle
porte le nom de *Pyrgotèle*. D'après le travail, Visconti a jugé cette pierre une copie; cependant Jean
Pichler n'était pas de cet avis, et son talent le rendrait
d'un grand poids si sa critique eût été moins complai-
sante et plus désintéressée. Cette pierre a passé dans la
coll. Trivulce, à Milan. Lippert, I, 146, N°. 350, attribue à *Pyrgotèle* la jolie pierre connue sous le nom
de *cachet de Michel-Ange*, et qui offre une
fête champêtre. Il paraît qu'elle est de MARIA
DI PESCIA, habile graveur du temps de Léon X,
vers 1515.

PYRILAMPÈS de Messine, stat. *V.* vol. suiv. aux *St.*   ?
ARCHIPPUS.

PYROMAQUE, stat. *V.* vol. suiv. aux *St.* ALCIBIADE   III *c*
dans un quadrige.   1, p. 596.

	Siècles.
PYRRHON le Phil., avait d'abord été ptr. *V*. vol. suiv. aux *Peint.* LAMPADISTES.	IV *c* I, p. 577, note.
1. PYRRHUS, arch. PAUS., *El.* 2, c. 19, 5. *Voy.* LA-CRATÈS et HERMON.	V ?
2. PYRRHUS, stat. *V*. vol. suiv. aux *St.* HYGIE.	?
* 3. PYRRHUS (AGATHOBULUS) *FIGULUS SI-GILLATOR*, modeleur de figurines en argile. Inscr. de Pesaro. MURAT., 956, 2; ORELLI, N°. 4191; R.-ROCH., *Lett. Sch.*, p. 88, N°. 71.	?
1. PYTHAGORE de Rhégium, stat. PLINE, l. 34, c. 19, 4; PAUS., *El.*, 2, c. 6, 1, 2; c. 7, 3; c. 13, 1; c. 18, 1; DION. CHRYS., *Or.*, 37, t. 2, p. 106; TAT., *adv. gr.*, p. 116, 53, p. 118, 54, et *Ant. pal.*, t. 2, p. 782; SILLIG. *V*. vol. suiv. aux *St.* APOLLON tuant Python.	V *a* I, p. 524.
2. PYTHAGORE de Samos, ptr. et stat. *V*. vol. suiv. aux *St.* VIEILLARD, et à celle des *Peint.* GRACES.	V *c* I, p. 539.
1. PYTHÉAS, cis. en arg. PLINE, l. 33, c. 55.	I * I, p. 666.
2. PYTHÉAS de Bura en Achaïe, ptr. *V*. vol. suiv. aux *Peint.* ÉLÉPHANT.	?
PYTHÉUS, arch. Il ne voulait pas, ainsi que d'autres architectes anciens, qu'on employât l'ordre dorique aux édifices, prétendant que son ordonnance n'y convenait pas. VITR., IV, 3, 1.	?
PYTHIAS, stat. PLINE, l. 34, *init.;* rien de cité.	II *c*
PYTHIS, stat. *V*. vol. suiv. aux. *St.* QUADRIGE en marbre.	IV *c* I, p. 573.
PYTHIUS, arch. Il construisit à Priène un beau temple de Minerve. VITR., I, 1, 12.	? ΛΛ
PYTHOCLÈS, stat. PLINE, l. 34, c. 19, *init.*	II *b* I, p. 610.
PYTHOCRITE, stat. *V*. vol. suiv. aux *St.* ATHLÈTES.	?
* PYTHODA...., gr. mon. M. Raoul-Rochette, *Lett. au D. de Luynes*, p. 4, pense que le nom entier doit être lu PYTHODAMUS sur une médaille d'Aptère en Crète. Welcker, *Kstbl.*, 18 oct. 1827, lit ce nom ΠΥΤΡΟΑΣ. — Il se trouve aussi sur un des poissons qui entourent la tête d'Aréthuse, sur les beaux médaillons de Syracuse. HUNTER, pl. 52, 14.	?

Siècles.

PYTHODICUS, ptr. et stat. PLINE, l. 34, c. 19, 25 ; ?
rien de cité.

1. PYTHODORE de Thèbes, stat. Bracci, t. 2, p. 272, ? AA
dit qu'un buste du mus. Capit. avec le nom de ΠΥ-
ΘΟΔΩΡΙΣ pourrait être de **PYTHODORE** : ce n'est
nullement probable. *V.* vol. suiv. aux *St.* JUNON
d'ancien style.

2. PYTHODORE et **ARTÉMON**, stat. PLINE, l. 36, I *
c. 4, 11. I, p. 669.

3. PYTHODORE et **CRATÉRUS**, stat. PLINE, l. 36, I *
c. 4, 11. I, p. 669.

PYTHON, ptr. de vases. ΠΥΘΟΝ ΕΠΟΙΕΣΕΝ, nom ?
d'un fabricant de vases d'argile sur un vase du P. de
Can. *Voyez* EPICTÈTE, et GERHARD, *C. A.*, t. 3,
p. 180, N°. 726.

Q.

* **QUINTILLUS**, gr.f. ΚVΙΝΤΙΛ., Neptune sur ?
son char traîné par deux hippocampes,
tenant de la main droite élevée un dauphin, dans la gauche abaissée son trident, voile enflée, arrondie autour du
dieu ; béryl, int., carré à angles arrondis, 0,017^m.
sur 0,015^m. ; autrefois coll. Boncompagni à Rome,
depuis à la coll. Ludovisi. STOSCH, pl. 57 ; LIPP., III,
p. 195 ; BRACCI, pl. 100 ; dans la grav. l'Λ ressemble
à un A ; MILLIN, *Introd.*, p. 193. Selon M. de Kœhler,
Archeol. und Kunst, p. 40, ce nom est celui du propriétaire de la pierre ; cela se peut, mais rien ne le
prouve : au reste, la forme de la pierre rend son antiquité très-suspecte. — Vettori, Lessing, *Kollekt.*,
I, p. 275, de Murr, p. 104, Visconti, *Op. var.*, t. 2,
p. 126, admettent **QUINTILLUS** parmi les graveurs,
et ce dernier le croit du temps de la décadence de l'art ;
et p. 184, au sujet du Mercure, il dit que **QUIN-
TILLUS**, écrit en grec ΚΥΙΝΤΙΛ, est le nom du propriétaire. — ΚVΙΝΤΙΛ., Mercure debout un
pied sur une proue de navire, à la main
caducée ; sard., int., caboch., presque ronde, 0,014^m.
sur 0,012^m. ; autrefois à lord Greville, auj. au prince
Poniatowski. SPILSBURY, pl. 27 ; VISC., *Op. var.*,
t. 2, p. 374, N°. 20 ; RASPE, N°. 2331, pl. 30.

Siècles.

QUINTUS ALEXA. *Voyez* ALEXA.

* **QUINTUS PLOTIUS**, sc. BŒCKH, *C. Inscr.*, t. 1, p. 688, N°. 1460.　　?

R.

RABIRIUS, arch. MART., VII, 5.

* **RANIANUS**, gr.f. ??. C. RANIANI, chasseur combattant un lion, ov., 0,040ᵐ. sur 0,025ᵐ. On peut lire, dit Mariette, t. 2, 1ʳᵉ. part., pl. 106, C. RANIANUS ou CRANIANIUS, ou ? M. TRAIANI; il penche cependant pour que ce soit le nom du graveur; de Murr, p. 92, est du même avis; il ajoute même que c'est un Grec, quoique le nom soit écrit en latin. Visconti, *Op. var.*, t. 2, p. 318, lit CRANIANI et pense que c'est le nom du propriétaire. Ces opinions diverses de trois savants auraient mérité d'être discutées par M. Raoul-Rochette, *Let. Sch.*　　I*

† **RHÉGION**, gr.f. cité par Mongès. Il paraît que ce nom provient d'une fausse leçon du nom de GNÆUS, ΓΝΑΙΟΥ, que l'on a lu ΓΗΑΙΟΥ et ΡΗΓΙΟΥ. M. Raoul-Rochette, *Lett. à M. Schorn*, p. 50, N°. 58, reproche à M. Sillig de l'avoir admis, *toujours sur ma foi.* Pour être exact et juste, il aurait dû aussi diriger son attaque contre M. Mongès, que j'avais cité, et surtout le faire d'une manière plus convenable. Au reste il cite Lessing, qui, p. 276 des *Kollekt.*, dit simplement que Vettori a exclu le nom de GÉLIUS, qu'on a écrit ΓΗΑΙΟΥ et ΓΕΛΙΟΥ, mais il ne donne pas la raison de cette exclusion et de la méprise qui a fait lire ainsi le nom de CNÆUS, ΓΝΑΙΟΥ; et même p. 280, au sujet des pierres publiées par Lippert, il cite, sans aucune réflexion, GÉLIUS, ainsi que la pierre qu'on lui attribue, et qui est celle de GNÆUS, et il renvoie à Winckelmann, qui avait aussi lu GÉLIUS. — Il paraîtrait donc que Lessing, tout en alléguant l'opinion de Vettori, n'éliminait pas GÉLIUS du nombre des graveurs anciens, et il est tout aussi coupable que Winckelmann et d'autres d'avoir fait de CNÆUS, ΓΝΑΙΟC, deux graveurs CNÉUS et GÉLIUS, auxquels Mongès et moi, d'après lui, avons ajouté RHÉGION, RHÉGIUS ou ΡΗΓΙΟC.　　?

	Siècles.
RHŒCUS de Samos, fils de Philæus, stat., fd. Hérod., III, 60; Pline, l. 35, c. 43; l. 36, c. 19, 3; Paus., *Arc.*, c. 14, 5; *Bœot.*, c. 41, 1; Thiersch, *Epoch. art.*, II, *adnot.*, p. 56; Welcker, *Philostr.*, p. 196.	VII *a* I, p. 490, 492, 494, 495, 496.
RHOLUS. Nom mal lu pour RHŒCUS.	?
* **ROMULUS** (NONIANUS), sc. sur un sarcophage de la villa Medici. Guat., *Mon. in.*, t. 1, p. LVII; R.-Roch., *Let. Sch.*, p. 88, N°. 72.	?
* **RUFIUS** (C.), arch.	?
* **1. RUFUS**, gr.f. ΡΟΥΦΟΥ sur une cornaline offrant la tête de Ptolémée VIII Physcon. Raspe, N°. 9823. Ce qui doit porter à croire que ce n'est pas le nom du propriétaire, ainsi que le décide M. de Kœhler, c'est que sur une autre pierre dont le sujet est l'Aurore, on lit * ΡΟΥΦΟC ЄΠΟЄΙ (*sic* sur la planche et dans le texte), ce qui peut prouver que *Rufus* a fait ou gravé cette pierre, autrefois du cab. d'Orléans, auj. de celui de Saint-Pétersbourg. Sur ce camée, d'une antiquité plus certaine que celle de Ptolémée, ov., 0,026^m. sur 0,020^m., l'Aurore ailée conduit les quatre chevaux du Soleil, ou les siens, suivant les abbés Leblond et de La Chau; de la main droite elle tient un cheval, de la gauche les trois autres et une longue torche. *Pierr. grav. d'Orléans*, t. 1, pl. 45, p. 195 : l'article est intéressant. R.-Roch., *Lett. Sch.*, p. 50, N°. 59.	?
2. RUFUS, ptr. *Anth. Pal.*, XI, t. 2, p. 386, N°. 233. Le poète Lucille dit en quatre vers que le gramm. Phèdre et le ptr. *Rufus* se disputaient à qui peindrait le plus vite et le plus ressemblant : tandis que *Rufus* préparait ses couleurs Phèdre avait déjà écrit son portrait.	?
* **RUPILIUS** (C.), cis. C. RVPILIVS C. F. PAL. RVTILIANVS *ARGENTARIVS*. Il était fils de Quintus Rupilius, de la tribu Palatina, et ciseleur sur argent. Reines., cl. XI, N°. 85, p. 639; Doni, p. 320, N°. 21; R.-Roch., *Lett. Sch.*, p. 88, N°. 74.	?
* **RUPIUS** (CAÏUS) ou RUFIUS, plast. C. RUPIUS S. (probablem. *SIGILLARIARIUS*) FINXIT, sur la base d'une jolie statuette en terre cuite d'un dieu	?

Siècles.

pénate assis, un chien sur les épaules, de 2 pi. de haut, trouvée à Pérouse en 1773. Nommé à tort dans Winckelmann, t. 2, p. 365, et t. 7, p. 475, au bas, FVFIVS. VERMIGLIOLI, *Iscr. Perug.*, p. 466; WELCKER, *Kstbl.*, 15 oct. 1827; ORELLI, N°. 4281; R.-ROCH., *Lett. Sch.*, p. 88, N°. 73.

* RUSTICELLIUS (ou TUDICELLIUS C.) FELIX, Africain, *SIGILLARIARIUS*, ou sculpteur de figurines. Son épitaphe trouvée à *Borghetto*, près d'*Otricoli*. GRUTER, p. 1035, 3; et à *Rieti*. FABRET., *Inscr.*, p. 243, N°. 669; ORELLI, N°. 4279; R.-ROCH., *Lett. Sch.*, p. 88, N°. 75.   ?

* RUSTICUS, affr. d'Aug.; arch. dans une inscript. de Rome. SPON, *Misc.*, p. 225; R.-ROCH., *Let. Sch.*, p. 89, N°. 76.   ?

S.

* 1. SABINUS (L. PLOTIUS) *EBORARIUS*, cis. ou sc. en ivoire. REINES., cl. XI, 92; R.-ROCH., *Lett. Sch.*, p. 72, 76.   ?

2. SABINUS (L.) NOVIUS *MARGARITA-RIUS*; peut-être n'était-ce qu'un marchand de perles. FABRET., *Inscr. ant.*, p. 700, N°. 220; p. 701, N°s. 222, 228.   ?

* SALPION d'Ath., sc. Le nom de ce sculpteur sur le beau cratère de Gaète, en marbre de Paros, au Musée de Naples, est ainsi écrit : ΣΑΛΠΙΩΝ ΑΘΑΙΝΗΩΣ ΕΠΟΙΗΣΗ, au lieu d'ΑΘΗΝΑΙΟΣ ΕΠΟΙΗΣΕ, que donnent Gruter, 67, 7, Spon, *Misc.*, p. 25. Voyez *Mus. Borbonico*, fasc. 4, pl. 49; la Description de cette superbe collection : *Il Regal Museo Borbonico*, par M. J.-B. FINATI, éd. de 1827, p. 215, N°. 264, et M. GERHARD, *Neapels antike Bildwerke*, etc., p. 76.   ?

SAMOLAS d'Arcadie, stat. *V.* vol. suiv. aux *St.* AZAN.   IV *a* I, p. 543.

SARNACUS, arch. Il écrivit sur les ordonnances de l'architecture. VITR., VII, *Praef.*, § 14.   ?

SATUREÏUS, cis., gr.f. Il grava, avec un grand talent, le portrait d'Arsinoé, fem. de Ptol.-Philad., sur un cristal de roche. *Anth. Pal.*, t. 2, p. 281,   III *b*

Siècles.

No. 776; WINCKELMANN, *H. A.*, l 10, c. 2, § 24,
t. 6, 1, p. 139; BRACCI, t. 2, p. 273.

* 1. SATURNINUS, gr.f. CATOPNEINOY, Antonia   ?
la jeune, camée, coll. Arcieri à Rome. R.-ROCH.,
Lett. Sch., p. 51, No. 60. Ce camée, dont le nom en
creux est très-mal gravé, a passé du cabinet de la reine
Caroline Murat entre les mains de MM. Seguin.

* 2. SATURNINUS *FABER AUTOMATARIUS.*   ?
Inscr. trouvée au Quirinal tirée de Smet par Gruter,
p. 642, 5. Il paraît que les *automatarii* faisaient des
horloges à eau, des clepsydres et de petites figures
qui se mouvaient. Je ne réponds pas que ce *SATUR-
NINUS* fût positivement un artiste.

1. SATYRUS, arch. VITR., VII, *Praf.*, § 12.   IV c
                                                      I, p. 573.
2. SATYRUS d'Alexandrie, arch. PLINE, l. 35, c. 14, 3;   III a
du temps de Ptolémée-Philadelphe. Rien de cité.

3. SATYRUS??, ptr. de vases. A l'extérieur d'une belle
coupe de Vulci de la coll. Durand, *Catal.*, No. 143,
acquise pour 620 fr. le 4 mai 1836, à sa vente, par
M. Will. Hope, on voit un Satyre dansant en
agitant ses crotales, et près de lui le mot
ΕΠΟΙΕΣΕΝ très-bien écrit dans un endroit parfaitement intact; aucun nom ne le précède. Des trois autres satyres, l'un tient un cratère; les deux autres,
assis sur des outres, sont dans des postures obscènes.
Au revers, quatre autres satyres et des ménades attelés
à deux chars, l'un tiré par les ménades, l'autre par les
satyres. Cette coupe est toute en leur honneur, car à
l'intérieur est encore un satyre tenant un grand cratère, et près de lui on revoit le mot ΕΠΟΙΕΣΕΝ. J'ai
pensé que ce satyre était le signe symbolique du nom
ΣΑΤΥΡΟΣ, SATYRUS, et le remplaçait : en le voyant,
on complétait l'inscription comme une sorte de rebus,
et on lisait : ΣΑΤΥΡΟΣ ΕΠΟΙΕΣΕΝ, *Satyrus fit*,
ce qui rappellerait la manière dont les sculpteurs grecs
SAURAS et BATRACHUS avaient exprimé leurs noms,
par un lézard et une grenouille qu'ils signifiaient en
grec. *Voyez* t. 1, p. 646, 647. — Ce *SATYRUS* serait une
nouvelle acquisition pour la nomenclature des noms
des peintres de vases : cependant je ne donne ceci que
comme une conjecture.

Ce mot ΕΠΟΙΕΣΕΝ seul se retrouve sur deux autres

vases, et qui sait s'ils ne pourraient pas nous fournir encore deux noms de potiers qui auraient eu, comme *Sa-*
tyrus, la fantaisie de ne les désigner que par leurs symboles homonymes. Sur une coupe trouvée en 1829 à
la Cucumella est peinte une j e u n e f e m m e. Dans le
champ du vase est écrit le mot ΕΠΟΙΕϟΕΝ, précédé
d'un vase à deux anses, du genre de ceux que l'on
nomme *canthares*, et que l'on voit souvent entre les
mains de Bacchus et des personnages de sa suite. Je croirais volontiers que ce vase, qui n'a rien à faire avec le
sujet de la coupe, pourrait servir à désigner le potier qui
se serait appelé CANTHARUS : ce nom est connu parmi
tous les artistes, et l'on trouve un CANTHARE de Sicyone, statuaire au IIIe. siècle avant notre ère. Les poteries
de cette ville avaient aussi de la réputation. Il se pourrait
que mon potier nommé Canthare eût existé, ce que je
n'affirme pas, et qu'il fût de cette ville. *Voyez* sur cette
coupe *Mus. étrusq. du P. de Canino*, p. 163, pl. XI,
N°. 1824, et GERHARD, *Rapp. volc.*, p. 180, N°. 730.
— Dans le même Musée étrusque, N°. 793, on voit un
autre vase sur lequel est encore le mot ΕΠΟΙΕϟΕΝ sans
accompagnement de nom. Mais auprès sont deux objets
de forme elliptique, marqués vers une des extrémités d'un
gros point. Ces objets se trouvent quelquefois dans des
peintures de vases, et on les regarde comme offrant certains contrepoids. Ne pourrait-ce pas être aussi des espèces *d'haltères*, masses de plomb avec lesquelles les
athlètes s'exerçaient pour se rendre plus légers à la course
et au saut, comme on le pratique encore en Angleterre,
pour augmenter, en les agitant, la force et l'élasticité des
muscles. Si ces objets étaient des haltères, n'auraient-ils
pas pu être le symbole du nom du potier, et serait-il
par trop extraordinaire qu'il se fût appelé HALTÈS,
nom d'un vieillard qu'on lit dans l'*Iliade* (Φ 85, Eust.,
p. 1225, 39), et qui, de même que Haltère, tire son étymologie du verbe ἅλεσθαι, *sauter*. Tout ceci paraîtrait très-
hardi et même trop hardi si je le donnais comme une
chose positive ; mais je ne le livre que comme une conjecture dont on appréciera la valeur. Sur une pâte antique
de verre trouvée en 1803, dans les ruines de Corcyre, en
présence du chevalier Brœnstedt, est un l a m p a d o -
p h o r e, sa torche ou sa *lampas* à la main. Auprès de
lui est le nom de LAMPADIAS, ΛΑΜΠΑΔΙΑΣ, qui peut,
selon Brœnstedt, être pour Lampadophore, ou, comme
seraient portés à le penser Letronne et Millingen, être le
nom ou du graveur ou du propriétaire de la pierre. Dans

	Siècles.

l'une et l'autre hypothèse, ce serait en faveur de celle
que j'ai émise sur les symboles que je crois avoir remplacé les noms de SATYRUS, de CANTHARE et de
HALTÈS, et ici, comme dans les exemples que j'ai cités,
un objet aurait été employé pour un nom. (*Ces vases et
cette pierre m'ont été fournis par M. Dubois.*)

SAURIAS de Samos, ptr. ATHÉNAG., p. 59. *V.* vol. suiv.   **IX** *a* ?
   aux *Peint.* CHEVAL.   I, p. 484

SAURUS, sc. *Voyez* BATRACHUS.

1. SCOPAS de Paros, sc. Sur ses ouvrages, *voy.* PLINE,   **IV** *a*
   l. 34, c. 19, *init.*, 33; l. 36, c. 4, 5, 7, 9; c. 21;   I, p. 547,
   CICER., *Div.*, I, 13; STRAB., XIII, 604, 640; PAUS.,   550, 660,
   Att., c. 43, 6; *Cor.*, c. 10, 1; c. 22, 8; *Arc.*, c. 28, 1;   662, 669
   c. 45, 1, 4; *Bœot.*, c. 17, 1; c. 10, 2; LUC., *Lexiph.*,   et 670.
   12, p. 335; *Anth. Pal.*, X, p. 774; *Append. Anth.
   Pal.*, t. 2, p. 642, 684; et chez les modernes : JA-
   COBS, *Amalth.*, t. 2, p. 237; BŒTTIGER, *Amalth.*,
   t. 3; *Præf.*, p. X; SILLIG, *Amalth.*, t. 3, p. 285, et
   Catal. artif. V. vol. suiv. aux *St.* ACHILLE.

2. SCOPAS PARÉLIUS ou PARALIUS, stat. *Voyez*   **V** *c*
   HEYNE, *Antiq. Aufs.*, I, p. 234; BŒTT., *Andeut.*,   I, p. 539.
   p. 153; FEA, *sur Winckelm.*, t. 2, p. 197; THIERSCH,
   Ep. II, *adnot.*, p. 31; SILLIG.

* 3. SCOPAS, gr.f. CKOΠA, tête d'A p o l l o n   ?
   C i t h a r è d e, int., autrefois au chanc. Sellari
   à Cortone. AMADUZZI, *Acad. Cort.*, t. 9, p. 155;
   RASPE, N°. 12,192, pl. 55; WELCKER, *Kstbl.*,
   18 oct. 1827. — ΣΚΟΠΑ ΕΠ., Œ d i p e e t l e
   S p h i n x, empreinte de Stosch. RASPE, N°. 8608.
   — CKOΠAC, b e l l e t ê t e d e R o m a i n, peut-être
   S e x t u s–P o m p é e, corn., int., caboch.; à Leipzig.
   LIPP., II, 337; DENH, Y, 23. Visconti, *Op. var.*,
   t. 2, p. 328, a quelques doutes sur le nom. RASPE,
   N°. 12,192. — ΣΚΟΠΑΣ, t ê t e d'E p i c u r e,
   corn., int.; au Cte. Butterlin. LIPP., III, *B*, 138;
   RASPE, N°. 10,018. — ΣΚΟΠΑ, u n e j e u n e f e m m e
   se parfumant. CAYLUS, *Rec.*, t. 6, p. 127,
   pl. 38, N°. 4; il n'en donne pas la provenance; RA-
   PONI, pl. 18, N°. 18; DE MURR, p. 106. *Voyez* aussi
   R.-ROCH., *Lett. Sch.*, p. 51, N°. 61. Tenant tant à
   l'exactitude, du moins pour les autres, M. Raoul-
   Rochette aurait dû faire observer que l'O de *Scopas*
   était carré dans Caylus.

* **SCYLAX**, gr.f. CKYΛΑΚΟC, tête d'aigle, tournée à gauche, corn., int., ov., 0,011^m. sur 0,009^m.; coll. Algernon-Percy. Stosch, pl. 59; Lipp., II, p. 417, N°. 1051; Denh, III, p. 80, N°. 76; Bracci, pl. 103; Raspe, N°. 1017, pl. 20; Visc., *Op. var.*, t. 2, p. 330; Millin, *Intr.*, p. 188; *Dictionn.*, p. 713. — CKYΛΑΚΟ., masque de Pan, de face; la moitié dr. de l'O, le Ɔ, engagée dans la monture, fragmenté dans la partie supérieure à droite de la chevelure, améth., int., ov., 0,022^m. sur 0,015^m.; collect. Strozzi, auj. au D. de Blacas. Gori, *Mus. Flor.*, t. 2, pl. 9, N°. 3; Stosch, pl. 58; Lipp., I, p. 183, N°. 459; Bracci, pl. 101; Raspe, N°. 3971; de Murr, p. 105; Millin, *Intr.*, p. 188. — Hercule jeune, nu, citharède, la lyre à la main, marchant à droite, peau de lion sur l'épaule gauche, et par-derrière massue, arc, carquois, rocher; sard., cam., ov., 0,036^m. sur 0,025^m.; coll. Tiepolo à Venise, auj. au baron Roger. Stosch, pl. 69; Bracci, pl. 102; Raponi, pl. 17, N°. 3, sans le nom; de Murr, p. 105; Millin, *Intr.*, p. 188. — M. de Kœhler, sans en fournir de preuves, regarde comme modernes la tête d'aigle et l'Hercule que Visconti, *Op. var.*, t. 2, p. 212, et Millin, *Dict. des B.-A.*, t. 2, p. 713, et *Intr.*, p. 188, ont donnés comme antiques, et il pense, *Arch.*, etc., p. 46, que *Scylax* n'est que le propriétaire et non le grav. de ce superbe masque de Pan, par la seule raison, assez faible, que les lettres du nom ne sont pas assez finement gravées. Mais un graveur habile n'a-t-il pas pu négliger cette partie peu importante de son travail, ou n'a-t-il pas pu le confier à une autre main? Au reste, M. de Kœhler raie *Scylax* de la liste des graveurs où nous croyons, avec Millin et Visconti, pouvoir le conserver. — CKYΛΑΚΟ, tête de C. Antistius Restio, si l'on s'en rapporte à une méd. et au portr. donné par Fulv. Ursinus; corn., int.; coll. Marlborough. Raspe, N°. 10,575. — Copie avec le même nom, par Pichler; corn. Raspe, N°. 15,601. — CKYΛΑΚΟ, tête d'homme, inconnu, profil à droite, corn., int., ov., 0,017^m. sur 0,013m.; coll. Marlbor., t. 2, pl. 8. — (CKYΛΑ, tête d'homme chauve, profil, grenat; la signature en partie cachée par la sertissure; coll. du baron Roger. — CKYΛΑ., homme debout tenant un arc, sard., int.; nom peu lisible; même

coll. *Notes de M. Dubois*). — (CKYΛ., masque
satyrique, de face, corn., int.; coll. Roger : cette
pierre, de même que les deux autres intailles de la
même collection, est très-suspecte. *Note de M. Dubois.*) — De Murr, p. 105, cite une sard. de la coll.
impériale de Saint-Pétersbourg sur laquelle est un
géant combattant un griffon, avec les lettres
ΕΚΥΛΛΞ ΕΠ ou ΕΚΥΔΑΚΙΟΣ, où l'on pourrait
trouver facilement le nom de SCYLAX, CKYΛΑΚΟⵦ,
en rectifiant quelques traits indiqués, si tant est qu'ils
soient sur la pierre comme les donne de Murr.

SCYLLIS, stat. *Voyez* DIPŒNUS.   **V** *b*
                                                 I, p. 503.

1. SCYMNUS de Chios, stat., cis., disc. de Critias. **V** *c*
PLINE, l. 34, 19, 25; rien de cité.   I, p. 537.

* 2. SCYMNUS, gr.f. (CKYMNOY, Bacchus suivi   ?
d'une panthère, int., empr. de Cadès. *Note de
M. Dubois.*) — M. Raoul-Rochette, *Let. Sch.*, serait
porté à admettre que ce *Scymnus* pourrait être celui
que cite Pline, et qui eût été ciseleur et gr.f., et cette
hypothèse n'a rien que de plausible, si le style de la
pierre, que nous ne connaissons pas, peut se rapporter au siècle du SCYMNUS de Pline.

* SECUNDUS, gr.f.?. SECVNDI, foudre et   ?
caducée, corn., int. RASPE, N°. 1007.

SEGULIUS ALEXSA. *Voyez* ALEXA.   ?

* SÉLEUCUS, gr.f. CEΛΕΥΚ., masque de Silène, chauve, couronné de lierre, corn.,
int., caboch., 0,013ᵐ. sur 0,008ᵐ., autref. au sénat.
Cerretani à Flor. STOSCH, pl. 60; GORI, *Mus. Flor.*,
t. 2, pl. 9; DE MURR, p. 106; MILLIN, *Intr.*,
p. 188; *Dict. des B.-A.*, t. 2, p. 713. M. de Kœhler,
Arch., *etc.*, p. 44, pense que le nom est celui du
propriétaire, qui peut-être aurait été acteur. Auj.
cette pierre est de la coll. royale de La Haye.
DE JONGE, pl. 162, N°. 19. — Le comte de Thoms,
pl. 4, N°. 7, donne une émeraude carrée, à coins
arrondis, 0,009ᵐ. sur 0,007ᵐ., avec le même nom
et un hermès de Priape. — Amour jouant
avec un jeune sanglier, améth. WORDLIGE,
t. 2, sans le nom; RASPE, N°. 6761, pl. 42. —
(Tête d'Hercule barbu, profil, int., coll. du
D. de Blacas. *Note de M. Dubois.*) — ΣΕ......,??,

	Siècles.

SÉLEUCUS, belle tête de Romain in-connu; empr. de Stosch. Raspe, N°. 12,211.

SENNAMAR, arch.   **V ***

          I, p. 787.

SEPTIMIUS, arch., qui écrivit deux volumes sur son art. Vitr., VII, *Præf.*, § 14; Sillig.   ?

SÉRAMBUS d'Egine, stat. Il fit la statue de l'athlète olympionique Agiadas. Paus., *El.* 2, c. 10, 2.   ?

1. **SERAPIO**, ptr. scén. Ne réussissant pas dans les figures, il peignit avec succès des décorations de théâtre. Pline, l. 35, c. 37.   ?

* 2. **SERAPIO (M. RAPILIUS)**, sc. Il remettait des yeux aux statues, *OCVLOS REPOSVIT STATVIS*. Spon, *Misc.*, p. 232; Gori, *Columb.*, p. 157; Bracci, t. 2, p. 273; Orelli, N°. 4224, inscr. de la villa Strozzi, à Flor. *Voy.* PATROCLUS.   ?

* **SERVILIUS (MARCUS)** *GEM.*, gr.f. ?. R.-Roch., *Lett. Sch.*, p. 40. Cette abréviation *GEM.* a été lue *Gemmarius* par Amaduzzi, et il range Servilius parmi les gr.f. *Acad. Cort.*, t. 9, p. 155; Bracci.   ?

* **SEVERA (MARCIA T. F.)** *AURARIA ET MARGARITARIA.* Doni, p. 319, 13; Murat., 964, 1; Orelli, N°. 4148. — M. Raoul-Rochette, *Let. Sch.*, p. 89, N°. 79, fait de cette *SEVERA* une artiste; mais il est tout aussi probable que ce n'était qu'une joaillière qui, ne travaillant pas elle-même, vendait des bijoux d'or et des perles.   ?

SEVÈRE (ALEXANDRE-). Cet empereur, au rapport de son historien, Lampride, § 27, peignait assez bien. R.-Roch., *Journ. des Sav.*, mars 1842, p. 166. *Voyez* HÉLIOGABALE, VALENTINIEN.

* **SEVERIANUS (VERUS)** *ARGENTARIUS*, ?, cis. Inscr. trouvée à Die en Dauphiné, selon Scaliger, d'où l'a tirée Gruter, p. 639, 6. Omis par M. Raoul-Rochette.   ?

* **SÉVÉRUS**, gr.f. Π. CEOYHPOY, Hygie présentant une coupe à un serpent, prime d'émeraude; coll. Slade; belle grav. Raspe, N°. 4122, sans signe de doute.   ?

* **SEXTUS**, arch. de J.-César, SEXTUS JULII CÆ-   ?

Siècles.

SARIS *ARCHITECTUS*. Inscr. copiée par Scaliger sur une arcade à Antibes. GRUT., p. 594, 5. Omis par M. Raoul-Rochette.

SICON. *Voyez* SIMMIAS.

1. SILANION d'Athènes, stat. *V*. vol. suiv. aux *St.* ACHILLE. — IV*c* I, p. 578.

2. SILANION, arch., écrivit sur les ordonnances de l'architecture. VITR., VII, *Præf.*, § 14. — ?

* SILBANUS, gr.f. ??, peut-être SILVANUS. Hercule, du cabinet du chanc. Sellari. AMADUZZI, *Acad. Cort.*, t. 9, p. 156; BRACCI, t. 2; MILLIN, *Magas. encycl.*, 1796, t. 3, p. 374. — ?

SILENUS, arch., écrivit sur l'ordre dorique. VITR., VII, *Præf.*, § 12. — ?

SILLAX de Rhégium, ptr. ATHÉN., V, p. 210; SILLIG. — IV

* SILVAIN, gr.f. SILVANI, Mercure avec le pétase, soufre de Stosch. RASPE, N°. 2423. — ?

SIMENUS, stat. *V*. vol. suiv. aux *St.* ATHLÈTES. — ?

SIMMIAS ou SIMON, stat., fils d'Eupalamus. Ce *SIMMIAS* est nommé à tort SICON dans Clément d'Alexandrie, *Prot.*, p. 31, éd. de Sylburge, qui y a substitué le nom de SIMON. Il vivait peut-être du temps de Dipœne et de Scyllis. THIERSCH, *Ep.*, II, *adnot.*, p. 33; MUELLER, *Ægin.*, p. 104; SILLIG. *V*. vol. suiv. aux *St.* BACCHUS *MORICHUS*. — ? AA

SIMON d'Egine, stat. *V*. vol. suiv. aux *St.* ARCHER. — V*ab* I, p. 528.

SIMON. *Voyez* SIMMIAS.

SIMONIDES, ptr. *V*. vol. suiv. aux *Peint.* AGATHARQUE. — ?

SIMPLICIUS, sc. *Voyez* CLAUDIUS. — III * ?

1. SIMUS, ptr. PLINE, l. 35, c. 40, 39. *V*. vol. suiv. aux *Peint.* JEUNE HOMME en repos. — ?

2. SIMUS de Salamine, fils de Thémistocrate; sc. Ce nom n'est connu que par une inscript. du Musée Royal, N°. 676, provenant d'une statue de Bacchus. — ?

+ * SIOBOËTHUS???. Selon Fleetwod, *Inscript. antiq. Syll.*, p. 35, 36, ce nom se trouvait sur une — ?

Siècles.

statue d'Esculape. BRACCI, t. 2, p. 273. *Voyez* BOÊ-
THUS de Carthage ou plutôt de Chalcédoine.

* SLÉCAS ou CAËCAS, gr.f.?. ϹΛΗΚΑϹ, jeune   ?
héros debout, à demi drapé d'un manteau sur la partie droite et la cuisse
gauche, tenant un parazonium; int., ov.,
0,022ᵐ. sur 0,013ᵐ. STOSCH, pl. 21; BRACCI, pl. 44.
— Dans une note de M. Dubois, il pense que ce pourrait être Achille contemplant ses armes; mais je croirais plutôt, avec M. Raoul-Rochette, *Let. Sch.*, p. 38,
que c'est Thésée regardant l'épée qu'il
vient de découvrir sous la pierre où l'avait cachée Ethra, et qui lui apprend sa naissance. Mais alors
ce sujet ne serait qu'en abrégé; une pierre de la coll.
d'Orléans, t. 1, pl. 89, et un bas-relief Albani (ZOËGA,
t. 1, pl. 48) offrent le rocher et les sandales qui y
avaient été trouvées avec l'épée : ainsi la question reste
douteuse. GUATTANI, *Mon. ant. ined.*, 1786, p. 22;
RASPE, Nº. 8016. Le nom du graveur est incertain; Lessing y a vu CAENAC. DOLCE, DENH, p. 63, Nº. 21;
DE MURR, p. 55, et SILLIG : CAEKAC; et VIS-
CONTI, *Op. var.*, t. 2, p. 125 et 321, ce qui ne nous
semble pas positif : CASCAE ou KASCAE. — M. de
Kœhler, qui donne cette figure pour celle d'un gladiateur, *Arch.*, p. 39, et Visconti, pensent que c'est
le nom du propriétaire de la pierre et non celui du
graveur. Dans Raspe, Nᵒˢ. 8016, 8017, on trouve
CAEKAS, CΛEKΛS : il paraîtrait que ce doit être
CAEKAS, comme l'écrit Bracci, ou bien il y aurait
un mélange de lettres, l'Λ grec et l'S rom., et l'S sous
deux formes, C et S.

SMILIS d'Egine, fils d'Euclidès; sc. en bois, pré-   XI ?
tendu chef de l'école de Sicyone. PAUS., *El.* 1,   I, p. 472.
c. 17, 1; *El.* 2, c. 4, 4; CLEM. ALEX., *Protr.*, p. 13,
51; CALLIM., *ap. Euseb. prep. evang.*, III, 8;
ATHÉNAG., *Leg.*, p. 61; THIERSCH, *Ep.*, 1, *adnot.*,
p. 7. Muller, *AEgin.*, p. 98, admet deux *SMILIS*,
un très-ancien et un second qui l'était beaucoup moins.
SILLIG. *V.* vol. suiv. aux *St.* SAISONS ou Heures d'Elis.

* SO...., ΣΩ. *Voyez* MI et ΣΩ.

1. SOCRATE de Thèbes, sc.   V *b*
                                        I, p. 528.

2. SOCRATE le philosophe, avait été habile sculpteur.   V *c*
V. vol. suiv. aux *St.* GRACES (LES TROIS).   I, p. 529
                                         et 949.

3. SOCRATE, ptr., élève de Pausias. PLINE, l. 35, c. 40, 31.   **IV *d*** I, p. 957.

* 4. SOCRATE, gr.f. CΩKPATHC, écrit en relief, acteur comique debout, la main droite à sa tête et dans la gauche un pedum, cam., sard., onyx, à trois couches; coll. Roger. — CΩKPATHC, la Fortune panthée et casquée; jaspe noir brûlé; vu chez M. Borre, offic. supér. en Morée. — CΩKPATHC, acteur comique vu de face, appuyé sur un pedum; très-beau camée, sardonyx orientale à trois couches; le nom est en relief; coll. Roger. (*Notes de M. Dubois.*)   ?

SOÏDAS, stat. *Voyez* MÉNÆCHME.

* SOLON, gr.f. ΣΟΛΩΝΟΣ, tête de Méduse, profil à droite, onze serpents dans la chevelure, calcéd., int., ov., légèrement bombée, 0,030m. sur 0,025m.; coll. Strozzi, aujourd'hui au D. de Blacas. MONTF., *A. E.*, t. 1, pl. 85; N°. 2; STOSCH, pl. 63; GORI, *Mus. Flor.*, t. 2, pl. 7, N°. 1; MAFFEI, *Gem.*, t. 4, pl. 28; WINCKELM., *C. Stosch*, p. 341, N°. 145; *Mon. in.*, tr. prél., p. 91. *Voyez* aussi la note de Meyer, *H. A.* de WINCKELM., l. 5, t. 4, p. 353. Féa, *H. A.* de WINCKELM., t. 1, p. 324, note C, donne cette pierre comme un camée. WORLIDGE. Bracci, pl. 105, écrit le nom ΕΟΛΩ-ΝΟΕ. RASPE, N°s. 8950, 8959; VISC., *Op. var.*, t. 2, p. 250. — Cette admirable pierre, dont le profil et la perfection du travail rappellent les plus beaux médaillons de Syracuse, a été trouvée dans une vigne sur le Mont Cœlius à Rome, près de Saint-Jean et de Saint-Paul, par un paysan qui la vendit à un march. d'antiquités; celui-ci la cassa maladroitement en trois, et elle fut revendue 3 sequins à l'antiquaire Sabbatini, qui la fit monter et la céda pour 5 sequins à Alex. Albani, depuis cardinal. Dans la suite il la donna pour 50 écus rom. au même Sabbatini, de chez qui elle passa dans la coll. Strozzi. *Voyez* DE MURR, p. 108. M. le D. de Blacas croit que cette tête est celle d'une Euménide. — Il y en a une très-belle copie, sur calcéd., avec le nom mal gravé ΕΟΛΩΝΟΕ, par Costanzi, gravée en 1729, pour le card. de Polignac. MARIETTE, *Traité*, p. 142; DE MURR, p. 110; NATTER, *de la Méthode*, *Préf.*, p. 30. — Une autre copie   1* I, p. 666.

était dans la coll. de Smith. GORI, *Smith.*, t. 1, Nos. 21, 22. — De Murr en cite une faite par Mme. Preissler à Nuremberg, et très-belle, plus petite que l'original. — Une autre sur améth. par Jeuffroy. LIPP., II, p. 7, N° 18; DENH, p. 53, N°. 16; RAPONI, pl. 19, N°. 16. — Diomède maître du Palladium, COΛΩN ΕΠΟΙΕΙ; tourné à g., nu, jambe dr. en avant sur une marche, épée à la main dr. rapprochée du menton, palladium dans la g.; casque, bouclier, chlamyde au bras g.; derrière lui base ornée de guirlandes; prêtresse étendue morte à ses pieds, corn., int., ov., 0,020m. sur 0,017m.; coll. Strozzi, auj. au D. de Blacas. STOSCH, pl. 61; CAYLUS, *Rec.*, t. 1, pl. 45, N°. 3; WINCKELM., *H. A.*, t. 7, p. 478; LIPP., II, p. 66, N°. 192; BRACCI, pl. 108; RAPONI, pl. 49, N°. 4; RASPE, N°. 9452. Voyez LEVEZOW, *sur l'Enlèvement du Palladium*, en allem., p. 39. — Il est singulier que de Murr, p. 107, dise que cette pierre est un camée, et que le nom y est gravé en relief : c'est une erreur complète, mais peut-être n'est-ce pas la pierre de la coll. Strozzi, car de Murr, d'après Mariette, dit qu'elle appartenait au comte de Maurepas. Millin, *Intr.*, p. 178, ne cite que deux pierres de *SOLON*, et ne parle pas de celle-ci. *Voyez* sur ce grav. BAUDELOT DE DAIRVAL, *Lett. sur le prétendu Solon.* — Une copie médiocre sur sard. barrée, coll. Slade. RASPE, N°. 9453. — ƆΟΙΛϹϽΛΟƆ, tête de vieillard chauve, profil à droite, nommé *Mécène.* Cette tête, semblable à une de Dioscouride, a passé long-temps pour une tête du législat. Solon. Sard., int., ov., légèrem. bombée, 0,018m. sur 0,015m., coll. Barberini, ensuite Ludovisi. LACHAUSSE, *Mus. rom.*, pl. 15; FULV. URSINUS, *Imag.*, pl. 49. Gori, *M. Flor.*, t. 2, pl. 10, la dit de la coll. Riccardi; dans le *Columbarium*, etc., il rapporte que cette pierre fut volée à l'abbé Andréini, qu'il n'en existait même plus d'empreintes, et qu'on ne savait où elle était; en 1727 il la dit inédite. C'est probablement cette pierre que cite Winckelmann, *C. Stosch*, p. 442, N°. 216, et dont il dit que le nom est écrit COYMNOC, comme sur la pierre Ludovisi, ce qui n'est pas exact. STOSCH, pl. 62; LIPP., II, p. 179, N°. 551; RAPONI, pl. 40, N°. 6; DE MURR, p. 109; MILLIN, *Intr.*, p. 178. — ΣΟΛΩΝΟΣ, Mécène, topaze, int., coll. du gr.-d. de Toscane. RASPE, N°. 10,729. — COΛΩNOC, Mécène, corn., int., caboch. LIPP., II, p. 179, N°. 551; DENH, p. 23, N°. 6; RASPE, N°s. 10,732, 33, 35. Ces pierres sont probablement des copies de celle avec l'inscript. rétrograde qui a dû d'abord servir de cachet. Visconti, *Op. var.*, t. 2, p. 305, cite des répétitions de cette tête dans la coll. de Florence et dans celles de Barberini, de Ludovisi, d'Orléans. De Murr, p. 108, en indique une de la coll. Riccardi; peut-être est-ce celle que donne Gori, *Mus. Flor.*, t. 2, pl. 10. Winckelmann, *C. Stosch*, p. 442, nomme celle de la coll. Ludovisi et une de la coll. du roi de Naples : c'est probablement celle que de Murr, p. 108, note, dit être une pâte de verre. — CΟΛΩΝΟϹ, Amour nu, debout, sans armes, tourné à gauche, sard., int., ov., caboch., 0,012,5^m. sur 0,009^m.; autref. du cabinet du sénat. Cerretani à Florence, ensuite au baron de Schellersheim, auj. au baron Roger. Cette pierre, médiocrement gravée, n'est pas digne du nom de l'auteur de la Méduse. STOSCH, pl. 64; GORI, *M. Flor.*, t. 2, pl. 10, N°. 21; WINCKELM., *H. A.*, t. 7, p. 478; BRACCI, pl. 106; LIPP., 1, p. 274, N°. 774; DENH, p. 90, N°. 7; RASPE, N°. 6678; DE MURR, p. 111. — Peut-être une copie antique avec le nom dans la coll. royale de La Haye, grenat. DE JONGE, p. 158, N°. 21. — CΟΛΩΝΟϹ, buste de Bacchante ou d'Amazone, le thyrse ou la lance sur l'épaule droite, corn., int., ov., 0,025^m. sur 0,022^m.; coll. de Stosch. WINCKELM., *H. A.*, t. 7, p. 220; *Art du Dessin, etc.*, c. 4, § 172; LIPP., I, p. 173, N°. 414; DE MURR, p. 111. — CΩΛΩΝΟϹ, Empereur romain, sans casque, la pique à la main droite, appuyé sur son bouclier. L'inscr. est fausse et le nom mal orthographié, CΩ pour CΟ : ainsi cette pierre n'est pas de *Solon*. RASPE, N°. 7327. — Tête de Faune de face, couronné de lierre, corn., int., ov., 0,016^m. sur 0,013^m. GORI, *Smith.*, pl. 15; WINCKELM., t. 6, 1, p. 223. De Murr, p. 111, dit cette pierre une calcéd.; Visconti, *Op. var.*, t. 2, p. 208, pense que ce faune peut être Ampélus, fils de Silène et ami de Bacchus, mais il doute de l'authenticité de la pierre et croit le nom ajouté. — Lippert, I, p. 182, 439, donne comme un ouvrage de *Solon* une pierre mod., un Faune, corn. int., avec le nom CΟΛVΝΟϹ. RASPE, N°. 4479. — ΣΟΛΩΝΟϹ, tête d'Hercule, de face, couronné de laurier.

WINCKELM., *C. Stosch*, p. 231, N°. 1553 ; DE MURR, p. 111. — ⊏ΟΛΩΝΟⴹ, Livie Auguste en Cérès, voile sur le derrière de la tête, corn., int., 0,017m. sur 0,013m. GORI, *Smith.*, pl. 62 ; LIPPERT, I, N°. 62 ; DE MURR, p. 111. — CΟΛΩ., Victoire *aptère* ou sans ailes immolant un taureau, corn., int., fragm. WINCKELM., *H. A.*, l. 11, c. 2, § 8, t. 6, p. 223 ; *C. Stosch* pl. 341, N°. 145 ; RASPE, N°. 7764 ; DE MURR, p. 108.

SOMIS, stat. *V*. vol. suiv. aux *St*. PROCLÈS d'Andros. ?

SOPHRONISCUS d'Athènes, père de Socrate ; sc. DIOG.-L., II, *Vit. Socr.*, init.; VAL.-MAX., III, 4 ; on ne cite rien de lui. **V** *b* I, p. 529.

SOPOLIS ou SOPYLUS. *Voyez* DIONYSIUS IV. **I** *a* I, p. 618.

* SOSIAS, ptr. de vases. ΣΟϟΙΑϟ ΕΠΟΙΕϟΕΝ. GERH., *C. A.*, t. 3, p. 179, N°. 712* ; p. 180, N°. 720, et dans le même volume, p. 424, une Notice de M. WELCKER.

* SOSIBIUS d'Athènes, sc. Son nom, ΣΩΣΙΒΙΟΣ ΑΘΗΝΑΙΟΣ ΕΠΟΙΕΙ, sur un beau vase en marbre du Musée Royal du Louvre, N°. 332, orné d'un très-joli bas-relief. ?

* SOSICLÈS, sc. CⲰCΙΚΛΗ.... sur le tronc d'arbre qui sert de soutien à une Amazone du *Musée Capitolin*, t. 3, pl. 46 ; MEYER, WINCKELM., t. 4, p. 355. ?

* SOSICLÈS ou SOSOCLÈS. *Voyez* SOSTHÈNES. ?

* SOSION. *Voyez* SO.

* SOSIUS, gr.f. ??. C. Cassius Secundus, un des meurtriers de Jules-César. LIPP., II, p. 173, N°. 534 ; LESSING, *Kollekt.*, I, p. 280, N°. 72. ?

* SOSTHÈNES, gr.f. Une Tête de Méduse, calcéd., int., ov., 0,020m. sur 0,016m., autref. de la coll. Ottoboni, et auj. de celle de lord Carlisle, offre un nom que Canini, N°. 96, lit CⲰCΟCΛ. Son explication est très-curieuse : les serpents de cette tête la lui font prendre pour celle de la déesse de la Santé ; les lettres sont égypt. ou expliquées pour telles par le P. Kirker. CⲰCΟC, suivant lui, serait SALVS, et Λ ou ΗΛ le génie *Soleil*, d'après les idées cabalistiques des Hébreux. Tout cela fait pitié ! ! — Stosch, ?

pl. 65, et Natter, p. 13, 22, 23 (*voyez* aussi *Préf.*, p. 28), lisent CⲰCOKΛE, et Bracci, pl. 109, VVinckelmann, *C. Stosch*, p. 341, N°, 146, de Murr, p. 112, voient dans ce mot CⲰCOKΛE, de même que Raspe, N°. 8985, Lippert, II, p. 7, N°. 17, et Dolce, coll. Denh, II, p. 55, N°. 14; et cependant *Préf.*, p. XIII, il en a fait SOPHOCLE. Il paraîtrait, d'après l'empreinte que cette dernière leçon est la véritable, ou du moins que le nom altéré a été réduit à cette forme. Visconti, *Op. var.*, t. 2, p. 126, et Millin, *Dict. des B.-A.*, t. 1, p. 713, et après eux M. Sillig, pensent que ce nom était CⲰCⲐENHC, et il est facile de retrouver tous les éléments de ce mot dans CⲰCOCΛ, dont quelques lettres auront été altérées, et où le Ⲑ, l'E et l'N auront, par le frottement, perdu leurs petites barres. Il serait plus difficile avec CⲰCOCΛE de faire CⲰCOKΛE, le dernier C très-visible ne pouvant pas se changer en K. Ce qu'avance M. Raoul-Rochette, *Lett. Sch.*, p. 52, N°. 63, au sujet de ce nom, est inexact : il dit que Bracci et d'autres antiquaires avaient cru trouver SOSOKLÈS, CⲰCOKΛHC, dans les lettres CⲰCOEN. Ils ont lu CⲰCOCΛE et CⲰCOKΛE. Il n'y a que Visconti qui ait lu CⲰCOCN, *Op. var.*, t. 2, p. 126, et CⲰCⲐEN, p. 250. Il paraît que MM. Schuze et Meyer, *H. A.* de VVinckelmann, l. 5, note 368, t. 4, p. 352, lisent SOSICLÈS, et ils n'expriment aucun doute à ce sujet. Pichler regarde cette tête de Méduse de SOSTHÈNES ou de SOSICLÈS comme plus belle que celle de SOLON. — Raspe, N°. 1062, cite encore une tête de Junius Brutus, sard., int., cab., de la coll. de lord Aldborough, avec le mot CⲰCOCN. Il est singulier que deux noms se rencontrent précisément avec les mêmes altérations. — Une tête de Minerve, de la coll. de La Haye (DE JONGE, p. 160, N°. 3), porte COCOKΛHC; c'est une copie de Natter, qui au-dessous de la tête a mis un N, initiale de son nom, sans doute pour montrer qu'en copiant cette pierre il n'avait pas l'intention de frauder et de la faire passer pour antique. Au reste, cet habile graveur dit dans sa *Méthode* qu'il s'est beaucoup exercé à imiter de la manière la plus scrupuleuse beaucoup de pierres antiques, mais qu'il n'a jamais eu à se reprocher de les avoir vendues comme telles, et il l'aurait pu, car plusieurs de ses copies et de ses productions originales, entre autres sa Minerve, son Hercule étouffant le lion de Némée, sont d'une grande beauté, peuvent supporter la comparaison avec les belles pierres antiques et faire peut-être tout-à-fait illusion à l'œil et au tact le plus exercés.

1. SOSTRATE, stat., neveu et élève de Pythagore de Rhégium. PLINE, l. 34, c. 19, 5. — **V** *b* — I, p. 529.

2. SOSTRATE de Chios, père et maître de Pantias ; stat. *V.* vol. suiv. aux *St.* MINERVE d'Aliphère. — **V** *c* — I, p. 537.

3. SOSTRATE de Cnide, peut-être fils de Dexiphane ; stat. et arch. PLINE, l. 34, c. 19, *init.;* l. 36, c. 18; SUIDAS et ETIEN. DE BYZ., s.v. φάρος ; STRAB., XVII, p. 791 ; LUC., *De conscrib. hist.*, t. 2, p. 69, éd. Wetst.; SILLIG. — **III** *c* — I, p. 595.

* 4. SOSTRATE, gr.f. CΩCTPATOY, Génie de Bacchus ou Acratus, dans un char attelé de deux lionnes ou de deux panthères, et dont il ne reste que le devant de la roue; les lionnes ont des colliers et des ceintures de lierre; presque la moitié de la pierre manque; agate à deux couches; cam., ov., la longueur totale devait être 0,031m., auj. 0,019m. sur 0,016m.; coll. du card. Ottoboni, auj. au D. de Devonshire. STOSCH, pl. 66; WINCKELM., *C. Stosch*, p. 185, N°. 1087; LIPP., I, p. 227, N°. 1087; LIPP., II, p. 277, N°. 788; DENH, p. 95, N°. 60; BRACCI, pl. 110, RASPE, N°. 6731. — De Murr, p. 115, voit dans ce Génie un Cupidon. — VISC., *Op. var.*, t. 1, p. 217 et 353; *M. P.-Clem.*, t. 4, pl. 24. — CΩCTPATOY, Victoire immolant un taureau, corn., int., ov., 0,012m. sur 0,009m.; coll. Devonshire, qui a presque toutes les pierres signées SOSTRATE. NATTER, *Méth.*, p. 45, pl. 29; WINCKELM., *C. Stosch*, p. 187, N°. 1099; LIPP., I, p. 247, N°. 696 ; RASPE, N°. 7760, pl. 45; DE MURR, p. 115. — M. Raoul-Rochette, *Lett. Sch.*, p. 52, N°. 52, note 2, semble citer cette pierre comme si elle eût été presque inconnue avant qu'il en *possédât* une empreinte. — CΩCTPATOY, Victoire dans un bige, cam. de Laur. de Médicis, ensuite de la coll. Farnèse, aujourd'hui au roi de Naples. WINCKELM., *C. Stosch*, p. 185, N°. 1008; *Mon. in.*, Tr. prél., p. CIII, pl. 11, 12; LIPP., I, p. 246, N°. 689; DE MURR, p. 115 ; RASPE, N°. 774 ; VISC., *Op. var.*, t. 2, p. 233. — Fr. Maria Dolce, dans Denh, p. 102, N°. 17, appelle ce grav. SOS- — ?

TRATORIUS, nom que donne aussi Amaduzzi, *Acad. Cort.*, t. 9, p. 156. — CⲰCTPATOY, Bellérophon abreuvant Pégase, corn., int., sujet dont la composition se retrouve dans un bas-relief publié par Guattani, *Mon. antich. ined.* Raspe, N°. 9052, écrit CⲰTPATOY. — Méléagre et Atalante, le héros debout, à peu près dans la pose de celui du Vatican, la dépouille du sanglier dans la main droite, la gauche sur la hanche, chlamyde autour du bras gauche ; Atalante devant lui, nue, draperie sur l'épaule gauche, assise sur un rocher, carquois entre les jambes ; agate à deux couches, cam. ov., 0,026m. sur 0,023m.; autrefois au card. Ottoboni, auj. coll. Devonshire. STOSCH, pl. 67 ; BRACCI, pl. 111.— CⲰCTPATOY, Néréide sur un griffon marin, corn., int. LIPP., I, p. 31, N°. 74 ; pp. 223, 244, il cite deux autres pierres qu'il croit de *SOSTRATE*, une Néréide et une Europe ou une Diane *Taurique*, de même que Winckelmann, *C. Stosch*, p. 107, N°. 465 ; RASPE, N°. 2616. — Le SOTRATE gr.f. que l'on trouve dans Bracci est peut-être le même que ce *SOSTRATE* ; cependant il y a lieu de s'étonner, avec M. Sillig, que ce *SOSTRATE* ait ainsi mal écrit son nom deux fois, et qu'il ait signé CⲰTPATOY. C'est aussi la réflexion que fait Stosch, p. 91 ; et il assure qu'à l'aide du microscope il n'a pu lire que *SOTRATE* sur la pierre du Méléagre et sur celle du Bellérophon : ainsi la chose pourrait encore paraître douteuse.

* 5. SOSTRATE, gr. mon. ΣⲰ. ΣⲰΣ. ΣⲰΣΤΡΑΤΟΣ sur des médailles de Tarente et de Thurium. R.-ROCH., *Lett. au D. de Luynes*, p. 42, 45, 46.   ?

SOSTRATORIUS. DOLCE, DENH, *Pref.*, l. 13, p. 102, N°. 17 ; BRACCI, t. 2, p. 284. *Voyez* SOSTRATE.

SOTRATE. *Voyez* 4. SOSTRATE.

SOSUS, ptr. en mosaïque le plus célèbre, fit à Pergame, de cette manière, de très-beaux pavés en compartiments. Il y en avait qu'on désignait sous le nom de *asarotos œcos*, chambre qui n'est pas balayée, parce que le pavé représentait les restes d'un festin. Parmi ses ouvrages on admirait des colombes placées sur le bord d'un canthare, et dont l'une, projetant son ombre sur l'eau, buvait, tandis que les autres épluchaient leurs plumes au soleil : jolie composition que   ?

rappellent les colombes du Capitole, l'une des plus belles mosaïques antiques qui nous soient parvenues, et qui pourrait bien être celle de Pline, qu'il a été très-facile de transporter de Pergame à Rome, quoiqu'en dise Winckelmann, *H. A.*, t. 2, réfuté par M. Quatremère de Quincy, *Dict. d'Archit.*, t. 2, p. 131, et M. Letronne, *Lett. d'un Antiquaire, etc.*, p. 312. — On voit par Pline, l. 36, c. 60, que les belles mosaïques à figures, faites avec beaucoup d'art et comme un genre de peinture pour imiter celle des murailles et des plafonds, perdit beaucoup de ses brillans emplois lorsque l'on eut inventé le *lithostroton*. Ce genre de pavement, composé de fragments de marbres de toutes couleurs, et même de briques et de marbre, comme on en voit beaucoup à Pompéi, moins riche et moins dispendieux que la vraie mosaïque, étant à la portée des fortunes ordinaires, dut lui faire tort. Il est d'ailleurs très-élégant, susceptible d'ornements, de rinceaux, de rosaces, de méandres ; aussi trouve-t-on à Pompéi, en Italie et dans diverses parties de la France infiniment plus de ces pavés *lithostrotes* que de ceux en mosaïques à figures et à sujets. Parmi celles-ci il y en a d'une extrême rareté, faites non de petits cubes de marbres ou d'émaux, mais de pierres dures, jaspes, etc., telles que l'aigle qui déchire un lapin au Musée du Vatican, et une réunion de plusieurs poissons, très-bien rendue, ainsi que l'eau, dans une mosaïque de ce genre que j'ai vue à Birmingham en 1833, et qui avait été donnée, je crois, par le pape Léon XII à M. Thomasson, riche et industrieux fabricant. Ce beau morceau qui, vu à une certaine distance, m'a paru, en grande partie, antique, aurait bien figuré dans un Musée. La mosaïque était l'*opus tessellatum* des Romains, de *tessera*, *tessella*, petits morceaux ordinairement cubiques ou carrés longs, où l'Italien a trouvé ses *tasselli*. M. Letronne, dans l'intéressant ouvrage cité plus haut, p. 314, montre que cet *opus tessellatum* est la σύνθησις λιθων, et le mosaïquiste ou le mosaïste était chez les Grecs le ὁ τῶν ψηφιδων ϭυνθέτησ et ψηφοθέτης, ψηφόλογος, l'ouvrier qui assemble, qui réunit de petites pierres. Ce genre de peinture, propre par sa beauté et sa solidité au riche pavement des édifices sacrés et des maisons, pouvait, ainsi que le pense M. Letronne, entrer dans l'ensemble des *pœcilia* ou peintures variées dont on les

	Siècles.

ornait. De petits portiques dans ce genre décorés de peintures et de pavés en mosaïques à Pompéi sont de vrais *pœciles*.

* SOTER (TIB. CLAUDIUS), ptr. DONATI, *ad Suppl. Inscr.*, p. 316, N°. 8, et p. 317, N°. 6. — MAFFEI, *Inscr. Mus. veron.*, p. 257, N°. 5, lit sur cette inscript. de Pesaro, PICTORIS QUADRIGATARI, au lieu de QUODSIGULARI que donne M. Sillig, et qui n'offre pas de sens. Il paraîtrait que c'était un peintre en mosaïque, *opus quadratarium*, plutôt qu'un boulanger, PISTOR, de pains partagés en quatre, *quadrœ*, comme serait porté à le croire M. Raoul-Rochette, *Lett. Sch.*, p. 94. — BRACCI, t. 2, p. 294; ORELLI, N°. 4262.   **?**

* ΣΩ.... sur des médailles de Syracuse, peut-être ΣΩΣΙΩΝ, SOSION, ou ΣΩΣΤΡΑΤΟΣ, SOS-TRATE, gr. mon. NŒHDEN, *Selection of ancient Coins*, p. 49; SILLIG.   **?**

SPINTHARUS de Corinthe, arch. PAUS., *Phoc.*, c. 5, 5.   **V *b***
I, p. 509.

* † SPITYNCHAS, c'est le nom mal lu d'ΕΠΙ-ΤΥΓΧΑ*nus*, donné par M. Sillig d'après Gori, *Gemm. etrus.*, t. 2, pl. 9, N°. 1. *Voyez* EPITYN-CHANUS.

SPURIUS CARVILIUS. *Voyez* CARVILIUS.

* † SQUILLAX pour SCYLAX, gr.f. DOLCE, DENH, *Préf.*, p. XIII; BRACCI, t. 2, p. 284.

1. STADIÆUS d'Athènes, stat., maître de Polyclès. PAUS., *El.* 2, c. 4, 3; rien de cité.   **II *a***
I, p. 604.

2. STADIÆUS, ptr., élève de Nicosthènes. PLINE, l. 35, c. 40, 42; rien de cité.   **?**

* STALLIUS (CAÏUS MARCUS), avec MÉNA-LIPPE, arch., élevèrent à Athènes une statue au roi Ariobarzanes Philopator. BŒCKH, *C. Inscr.*, t. 1, N°. 357.   **I *a***

STASICRATE. *Voyez* DINOCRATE.

STATORIANUS. *Voyez* PATROCLUS.   **I *d*?**

* 1. STÉPHANUS, sc., disc. de Pasitèles et maître de Ménélaüs. PLINE, l. 36, c. 4, 10. Son nom sur la base d'une statue : CΤΕΦΑΝΟC ΠΑCΙΤΕΛΟΥC

	Siècles.

MAΘHTHC EΠOIEI. Marini, *Iscr. della vil. Alb.*, p. 174. *V.* vol. suiv. aux *St.* HIPPIADES.

* 2. STÉPHANUS, *aurifex* de Tibère, cis. Gori, *Columb.*, p. 153, N°. 120. — Omis par M. Raoul-Rochette.

* 3. STÉPHANUS, gr.f.??. CTЄΦ., homme dans un bige, corn., int., à M. Dubois. — Pégase. Gori, *Mus. Flor.*, t. 2, p. 20, N°. 3. — Bracci, t. 2, donne ce nom comme douteux. Peut-être ces deux derniers *Stéphanus* n'en font-ils qu'un.   **?**

STHÉNIS d'Olynthe, stat. Spon, *Miscell.*, etc., p. 126, écrit ce nom ΣΘΕΝΝΙΣ, d'après l'inscript. d'une statue de Dion, philosophe d'Ephèse, de la coll. Mattei. Bracci, t. 2, p. 274. *V.* vol. suiv. aux *St.* ADO-RANTES.   **IV. *d*** I, p. 581.

STIPAX de Chypre, stat. *Voyez* vol. suiv. aux *Statues* SPLANCHNOPTÈS et MINERVE *HYGIE*.   **V *c***

STOMIUS, stat. Paus., *El.* 2, c. 14, 5.

1. STRATON, sc. Il travailla avec Xénophile. *Voyez* vol. suiv. aux *St.* ESCULAPE ET HYGIE.   **V *a*** I, p. 520.

* 2. STRATON, gr.f. STRATO, tête d'Héliogabale, sard. Winckelm., *C. Stosch*, p. 448, N°. 296.   **?**

* 3. STRATON (C. PÆTILIUS), cis.?, d'après une inscript. lat. qui n'est pas très-authentique. *Voyez* Orelli, *Thesaurus*, etc., t. 1, N°. 1614.   **III ***

STRATONICUS, stat., cis. On citait de lui une phiale ou coupe, probablement en argent, sur laquelle il avait, disait-on, placé plutôt que ciselé un Satyre profondément endormi. Pline, l. 33, c. 55; l. 34, c. 19, 23, 25, 33; Athénée, *Casaub.*, XI, c. 4, t. 2, p. 493.   **III *c*** I, p. 596.

STRONGYLION, stat. *V.* vol. suiv. aux *St.* AMAZONE *EUCNÉMOS*.   **IV *b*?** I, p. 558 et 951.

SULINUS, sc. Une inscript. de Bath sur un cippe ou un autel porte : SVLEVIS SVLINVS SCVLTOR BRVCETI F. SACROM L. M. Une autre inscript. du même endroit donne DEAE SVLI MENERVAE SVLNVS MATVTI FIL. Je dois ces noms et ces inscript. à l'obligeante amitié du savant antiquaire M. J. Millingen. Plusieurs inscript. offrent les déesses   **?**

SVLEVIAE, que l'on croit être les mêmes que les SIL-VANAE. Cependant si SVL était la Minerve des *Britanni*, il se pourrait que les SULEVIAE eussent quelque rapport avec la déesse SVL. Dans une inscription de Nîmes, ORELLI, N°. 2051, on trouve SVLEVIA réunie à Minerve. D'autres inscriptions, N°s. 2099, 2100, 2101, présentent les SVLEVIAE, et les déesses SOLIMARA, N°. 2050, d'une inscription de Bourges; SVLISMARA, N°. 2052, d'une inscription d'Angleterre; SVLFAE, N° 320, d'une inscription de Lausanne. Ce sont probablement les mêmes divinités adorées par les *Britanni* et les peuples celtes et germains; et serait-ce trop hasardé de rapprocher le nom de SVL des mots *soul* et *seele*, qui, en anglais et en allemand, signifient *l'âme*, et d'y trouver des rapports intimes avec l'Athéné, la Minerve des Grecs et des Romains, la déesse de l'intelligence, née du cerveau du maître des dieux, et qui présidait au développement de toutes les facultés de l'âme et de l'esprit? — Si SVL est Minerve, le nom de SVLINVS ou SVLNVS, qui est le même avec une contraction, aurait répondu chez les *Britanni* à ceux qui, chez les Grecs, venaient du nom d'*Athéné*, Minerve, tels qu'*Athénaïos, Athénée, Athénodore, etc.*, et l'on retrouverait dans les noms divers, avec des variétés d'orthographe ou de prononciation : SVLE-VIÆ, SVL-FAE, SOLI-MARA, SOLIS-MARA, SVLIS-MARA, la même racine SVL ou SOL. Il se pourrait que ce SVLINVS eût sculpté les chapitaux et les ornements en pierre commune et d'un travail très-grossier d'un petit temple corinthien dont on a trouvé les débris à Bah.

SYADRAS, stat., et CHARTAS. *Voyez* ce dernier.   VI*b*
l. p. 507.

SYMPHORIEN, stat. chrét. ORL. ??? *Voy.* CLAUDIUS.

* SYMPHORUS (M. ULPIUS), affranchi peut-être de Trajan; *FLATVRARIVS AVRI ET ARGENTI MONET.*, pouvait n'être qu'un fondeur de *flans* d'or et d'arg. de la monnaie, GRUT., p. 638, 4.   III*e*

SYNNOON d'Egine, stat., élève d'Aristoclès de Sicyone le jeune et père de Ptolichus. PAUS., *El.* 2, c. 9, 1; rien de cité.   V*a*
l. p. 516.

SYROPERSA, ptr. cité par Cedrenus.   V*e*

T

* TACONIDES, ptr. de vases. *Voyez* TLÉPOLÈME.   ?

* TALIDÈS, ptr. Son nom sur un vase peint de très-ancien style. ΤΑΛΕΙΔΕΣ ΕΠΟΙΕΣΕΝ. Millin, *Peintures de vases*, etc., t. 2, pl. 61; *Gal. Myth.*, pl. CXXXI, N° 490.   ?

TALUS ou ATTALUS, prétendu neveu de Dédale l'ancien; stat. Diod. Sid. ???. *Voy.* ATTALUS, CALUS.   ? AA

TARCHESIUS, arch., Vitr , IV, 3, 1. Il excluait l'ordre dorique des édifices sacrés. Il paraît ancien.   ? A

* TARSUS, gr. f. ??, Hercule, cité par Bracci comme douteux, d'après la *Smith.* de Gori.   ?

1. TAURISCUS de Tralles, sc., fils d'Artémidore, disc de Ménécrate, frère de 1. Apollonius de Tralles. *V.* vol. suiv. aux *St.* AMPHION ET ZETHUS, ou le taureau *Farnèse*. De Rhodes il avait été transporté à Rome dans la coll. d'Asinius Pollion. Deux belles pierres gravées antiques, d'époque incertaine, présentent le même sujet avec des différences dans la disposition, ce qui peut tenir à la nature et aux exigences de la glyptique. Ce ne serait pas une raison valable pour ne pas reconnaître avec Winckelmann et ses commentateurs, d'après la beauté des parties antiques de cet énorme groupe, que ce peut être celui dont parle, en quelque mots, Pline, I. 36, c. 4, 10, et dont l'inscript. a disparu. Il sera question avec détails, dans le volume suivant, de ce groupe qui, de la promenade de la *Villa Reale*, où je l'avais laissé à Naples en 1813, a passé au Musée royal Bourbon.   I * ? l. p. 668.

2. TAURISCUS, ptr. Pline, I. 35, c. 40, *V.* vol. suiv. aux *Peintures* CAPANÉE.   ?

3. TAURISCUS, arch., construisit un pont sur l'Alphée à Mégalopolis en Arcadie. Bœckh, *C. Insc.*, t. 1, p. 710, N° 1537.   ?

* 4. TAURISCUS, gr. f. ???. Montagne et au-dessus le Soleil. Gori. *Mus. Flor.*, t. 2, pl. 14, N°. 1; Bracci, t. 2, p. 285.   ?

TECTÉE, stat., nommé IDECTÆE par Athénagore, *contrat Græc.*, p. 293. *Voyez* ANGELION.   VI b l. p. 605.

Siècles.

* TÉLAS, ???, *Voyez* GÉLAS.

1. TELÉCLÈS, stat., arch. de Samos. ATHÉNAG., *Leg.*,
p. 293; THIERSCH, *Ep.*, II, p. 34, 56; MUL., *Ægin.*,
p. 99; SILLIG. *V.* vol. suiv. aux *St.* APOLLON
PYTHIEN.

VII *b* ?
l. p. 496.

2. TÉLÉCLÈS de Samos le jeune, stat.

VII *d*
l. p. 496.

1. TÉLÉPHANE de Sicyone, ptr. PLINE, I. 3e, c. 5 ;
rien de cité.

IX *a* ?
l. p. 483.

2. TÉLÉPHANE, Phocéen, stat. *V.* vol. suiv. aux *St.*
APOLLON.

V *a*
l. p. 520.

TÉLÉSARCHIDES , sc. *V.* vol. suiv. aux *St.* MER-
CURE *TÉTRACÉPHALE* ou à quatre têtes.

?

TÉLÉSIAS d'Athènes, stat. *V.* vol. suiv. aux *St.* NEP-
TUNE ET AMPHITRITE.

?

TÉLESTAS, stat. *Voyez* ARISTON III.

?

TÉLOCHARÈS. *Voyez* LÉOCHARÈS.

?

TÉNICHUS ou TYNNICHUS, sc. ??. selon M. Welcker, *Syll.*, N° 182, ΤΗΝΙΧΟΣ (ou ΤΥΝΝΙΧΟΣ)
ΕΠΟΙΕΙ ΑΡΤΕΜΙΔΙ ΒΟΛΟΣΙΑΙ, inscr. trouvée,
d'après Procope, *B. Goth.*, IV, 22, sur un vaisseau en
pierre consacré en Eubée, par Agamemnon, à Diane
Bolosia, qui, sous ce titre, de même que sous celui
de *Lochia*, pouvait présider aux accouchements.
Voyez WELCK., *Ib.*, p. 158.

?

* 1. TEUCER, gr. f. ΤΕΥΚΡΟΥ (*sic*), tête d'Antinoüs. RASPE, N° 11,661. — ΤΕΥΚΡΟΥ, Faune tenant une couronne, corn., int., ov., 0,012m. sur
0,011m.; d'abord à Stosch, ensuite au grav. Le Guay,
et depuis au comte de Carlisle. WINCKELM., *Mon. in.*,
t. 1, *Tr. prél.*, p. 14; *C. Stosch.*, p. 240, N° 1494;
LIPP., I, p. 186, N° 470; DE MURR, p. 119. —
Guerrier assis, peut être Achille, présentant d'une main un casque, de l'autre
s'appuyant sur une lance; bouclier au
pied d'un tronc d'arbre, WINCKELM., *Mon.
in.*, p. 167, N° 126. — ΤΕΥΚΡΟΥ (*sic*), Hercule et
Iole : le héros nu, assis sur un rocher,
recouvert de la peau de lion, attire
à lui Iole nue; améth. int., ov., 0,026m. sur
0,018,5m. aetref. à l'abbé Andreini, auj. au gr.-duc

?

de Tosc. STOSCH, pl. 68; GORI, *Mus. Flor.*, t. 2, pl. 5; LIPP., I, p. 222, No 602; DENH, p. 70, No 103; WINCKELM., t. 1, p. 22; *H. A.*, l. 7, c. 1. § 42, t. 5, p. 126; *Art du dessin*, c. 4. § 149, v. 7, p. 209; *Mon. in.*, *Tr. prél.*, p. 86; BRACCI, pl. 112; RAPONI; pl. 3, No 9, sans nom; RASPE, No 6129. — Bonne copie de Burch, signée ΤΕΥΚΡΟΥ. Raspe, No 6131; — une autre par Brown, No 6132; — une autre avec le nom de CARPUS. MILLIN, *Gal. Myth.*, pl. 122, No 455; *Intr.*, p. 189. — Visconti, *Op. var.*, t. 2, p. 125, pense que *TEUCER* peut être antérieur à Auguste, et p. 227, que ce groupe d'Hercule et d'Iole peut donner l'idée de celui dont faisait partie le torse du Belvédère, idée suivie avec succès par l'habile statuaire Flaxmann dans une restitution de ce groupe. Lippert, I, p. 52, No 118, attribue à *TEUCER* une tête de Minerve, corn., in. — Tête de vieillard, améth., int., ov., 0,013m. sur 0,010m.; coll. de La Haye. DE THOMS, pl. 6, No 8; DE JONGE, p. 147, No 9. — (Le nom de TEUCER se trouve sur plusieurs pierres modernes, entre autres sur une mauvaise intaille représentant Hercule portant sur ses épaules une femme qui tient une couronne de fleurs. *Note de M. Dubois.*) — *Voyez* v. 1, P. 2, p. 666.

2. TEUCER cis. Pline, l. 33, c. 65, dit qu'il était *crustarius*, et l'on entendait par *crustæ* des ornements en or ou en argent qui s'appliquaient sur des vases de métal et s'ôtaient à volonté : le terrible amateur Verrès les recherchait avec soin.   I*a?

* TEUSIALÈS. *Voyez* ZEUXIADÈS.   ?

* THACÉTAS, gr. f. ??. THACETA, Hercule et Omphale, souf. de Stosch. RASPE, No 6145.

* THALAMUS (P. LUCRINIUS P. T.), sc. de vases, A. CORINTHIS *FABER*. Inscript. de la coll. du card. de Carpi. GRUT., p. 639, 8; MARINI, *Atti, etc.*, p. 712; ORELLI, No 4181.   ?

* THALACIO (C. JUNIUS), aff. de Mécènes, fd. et cis, de figurines, MAECENATIS *LIBERTO FLATVRARIO SIGILLARIARIO*. GRUT., p. 638, 6.   ?

THALÈS de Sicyone, ptr. DIOG.-L., 1, 38; rien de cité.   ?

*† THAMARIS pour THAMYRUS. DOLCE, DENH,

Préf., p. XIII; p. 40, N⁰. 89; BRACCI, t. 2, p. 284.

*1. THAMYRUS, gr. f. ΘΑΜΥΡΟΥ, S p h i n x ailé se gr'attant l'oreille avec sa patte gauche de derrière, corn., int., ov., 0,020^m. sur 0,015^m.; collect. imp. d'Autriche. STOSCH, pl. 69; il l'appelle THAMYRIS; ici le P est fait comme un Γ; LIPP., I, p. 311, N⁰ 924. — Dolce, *Coll. Denh*, p. 40, N⁰. 89, nomme ce graveur THAMARIS. — BRACCI, pl. 113; DE MURR, p. 120; MILLIN, *Intr.*, p. 168; RASPE, N⁰ 129, pl. 4; il écrit ΘΑΜΥΤΟΥ. — Visconti, *Op. var.*, t. 2, cite de la coll. de la Turbie un S p h i n x pareil à celui de *THAMYRUS* et sans nom: pages 117, et 255, il croit ce graveur assez ancien et antérieur à Alexandre-le-Grand. C'est aussi l'opinion de Millin, *Intr.*, p. 168, Stosch et de Murr le font contemporain et élève de Dioscourides, sans donner de bonnes raisons. M. de Kœhler, *Arch.*, p. 13, veut que ce graveur s'appelle THAMYRAS; cependant le nom de *THAMYRUS* se trouve dans des inscriptions. *Voyez* et DE MURR, p. 121, et R.-ROCH., *Lett. Sch.*, p. 53. — (G u e r r i e r casqué à côté d'un che-v a l, pierre moderne avec le nom de THAMYRIS; coll. du prince d'Isembourg. *Note de M. Dubois.*) — E n f a n t a s s i s, camée dont il y a plusieurs répé-titions, ce qui prouve la célébrité de l'original. CAY-LUS, I, pl. 45, N⁰. 2; ECKHEL, *Choix, etc.*, pl. 30; R.-ROCH., *Lett. Sch.*, p. 52.

*2. THAMYRUS (L. MAELIUS L. L.) *VASCU-LARIUS,* ? cis. Inscr. à Saint-Chrysogone à Rome; tirée de Mazochi par GRUTER, p. 643, N⁰. 4. DE MURR, p. 121.

THÉOCLÈS de Lacédémone, sc. *V.* vol. suiv. aux *St.* ATLAS soutenant le globe.

THÉOCOSME de Mégare, stat. *V.* vol. suiv. aux *St.* HERMON.

THÉOCIDÈS, arch. VITR., VII, *Præf.*, § 14.

1. THÉODORE de Samos l'ancien, stat., fils de Rhœcus et frère de Téléclès l'ancien. DIOD. DE SIC., I. 98; PLINE, l. 7, c. 57; l. 34, c. 19, 22; l. 35, c. 43; PAUS., *Arc.*, c. 14, 5; *Bœot.*, c. 41, 1; *Phoc.*, c. 28, 3; DIOG.-L., l. II, § 103; ATHÉNAG., *Legat.*, p. 292;

Hesych. miles.; Thiersch, *Ep.*, II, p. 34; Mul., *Ægin.*, p. 99; Sillig. *V.* vol. suiv. aux *St.* THÉODORE de Samos; son portrait.

2. THÉODORE de Samos le jeune, fils de Téléclès le jeune; cis. en arg. Hérod., III, 51; Paus., *Arc.*, 14, 5; *Phoc.*, c. 38, 3; Athén., XI, p. 514, sur l'anneau de Polycrate; Lessing, *Epist. antiq.*, t. 1, p. 156; Millin, *Intr.*, p. 167; de Murr, p. 121; Thiersch, *Ep.*, II, *adnot.*, p. 57; Sillig. *Mélanges d'antiq. du* Cte. de Clarac, p. 25 et suiv. — **VII** *d* t. p. 502.

3. THÉODORE, ptr. Il se pourrait que ce fût un de ceux que cite Diogène-Laërce. Pline, l. 35, c. 40, 40. *V.* vol. suiv. aux *Peint.* ATHLÈTE se frottant. — **III** *a* t. p. 997.

4. THÉODORE, ptr., élève de Nicosthène. Pline, l. 35, c. 40, 42; rien de cité. — ?

5. THÉODORE Phocéen, arch. Il écrivit sur le *tholus*, partie du temple de Delphes. Vitr., VII, *Præf.*, § 12. — ?

6. THÉODORE de Thèbes, stat. Diog.-L., *Aristip. fin.* — ?

7. THÉODORE, ptr. cité par Polémon, dans Diogène-Laerce article d'*Aristippe*. — ?

8. THÉODORE d'Athènes, ptr. cité par Ménodote. Diog.-L., *Id.* — ?

9. THÉODORE d'Ephèse, ptr. cité par Théophane, dans son ouvrage sur la peinture ou le dessin. Diog.-L., *Ibid.* — ?

10. THÉODORE, fils de Porus d'Argos. sc., avait fait une statue de Nicis, fille d'Andronidas, consacrée à Cérés (ΔΑΜΑΤΡΙ), à Clymenus (dieu infernal), et à Proserpine (ΚΟΡΑΙ), pour la ville d'Hermione, en Argolide. La fin de l'inscription porte : ΘΕΟΔΩΡΟΣ ΠΟΡΟΥ ΑΡΓΕΙΟΣ ΕΠΟΙΗΣΕ. Bœckh. *C. inscr.*, t. 1, N° 1197. *V.* vol. suiv. aux *St.* NICIS, fille d'Andronidas. — ?

11. THÉODORE le Silentiaire, ing. arch., ?. sous Justinien. — **VI** * t. p. 841.

THÉODOTE. *Voy.* Letronne, *Lettres, etc.*, p. 469, 565, 571, pour THÉOMNESTE et THÉON de Samos.

1. THÉOMNESTE de Sardes. stat. *V.* vol. suiv. aux *St.* AGÉLAS. — ?

	Siècles.
2. THÉOMNESTE, ptr. *V*. vol. suiv. aux *Peint.* HÉ-ROS peints.	VI *c* I, p. 578.
THÉON de Samos, ptr. *V*. vol. suiv. aux *Peint.* CLY-TEMNESTRE.	VI *c* I, p. 571.
THÉOPHILUS, cis. en fer, fit un casque magnifique pour Alexandre-le-Grand. PLUT., *Al. Mag.*, § 32 ; R.-ROCH., *Lett. Sch.*, p. 90, N°. 84.	IV
THÉOPROPUS d'Egine, stat. *V*. vol. suiv. aux *St.* BŒUF en bronze.	V
THÉRICLÈS de Corinthe, habile potier en terre, en bois et en or ; il vivait du temps d'Aristophane. BEN-TLEY, *Opusc. philol.*, p. II et 216 ; SILLIG.	IV *da* I, p. 506.
THÉRIMAQUE, stat., ptr. avec ÉCHION. PLINE, l. 34, c. 19, *init.;* l. 35, c. 36, 9.	IV *c* I, p. 567.
THÉRON de Béotie, stat. *V*. vol. suiv. aux *St.* BAC-CHUS à Thespies.	?
1. THRASON, stat. *V*. vol. suiv. aux *St.* ATHLÈTES et HÉCATÉSIUS.	?
*2. THRASON de Pellène, sc. Il en est question dans une inscr. grecque venant de Buthrote en Epire, et faisant partie du Musée Nani à Venise. Ce *THRASON* était probablement du temps de Trajan ou d'Adrien. BŒCKH, *C. Inscr.*, t. 2, p. 9, N°. 1823.	II *
* THRASYLLUS, gr.f.???. De Thoms, pl. 6, N°. 5, restitue ainsi les lettres ΛΛΟΥ, qui se prêteraient tout aussi bien au nom d'*HYLLUS*. — Minerve assise tenant un masque, pâte, fragm., int.; partie supérieure restant 0,015m. sur 0,013m.	
THRASYMÈDES de Paros, stat., fils d'Arignotus. *V*. vol. suiv. aux. *St.* ESCULAPE en or et ivoire à Epidaure.	?
THYLACUS, stat., frère d'Onæthus. PAUS., *El.*, 2, c. 23, 4.	?
THYMILUS, sc. *V*. vol. suiv. aux *St.* BACCHUS et CUPIDON.	?
* THYOSUS, gr.f. ??. ΘΥΟϹΟ, autel de Jupiter surmonté d'un aigle, pâte, int. ov., 0,012m. sur 0,010m. DE THOMS, pl. 6, N°. 2.	

	Siècles.
TICHICUS, arch. ?. DONATI, *Inscr.*, *Supplem.*, p. 2o3, 2 ; BRACCI, t. 2, p. 274.	I *
TIMÆNÈTE, ptr. *V.* vol. suiv. aux *Peint.* LUTTEUR.	?
TIMAGORAS de Chalcis, ptr. PLINE, l. 35, c. 35, 35.	**V** *c* I, p. 53r.
1. TIMANTHE de Cythnos, ptr. *V.* vol. suiv. aux *Peint.* AJAX ET ULYSSE.	**V** *d* I, p. 542.
2. TIMANTHE, ptr. *V.* vol. suiv. aux *Peint.* PEL-LÈNE (Combat de).	III *c* I, p. 959.
TIMARCHIDE d'Athènes, stat. et sc. *V.* vol. suiv. aux *St.* APOLLON *CITHARÈDE*.	II *b* I, p. 610 et 247.
TIMARÈTE, ptr., fille de Micon le jeune. *V.* vol. suiv. aux *Peint.* DIANE.	?
TIMARQUE, stat., fils de Praxitèle. PLINE, l. 34, c. 19, *init.*	**IV** *d* I, p. 58r.
TIMOCLÈS, stat. Travailla avec Timarchide. PLINE, l. 34, c. 19, 34.	II *b* I, p. 610.
TIMOCRATES. *Voyez* DINOCRATES.	
TIMOMAQUE de Byzance, ptr. PLINE, l. 7, c. 39; l. 35, c. 40, 30, 41 ; PHILOSTR., *Apoll. tyan.*, II, 10 ; OVID., *Trist.*, II, 525; *Append. Anthol. Pal*, t. 2, p. 648, 664, 667 ; AUSON., *Epig.*, 22 ; HEYN., *Prisc. art. opp. ex epigg.*, etc., p. 114; SILLIG. *V.* vol. suiv. aux *Peint.* AJAX.	I I, p. 63r.
TIMON, stat. *V.* vol. suiv. aux *St.* ATHLÈTES.	?
TIMOTHÉE, sc. et ? stat. *Voyez* vol. suiv. aux *St.* ATHLÈTES ET DIANE.	**IV** *c* I, p. 573 et 660.
..ΤΙΟΧΟΣ. *Voyez* ANTIOCHUS au *Supplément.*	
TISAGORAS, stat. en fer. *V.* vol. suiv. aux *St.* HER-CULE combattant l'hydre.	?
TISANDRE, stat. PAUS., *Phoc.*, c. 9, 4.	**IV** *d* I, p. 542.
TISIAS, stat. *V.* vol. suiv. aux *St.* ATHLÈTES.	?
1. TISICRATE de Sicyone, élève de Xénocrate ou d'Eu-thycrate fils de Lysippe; stat. *V.* vol. suiv. aux *St.* BIGE.	**IV** *d* I, p. 595.
* 2. TISICRATE, sc. Sur un marbre découvert près d'Albano : ΤΕΙΣΙΚΡΑΤΗΣ ΕΠΟΙΕΙ. VISC., *Op. var*, t. 2, p. 82.	?

Siècles.

* **1. TITIUS**, sc. Son nom s'est trouvé sur la base d'un groupe, d'un guerrier armé et d'une femme vêtue à la romaine, TITIVS FECIT. BOISSARD, *Antiq. et Inscr.*, part. III, fig. 132; BRACCI, t. 2, p. 274. — ?

* **2. TITIUS GEMELLUS**, sc., fit son propre buste. OSANN, *Syll.*, p. 404. — ?

TITYRUS. *Voyez* TYIRUS.

1. TLÉPOLÈME de Cybire en Phrygie, ptr., frère de Hiéron; modeleur en cire, aidait Verrès dans ses dilapidations en Sicile. CICER., *Verr.*, 4, 13. — I *b* — I, p. 625.

* **2. TLÉPOLÈME**, ptr. de vases. ΤΛΕΝΠΟΛΕΜΟΣ ΜΕ ΠΟΙΕΣΕΝ. *Col. Can.*, Nº. 149. — On le trouve aussi écrit (Τ) ΛΕΝΠΟΝΕΜΟΣ : ΜΕΠΟΙΕΣΕΝ et ΤΛΕΝΠΟΝΕΜΕ : CNΥΝΥΟΝ. Ces derniers mots altérés et inintelligibles sont dus à l'impéritie du peintre de lettres. GERH., *C. A.*, t. 3, p. 172, Nº. 661, *a*, 178, 693. — TLÉPOLÈME et TACONIDES, ΤΛΕΝΠΟΛΕΜΟ ΕΠ, ΤΑΚΟΝΙΔΕϞ ΕΛΡ, *TLÉPOLÈME a fait* le vase, *TACONIDES l'a peint*, sur un vase de Vulci de la coll. Candelori. GERH., *C. A.*, t. 3, p. 178, Nº. 693; p. 180, Nº. 729. — ?

* **TLÉSON**, fils de Néarque, ptr. de vases. *P. de Can.*, 1re. cent., Nºs. 8, 45. L'inscr. porte dans le catalogue : ΤΛΕϞΟΝ ΚΟ ΝΕΑΡΧΟ ΕΠΟΙΕϞΕΝ, mais il paraît que ce doit être ΤⱢΕϞΟΝ ΗΟΝΕΑΡΧΟ, etc. Il se trouve deux fois sur des vases de la même collection, deux fois dans celle du marquis Feoli. GERH., *C. A.*, t. 3, p. 178, Nº. 694, et deux fois encore sur une patère de ce peintre (coll. Durand), peut-être de la même époque que nos inscriptions athéniennes du Musée Royal, Nºs. 222 et 222 *bis* (457 av. J.-C.), où la seconde, avec la même écriture que celle du vase, offre, col. 1, lig. 43, le nom de ΤⱢΕϞΟΝΙΔΕΣ. — ?

* **1. TRAVIUS (T.)** *ARGENTILLUS AURIFEX* Ce surnom d'*Argentillus* venait sans doute de son état et de son habileté à manier l'argent. — ?

* **2. TRAVIUS ACUTUS**, affr. du précédent, *AURIFEX*. Inscr. trouvée à Ameria, en Espagne, près de Saint-Roch. GRUT., 1117, 1. — L'un et l'autre omis par M. Raoul-Rochette. — ?

* TROPHON. *Voyez* GROPHON et ECPHANTUS.

TROPHONIUS. *Voyez* AGAMÈDE.

* TRYPHON, ΤΡΥΦΩΝ ΕΠΟΙΕΙ, noces de Cupidon et de Psyché enfants, voilés, tenant une colombe, conduits par deux
Amours et l'Hymen portant une torche,
cam., sard. à deux couches, le fond noir, les figures
couleur de chair pâle, ov., 0,044^m. sur 0,036^m.;
d'abord coll. Arundel, depuis au D. de Marlborough,
t. 1, p. 50. STOSCH, pl. 80; SPON, *Rech.*, p. 87,
N°. 3, avec une mauvaise gravure, de même que dans
MONF., *A. E.*, t. 1, pl. 121, N°. 1; WINCKELM.,
H. A., l. 8, c. 2, § 27, v. 5, p. 257; il fait remarquer
que *TRYPHON* a donné à l'Amour un air plus enfantin
et des ailes plus courtes que l'ancien graveur PHRY-
GILLUS; BRACCI, pl. 114; DE MURR, pl. 122;
VISC., *Op. var.*, t. 2, p. 192; MILLIN, *Gal. Myth.*,
pl. 41, N°. 198; *Intr.*, p. 171; RASPE, N°. 7199,
pl. 42. — .... ΦΩΝΟC, même sujet, moins bien
que le précédent, paraît une copie. VISC., *loc. cit.*;
corn., int., coll. du roi de Naples. — ΤΡΥΦΩΝ,
Amour sur un lion, corn., int., belle gravure;
coll. de La Haye. DE JONGE, p. 148, N°. 16; RASPE,
N°. 6686. — ΤΡΥΦΩΝ ΕΠΟΙΕΙ, pompe triom-
phale, jaspe, int. RASPE, N°. 15,544.— ΤΡΥΦΩΝ,
combat de Diomède et d'Enée, séparés
par Apollon, corn., int. CAYLUS, *Rec.*, t. 1,
p. 53, N°. 3; coll. de La Haye. DE JONGE, p. 151,
N°. 12. — M. R.-Rochette, *Lett. Sch.*, p. 53, N°. 67,
dans son article sur *TRYPHON*, où il reproche des omis-
sions à M. Sillig, aurait peut-être pu dire un mot de
cette pierre. — D'après une épigr. de l'*Anthol. gr.*,
Brunck, *Anal.*, II, 242, indiquée par Visconti,
Op. var., t. 2, p. 119, et qui parle d'une figure de la
nymphe *Galène*, gravée sur un béril oriental par
TRYPHON, il paraît qu'on peut le placer avec Addée,
auteur de l'épigramme, sous les rois macédoniens
successeurs d'Alexandre.

* TUDICELLIUS. *Voyez* RUSTICELLIUS.

TURIANUS de Frégelles, ou plutôt *Fregenæ*, en Etrurie; *Fregellæ* était chez les Volsques près du Liris,
le Garigliano; plast. *V.* vol. suiv. aux *St.* JUPITER
en terre cuite.

?

VI *a*
I, p. 499. e

Siècles.

TURNUS, stat. *V.* vol. suiv. aux *St.* LAÏS. — ? IV

TURPILIUS, venete italien, ptr. PLINE, l. 35, c. 7. — I* *c* / I, p. 699.

1. TYCHIUS, ouvrier en métaux cité avec ICMALIUS par Homère. ??? — ? / I, p. 477.

* 2. TYCHIUS, ptr. de vases. ΤΥΧΙΟΣ. GERH., *C. A.*, t. 3, p. 178, N°. 701. — ?

* TYIRIUS (L.) ou plutôt avec Hagenbuch TITY-RUS *FLATURARIUS DE SACRA VIA.* MURATORI, 983, 5; ORELLI, N°. 4193. — ?

V.

VALENTINIEN. Cet empereur, selon Ammien Marcellin, prenait grand plaisir à peindre. AMM., XXXI, 9, 4; AUR. VICT., *Epit.*, c. 45; R.-ROCH., *Journ. des Sav.*, mars 1842, p. 166. *Voyez* HELIOGABALE, ALEXANDRE-SÉVÈRE.

VALERIUS d'Ostie, arch. PLINE, l. 36, c. 24, 1. — I *c*

* VARRIUS (K. ÆMILIUS), de la tribu Quirina, arch. militaire. K. AEMILIVS K. F. QVIRINA VARRIVS ARCHITECTVS EXERCIT., etc. DONATI, *Inscr.*, *Suppl.*, I, p. 38, I; BRACCI, t. 2, p. 75. — ?

* VITALIS (TIB. CLAUDIUS), arch. Inscr. de la coll. du card. de Carpi sur une urne de marbre de Carrare. GRUT., p. 623, 1; MONTF., *Antiq.*, t. 5, p. 95, pl. 87; ALD. MAN., *Orthogr. rat.*, p. 535; BRACCI, t. 2, p. 275. — ?

* VITELLIANUS (SEX. VEIANUS), de la tribu Quirina, arch. DONI, *Inscr. antiq.*, p. 317, 6; BRACCI, t. 2, p. 275. — ?

1. VITRUVIUS (MARC. V. POLLIO), arch. — I *cd*

* 2. VITRUVIUS (LUCIUS V. CERDO), affr. arch. Inscr. trouvée sur l'arc des Gavil à Vérone. MAFFEI, *Ars. crit. L.*, p. 197; GRUT., *Inscr.*, p. 86, 4; ORELLI, N°. 4145. — I *

* VOLACINUS, arch. MURAT., *Nov. Thes.*, 2, 976, 4; BRACCI, t. 2, p. 275. — ?

	Siècles.

VOLSIUS, ptr. ou plast. Tite-Live, l. 3, c. 13;
BRACCI, t. 2, p. 275.   **?**

VOSPORUS, arch. Euseb., *Prep. ev.*, l. 10, c. 25;
BRACCI ??. Peut-être est-ce le même que **PHOS-
PHORUS.**

X.

* XA ou ΞA. *Voyez* SO ou ΣΩ.

1. XÉNOCLÈS Athénien du dême de Cholarge, arch., travailla au temple de Cérès à Athènes. PLUT., *Pericl.*, 13.   **Vc**

* 2. XÉNOCLÈS, ptr. de vases ΚϟΕΝΟΚΛΕϟ ΕΠΟΙΕϟΕ
sur une patère de la coll. Durand, avec trois sujets
homériques.   **?**

XÉNOCRATES, stat., élève d'Euthycrate ou de Tisicrate. PLINE, l. 34, c. 19, 23. Quoiqu'il eût beaucoup
travaillé on ne cite rien de lui.   **III *b***
I, p. 591.

XÉNOCRITE, sc., travailla avec Eubius.   **?**

XÉNON de Sicyone, élève de Néoclès; ptr. PLINE,
l. 35, c. 40, 42; rien de cité.   **?**

XÉNOPHANTE, stat., fils de Charès. BŒCKH, *C. Inscr.*,
t. 1, N°. 336.   **II* *b***
I, p. 711.

XÉNOPHILE, sc. *Voyez* STRATON.   **?**

1. XÉNOPHON d'Athènes, stat. *V.* vol. suiv. aux *St.*
FORTUNE (LA) tenant Plutus entre ses bras.   **IV *b***
I, p. 558.

2. XÉNOPHON de Paros, stat. DIOG.-L., 11, 59; rien
de cité.   **?**

* XIPHIAS, gr.f. ???. L'emper. Constance à
la chasse d'un sanglier; coll. Rinuccini à
Florence. OBERLIN, *Mag. encycl.*, 1796, t. 3, p. 375.
— Millin croit que *XIPHIAS* est le nom du sanglier,
dont les défenses étaient comme des épées, Ξίφοι ??.   **IV ***

Z.

* ZÉNAS, sc. ??, fils d'un Alexandre. ΖΗΝΑΣ ΑΛΕΞΑΝ-
ΔΡΟΥ ΕΠΟΙΕΙ sur un beau buste du Musée de la
coll. Albani, et ΖΕΝΑΣ Β ΕΠΟΙΕΙ sur un autre de   **?**

	Siècles.

la même coll. STOSCH, *Pref.*, p. XIII, que ne cite pas M. Raoul-Rochette, *Lett. Sch.*, p. 91, N°. 88, qui n'allègue que Bracci ; celui-ci, t. 2, p. 269, dit que Dati, *Vitte de Pitt.*, p. 118, a lu ΛΙΝΑΞ, mais lui dit avoir lu ΖΗΝΑΣ. Il reste toujours des doutes sur ce double nom donné au même sculpteur, et ainsi que le fait observer avec raison M. Raoul-Rochette, M. Sillig n'aurait pas dû en faire deux artistes.

ZÉNODORE, stat. PLINE, l. 7, c. 18. *V.* vol. suiv. aux *St.* MERCURE colossal. — I* *bc* / I, p. 660.

* ZÉNON d'Aphrodisias, sc., fils d'Attinès. ΖΗΝΩΝ ΑΤΤΙΝ.. ΑΦΡΟΔΙΣΙΕΥΣ ΕΠΟΙΕΙ, écrit sur la bordure d'un vêtement d'une statue sénatoriale assise de la villa Ludovisi. WINCKELM., *H. A.*, t. 6, P. 1, p. 278 ; P. 2, p. 341 ; t. 7, p. 237, et les notes de MEYER et de SCHUTZE ; BRACCI, t. 1, p. 275. — Visconti, *Op. var.*, t. 1, p. 93, a le premier bien expliqué ce monument.— ΖΗΝΩΝ ΑΦΡΟΔΕΙϹΙϹϹ ΕΠΟΙΕΙ sur une base de statue trouvée à Syracuse. GUALTIERI, N°. 108 ; TORREMUZZA, cl. VII, N°. 15, p. 69 ; R. ROCH., *Lett. Sch.*, p. 91, N°. 89. — I* / I, p. 700.

1. ZEUXIADÈS, stat., élève de Silanion. D'un passage fautif de quelques Mss. de Pline, l. 34, c. 19, *init.*, on avait fait de ce nom deux statuaires, ZEUXIS et IADÈS : M. Sillig a rétabli la vraie leçon. — IV *d* / I, p. 578.

* 2. ZEUXIADÈS, sc. Ce nom inscrit sur la base d'un hermès sans tête de l'orateur Hypérides de la villa Massimi, avait été lu TEUSIALÈS ; mais Visconti, *Icon. gr.*, t. 1, p. 272, pense que ce doit être ZEUXIADÈS. *Voyez* SPON, *Misc.*, etc., p. 137. — IV *b*

* 3. ZEUXIADÈS, peintre de vases. ΖΛSΙΑΔΕS, ? pour ΖΕΥSΙΑΔΕS ΕΛΡΑΦSΕ, sur un vase du *P. de Can.*; R.-ROCH., 7e. *Bullet. Férussac*, 1831, p. 158. — ?

1. ZEUXIPPE d'Héraclée, ptr. PLAT., *Protagor.*, p. 318 ; BŒCKH, *C. Inscr.*, t. 1, p. 603, N°. 1229 ; rien de cité. — IV *a*

2. ZEUXIPPE, fils de Philéas. *Voyez* PHILÉAS.

1. ZEUXIS d'Héraclée dans la grande Grèce, ptr., plast. On est surpris de ne voir citer que si peu d'ouvrages de ce grand peintre, l'émule de Parrhasius, et qui avait tant travaillé. Pline est celui qui en parle le plus, — V *da* / I, p. 529, 536, 542 et 544.

l. 35, c. 9, 36. Il y en a quelques mots dans LUCIEN, *Zeux.*, t. 4, p. 128; *Timon*, éd. d'Hemsterh., p. 128; PLUT., *Péricl.*, 13; ÆLIEN, *V. H.*, II, 2; IV, 2; et il doit paraître assez extraordinaire que Pausanias ne dise pas un mot de ce grand peintre. *V.* vol. suiv. aux *Peint.* ALCMÈNE.

* 2. ZEUXIS, affr. de Livie, *aurifex*, cis. GORI, *Columb.*, p. 150, N°. 114. — Omis par M. Raoul-Rochette.

3. ZEUXIS. *Voyez* ZEUXIADÈS.

ZMILUS. *Voyez* SMILIS et EMILUS.

ZMARAGDUS (C. FUFIUS) *MARGARITARIUS.*   ?
Peut-être n'était-il que marchand de perles, joaillier ou sertisseur et metteur en œuvre. REINES., cl. XI, 110. Il se pourrait que l'état de *C. FUFIUS*, affranchi de la famille consulaire FUFIA, lui eût fait donner le surnom de *Smaragdus*, l'émeraude, ainsi que l'on a vu sous Laurent de Médicis l'habile graveur Giovanni, surnommé *delle Carnivole*, des cornioles ou cornalines, parce que pour ses beaux ouvrages il affectionnait ce genre de pierres. On trouve cependant d'autres personnages du nom de *Smaragdus* qui n'étaient pas *margaritarii*. GRUT., p. 576, 5; 851, 9; 1117, 10; 1149, 7. — *Smaragdia*, inscr. du temps de Trajan. ORELLI, 1595. — Le *Z* à la place de *S*, *Zmaragdus* pour *Smaragdus*, se retrouve dans *Lezbius* pour *Lesbius*. GORI, *Columb.*, p. 166, N°s. 138, 140; *Zmyrna* pour *Smyrna*, ID., p. 164, N°. 134.

D'après l'étymologie que l'on peut trouver à plusieurs noms d'artistes de diverses époques, on voit que ce n'est pas seulement aux premiers temps qu'ils prirent ou qu'on leur donna des noms fictifs qui rappelaient la profession qu'ils exerçaient et le talent ou l'adresse qu'ils y développaient. N'étant d'abord que de simples épithètes, des signes de reconnaissance ou des sobriquets, ce qu'on appelle des noms de guerre ou d'ateliers, ils finirent par devenir des noms de famille ou des surnoms qui se maintinrent dans quelques-unes de leurs branches. Ainsi se propagea dans l'illustre famille romaine consulaire FABIA le surnom de *Pictor* (peintre), et dans la MARCIA celui de *Figulus*, le modeleur en argile, le plasticien; et ces surnoms furent portés par des personnages de ces familles qui n'étaient ni peintres, ni modeleurs ou potiers. C'est ce qui est arrivé de même chez les modernes, où dans tant de familles des surnoms qui en distinguaient les membres par leurs professions ou souvent par leurs défauts, se sont établis, perpétués, et ont fait perdre de vue les noms que l'on avait d'abord portés. C'est ainsi que l'on s'égare à travers tous ces noms de terres ou de propriétés affublés d'une particule et qui ont fait disparaître les vrais noms de leurs possesseurs. Outre les noms d'artistes très-anciens de notre Liste, tels que ceux d'Euchir, d'Eumare, d'Eugrammus, d'Eupalamus, de Dédale même (*voyez* t. 1, p. 469, 472, 473, 484, 485), qui tous indiquent l'heureuse adresse de la main, nous en trouvons plusieurs du même genre ou qui se rapportent à la nature spéciale du travail et qui appartiennent à des temps beaucoup moins éloignés. Le ciseleur en vases CAIUS FICTORIUS dut sans doute ce surnom à son talent de modeler (*fingere*), auquel on dut les *fictores*, les *figuli*, ouvriers habiles à manier l'argile. On ne saurait guère se refuser à trouver le ciselet, le burin, le *cœlus*, le *cœlum*, dans le nom du ciseleur CAIUS CÆLIUS ISMENIAS, comme le ciseau, la *smilé*, dans celui de l'un des plus anciens sculpteurs grecs, SMILIS, qui exerça son talent sur le bois pour en façonner les premières statues ou les plus anciens simulacres des dieux, les *xoana*, ξόανα (*voyez* t. 1, p. 472, 473). — L'orfèvre JUCUNDUS a dû être surnommé CÆDICIUS en raison des procédés de sa profession, où il avait à frapper, à retreindre au marteau, à tailler (*cædere*) le métal qu'il forçait, par le retreint, à revêtir toutes les formes que lui inspirait son talent. — Nous avons déjà fait remarquer que TRAVIUS ARGENTILLUS, ciseleur sur argent, avait certainement été ainsi surnommé à cause de l'adresse avec laquelle il travaillait l'argent. Mais à présent j'irai plus loin, quoique ce soit un peu hasardé et que je ne donne cette idée que comme une simple conjecture sans conséquence. Ne se pourrait-il pas que le TITUS qui transmit ses deux noms à son affranchi eût reçu celui de TRAVIUS, comme tireur d'or et d'argent? Je sais bien que les inscriptions ne nous donnent pas ce mot pour indiquer des ouvriers de ce genre, mais on n'ignore pas que les Romains, à l'exemple des Egyptiens et des Orientaux, faisaient grand usage de fils d'or et d'argent dans le tissu de certaines riches étoffes, surtout dans celles à larges raies, destinées au riche costume des statues des dieux et des empereurs. Les robes de cette espèce d'étoffe se nommaient *trabeatæ* et donnèrent leur nom à la *comédie trabeata*, ce que nous appelons la haute comédie. Aux époques des empereurs romains, où les étoffes, tissues d'or, d'argent, de pourpre, de soie, faisaient partie du plus grand luxe, du luxe des temples, des triomphateurs et des Césars, on dut distinguer les ouvriers qui mettaient le plus d'adresse à tirer les fils d'or et d'argent les plus fins et les plus beaux pour ces larges raies, que l'on comparait à des peintres et dont on leur donnait le nom, *trabes*. Serait-il très-étonnant que l'adresse de ce TITUS eût mérité qu'au surnom d'ARGENTILLUS on eût ajouté celui de *Travius* ou de *Trabius* ? Et je ne pense pas que s'il n'y a pas d'autres difficultés, qu'on voulût me chercher querelle pour le B changé en V, ce qui est si commun, qu'il serait superflu de s'en occuper. Mais quittons Travius pour passer à CAIUS LÆCANUS, qu'une inscription de Cumes nous apprend avoir été peut-être ciseleur en argent d'un des césars : si je dis *peut-être*, c'est qu'il ne m'est pas parfaitement prouvé que l'*argentarius* fût, du moins toujours, un ciseleur sur argent, et il se pourrait très-bien que Læcanus fût l'argentier de la maison d'un César et qu'il fût chargé de sa vaisselle d'argent. Mais peu importe qu'il fût ciseleur ou gardien de la vaisselle plate : son nom de LÆCANUS peut venir de la *læcané*, sorte de vase ou de grand plat qui devait être en grand nombre dans la maison d'un césar, et que cet affranchi pouvait fabriquer ou qu'il avait sous sa garde. N'est-il pas à présumer aussi, sans trop de hardiesse, que Lucius Junius POCULENIUS *vascularius argentarius* avait mérité son nom par les beaux vases à boire (*pocula*) qui sortaient de ses adroites mains ? Si nous nous élevons au-dessus des artistes, en entendant ce mot dans le sens que donnaient les anciens à leur mot *artifex*, qui souvent signifiait ouvriers, artisans, nous trouvons un architecte dont le nom, TICHICUS ou TEICHICUS rappelle sa belle profession, l'art d'élever des édifices, des murs, *teichoï* chez les Grecs.

* 1. ZOÏLUS, gr. mon. ΖΩΙΛΟΥ sur des méd. de Persée, dernier roi de Macédoine. R.-ROCH., *Lett. au D. de Luynes*, p. 46.

* 2. ZOÏLUS ?, fabricant de vases de Corinthe. *Voyez* CALLITYCHE.

ZOPYRUS, cis. en arg. *V.* vol. suiv. aux *St.* ARÉOPAGITES.

*** ZOZIME (M CANULEIUS)**, affr., cis. en or et en arg., curieuse inscript. trouvée près de Saint-Jean-de-Latran. GRUT., *Inscr.*, p. 639, 12.

Siècles.
?

On fait un grand éloge de cet artiste, que Visconti, *Op. var.*, t. 2, p. 127, place dans les temps de la décadence de l'art, et qui mourut à vingt-huit ans. Il montra la plus grande probité dans le maniement des masses considérables d'or et d'argent qui lui furent confiées. On apprend qu'il surpassa tous les autres artistes dans la ciselure *clodienne : hic arte in cælatura clodiana evicit omnes.* Qu'était cette ciselure *clodienne?* Venait-elle de quelque *Clodius* qui l'avait portée à une grande perfection? ou entendait-on par là les ateliers dirigés par un *Clodius* qui s'y était distingué et avait fait faire des progrès à son art? M. Raoul-Rochette, *Lett. Sch.*, p. 53, est porté à croire que ce ZOZIME était aussi graveur en pierres fines, et que de lui pouvaient être des camées connus au dix-septième siècle et qui portaient ce nom. *Voy.* FULV. URS., *Im.*, p. 52; LESSING, *Kollcht.*, I, p. 279. Il paraîtrait cependant, d'après l'inscription, que c'était par ses ouvrages en or et en argent que ZOZIME s'était fait une grande réputation. Il me semble que M. Raoul-Rochette établit peut-être une trop grande affinité entre la gravure sur pierres fines et la ciselure. Leurs procédés sont tout-à-fait différents. Le ciseleur enlève le métal avec le burin et le ciselet qu'il tient à la main, tandis que le graveur présente sa pierre à la bouterolle qui l'use peu à peu. Ce travail est beaucoup plus difficile que l'autre. Aussi y a-t-il beaucoup plus de ciseleurs que de graveurs sur pierres fines. Il est vrai aussi que chez les anciens il pouvait en être autrement, et qu'il y a même de très-belles médailles où l'on croit reconnaître le travail simultané du burin, du touret et de la bouterolle. Cette réunion des diverses manières d'opérer de deux arts qui se touchent sans se confondre pouvait donner beaucoup de moelleux à la gravure des médailles. Je croirais aussi volontiers, ainsi que je l'ai indiqué ailleurs, que les anciens ont pu employer en grand le procédé du touret et de la bouterolle dans toutes les formes dont elle est susceptible, et l'avoir adapté au travail de grandes masses de pierres très-dures, telles que le porphyre, les serpentins ou les ophites, et les divers granits dont ils nous ont laissé des ouvrages traités avec tant de délicatesse, et où ces pierres, qui offrent tant de résistance à l'outil, paraissent plutôt pétries et maniées comme de l'argile que taillées à la pointe d'acier et au ciseau. Mais le touret et la bouterolle se seraient alors employés d'une manière entièrement opposée à celle dont, pour la gravure sur pierres fines, la glyptique les mettait en œuvre. Au lieu d'être stable, le tour aurait pu se porter, et, pour ainsi dire, se promener sur toutes les parties du pourtour de la pièce soumise à son action. Au moyen d'instruments ou de bouterolles en fer, en cuivre, en plomb, chargées d'émeril, de poudre d'obsidienne, de cristal de roche ou d'autres substances d'une dureté supérieure à celle du porphyre et d'autres pierres de ce genre, mais faciles à réduire en poudre plus ou moins fine par la percussion dans des mortiers adaptés à cet usage, on aurait pu multiplier assez aisément les trous ronds et les cavités de diverses formes dans les objets que l'on voulait sculpter ou modeler dans ces matières si réfractaires. Il serait facile de combiner, par des mécanismes assez simples, ces tours portatifs de manière à leur donner une toute autre activité et une puissance bien plus grande et plus continue que celle que la main peut imprimer au trépan et à la drille. Ces tours pourraient être manœuvrés de telle façon que non-seulement ils serviraient à creuser et à dégrossir les cavités et les superficies des plis, des étoffes et des détails d'ornements, mais qu'ils pourraient en parcourir toutes les parties et y avancer considérablement le travail, s'ils ne le terminaient pas. Bien dirigés on en tirerait un grand parti comme économie de temps, de peine et de main-d'œuvre, et pour donner plus de perfection à l'ouvrage. Il est bien entendu que je ne cherche pas à établir ici que nous ferions bien de nous exercer à exécuter facilement des statues de porphyre : Dieu m'en préserve ; et il n'est ici question que de sculpture monumentale et de celle qui appartient plus au luxe et à la partie décorative qu'à l'imitation des belles formes humaines. Une manière mécanique de faciliter et d'abréger le travail serait très-avantageuse, et il me semble qu'on en trouverait aisément les idées et les combinaisons d'après le mécanisme si ingénieux et susceptible de tant de modifications de l'instrument nommé *support à chariot*, qui produit sur le tour anglais des dessins si variés et auxquels on est loin de s'attendre. Je ne doute nullement que l'on ne pût très-utilement employer une mécanique de ce genre, qu'on pourrait diriger dans tous les sens pour travailler, par un mouvement vif et continu, et dompter, pour ainsi dire, le porphyre et d'autres pierres de cette nature.

Lorsqu'on examine avec attention certaines pierres gravées antiques qui offrent des masses considérables, telles que le vase dit de Ptolémée, de la Bibliothèque Royale (*voy. Mus. de Sculpt. ant. et mod.*, t. 2, p. 415-421), l'agate de la Sainte-Chapelle, de la même collection, les grands camées de celle de l'empereur, à Vienne, et plusieurs autres, si l'on veut se rendre compte du travail qu'ils ont exigé, on reste, je crois, convaincu qu'il est impossible qu'on n'y ait employé que les ressources ordinaires du touret et des bouterolles. Comment aurait-on pu leur présenter et soumettre à leur action dans toutes les parties des pierres très-dures et dont le poids, par leur volume, les rendait fatigantes et très-difficiles à manier et à faire mouvoir dans tous les sens?

Qu'on examine avec soin les détails prodigieux du vase de Ptolémée, on sera étonné, et je dirais presque effrayé, de leur délicatesse et de leur multiplicité. Toutes les parties en sont refouillées à une grande profondeur et souvent presque détachées du fond. Il y a même de petits vases, des coupes, des masques creusés fort avant, et ces petits vases ont non-seulement des anses légères, mais très-ornées. Ce n'est pas tout : les orles de ces vases sont bordées quelquefois de rangs de perles d'une extrême finesse. Il est aisé de voir qu'il serait impossible au graveur placé à côté de son touret de diriger avec justesse cette lourde pierre vers l'extrémité de la bouterolle ou du perloir, de manière à pouvoir former ces perles. Le volume même de l'onyx, d'une épaisseur de plusieurs pouces en différens sens, ne permettrait pas que le graveur vît nettement son outil opérer et qu'il pût s'assurer de l'exactitude du travail. On en peut dire autant d'une foule de détails de tous ces ornemens refouillés en dessous et tout autour, où l'on ne saurait faire pénétrer la bouterolle, entée sur le nez du touret. Voyez ces feuillages, ces guirlandes, ces rameaux si flexibles et qui entourent les anses en s'en détachant entièrement çà et là ; examinez encore les petites figures presque de ronde-bosse et qui touchent à peine les objets voisins, et vous reconnaîtrez qu'on ne saurait concevoir qu'ils aient pu être produits, modelés, et pour ainsi dire pétris dans la sardoine comme dans une substance souple et liante, et le secours seul des bouterolles, qui, tournant sur elles-mêmes, ne peuvent attaquer la pierre que lorsqu'on la leur présente sous tous les aspects, ainsi qu'on le peut aisément pour une pierre de petite dimension. Dans l'exemple du vase que je viens de citer, ce serait tout-à-fait impraticable, ainsi que pour l'exécution des immenses camées que j'ai indiqués. Il me paraît donc hors de doute que pour le travail des camées en pierres gemmes d'un grand volume et chargés de nombreux ornemens détachés du fond, l'on a dû avoir recours à d'autres instruments que le touret fixe et les diverses espèces de bouterolles. Mais rien, dans le peu de mots si concis et si obscurs de Pline sur la glyptique, ne nous met sur la voie de ce qui pouvait être employé pour le remplacer. Nous n'irons pas jusqu'à supposer, ce serait trop hasarder, qu'on eût des instruments tout-à-fait du genre du support à chariot, du tour anglais, dont le mécanisme ne laisse pas d'être assez compliqué. Mais rien peut-être ne s'opposerait à ce que l'on admît qu'on se servît d'outils tels que les bouterolles et les forets de divers métaux tendres, avivés par des poudres de pierres gemmes très-dures, et auxquels on aurait imprimé avec l'archet, comme dans le tour d'horloger, ou avec la drille, un mouvement très-rapide ou de rotation continue ou de va-et-vient sur les parties du camée soumises à leur action. Ces petits tourets mobiles auraient pu, par un mécanisme très-simple de genouillères ou de pivots, être disposés dans tous les sens sur le banc du graveur, pour la commodité du travail sur la pierre rendue fixe, mais qu'on aurait pu mouvoir sur elle-même dans toutes les directions. On eût produit dans le travail des détails refouillés des camées un effet analogue à celui de la roue divisée du tour anglais, qui présente alternativement toutes les parties de l'objet monté sur le tour à l'action de l'outil enté sur le touret du support à chariot. Au moyen de ces instruments très-simples ou d'aut es faciles à imaginer, et qui se seraient prêtés aux travaux les plus difficiles de la gravure, on pouvait, commodément et sans fatigue, travailler les pierres dures d'un volume et d'un poids considérables, des vases, des camées chargés d'ornements les plus recherchés et les plus compliqués, qu'il n'eût pas été possibles de produire avec le simple secours qu'eût offert au graveur le touret, habituellement employé dans la gravure en pierres fines. *Voyez* ici p. XXXVII–XLII.

ADDITION

A LA TABLE ALPHABÉTIQUE DES ARTISTES.

Plusieurs ouvrages sur l'antiquité ayant paru depuis que cette table était terminée, j'ai cru devoir y avoir recours, pour y ajouter un assez bon nombre de nom d'artistes et plusieurs détails architectoniques, qui peuvent offrir quelque intérêt. Si j'en ai tiré des noms qui n'appartiennent pas proprement à des artistes, mais qui ne désignent probablement que des ouvriers, c'est dans l'idée qu'ils ne seraient pas déplacés ici, et que, puisque l'on a jugé convenable de les transmettre à la postérité au moyen des inscriptions, ils avaient quelques droits à se voir reproduits à côté des noms des architectes et des sculpteurs aux monuments desquels ils avaient contribué. Les ouvrages dont je me suis servi sont : l'*Ephéméride Archéologique* de M. Pittakis, directeur du Musée des Antiques d'Athènes. Ce que je connais de cette intéressante feuille périodique va du mois d'octobre 1837 à la fin de l'année 1841. Elle est consacrée aux fouilles et à la découverte des monuments antiques à Athènes, et dans toute la Grèce. Ce journal, en grec moderne, imprimé à Athènes, offre quelques bas-reliefs et un grand nombre d'inscriptions, parmi lesquelles on en trouve de très-curieuses. Le savant professeur M. Bœckh de Berlin, les a fait entrerdans son beau *corpus*. Le dernier monument de 1841 porte le n°. 723, mais les inscriptions ne s'élèvent pas à

ce nombre, vu qu'il faut en défalquer plusieurs bas-reliefs
sans inscriptions; mais il y en a au moins 700. Elles fournissent une ample récolte de noms d'artistes dont quelques-uns
étaient déjà connus par Pline et par Pausanias, ce qui ajoute
à leur intérêt; d'autres ne l'étaient pas. Beaucoup d'autres
personnages tiennent, par plus d'un point, à la partie mécanique de l'art, au métier, sans pouvoir toutefois être mis sur
le rang des artistes, dont ils ne sont que les instruments
très-secondaires, tels que des praticiens d'un ordre inférieur,
des ornemanistes et des tailleurs de marbre. Il est à regretter
que la lithographie ne soit pas encore aussi avancée à Athènes
qu'ailleurs, et que les planches de l'*Ephéméride archéologique*
ne soient pas au niveau du texte de MM. Pittakis, Rancabé
et Landerer; mais elle est en route, et on peut espérer que,
faisant des progrès, elle aura la noble ambition de s'élever à la
hauteur des monuments des beaux siècles de la Grèce, que
des fouilles bien dirigées dans ce sol sacré, si riche encore en
antiquités, malgré toutes ses pertes, ne peuvent manquer
d'offrir à ses crayons.

J'ai aussi consulté les deux lettres que M. Ross, ancien conservateur des antiquités, professeur d'archéologie à l'Univer-
sité royale d'Athènes, a adressées, l'une à M. le colonel Leake,
1837, l'autre à M. le ch^{er}. Thiersch, Ath. 1839. Ces lettres renferment de très-curieuses discussions sur les artistes et les
monuments.

Je n'ai pas non plus négligé de mettre à profit l'ouvrage
allemand in-4°. que, sous le titre de *Communications archéologiques sur la Grèce (Archæologische Mittheilungen aus
Griechenland,* etc.), M. Adolphe Schœll a tirées des papiers
laissés par M. C.-O. Müller, dont la mort prématurée a fait
éprouver une perte si cruelle à la science archéologique et à la
philologie. Il n'en a encore paru, du moins à Paris (en 1844),
qu'une livraison de 131 pages et de 6 planches, sur la collection des monuments antiques à Athènes, Francfort-sur-le-
Mein, Jean Chr., Hermann et F.-E. Suchsland, 1843. On
nous fait espérer deux autres livraisons de cet écrit posthume
de Müller, où se trouve, comme dans tous les ouvrages de ce
profond savant, des idées neuves et des aperçus ingénieux sur
les arts et les monuments de la Grèce. J'ai profité de ses observations sur quelques-uns des artistes dont les fouilles d'Athènes
avaient révélé les noms à M. Pittakis et à M. Ross, et qui ont
été transmis par eux et par Müller à M. Bœckh. *L'ancienne*

Athènes, etc., de **M. Pittakis,** Athènes, 1835, un vol. in-8°., m'a aussi fourni quelques nouveaux noms d'artistes à ajouter à ma nomenclature, que j'ai rendue aussi complète qu'il m'a été possible de le faire. Si quelqu'autre plus abondante, fruit de plus heureuses recherches, vient à paraître un jour, j'en serai charmé, et, si Dieu m'en laisse le temps, elle me servira à perfectionner mon travail.

On est autorisé à concevoir l'espoir que les savantes et infatigables explorations de M. Le Bas, de l'Académie des Inscriptions, dans son voyage de Grèce, nous enrichiront de nouveaux noms d'artistes anciens. Il nous annonce plus de mille monuments épigraphiques inédits, dont il nous donne un avant-goût dans trois lettres adressées au ministre de l'instruction publique, publiées dans les quatre premières livraisons de la *Revue Archéologique,* ouvrage périodique spécialement destiné à favoriser les études archéologiques et à en répandre les connaissances, en en déployant les richesses.

Les inscriptions n⁰ˢ. 9, 10, 11 du texte de l'*Ephéméride archéol.* de M. Pittakis, 1837, données n⁰ˢ. 12, 13, de ses planches, furent trouvées le 10 oct. 1836, dans des fouilles aux Propylées d'Athènes. Très-mutilées par ceux qui les déterrèrent, elles furent réparées et on les conserve au Musée des antiques d'Athènes. Elles sont gravées sur des dalles de marbre pentélique. Les lettres et l'orthographe, très-anciennes, précédent, comme celles de nos marbres de Nointel, n⁰ˢ. 222 et 222 bis, l'archontat d'Euclide, de la 2e. an. de la 94 ol., 403–402 av. notre ère. Le nom de l'archonte éponyme manquant, on ne peut en savoir l'époque exacte, aucune particularité ne la faisant connaître ; mais on pourrait, sans inconvénient, les placer entre la 78e. et la 94e ol., 463 et 403 avant notre ère.

Ces inscriptions sont sur deux colonnes, et les lettres bien rangées les unes au-dessus des autres. Les n⁰ˢ 9 et 10 paraissent de la même époque, plusieurs noms sont les mêmes, et les dépenses pendant une année, d'une Panathenée à la suivante, pour des constructions ou des embellissements du même temple, l'Erechthéon. Ces dépenses sont au compte des tribus Erechthéide, Pandionide, Egéide, Acamentide et Léontide.

L'Erechthéon, très-ancien temple, d'abord consacré à Minerve et à Vulcain, construit par Cécrops (1570), aurait été nommé CÉCROPION, et ensuite ERECHTHÉON, du roi Erechthée (1431–1397),

qui l'aurait continué, ou terminé, ou même qui en faisait sa de-
meure. Ce temple, en pierre *porine* ou du pays, brûlé la 1re. an.
de la 75e. ol., 450 av. J.-C., sous l'Archonte Calliades, peut avoir
été rétabli peu d'années après. La colonne du nº 10, B, p. 32,
33, est en trop mauvais état pour en retirer quelque chose. Ce
sont, comme aux autres colonnes, des dépenses pour un temple,
des fragments des mêmes noms et des travaux pareils; on y reconnaît que le nom d'Apollodore deux fois, et celui de Médus.

Siècles.

ACESTOR, lig. 4, *au lieu* d'Héra, *lisez :* d'Héræa.

ACHSIOPEITHOS. ΑΧϾΙΟΓΕΙΘΟϾ pour ΑΞΙΟΓΕΙ- V
ΘΟϾ. Ce nom est un de ceux que présentes en assez
grand nombre trois inscriptions découvertes en 1836
à Athènes, et donnés sous les nos. 9, 10, 11, des
Ephémérides Archéol. de M. Pittakis, en 1837. Nous
les offrirons tous réunis à l'article de l'architecte Archiloque, et nous donnerons quelques détails dans
cette suite alphabétique. La petite somme de 6 drachmes (5 fr. 49), la drachme pouvant être évaluée à
0f, 91e, 66, que reçoit pour salaire Achsiopeithos, peut
le faire regarder, ainsi que beaucoup d'autres de ses ca-
marades, comme un sculpteur d'un ordre très-secon-
daire, peut-être un ornemaniste, un praticien pour la
partie décorative des chapiteaux, des entablements
et des colonnes, de la cannelure desquelles il est question dans plusieurs endroits de ces inscript. Celle-ci est
nº 11, lig. 4, de l'*Ephémér.* citée plus haut. Pour
les noms qui suivent, je me bornerai à citer ainsi :
Eph. nº..... A (1re. colonne), ou B (2e col.), et à la
fin de l'article sera la somme qu'a reçue le sculpteur
ou l'ouvrier en marbre ou en pierre.

Il faut faire observer que l'évaluation de la drachme
est celle du prix intrinsèque qu'elle aurait aujourd'hui,
d'après son poids en argent, mais que ce n'est pas sa
valeur réelle ou représentative de ce que l'on pouvait
se procurer avec cette petite somme. Par ses calculs,
résultat de nombreuses recherches, M. Letronne, de
l'Académie des inscriptions, établit, dans un savant
mémoire (*Considérations générales sur l'évaluation
des monnaies grecques et romaines*, etc., Paris, 1817),
d'après ce qu'il appelle le *pouvoir* de l'argent, que du
temps de Socrate, il valait quatre fois plus qu'à présent, c'est-à-dire que pour le même poids en argent,
on pouvait avoir quatre fois plus de blé, dont le prix

base véritable des calculs de ces évaluations, lui sert de point de comparaison. Alors la drachme, de 0f, 91c, 66 répondait à quatre fois plus, c'est-à-dire à 3 fr. 66 c., et ce qu'on aurait eu alors pour une drachme, en vaudrait quatre aujourd'hui. Il faut donc multiplier par quatre les sommes indiquées par nos inscriptions, pour avoir leur vrai taux actuel. Nous verrons que les ouvriers étaient beaucoup mieux payés qu'il ne le paraît au premier coup d'œil, et qu'ils l'étaient même presque autant que les nôtres. Au reste, nous entrerons plus loin dans quelques détails à ce sujet.

Æ...?. ÆLIOS ou AILIOS. M. Pittakis, *Eph.* 1839, p. 222, nº. 239, donne ce fragment de nom comme celui du sculpteur qui a exécuté un autel consacré par Pleidippus. Mais les trois lettres ΑΙΛ, du moins d'après la planche, sont à peine visibles : rien ne les suit, le marb. est brisé, et l'ΕΠΟΙΗΣΕΝ, restitué par M. Pittakis n'étant que conjectural, le nom de cet Ælius reste très-douteux.   ?

ÆSCHINE, fils de Timocrate, ?. sculp. ornem. *Eph.* 1837, nº 9, A, lig. 75; B. l. 59. — 20 dr.   V

ÆSCHINE, stat. Donné par DIOGÈNE LAERCE II, segm. 64.   ?

ÆSOPUS et ses frères (*voyez* p. 7) n'étaient pas statuaires, mais ciseleurs, et on leur attribuait, non la statue de Phanodicus mais un cratère avec sa base que ce Phanodicus avait consacré dans le prytanée de Sigée, — et à la fin de l'article, *au lieu* de cette statue, *mettez :* ses ouvrages.   ?

AÉTION, ptr., p. 7. A la fin, *mettez : Voy.* vol. suiv. aux *Peintures,* les noces d'ALEXANDRE et de ROXANE.

AGASIAS, fils de Dosithée. D'après le chef-d'œuvre que nous avons de lui, il peut être considéré comme sculpteur. — Lig. 11, *au lieu* de 11, *lisez :* 411.

AGASIAS, fils de Ménophile, p. 9. *Ajoutez :* sc., et à la fin *voyez :* ARISTANDRE, fils de Scopas, qui avait réparé la statue d'Agasias, citée p. 10, ainsi que le porte l'inscription, dont voici la fin plus complète, et où Agasias et Aristandre se trouvent réunis : ΑΓΑΣΙΑΣ ΜΗΝΟΦΙΛΟΥ ΕΦΕΣΙΟΣ ΕΠΟΙΕΙ ΑΡΙΣΤΑΝΔΡΟΣ ΣΚΟΠΑ ΠΑΡΙΟΣ ΕΠΕΣΚΕΥΑΣΕΝ.   ?

Siècles.

AGATHANOR du dême Athén. d'Alopécé, ?. sculp. ornem. *Eph.* n⁰. 9, B, 1. 6. — 8 dr.   **V**

AGATHARQUE. Dans la colonne des siècles, p. 11, *ajoutez :* p. 943, 947.

* AGATHON, p. 12. *Ajoutez :* gr. f.

AGATHOPUS, cis. A la colonne des siècles, *mettez :* I*?.

*AGÉSANDRE de Rhodes, p. 14, *lisez :* sc. *et non* stat.

AGLAOPHON, stat. *lisez :* ptr.

* AGLAOPHON de Thasos. A la colonne des siècles, *lisez :* p. 541.

AGLAOPHON, fils d'Aristophon, ptr. A la colonne *lisez :* p. 541.

* AGNEIUS ou HAGNEIUS, p. 15, lig. 3, *lisez :* Γ *au lieu de* Η.

* AGORACRITE de Paros, p. 15, *ajoutez :* Une inscription porte ΑΓΟΡΑΚΡΙΤΟΣ ΠΑΡΙΟΣ ΕΠΟΙΗΣΕ, *Agoracrite de Paros a fait* ANTIG. CARYST., *ap.* *Zenob., cent.,* v. 82 ; SUIDAS, ΡΑΜΝΟΥΣΙΑ ΝΕΜΕ–ΣΙΣ ; LETRONNE, *Explication d'une inscript.,* p. 23

AGORANDRE du dême de Collyte, ?. sculp. d'ornem. *Eph.* n°. 9, B, 1. 74. — 14 dr.   **V**

ALCAMÈNE d'Athènes. A la fin *ajoutez : V.* vol. suiv. aux *St.* BACCHUS en or et en ivoire.

ALCAMÈNE. Il est bien à croire que c'est du grand stat. de ce nom, l'élève et même l'émule de Phidias, qu'il est question dans une inscription mutilée, dont il ne reste que ΑΛΚΑΜΕΝΗΣΕ (ποίει ου Εποίησεν). Ce fragment a été trouvé à Athènes, dans des ruines, entre celles du Cynosarge et l'église *Panagia Rodakio*, la vierge aux roses, dans un emplacement où furent peut-être jadis les jardins célèbres par un chef-d'œuvre d'Alcamène, la VÉNUS aux jardins (ἐν κήποις); et parmi les débris de ces ruines, des bas-reliefs et des parties de mots offrent des traces du culte de Vénus. Pittak., *Anc. Athen.,* p. 204.

ALCIMAQUE, sc. sur une stèle en marb. pentél. trouvée à l'Acropole d'Ath., près de l'Erechthéion ou temple d'Erechthée, le 22 nov. 1838. On y voit le fragment d'un bas-relief qui offrait Minerve assise, dont il ne reste qu'un peu des pieds, de la partie inférieure de la robe, et le marche-pied de son trône. D'après l'inscription mutilée, ce monument paraît avoir été consacré à l'occasion d'une alliance entre les Athéniens et quelque autre peuple. Ainsi que sur d'autres bas-reliefs, offrant des compositions analogues à celle-ci, Minerve avançait la main en signe d'amitié. Au reste, ce nom d'ALCIMAQUE, placé en tête de l'inscription, et dont il ne reste qu'AΛKIMA, après lequel le marbre est brisé, et que M. Pittakis, *Eph.* 1839, p. 222, no. 240, lit AΛKIMA [ΧΟΣΕΓΟΙΗΣΕΝ], me paraît très-douteux, du moins comme nom du sculp. du monument, car il me semble, si je ne me trompe, que dans presque toutes les inscriptions, le nom du sculpt. est mis à la fin, après celui du personnage qui a consacré le monument.

ALEXAS, père d'Aulus et de Quintus, plus haut p. 17.

ALEXA (AULUS), M. Letronne pense qu'Alexas ou Alexa n'est pas un artiste, mais le père d'un artiste, et qu'on ne doit pas lire Aulus Alexa, mais Aulus, fils d'Alexa. La même observation aurait lieu pour Quintus Alexa, qui serait Quintus, fils d'Alexa.

ALEXANDRE, p. 23. Après la dernière inscription latine, *ajoutez :* On trouve dans M. Bœckh, *C. inscr.*, t. 2, p. 179, N°. 2155, lig. 26, une somme affectée au paiement de la gravure d'une inscription : EΛΧΑΡΑΞΙΣ ΤΗΣ ΕΠΙΓΡΑΦΗΣ; et t. 2, p. 230, Nos. 2272, 2347 c, lig. 62, N°. 2483, lig. 26, on voit encore des dépenses pour faire graver une inscription.

*ALPHÉUS, p. 29. A la colonne des siècles, *mettez :* I*.

* AMASIS, *voyez* p. 32. Sur un petit vase à deux anses et offrant P e r s é e t u a n t l a G o r g o n e, on lit : AMAϞIϞ MEΓOIEϞEN, *Amasis m'a fait.* Coll. de la princesse de Canino. *Cat. Dubois*, N°. 62.

AMEINIADES du dême de Cœlé, ?. sculp. d'ornem. *Eph.* 1837, no. 9, A, l. 37, l. 74, 20 dr.; B, l. 57.

AMMONIUS et PHIDIAS, p. 34. D'après leurs ouvrages en marbre, ils sont sculpteurs et non statuaires. *Lisez :* AMMΩNIOC *et non* AMMONIOC.

Siècles.

AMPHILOQUE, p. 35. A la fin *mettez :* Bœckh, *C. Inscr.*, N°. 2545.

*** ANAXIMÈNE** de Milet, peut-être stat. Il paraîtrait qu'on pourrait le croire auteur d'une statue de Quintus Cecilius Rufins, proconsul de Crète, consacrée à Gortyne par son ami Quintillus Pyrrhus. Bœckh, *C. inscr.*, t. 2, p. 429, N°. 2588.　?

ANDOCIDES, ptr. de vases, *voyez* p. 37. Coupe à deux anses ; sur le pied : ΑΝΔΟΚΙΔΕΣ ΕΠΟΕΣΕΝ. Coll. de la princesse de Canino. (*Communiqué par M. Dubois.*)

ANDRAGORAS de Rhodes, p. 37. A la fin *mettez :* N°. 2488.

ANDRÉAS de Mélite, ? sc. *Eph.* 1837, n°. 10, A, l. 9. 1 dr. Peut-être quelques-unes de ces petites sommes, sont elles des restes de compte, pour solde ; cependant les inscriptions ne l'indiquent pas.　V

*** ANDRONICUS CYRRHESTÈS.** *Mettez avant : *.*

ANDROSTHÈNES, sc. [ΑΝΔΡΟ]ΣΘΕΝΗΣ ΕΠΟΗΣΕΝ ΛΕΩΧΑΡΗΣ ΕΠΟΗΣΕΝ. On voit, par cette inscription, que deux sculpt., Androsthènes et Léocharès ont travaillé au monument de Myron, fils de Pasiclès, et de Pasiclès, fils de Myron, du dême Athen. de Potamos. Ce tombeau était probablement *disôme* ou contenait les restes de deux personnes, le père et le fils, placés séparément, et chacune des deux divisions eut son sculpt. particulier. On peut, sans difficulté, admettre deux artistes qui se réunirent pour honorer la mémoire de leurs deux amis. On doit d'ailleurs faire observer que le nom d'Androsthènes n'est pas positif, et que ce qu'il en reste, ΣΘΕΝΗΣ, peut se prêter à la restitution d'autres noms : Alcisthènes, Mégasthènes, Démosthènes, etc. — *Eph.* 1839, p. 173, n°. 150.　?

En admettant que ce soit bien le nom d'Androsthènes, on ne saurait penser au stat. de ce nom, connu par Pausanias, ni au Léocharès que donne cet écrivain, de même que Pline. Ils étaient d'époques différentes : le premier florissait au Ve. siècle, et le second du temps d'Alexandre-le-Grand. Si la forme des lettres de l'inscription convenait à cette dernière époque, elle ne s'accorderait, non plus que l'orthographe, avec le temps d'Androsthènes, élève d'Eucamus, et qui vivait (416) vers l'époque de Phidias, et avant l'archontat d'Eu-

clide, 403-402 av. notre ère. Ainsi ce seraient un ANDROS-
THÈNES et un LÉOCHARÈS à ajouter à ceux que nous avons
déjà. Il se pourrait cependant que ce fût le Léocharès
que nous connaissons qui eût travaillé avec un Androsthènes moins ancien que celui que nous a transmis
Pausanias.

Au reste, Müller, *Arch. Mitth.*, p. 127, lit ΣΘ-
ΕΝΝΙΣ, nom d'un sculpteur très-connu, celui dont
M. Pittakis a fait ANDROSTHÈNES, en ne regardant
les six lettres que présente l'inscription que comme la
fin d'un nom. La leçon de Müller paraît préférable,
et elle a de plus l'attrait d'offrir la réunion de deux
statuaires contemporains, d'une époque certaine, et
que nous trouvons dans les auteurs. Il me semble donc
que l'ANDROSTHÈNES de M. Pittakis, que je ne place
que comme mémoire et sans lui assigner de date, doit
disparaître pour faire place au STHÉNIS ou STHENNIS
de Müller, connu par Pline, Pausanias, Strabon,
Plutarque, et qui florissait au IVᵉ. siècle avant notre ère.

* ANTÉNOR, stat., p. 38. *Ajoutez :* fils d'Euphranor.
L'inscription de ses statues, refaite d'après l'ancienne,
portait : ΑΝΤΗΝΩΡ ΕΥΦΡΑΝΟΡΟΣ ΕΠΟΙΗΣΕΝ.
Il est probable que dans l'ancienne inscription, qui
précéda de beaucoup l'archontat d'Euclide (403-402
avant J.-C.), puisque les statues d'Harmodius et d'A-
ristogiton avaient été emportées par les Perses, il n'y
avait ni d'H, ni d'Ω. Il devait aussi y avoir ΕΠΟΕΣΕ
au lieu d'ΕΠΟΙΗΣΕ. *Voyez* t. 1, Nᵒ. 222, p. 97 et
Nᵒ. 597. Sur les marbres de Nointel et sur le marbre
de Choiseul, *voyez* BŒCKH, *C. inscr.*, t. 2, p. 320 et 340.

ANTHERMUS. *Au lieu de* grav., fd., *mettez :* sc., et
dans la col., *au lieu de* 505, *lisez :* 506.

ANTIGNOTE, sc. ΑΝΤΙΓΝΩΤΟΣ ΕΠΟΗΣΕΝ. Cette
inscription fut trouvée le 10 fév. 1838, à Athènes, entre
les Propylées et le Parthénon, sur une base en marb.
pentél., appartenant au monum. élevé à l'honneur de
Rhescuporis, fils de Cotys IV, et roi de Thrace sous
le règne d'Auguste. Cet ANTIGNOTE pourrait bien être
le fils de l'Antigone qui fit la stat. de Cotys IV, père de
Rhescuporis (Bœckh, c. i. nᵒ. 359), et être aussi l'Antignote dont Pline ne donne ni la patrie, ni l'époque,
et connu par de belles stat. Notre Antignote doit être
celui qui (Bœckh, C. i., nᵒ. 370, B.) fit la stat. de
Paulus Fabius Maximus, consul sous Au-

I* ?

Siècles.

guste, l'an de R. 743, 11e. avant l'ère vulgaire. — *Eph.* 1839, p. 229, n°. 266; C.-O. Müller, *Arch. Mitth.*, p. 128.

ANTIGONE, cis., p. 40. A la colonne des siècles *mettez :* I*.

ANTIOCHUS d'Athènes, p. 40, sc. et non stat., auteur d'une statue de **Minerve** dont il y a un fragment à la villa Ludovisi.

ANTIPHANE de Paros. *Lisez* sc. *au lieu de* stat.　　　　V

ANTIPHANE, de l'un des Céramiques, sculpt. On cite de lui un char à deux chevaux et monté par un jeune homme. Il reçut pour son travail 240 dr. ou 219 fr 98 c., ce qui paraît une somme modique, si l'on n'en considère que la valeur intrinsèque à 91 c. c., 66 la drachme. Mais, si d'après le *pouvoir* de l'argent, on multiplie par quatre ces 216 fr. 98 c., ou en compte rond ces 220 fr., cette somme répondrait à 880 fr., et ce bas-relief peut alors avoir été payé un bon prix. Et d'ailleurs on en ignore les dimensions et la manière dont il était exécuté. Fût-il, du reste, très-bon marché on ne pourrait guère s'en étonner ; lorsque l'on sait que chacune de nos belles et grandes caryatides du Louvre, chefs-d'œuvre de notre Jean Goujon, ne lui fut payée, pour l'exécution en pierre, que 80 écus sous, ou 580 fr. d'aujourd'hui, et chaque modèle en plâtre ne revint qu'à 46 livres ou 165 fr. 60 c. d'à présent. On ne saurait dire si cet Antiphane est plus ou moins ancien que celui d'Argos, de l'école de Périclète, et maître de Cléon, dont parle Pausanias, *phoc.* 9, 3; *él.* 1. 17, 1 ; 21, 2, et qui est du commencement du IVe. siècle av. J.-C. Mais d'après l'indication de son travail et la somme qu'il touche, ce sculpteur devait être un des plus habiles de ceux qui furent employés à la restauration du temple d'Erechthée et de celui de Minerve Poliade, qui lui était joint. — *Eph.* 1837, n°. 9, A, l. 6.

ANTONIUS (M.), p. 43. *Ajoutez avant :* *.

APHRODISIUS ou ÉPAPHRAS. *Ajoutez avant :* *.

APOLLODORE de Mélite. *Eph.* 1837, n°. 10, l. 12 et　　V
29. Chaque fois il n'est porté que pour une drachme, et il me paraîtrait n'être qu'un tailleur de pierres ou un appareilleur. C'est le seul, avec Médus de Mélite, qui soit nommé deux fois dans cette inscription.

APOLLONIUS d'Athènes, p. 47, sc. et non stat.

APOLLONIUS de Tralles, p. 46. *Mettez* sc. *au lieu de* stat.

APOLLONIUS, fils d'Apollonius d'Alexandrie, arch. Il en est question dans une inscription trouvée en Egypte dans des carrières de porphyre; il vivait sous Trajan. *Recueil des Inscriptions de l'Egypte*, par LETRONNE, t. 1, N°. 427.

II*

APOLLONIUS, fils d'Enée, sculpt. ou stat.; ΑΓΑΛ-ΜΑΤΟΠΟΙΟΣ dans une inscription de Smyrne. BŒCKH, *C. inscr.*, t. 2, p. 719, N°. 3166.

APOLLONIUS, grav. mon., p. 47: A la fin *lisez* **CHŒ-CÉON** *au lieu de* **CHÆCÉON.**

APSALUS, cis., fond., p. 48. *Mettez :* gr. f.

ARCHELAUS de Priène. *Ajoutez :* sc.

ARCHENEUS, gr. f., fond., *lisez :* sc.

*ARCHIDAMUS, stat. p. 49. M. Bœckh, *C. inscr.*, N°. 2637, met ΙΟΥΛΙΟΥ entre ΤΙΒΕΡΙΟΥ et ΚΑΙΣΑΡΟΣ.

ARCHILOQUE du dême athénien d'Agryles, archit. *Eph.* 1837, n°. 9, B, l. 9; il reçoit 36 dr. ou 32 f. 90 c., et n°. 10, A, p. 34, l. 3, il en touche 37, ou 33 fr. 82 c., ce qui, d'après la proportion ou le *pouvoir* de l'argent, ferait aujourd'hui 131 fr. 60 c. et 135 fr. 28 c. Il est bien dit dans l'inscription que c'est pour son salaire, et chaque fois il précède l'hypogrammate ou sous-secrétaire PHRYGION, qui ne reçoit que 30 et 33 dr., et semble être d'une condition inférieure à celle d'Archiloque. On ne sait pas d'ailleurs de quelle nature étaient leurs émoluments et ce qu'ils recevaient par an, par mois, par décade ou par jour, car ils ne pouvaient être payés que de l'une de ces quatre ma-nières, et ils n'étaient certainement pas à leurs pièces comme pouvaient l'être les sculpt. et les ouvriers sous leurs ordres. — On voit, par exemple, p. 32, que l'encaustique dont on peignait ou badigeonnait des parties du temple, telles que l'architrave, *épistylion*, était payée, pour la main d'œuvre, 5 oboles, 0,75 c., 35 (76 c. 38 = 3 fr. 05), le pied. — Les scieurs, probablement de marbre ou de pierre, recevaient une drachme par jour, 91, 66 (d'aujourd'hui 3 fr. 66.) — A la p. 31, col. A du n°. 9, on trouve

V

qu'un assez grand nombre de tailleurs de pierre
sont employés à canneler les colonnes du temple d'E-
rechthée. Ce que l'on ne comprend guère, vu le peu
de colonnes que contenait ce temple, en y adjoignant
même celui de Minerve Poliade, qui en faisait la con-
tinuation, et le temple de Pandrose, qui y était uni à
l'occident, et était accompagné, au N. d'un portique
qui n'avait que quatre colonnes de face et deux de
côté, au S. du petit portique des caryatides qui rem-
plaçaient les colonnes. La face latérale occidentale du
Pandrosium n'était ornée que de quatre colonnes à
demi engagées, et beaucoup plus petites que celles
du portique au N, de même que les six colonnes
qui soutenaient, sur un seul rang, le portique de l'E-
rechthéon, à l'orient. En tout il n'y avait que seize
colonnes, dont au N. six, de 7 ᵐ. 02; à l'E., de
6 ᵐ.06; et à l'O., quatre engagées, de 5 ᵐ.06. Il est vrai
qu'en outre on comptait à peu près le même nombre
de pilastres, et d'après celui des ouvriers, on dirait
qu'on en avait attaché un à la cannelure de chaque
colonne et de chaque pilastre. — Les ouvriers le moins
payés ne reçoivent que 15 dr. (13 fr. 75 c. = 55 fr.);
est-ce pour les journées qu'ils y ont employées ou
pour chaque colonne? Je ne saurais le décider. —
Les ouvriers les plus payés touchent 20 dr. (18 fr.
32 c. = 73 fr. 28 c.). Ils sont en beaucoup plus petit
nombre que les autres. Peut-être étaient-ce les plus
habiles, ou étaient-ils chargés de terminer les can-
nelures et les moulures ébauchées par d'autres.

Voici la réunion des sculpteurs et des ouvriers
qui, sous la direction de l'architecte ARCHILOQUE,
ont travaillé ou à la reconstruction ou à une grande
restauration de l'Erechthéon d'Athènes. Les noms en
petites capitales désignent les sculpteurs ou ceux qu'on
peut croire avoir été au-dessus des autres ouvriers.

Achsiopeithes.	Cerdon.	...giton.
Æchine.	Cléon.	IASOS.
Agathanor.	Cœlon.	Isosandre.
Agorandre.	Crœsus.	Laossos.
Ameiniades.	Dionysodore.	Lysanias.
Andréas.	Endœus.	Manis.
ANTIPHANE.	Epiécès.	Médus.
Apollodore.	Epigène.	Mynnion ou My-
Carion.	Eudoxe.	cion.
Céphisodore.	Eumélides.	Nésis.
Céphisogène.	Géryon.	Nicostrate.

Onésias.	Praxias.	Soclos d'Alopécé.	
Onésimus.	Prépon.	Somenès.	
Pamménon.	Rhædias.	Sosandre.	
Phalacrus.	Sannion.	Sosias.	
Philion.	Simias d'Alopécé	Sosiphus.	
Philocrate.	Simias d'Agryles.	Sotelès.	
Philorus.	Sindon.	Spodias.	
Philostrate.	Sinès.	Teucros.	
Philon.	Sinès, fils d'A—	Thargélus.	
Phyromaque.	meinias.	Théagène.	
Polyclès.	Soclès d'Acharnes	Timocrate.	

ARIDICUS, ptr., un des maîtres d'Apelle. Athén., X, 420. D.　　IV

ARISTÉAS, p. 51, etc., statuaires. *Mettez :* sculpteurs d'Aphrodisias, de même qu'à ATTICIANUS, p. 59.

ARISTIPPE, lig. 1, *au lieu de* ΑΡΙΣΙΠ., *lisez* ΑΡΙΣΤΙΠ

ARISTOCLÈS, fils d'Artémidore, pourrait avoir été architecte. Une inscript. de quelque endroit de Lycie, donnée par M. Bœckh, *C. inscr.*, t. 2, p. 1109, Nº. 2755, dit qu'il fit la *kerkis*, les *psalides*, parties en hémicycle d'un théâtre, et un autre architecte, que ne nomme pas l'inscript., fit l'enceinte ou une des *précinctions*, *perizoma*. Ce pourrait être un architecte ou un constructeur qui travaillait sous la direction d'Hermès, fils d'Aristoclès.　　?

ARISTOCLÈS, sculpt. De lui est une figure de guerrier, en bas-relief sur une stèle du monument funèbre consacré à Aristion. ΕΡΛΟΝ ΑΡΙϟΤΟΚΛΕΟϟ (ΕΡΓΟΝ ΑΡΙΣΤΟΚΛΕΟΣ), ouvrage d'Aristoclès. Aux pieds de la figure et sur la base inférieure, ΑΡΙϟΤΙΟΝΟϟ (monument) d'Aristion.

Cet ARISTION paraît avoir été du dême de Phège. Ses ossements et sans doute ceux de personnages de sa famille étaient renfermés dans un vase de terre cuite que contenait le tombeau sur lequel s'élevait la stèle funéraire. Sur le vase est peint de chaque côté un cheval qui semble sortir de la mer ; on n'en voit que la tête et le col, et le reste du corps se perd dans la couleur noire dont est recouverte la moitié inférieure du vase, qui peut avoir été brûlé, ce qui aurait produit cette couleur noire, que bien des vases, trouvés dans les tombeaux et retirés des bûchers, doivent à la violence du feu. Les tombeaux voisins de celui d'Aristion ont été détruits en partie par le feu , et suivant M. Pittakis, les vases que l'on y trouve sont brûlés et brisés. Ceux qui ont éprouvé cet effet ne sont pas très-rares.

La figure d'Aristion, debout, en bas-relief d'une faible saillie, a 2,40 m. (6 p. 3 p. 31.) de haut sur 0,454 m. (1 p. 4 p. 81.) de large. En costume de guerrier, il porte un petit casque, des cnémides qui laissent les pieds nus à découvert et sous la cuirasse, la tunique courte à mi-cuisses et ressortant de dessous les épaulières; les bras sont nus. La main gauche relevée à la hauteur de l'épaule et serrée au corps, il s'appuie sur sa haste qui n'a plus de fer, et le bras droit tombe le long du corps. La cuirasse, qui suit la forme du corps, teintée de bleu foncé noirâtre jusque vers le milieu du corps, est découpée au-dessous de la ceinture en cinq bandes perpendiculaires et est traversée de trois bandes horizontales ornées de méandres et de ᙡᙡ rouges, couleur que l'on retrouve sur le fond du bas-relief. La tunique, d'une étoffe très-légère, à plis très-fins presque parallèles, comme on en voit aux figures de style archaïque ou hiératique, en sculpture et sur des vases très-anciens, se dessine ou se drape dans le bas comme en trois grands festons. Sur l'épaule droite est un soleil à seize rayons, et sur une large courroie qui soutient de ce côté la cuirasse est une tête de lion. Les cnémides épousent les contours des jambes et en dessinent la musculature. La barbe cunéiforme ou en pointe, taillée avec recherche, ainsi qu'on le voit à d'anciennes têtes de Mercure et d'autres personnages, surtout sur les vases, est à mèches très-fines, et les cheveux sortant du casque qui, ayant perdu son cimier, n'est qu'une espèce de calotte ou de *cynée*, κυνέη, sont tortillées en petites boucles en spirale, et retombent régulièrement sur le front et sur la nuque.

D'après les lithographies de M. Pittakis, et de C.-O. Müller (*Arch. Mittheil.*, N°. 44, p. 20, avant la pl. I.), l'oreille, bien placée, est d'un bon dessin; le profil ne manque pas de finesse et d'une expression douce qui rappelle celle des figures d'Egine, de quelques beaux vases, ou celle de figures étrusques, ou d'ancien style grec. La bouche a ce léger sourire très-ordinaire aux têtes archaïques, et de même aussi l'œil de ce profil est presque de face, et l'on y a indiqué la prunelle. Tout dans cette précieuse sculpture, surtout les cuisses et les jambes, caracté-rise un guerrier d'une vigueur héroïque, et les jambes ainsi que les pieds, par la finesse de leurs formes, annoncent une grande légèreté, qualité qu'on aimait à trouver dans les héros, réunie à la force, et c'était en sculpture l'éloge d'Aristion. En s'en rapportant aux lithographies, cette figure me paraîtrait d'un dessin plus sec que plusieurs des statues d'Egine, aujour-d'hui à Munich, et les formes sont moins près de la nature : ce serait cependant de cette même école, qui devait se rapprocher de da première école archaïque, et en était un perfectionnement. Mais je serais porté à regarder cette figure comme plus ancienne que les statues d'Egine. Voyez sur ce sujet, vol. 1, IIe. P., p. 510 et suiv.

Cet ARISTOCLÈS, auteur de la figure d'Aristion, et qui paraît avoir été d'Athènes, ne peut avoir rien de commun avec l'ancien ARISTOCLÈS de Cydonie, père de Cléœtas, ni avec son petit-fils ARISTOCLÈS de Sicyone, fils de Cléœtas et frère du premier Canachus. Ils sont probablement tous plus anciens que notre ARISTOCLÈS. Mais ne pourrait-il pas bien être le même que l'Aristoclès donné par M. Bœckh, C. I, t. 1, no. 150, d'après une inscript., et qui, la 3e. an. de la 95e. ol., 398 av. J.-C., répara une statue de Phidias? Cette époque concorde avec celle vers laquelle, d'après l'écriture de notre inscription, on pourrait placer le sculpteur du monument d'Aristion, qui a dû fleurir avant l'archontat d'Euclide, 94, ol. 2e. et 3e. années, 403-402 av. J.-C. On ne peut d'ailleurs pas préciser le nombre d'années dont il a pu précéder cette époque. Le style archaïque du bas-relief ne saurait décider d'une manière positive sur le plus ou le moins d'antiquité, et l'on a pu, par quelque raison, l'avoir conservé même après Phidias, M. 87, ol. 432 av. J.-C. C'était un style sacré et qui, pendant long-temps, pût être employé pour les monuments funèbres. Notre figure me semblerait, de même que les statues d'Egine, déceler plutôt l'imitation du style archaïque, que ce très-ancien style lui-même. La pose simple, l'aplomb, l'ensemble, la proportion de la figure qui a sept têtes, les rapports exacts dans les longueurs, que sont loin d'offrir d'autres bas-reliefs très-anciens, tels que ceux de Sélinunte, la forme des jambes, des pieds et de l'oreille, qui ne manquent pas d'élégance, tout me porte à croire ce bas-relief d'une époque moins reculée qu'on ne le penserait au premier coup d'œil. Je me figure, peut-être est-une illusion, qu'à cette époque l'on pouvait faire mieux, et se rapprocher encore plus de la nature: c'était par système qu'on faisait ainsi. Au reste, rien n'empêche d'admettre que notre Aristoclès d'Athènes est un tout autre sculpteur que ceux que l'on connaissait, et qu'un autre ouvrage consacré par un Hylus dans une inscription donnée par Fourmont, peut être aussi de lui. Il est bon de faire remarquer que si l'ancienne écriture qui précède Euclide est très-importante pour apprécier approximativement l'âge d'une inscription, elle est d'une bien moins forte autorité lorsqu'il s'agit de juger une sculpture, puisque cette écriture et cette orthographe étaient en usage du temps de Phidias et longs-temps après, et que la signature de ce grand homme ne différerait pas de celle de notre ARISTOCLÈS.

ARISTONIDAS. st. ΑΡΙΣΤΟΝΕΙ. ΣΕΜΜΕΝΙΔΟΣΙΕΠ
M. Pittakis, *Eph.* 1838, p. 161, nᵒ. 126, lit ARISTON,
FILS D'ERASSEMÉNIDE. Ce dernier nom paraît assez
singulier, et je ne sais s'il y en a des exemples. Si
la planche de l'*Ephéméride* est exacte, d'après la
forme du Σ, la dernière lettre du second nom ne saurait en être un, et ce qu'il en reste ne se prêterait pas
à en faire un Y, avec M. Pittakis, à la fin d'ΕΡΑΣΣ-
ΕΜΕΝΙΔΟΥ. M. Ross, *Kunstbl.* 1840, nᵒ. 16, a lu,
ΑΡΙΣΤΟΝΕΙ[ΔΑ]Σ ΕΜΜΕΝΙΔΟ ΕΚ, qu'il complète
par ΘΗΒΩΝ, et il voudrait que cet ARISTONIDAS,
FILS D'EMMENIDE, qu'il fait de Thèbes, fut celui dont
parle Pline, l. 34, 14, 40, sans en donner l'époque, et
qui avait fait une statue d'Athamas en fer allié de
cuivre. Cette hypothèse est peut-être un peu hardie
et ne sera pas admise sans difficulté. C.-O. Müller,
Arch. Mitth., p. 128, doute fort de la leçon Aristonidas, et il est à croire qu'il penchait plutôt pour
Ariston ; il ne s'explique pas sur le second nom.
Mais soit Ariston, soit Aristonidas, il n'était pas certain que ce fût un artiste, et il pensait que ce pouvait
être le nom de celui qui avait consacré le monument
ou du personnage auquel on avait érigé la statue. Cependant, si à la fin de l'inscr. l'ΕΠ (ΕΠΟΙΕΙ ou ΕΠΟΙ-
ΗΣΕΝ, il faisait ou il a fait), était positif, il n'y aurait
pas de raison pour ne pas y trouver un artiste comme
dans les autres inscriptions du même genre. La base
ou le cippe sur laquelle est celle-ci en offre une autre,
sur un des côtés contigus, en sens inverse et en lettres
beaucoup moins anciennes. L'on avait enlevé la statue
faite par Ariston ou Aristonidas, et qui, d'après la
trace des pieds, était de grandeur naturelle, et on
l'avait remplacée par une plus petite, de la main d'un
LÉOCHARÈS. *Voy.* ce nom.

* **ARISTOPHANE**, ptr. de vases de Vulci. Son nom,   ?
sur une belle coupe de Vulci représentant le c o m b a t
d e s   g é a n t s, est uni à celui d'Erginus, le fabricant
du vase, ΕΡΓΙΝΟΣ ΕΠΟΕΣΕΝ ΑΡΙΣΤΟΦΑΝΕΣ
ΕΛΡΑΨΕ. LETRONNE, *Explic. d'une inscr. gr.*, p. 29.

* **ARTÉMON**, sculpt. ΑΡΤΕΜΩΝ ΜΕ ΕΠΟΙΗΣΕΝ,   ?
Artémon m'a fait. Cette inscript., dont la forme des
lettres et l'orthographe n'annoncent pas une grande
antiquité, a été trouvée à Athènes, dans la rue de Mercure ou des Hermès. Pittak. *Ancien. Ath.*, p. 466. Elle
appartenait à quelque monument ou à un hermès con-

sacré à Mercure *Enagonios* qui présidait aux exercices du gymnase et de la palestre, par AUTOSTHÉNIDE du dême Ath. de Mélite, Gymnasiarque de la tribu Cécropide, dans les grandes panathénées et auquel on avait décerné une couronne et probablement une statue, faite par Artémon. On connaissait déjà par Pline, l. 34, 11, 40; l. 36, 5, 4, un peintre et un statuaire de ce nom, qui nous fournit un troisième artiste, car il serait trop hazardé de supposer, sans motifs, que ce soit le même que le statuaire qui travailla avec Pythodore, et dont parle Pline.

ATHANODORE, p. 57. *Mettez avant :* *.

ATHÉNÉE, arch. célèbre du temps de Gallien (260-263 de J.-C.), qui lui fit exécuter, avec CLÉODAMUS la plus grande partie des édifices et des fortifications qu'il fit élever. *ATHÉNÉE* passe pour avoir écrit sur les machines. QUATREM. DE QNINCY, *Dictionn. d'Archit.*   III*

* ATHÉNODORE, fils d'Agésandre de Rhodes, sc. et non stat.

ATTALUS d'Athènes. *Mettez avant :* *.

ATTICIANUS, p. 51. *Voyez* ARISTÉAS.

AXÉOCHUS, p. 64, lig. 12. *Au lieu de* 0,01m.5, *mettez :* 0,015m.

BATHYCLÈS de Magnésie, p. 63. A la colonne, *mettez* 508 *au lieu de* 506.

BEDAS, fils de Lysippe. *Ajoutez :* ? de Sicyone.

BOËTHUS de Carthage. Il est beaucoup plus probable, ainsi que le pensent MM. C.–O. Müller et Letronne, qu'il était de Chalcédoine, Χαλκηδόνιος, qu'on aura lu Χαρκηδόνιος, de Carthage. C.–O. MULLER, *Handbuch*, § 159, 1; LETRONNE, *Expl. d'une inscr. grecq.* p. 18.

BULUS (Βῶλος ἐῶοίει), dans une inscription où se trouvent les deux vers donnés par l'auteur de la vie d'Homère, attribuée à Hérédote, pour être ceux que les habitans d'Ios firent placer sur le tombeau du poète. Cette inscription, qu'un officier hollandais au service de Russie (le comte Pasch), prétend avoir trouvée en 1772, dans l'île d'Ios, a été révoquée en   ?

doute par le Cte. de Choiseul-Gouffier (*V.* t. 1, p. 20),
par M. Boissonade et M. Letronne, auquel je dois ce
nom.

CANTHARE. *Voyez* SATYRUS, p. 194.

CARION, fils de Laossos, ?. sc. d'ornem. *Eph.* 1837,
n° 9, B. l. 51.   V

CARPUS, p. 71. A la colonne des siècles, *supprimez :*
V c, l. p. 531.   ?

CASATUS CARATIUS, p. 72. *Ajoutez avant :* *; de
même à CÉPHALIO, p. 73.

CASIDOCUS. *Lisez :* CLEODORVS *au lieu de* CLE-
SIDORVS.

CENCHRAMIS et POLYMNESTE. .ΟΛΥΜΝΗϚΤΟϚ
ΕΝ ΕΤΟΙΗϚΑΝ. Telle est l'inscript. donnée par
M. Pittakis, *Eph.* 1840, p. 336, n° 405. On y trouve
bien un sculpt. qui en a eu un autre pour collaborateur, mais on ne saurait y voir que ç'ait été CEN-
CHRAMIS, cité par Pline, l. 34, 8, 19, sans en mar-
quer l'époque. Il n'y a pas de raisons plausibles pour
l'admettre, d'après une inscript. qui, en s'en rapportant
à la planche de l'*Ephéméride*, et je discute toujours
dans l'hypothèse de son exactitude épigraphique, ne
donne même pas le commencement de son nom, car
il y a EN et non KEN ; il n'y a pas de raison, dis-je,
pour croire que ce Polymneste, inconnu du reste, ait
travaillé avec Cenchramis, que nous ne pouvons
recevoir parmi les artistes de nos inscriptions.

CÉPHISODORE, stat. ou sc., Ο ΔΗΜΟΣ ΠΟΠΛΙΟΝ   ?
ΚΟΡΝΗΛΙΟΥ ΠΟΠΛΙΟΥ ΥΙΟΝ ΣΚΙΠΙΩΝΑ ΤΑ-
ΜΙΑΝ ΚΑΙ ΑΝΤΙΣΤΡΑΤΗΓΟΝ ΑΡΕΤΗΣ ΕΝΕΚΑ
ΚΕΦΙΣΟΔΩΡΟΣ ΕΠΟΙΗΣΕ. CHANDLER, *Inscr.*,
II, 36, p. 57 ; BŒCKH, *C. inscr.*, N°. 364. — Pline,
l. 35, 9, 36, nous donne un peintre de ce nom,
du Ve. siècle. Le Céphisodore que nous fournit une
inscript. trouvée à Athènes, près du temple d'Esculape, est beaucoup moins ancien et ne remonte
qu'au commencement de la domination romaine
en Grèce. Il était sculpt. ou stat. et fit la statue d'un P.
CORNELIUS SCIPION, fils de Publius. Le grand nombre
de personnages illustrés de cette branche de la famille
Cornelia, qui ont porté le même prénom, ne permet
pas de décider quel est celui dont Céphisodore avait

fait la statue. Peut-être est-ce le PUBLIUS CORNELIUS SCIPION, qui fut consul l'an de Rome 737. Il est à présumer que ce Céphisodore, artiste, chargé d'ériger une statue décernée par la reconnaissance des Athéniens, devait être un homme de talent. Pittakis, *Anc. Ath.*, p. 228.

CÉPHISODORE du dême de Scambonides, ?., sc. d'ornem. *Eph.* 1837, nº. 9, A. 1. 57. Il touche 15 dr. — nº. 11, l. 11. Rien. — nº. 9, B, l. 65, 67; nº. 10, A, l. 9. 1 dr. — Ce ne devait être qu'un très-petit ouvrier.

CÉPHISODOTE et TIMARQUE, fils de Praxitèle. Les noms de ces deux statuaires, dont le premier est connu par Pline et Pausanias, et le second par Pline, ont été trouvés le 10 juin 1837, sur une grande base, découverte à l'est du Parthénon. Elle avait supporté la statue que ces deux artistes avaient érigée à leur oncle THÉOXÉNIDES, et consacrée à Minerve, près de son temple. L'inscription porte :

KHΦIΣOΔOTOΣTIMAPXOΣ
EPEΣIΔAITONΘEION
ΘEOΞENIΔHNANEΘHKAN.

Cette inscription ne fait mention que de la consécration de la statue, ANEΘHKAN. Mais il est bien à croire qu'elle était de la main de ces statuaires qui n'auront pas laissé à d'autres le soin de rendre cet hommage à leur oncle. Cette inscription dit qu'ils étaient du dême d'Erésides. On a trouvé à l'ouest du Parthénon, la base cylindrique en marb. pentélique d'une autre statue décernée à un prêtre d'Erechthée, du dême de Baté et de la famille sacerdotale des Butades, en si grand crédit à Athènes, et qui lui avait été consacrée par Polyeucte du dême d'Herchia. Cette base portait une inscription très-mutilée, restituée par M. Ross, et dont voici la fin : ....OΣTIMA[PXOΣ] EΠOIHΣAN. [Céphisodot]os, Timarque ont fait. M. Pittakis, *Eph.* 1839, p. 183, nº. 168; et 1840, p. 320, nº. 384, pense, d'après un examen scrupuleux des fragments de lettres, qu'à la première ligne de cette inscription horriblement défigurée, il était plutôt question d'un prêtre de Minerve Poliade, que d'un prêtre de la famille des Butades comme le voudrait M. Ross, et après lui C.-O. Müller, *Arch. Mitth.*, p. 127. La première inscription rectifie le nom, que dans des éditions de Pline on lit CÉPHISODORE, et que dans de savantes discussions basées sur les manuscrits, avait bien rétabli M. Sillig. *Voy.* son *Catal. artif.*

CÉPHISOGÈNE du Pirée, ?., sculpt. d'ornem. *Eph.* 1837, n⁰. 9, A, l. 55; n⁰. 11, l. 9. — Il ne reçoit que 2 dr. 2 oboles, et dans une première citation rien n'est porté.   V

CERDON, fils d'Achsiopithos, du dême d'Alopécé, ?, sc. d'ornem. *Eph.* 1837, n⁰. 9, A, l. 43, 12 dr. 5 ob.; — l. 79, 13 dr. 2 ob.; — n⁰. 9, B, l. 61; — au n⁰. 10, A, l. 18, il ne touche qu'une drachme; il est probable que c'est le salaire d'une journée.   V

CÉROPLASTE, modeleur ou mouleur en cire, dont on ne donne pas le nom. — Il touche 16 dr. *Eph.* 1837, n⁰. 9, B, l. 6.

* CHARITUS, p. 74. *Ajoutez :* gr. f. de même qu'à CHÉLIDON.

* CHÉLIS, *voyez* p. 74. Dans le fond d'une coupe à fig. noires, un vieux faune tenant sa queue, ϹΧΕLΙϹ ΕΓΟΙΕϟΝ (*sic*). Coll. de la princesse de Canino. *Cat. Dubois*, N⁰. 180.   ?

CHION. *Ajoutez :* de Corinthe ; artiste sans autre désignation, sans réputation, moins par manque de talent que de bonheur.

* CLASSICUS, p. 76. *Ajoutez :* gr. f.

CLÉODAMUS, arch. sous Gallien (260-268 de J.-C.). *Voyez* ATHÉNÉE.

CLÉOMENÈS, sc. au 4e., à la 4e. lig., *lisez :* 4 statues de la coll. Pembroke, à Wilton-House.

CLÉON, fils de Périclidas. L'inscription indiquée p. 77 porte : ΚΛΕΩΝ ΠΕΙΡΙΚΛΕΙΔΑ ΛΑΚΕΔΑΙΜΟΝΙΟΣ ΑΡΧΙΤΕΚΤΟΝΕΙ.   ?

CLÉON, ?., sc. d'ornem. *Eph.* 1837, n⁰. 9, A, l. 50. — 16 dr. 5 ob.   V

CLÉSIDÈS, ptr. Après Alexandre-le-Grand, *mettez :* fit le portrait d'une des reines nommées Stratonice. PLINE, l. 35, 11, 40; SILLIG.

CLIADÈS. *Voyez* DIADÈS.

CŒLON, fils de Laossos, ?., sc. d'ornem. *Eph.* 1837, n⁰. 9, A, l. 68. — 20 dr. — Si c'était pour le même   V

temps de travail, ou pour le même genre d'ouvrage,
il était plus payé et peut-être plus habile que plusieurs
de ses compagnons.

COÏS, ΚΟΙΟΣ, p. 81. Ce n'est pas le nom d'un artiste,
mais celui de sa patrie, Côs. M. Letronne, en le citant
(*Explic. d'une inscript.*, p. 29), ne s'y est pas trompé,
comme M. Welcker l'avait fait. L'inscr. rétrogr., en
caractères très-anciens, porte : ...ΝΦΣΕ☰ΟϡΜ⌐ΣΟ-
ΙΟϘ, ou ϘΟΙΟΣΜ⌐ΓΟΕΣΕΦΝ.., ΚΟΙΟΣΜΑΠΟΕΣ-
ΕΦΝ...., *de Côs, m'a fait* Le Ϙ, *coppa*, remplace
le Κ, comme sur de très-anciennes médailles de Crotone et de Corinthe, la forme du Π, Γ, est particulière.
Bœckh, *C. inscr.*, No. 31, p. 48 et 836.

COSSUTIUS, p. 82. aux deux *mettez avant* : *.

CRESCÈS, p. 83. *Ajoutez :* gr. f.

* CRÉSILAS. On avait lu dans Pline, l. 34, C, 18, 19,
Ctésilas, Ctélilaus, et même Désilaus (*Voy.*
ici pp. 85, 234), quoique des manuscrits cités par
M. Sillig, *Cat.* p. 166, et qu'il n'avait pas adoptés,
portent ΚΡΕΣΙΛΑΣ, CRESILAS, qu'une inscript. découverte à Athènes, le 3 avr. 1839, prouve être le véritable nom de ce statuaire. Ce pourait être celui qui
avait été contemporain de Phidias et même, quoique
plus jeune, son émule, avec Polyclète, Cydon et Phradmon, dans un concours pour une statue d'amazone
blessée. Il aurait aussi fait en bronze celle de Périclès, du vivant de ce grand homme, M. 428 av. J.-C.
La forme des lettres de cette inscription, antérieure à
l'Archontat d'Euclide (94, 2 ol., 403 av. J.-C.), con-
firmerait l'époque assignée à ce statuaire et elle donne
son véritable nom, ΚΡΕΣ,ΛΑΣ, KRÉSILAS ou CRE-
SILAS, et la leçon vicieuse de Pline se trouve rectifiée.
Voici cette inscription :

<pre>
ΗΕΓΜΟΙΥΚΟΣ
ΔΙΕΙΤΓΕΦΟΣ
ΑΠΑΓΧΕΝ
    ΚΓΕΣΙΛΑΣ
      ΕΠΟΕΣΕΝ.
</pre>

La statue que portait le socle, en marbre pentélique,
sur un fragment duquel est cette inscript., était celle
d'Hermolycus, fils de Dieitréphès. Notre inscript. de
Nointel, no. 222 bis du Mus. roy., nous donne, 3e coll.,
l. 53, un Dieitrephès de la tribu Cécropide, parmi

les guerriers Athéniens tués dans plusieurs expédi-
tions, mais il est probable que, vu leur grand nombre,
on ne leur aura pas élevé de statues, et Dieitrephès n'est
pas cité d'une manière particulière. Mais Thucydide,
l. 7, 29, dit un mot d'un Dieitrephès qui, la 19e. année
de la guerre du Péloponèse, 414 av. J.-C, prit et pilla
la grande et belle ville de Mycalesse en Béotie, à la
tête de 1,300 Thraces, à la solde des Athéniens. Il fut
tué à coups de flèches, dans une expédition, et Pausanias, *Att.* 23, parle d'une belle statue de ce guerrier
qui était à l'Acropole d'Athènes, et qui l'offrait percé
de flèches. Il est assez à croire qu'elle lui avait été consacrée par son fils Hermolycus, qui en aura fait offrande
(απαρχη) à Minerve. Ce peut être celle de l'inscript., et
d'autant mieux qu'ayant été trouvée encastrée dans le
mur d'une citerne, devant la partie occidentale du Parthénon, l'on peut admettre que c'est près de l'endroit
où Pausanias avait vu cette statue. Ne serait-il pas aussi
à présumer que c'était la belle statue d'un guerrier blessé
et respirant encore, attribuée par Pline, l. 34, C, 19,
14, à Ctésilaüs ou plutôt à notre CRÉSILAS, statuaire
distingué, d'après ce qu'en rapporte cet auteur, et
d'après la place honorable qu'occupait à l'Acropole d'A-
thènes, la statue de Dieitrephès, que lui donne l'inscript., et dont Pausanias n'aurait pas dû passer l'habile
auteur sous silence.? *Voy.* M. Bœckh, C. I. no. 169;
l'*Eph. archéol.* de M. Pittakis, 1838, p. 131, no. 81 ; la
Lettr. de M. Ross à M. Thiersch, Athènes 1839; C.-O.
Müller, *Arch. Mitth.*, p. 124.

CRESSILAS de Cydonie en Crète. *Mettez avant :* *. —
La fin de l'inscription indiquée est ainsi dans Bœckh :
ΚΡΕΣΙΔΑΣ ΕΠΟΙΕΣΕ ΚΥΔΟΝΙΑΤΑΣ. Le nom est
écrit *Krésidas*, avec un seul S; dans l'inscription en
petit texte, M. Bœckh met deux Σ. M. Letronne, p. 23,
lit ΚΡΕΣΙΛΑΣ, *Crésilas*. Dans les inscriptions mal
gravées, le Δ peut sans cesse se prendre pour le Λ.
Ici, ainsi que l'offrent quelques inscriptions, le nom
ethnique est placé après le verbe ἐποίησε, ce qui infirme
sans le détruire, ce que j'ai dit p. 33, lig. 25, au sujet
du nom d'AMASIS.

CRITON et NICOLAÜS. sc. et non stat.

CRITONIUS HILUS. *Mettez avant :* * *et* d'un Publius
au lieu de Publius.

CRŒSUS de Scambonides. *Ephém.* 1837, no. 9, A, l. 7,
1 dr. — et l. 18, 1 dr. — Ne serait-on pas tenté de

soupçonner que c'était par dérision que l'on donnait comme sobriquet le nom de l'opulent roi de Lydie, à ce pauvre diable d'ouvrier?

CTÉSILAÜS. Il est dit dans cet article que le nom de CRÉSILAS est inadmisible, Il ne l'est pas, car M. Letronne lit ainsi le nom que M. Bœckh lit CRESSIDAS. *Voyez* plus haut ce dernier nom.

DAMATRIUS, fils de Théophane, ?. archit. *Voyez* SOSICRATE.

DAMOCRITE, sc. ou stat., fils d'Aristomède, ?. d'Itania en Crète. Il y avait une statue de lui à Hiérapytna, ville de cette île, stat. BŒCKH, *C. inscr.*, N°. 2602.

DÉDALE de Sicyone. *Ajoutez* l'inscript. de Bœckh, *C. inscr.*, 2984, trouvée à Éphèse sur un aqueduc, porte: ΥΙΟΣ ΠΑΤΡΟΚΛΕΟΣ ΔΑΙΔΑΛΟΣ ¡ΕΡΓΑΣΑΤΟ.

DEINIADÈS, p. 87, *Mettez avant :* *. *Ajoutez à la fin :* ΔΕΙΝΙΑΔΕϚ ΦΙΥΤΙΑϚ ou ΦΙΝΤΙΑϚ. Coll. du P. de Canino. GERH., *C. A.* t. 3, p. 179, N°. 707; p. 180, N°. 728.   ?

DÉMOCRITE, p. 89. Sc. et non stat.

DÉSILAÜS ou CTÉSILAÜS, p. 89. M. Letronne pense que rien n'empêche que DÉSILAUS ne soit le vrai nom de cet artiste. *Voyez* la lettre de M. Ross à M. Thiersch, p. 9.

DIES.... ΔΙΗΣ ΕΠΟΙΗΣΕΝ. Inscript. trouvée mutilée sur la base qui avait supporté la stat. d'EPIPHANE, FILS D'EPIGÈNE, et qui fut trouvée entre les Propylées et le Parthénon. Pittakis, *Anc. Ath.*, p. 287. V. ici p. 90. M. Bœckh donne comme entier ce nom de DIES, On dirait cependant qu'il y a de la place pour quelques lettres avant ΔΙΗΣ et ΕΥΩΝΥΜΕΑ de l'inscript. donnée par M. Pittakis, et ce pourrait bien n'être que la fin d'un nom.

DINIAS, ptr. de vases. Ce nom est un double emploi, et ce qui est dit dans cet article doit être fondu dans celui de DEINIADES.

DIODOTE de Nicomédie. *Mettez avant :* *.

* DIONYSODORE. *Ajoutez :* sc.

DIONYSIODORE, p. 93. *Lisez* Adamas *au lieu de* La-   ? II *b* damas. L'inscription de Bœckh, *C. inscr.*, N°. 2298, porte : ΔΙΟΝΥΣΟΔΩΡΟΣ ΚΑΙ ΜΟΣΣΧΙΩΝ (*sic*) ΚΑΙ ΑΔΑΜΑΣ ΟΙ ΑΔΑΜΑΝΤΟΣ ΑΘΗΝΑΙΟΙ ΖΑΚΟΡΕΥΟΝΤΟΣ ΜΑΡΑΘΩΝΟΣ ΕΠΟΙΟΥΝ. *Dionysodore*, *Moschion et Adamas*, *fils d'Adamas d'Athènes*, *ont fait*, *Marathon étant zacore* (sorte de prêtre dont le sacerdoce servait peut-être à désigner les années). Cette inscription sous une statue d'Isis, à Venise, au palais Emo.

DIONYSODORE de Mélite paraît avoir été employé à   V peindre ou à passer à l'encaustique plusieurs parties du temple d'Erechthée. On ne parle pas de ses émoluments. *Eph.* 1837, n°. 9, B, l. 18 ; n°. 10, A, 1, 23.

DIPŒNUS, p. 98. Sc. et non stat.

ÉLEUDORUS, p. 100. Grav. mon. et non stat.

ÉLIGIUS, p. 101. A la colonne des siècles *mettez* : VI*

ENDŒUS, fils de Lycus, ?, sc. d'ornem. *Ephém.* 1837,   V n°. 9, A, l. 52. — 16 dr. 4 ob.

ENNION, gr. f. ΕΝΟΙΩΝ ΕΠΟΙΗΣΕ. Pierre grav. Mus. de Modène. Fourni par M. LETRONNE.

ÉPAGATUS. ΕΠΑΓΑΤΟϹ ΕΠΟΙΕ. FRANS, *Elem. Epigr.*, d. 55. LETRONNE, ?.

ÉPICTÈTE, p. 102, lig. 10, *lisez :* qu'une *au lieu de* qu'un.

EPICTÈTE, p. 103. *Ajoutez* à la fin de cet artiste : Coupe à figures jaunes; au centre, un s a t y r e u r in a n t d a n s u n v a s è, et pour inscription : ΕΠΙΚΤΕΤΟϹ ΕΓΡΑΦϟΕΝ. Coll. de la princesse de Canino. *Cat. Dubois*, N°. 174. *Voyez* plus bas PAMAPHIUS,

EPIGÈNE. *Eph.* 1837, n°. 11, l. 5. — Il ne reçoit qu'une   V drachme.

ÉPIICÈS, fils de Simias, ?, sc. d'ornem. *Eph.* 1837,   V n°. 9, A, l. 47; 12 dr. — l. 83, 22 dr. — C'est un de ceux qui touchent la plus forte paie. *Voy.* CŒLON.

ÉPITIMUS, p. 104. ΕΠΙΤΙΜΟϟ ΕΠΟΙΕϟΕΝ, répété deux fois sur les côtés extérieurs d'une cylix de la princesse de Canino, *Cat. Dubois*, N°. 203.

ÉPITRACHALUS, gr. f. ΕΠΙΤΡΑΧΑΛΟΕ ΕΠΟΙΕΙ. LETRONNE.

ÉROPHILE, p. 195. Le mettre à HÉROPHILE. *Ajoutez* gr. f. ??, et à la colonne des siècles : I*.

1. EUBULIDE d'Athènes. A la p. 106, lig. 5, *mettez :* V *au lieu de* V.

2 EUBULIDE, sc. L'inscription du Musée Royal porte, ΕΥΒΟΥΛΙΔΗΣ ΔΡΟΠΙΔΑΟ (ou ΚΡΟΠΙΓΑΟ) ΕΠ-ΟΙΗΣΑΝ. — M. Bœckh, *C. inscr.*, N°. 666, lit : . ..ΚΑΙ ΕΥΒΟΥΛΙΔΗΣ ΚΡΩΠΙΔΑΙ ΕΠΟΙΗΣΑΝ. Il m'a été impossible de voir sur la pierre le ΚΑΙ et l'Ω du troisième mot. M. Letronne, p. 14 et 29, ajoute *Euchir* à *Eubulide*. L'inscription ne donne pas ce nom, mais un autre monument, interprété par M. Ross l'offre d'une manière positive, et a servi à rétablir avec toute sûreté cette inscription-ci dans son entier et à y replacer en tête le nom d'*Euchir*, avant ΚΑΙ. On trouve encore le nom du même *Eubulide* seul, suivi d'ΕΠΟΙΗΣΕ, dans Ross, *Mon. d'Eubul.*, et GERHARD, *Allgem. litteratur Zeitung*, 1839, N°. 160, 5, 57 ; LETRONNE, p. 27.

EUBULUS, p. 106. Sc. *au lieu de* stat.

EUCHIR, SYEDRA et CHARTA. *Lisez :* SYADRAS et CHARTAS.

EUCHIR. M. Rancabé, dans l'*Ephéméride* de M. Pittakis, 1838, p. 79, admet l'inscript. ΕΥΧΕΙΡΟΣ ΚΡΩΠ-ΙΔΗΣ, mais il ne pense pas qu'il y ait pu avoir ΕΥΒΟΛΙΔΕΣ avant ΕΥΧΕΙΡΟΣ. Alors le nom du sculpt. serait EUCHEIROS du dême de Kropides, et non EUCHEIR, connu par d'autres inscriptions et par les auteurs. Après une longue discussion topographique sur Athènes et sur le chemin suivi par Pausanias en y entrant par la porte du Pirée, M. Rancabé pense que M. Ross a mal placé le monument d'Eubulide qui, selon Pausanias, était dans le long portique qui à l'E. de la porte du Pirée, se dirigeait au S. hors du Céramique, au S. du temple de Thésée, entre la colline des Nymphes et l'Aréopage. Alors, d'après M. Rancabé, M. Ross le met trop au nord de la porte Dipyle, en dedans du Céramique. Je rapporte les différences d'opinion sans me hasarder à décider quelle est la préférable. *Voy.* EUBULIDE.

Siècles

* **EUCHSITHÈS**, ptr. de vases de Vulci. EV+SIΘEOS EΠOIEΣEN, *Euchsithès a fait*, sur l'anse d'un vase à figures jaunes représentant A c h i l l e , A+IVEVS et Briséis, BPIΣEIΣ. *Coll. Durand, Cat. de* WITTE, No. 386.

EUDOXE du dême d'Alopécé, ?, sc. d'ornem. *Eph.* 1837, no. 9, l. 49. — 17 dr. 2 ob.   V

EUMELUS de Scambonide, ?, sc. d'ornem. *Eph.* 1837, B, l. 72. — 14 dr.   V

* **EUPHRONIUS**, *voyez* p. 109. Coupe à figures noires ayant au centre un c a v a l i e r , et pour inscription : EVΦPONIOΣ EΠOIEΣE ONEΣMIOΣ (pour ON-EΣIMOΣ) EΓPAΦΣ... Il paraît ici, comme dans d'autres exemples, qu'*Euphronius* n'était que fabricant de vases ou potier. Coll. de la princesse de Canino. *Cat. Dubois*, Nos. 199, 233.

EUPLUS, p. 110, fig. 20. *Lisez :* un petit édicule.

* **EUTHYMIDE**, p. 111. A la fin de l'article *ajoutez : Voyez* la fin de l'article d'Euphronius.

5. **EUTYCHÈS**, p. 112. *Mettez :* sc., de même à 1. **EUTYCHIDES.**

EXECESTUS ou ?. **EXECESTIDES**. EΞHKE..OⱾE-ΠOHⱾEN, fin d'une inscrip. en trois lignes, trouvée en 1837, à Athènes, dans des fouilles au N. du Parthénon et près de l'Erechthéon. Sur le socle étaient les traces des pieds de la statue, que le fils d'Apollodore du dême de Phréares avait consacrée à Minerve Poliade, et qui était de la main d'EXECESTUS. Cet artiste dont l'ouvrage se trouvait à l'Acropole parmi des monuments dus à des artistes de talent, employés par les gens riches d'Ath., devait y jouir de quelque réputation, ainsi que le pense M. Pittakis, *Eph.* 1838, p. 159, no. 183. C.-O. Müller, *Arch. mitth.*, p. 128, lit EXECESTIDES, mais dans l'inscript., le peu d'écartement entre KE et OⱾ où il n'y a la place que de deux lettres, ne permettrait pas de restituer ainsi ce nom. Et d'ailleurs, d'après la lithographie de M. Pittakis, on voit avant le Ⱶ la trace de l'O. *Voy.* M. Ross dans le *Kunstbl.* 1840, no. 17.   ?

GÉRYON, fils de Phalacrus, ?, sc. d'ornem. *Eph.* 1837, no. 9, A, l. 72 ; B, l. 55. — 20 dr.   V

...GITON du Pirée, ?, ARISTOGITON, ?, sc. d'orn. *Eph.* 1837, n°. 9, B, l. 68.

HALTÈS. *Voyez* SATYRUS, p. 194.

* HÉIUS, gr. f., *voyez* p. 122. (HEIOY), Jupiter dans un quadrige foudroyant deux géants anguipèdes. Cette composition rappelle beaucoup le beau camée d'Athénion : vermeille intaille de la coll. du baron Roger. Le nom est supposé et l'antiquité de la gravure est suspecte. Hors la Diane chasseresse, les autres pierres attribuées à *Heius* portent, à ce qu'il paraît, des signatures fausses ou qui n'appartiennent pas à cet *Heius*, ainsi que le démontre la différence de leur style avec celui de la gravure de la Diane, qui annonce un maître plus ancien. *Note de M. Dubois.*   ?

HÉRACLIDE d'Ephèse, p. 125. *Lisez :* sc. *au lieu de :* stat.

* HERMÆUS, ptr. de vases. HEPMAIO⸗ ET⸒OIE⸗EN, sur une coupe : Mercure debout faisant une libation. *Communiqué par M. de Witte.*   ?

* HERMOGÈNE, ptr. de vases. Sur une coupe de la coll. Canino (*Cat. Dubois*, N°. 253) : HEPMOΓE⋏E⸗ ⸗ΓOIE⸗E⋏ ME, *Hermogène m'a fait.* Actuellement au Musée du Louvre.

HÉROPHILE, non ÉROPHILE, comme il est écrit plus haut, p. 105 et 254.

* HIÉRON, ptr. de vases, *voyez* p. 128. Sur l'anse d'une coupe : HIEPON ET⸒OE⸗EN. Coll. de la princesse de Canino. *Cat. Dubois.* N°. 265.

* HISCHYLUS, potier de vases, *voyez* p. 130. HI⸗⸜VLO⸗ ET⸒OIE⸗N (*sic*) sur une coupe dont le fond représente un archer Au revers : deux éphèbes et un homme très-gros ; ΦEIΔITTO⸗ EΓ⸗PAΦE, PHIDIPPE *a peint.* Coll. de la princesse de Canino. *Cat. Dubois,* N°. 204.

* HOROTHÉE d'Argos, ?. sc. L'inscr., en caractères   ? anciens, porte : HOϜOΘEO⋞ EϜϜΛΑ⋞ΑTO ΑϜΛE⸗ IO⋞. On pourrait lire : EIϜΛΑ⋞ATO ou EEϜΛΑ⋞A⸗ TO, avec le E ou digamma éolique pour l'aspiration. M. Bœckh, *C. inscr.*, N°. 1194, M. Letronne, *Descript.;*

Siècles.

etc., p. 23, est porté à lire DOROTHÉE au lieu de HO-ROTHÉE, et il est plus que probable qu'il a raison.

* **HYLLUS**, gr. f., p. 131, 133. On peut ajouter à cet article que le nom d'*HYLLUS* est celui dont les faussaires ont le plus abusé, et que sauf le taureau *dionysiaque*, à la Biblioth. Roy., les pierres avec sa signature sont très-suspectes et peut-être de fabrique moderne. *Note de M. Dubois.*

IASOS de Colytte, sculpt. Il y avait de lui au Parthénon un bas-relief qui représentait une femme avec sa fille; et dont la partie qui représentait celle-ci s'était détachée du fond. *Voy.* ARCHILOQUE. — Il reçut pour ce bas-relief 60 dr. (= 55 fr. = 220 fr.). — *Eph.* 1837, n°. 9, A, l. 20. A la ligne 69, il ne touche que 20 dr., comme un des sculpt. secondaires. Il ne subsiste au reste du nom que l'I, et ce pourrait être un autre nom que IASOS. Et d'ailleurs pourquoi n'aurait-il pas exécuté à l'Erechthéon divers travaux à différens prix, et on l'ignore s'il travaillait à la pièce ou à la journée.   V

ISIDORE de Paros, p. 134. Pline cite bien un ISIDORE, mais il est à croire que ce n'est pas celui-ci.

ISOSANDRE, ?, sc. d'ornem. ou seulement un ouvrier en pierre ou en marbre. — Il ne reçoit que 7 dr. — *Eph.* 1837, n°. 11, l. 6.   V

....**ITOS**, fils de Dionysius. ΕΠΟΙΕΤΟΔΕΤΟΝ..... ....ΙΤΟΣΔΙΟΝΥΣΙΟΥ. On ne saurait dire quel était ce nom d'artiste ou d'ouvrier dont il n'y a que la fin, sur un piédestal trouvé près du Parthénon. Pittakis, *Anc. Ath.*, p. 389.

LADAMAS, p. 35. Supprimez ce nom que Winckelmann, *H. A.*, éd. allem. de Dresde, t. 6, P. 1, p. 38, P. p. 56, lit ainsi. Ce doit être ADAMAS, d'après l'inscription dans Bœckh, *C. inscr.*, N°. 2298.   ?

LAOSSOS d'Alopécé, ?, sculpt. d'ornem. Il touche pour ses émoluments 20 dr. *Eph.* 1837, n°. 9, A, l. 66; B, l. 49.   V

LÉOCHARÈS d'Ath. stat, ΛΕΩΧΑΡΗΣ Ε[ΠΟΙΗΣΕ]. Inscript. trouvée le 10 juillet 1839, sur une base en marb. pentélique, à l'est des Propylées, et qui, selon M. Pittakis, *Eph. Archéol.*, p. 126, n°. 224, appartenait à une des stat. de LÉOCHARÈS, que Pausanias vit à l'Acropole d'Athènes, près du Parthénon, et dont une représentait Jupiter, et l'autre la statue colossale de Jupiter *Polieus*, protecteur de la citadelle. Il paraît que cette base aurait été celle de la moins grande de ces deux statues. On sait par Pline, que ce LÉOCHARÈS, très-habile statuaire, florissait dans la 102e. ol., et était contemporain de Praxitèle, de Polyclète, de Céphisodore, de Sthennis et d'Hypatodore; il fit des statues en or et en ivoire. On cite de lui de beaux ouvrages, entre autres un Ganymède enlevé par l'aigle; des statues de Philippe et d'Alexandre-le-Grand, qu'il fit après la victoire de Chéronée, 110 ol., 3; 338 av. J.-C. On a aussi trouvé, en 1839 (Pittakis, p. 173, n°. 150; C.-O. Müller, *Arch. mitth.*, p. 127), le nom de ce LÉOCHARÈS ΛΕΩΧΑΡΗΣ ΕΠΟΗΣΕΝ sur la base d'une statue de Pasiclès, fils d'un Myron du dême de Potamos. *Voy.* Ross, *Lett.* Kunstbl. 1840, n°. 32. *Voy.* ANDROSTHÈNES.

LÉOCHARÈS, statuaire. Celui-ci est beaucoup moins ancien que le précédent, et ne date peut-être que des derniers temps de la république romaine. Son nom, ΛΕΩΧΑΡΗΣ ΕΠΟΙΗΣΕΝ, a été trouvé en 1838, sur la même base que le nom d'ARISTON ou d'ARISTONIDAS dont on avait enlevé la statue pour la remplacer, sur le socle retourné, par celle d'un MARC ANTOINE..., FILS D'ANAXION. Cette statue paraît avoir été, d'après la trace des pieds, en bronze et au-dessous de nature. Pittakis, *Eph.* 1838, p. 161, n°. 126; C.-O. Müller, *Archæol. mitth.*, p. 128. *Voy.* ARISTONIDAS.

    ?

LYSANIAS, ?, sculpt. d'ornem. — Il reçoit 18 dr. *Eph.* 1837, n°. 9, A, l. 39, — et 20, l. 76; il est encore cité, B, l. 58.

    V

2. LYSIPPE d'Ath., ptr. P. 140, lig. 3, *au lieu d'ἐνέ- καεν, lisez ἐνέκαυσεν, il a passé au feu* ou *peint à l'encaustique, au moyen du feu.*

* MACÉDON d'Héraclée, fils de Dionysius, sc. Son nom sur une statue, peut-être de Minerve ou consacrée à cette déesse. ΕΠΟΙΗΣΕΝ ΜΑΚΕΔΩΝ ΔΙΟΝΥΣΙΟΥ ΗΡΑΚΛΕΩΤΗΣ. BŒCKH, *C. inscr.*; N°. 2660.

MANIS de Colytte. Il paraît qu'il était employé à l'Erech- V
théon à des travaux en bronze et à l'encaustique. *Eph.*
1837, n°. 9, B, l. 76. — Il touche 8¼ dr. ; et 23, pour
l'encaustique au n°. 10, A, l. 7. Ce Manis pouvait être
un des principaux ouvriers du temple. On ne sait cependant pas sur quel pied on le payait, ce qui, dans
cette belle inscription, cause beaucoup d'embarras et
ne permet d'établir rien de positif, ni sur les travaux,
ni sur le talent de ceux qui y étaient employés.

MÉDUS de Mélite. *Eph.* 1837, n°. 90, A, l. 11, et n°. V
10, A. Il ne touche qu'une drachme. Etait-ce le prix
de sa journée, de quelque ouvrage, ou une solde de
compte ?

MEMMON, doit-être retranché du nombre des artistes.
On attribuait à ce prétendu héros asiatique fils de
l'Aurore, ou dont on ne connaissait pas l'origine, de
grands exploits, des conquêtes et les plus beaux monuments, sans s'embarrasser des discordances et des
anachronismes qui les rendaient impossibles. En As-
syrie, on lui devait une route ; il avait élevé les murs
de Babylone, embelli cette ville des magnifiques palais
Memnonien, qui n'existèrent jamais. C'était encore
ce héros qui avait construit à Ecbatane, le palais de
Cyrus, l'une des merveilles du monde, tel que le palais
d'Aladin, des *Mille et une Nuits*, et ses nombreuses
colonnes d'or massif soutenaient des murs dont les
blocs énormes des marbres les plus rares étaient sertis
dans de l'or. Il n'est pas étonnant que l'on ait fait de
l'auteur de tant de prodiges, le plus grand et le plus
brillant architecte du monde ; et cependant, d'après
les savantes et judicieuses observations de M. Letronne,
il faut bien, quoi qu'on en ait, retrancher MEMNON
avec tous ses miracles de l'art, du nombre des artistes
donnés par Diodore de Sicile, Junius, Sillig, Man-
nert, et par moi dans ma description de 1820, et même
ici p. 142. — *Voyez* la STATUE VOCALE de MEMMON,
par M. LETRONNE, 1823, p. 72.

MÉNODOTE de Tyr. ΜΗΝΟΔΟΤΟΣ ΤΥΡΙΟΣ, sc. ?
Pittakis, *Eph. Arch.*, p. 67.

MICION, stat. ou sc. On connaît par Lucien un peintre ?
de ce nom, élève de Zeuxis. Une inscript. découverte
à Athènes, en 1844, publiée par M. L. Ross, *Archæolog.*

Zeitung., p. 244, a ajouté un Micion, fils de Pythogène, à la liste des sculpt. dont l'époque est inconnue.

MILETUS, p. 147, lig. 31, *lisez : Vernœ*, au lieu de *Vernœ*.

MNÉSARQUE, p. 149. Après anneaux *mettez* une virgule et : il était.

MYNNION d'Agryles, sc. MYNNIONHAAPYLEHOIKON: pour OIKΩN; Mynnion habitant à Agryles. Il y avait de lui à l'Erechthéon un bas-relief représentant un homme et un cheval qu'il frappait; il avait placé aussi une stèle; le tout lui fut payé 127 dr. C'est dans ces inscriptions, un des travaux le plus rétribués. *Eph.* 1837, n°. 9, A. l. 11.

NÉSIOTÈS et NÉSOTÈS. Ce nom était connu, mais d'une manière très-incertaine. Le séparant de celui de Critias auquel il semblait joint dans des textes de Pline (l. 34, 19), on en avait fait Nestoclès, et l'on avait deux statuaires, Critias et Nestoclès. Mais, d'après une correction ingénieuse de Junius suivie par M. Sillig, ce nom devint Nésiotès, *insulaire*, et ne fut plus que le surnom de Critias qu'on supposait d'Egine ou de quelque autre île voisine de l'Attique. Au lieu de deux artistes on n'en eut plus qu'un, Critias-Nesiotès ou l'insulaire. Cette nouvelle leçon parut très-admissible, jusqu'à ce qu'une inscrip. découverte à Ath., en 1838, ait tout changé. Donnée dans les *Ephémerides archéol.* d'Ath. de cette année, p. 79, par M. Pittakis, elle a été reproduite par M. Ross, dans sa *Lettre*, en 1839, à M. Thiersch, et par C.-C. Muller, dans son ouvrage posthume, *Archœol. Mittheil.*, etc., 1843, p. 124. Cette inscript. prouve que l'on s'est trompé, que l'ancien texte de Pline offre bien deux artistes, et qu'au lieu de Nestoclès il faut lire Nésiotès, et Critios en place de Critias, ce qui est moins important, quoique le nom de Critios soit beaucoup plus rare que celui de Critias. Les deux inscript. qui mentionnent ces deux sculpteurs les réunissent comme dans le texte de Pline, les voici. La première inscr. que je donne est la 2e. dans M. Pittakis, n° 46, p. 98, *Ephéméride* de 1838. Elle a été trouvée le 10 mai de cette année, à Athènes, sur une base en marb. pentél., sur le chemin de Propylées au Parthénon. Il paraît que la stat. supportée par le piédestal était en bronze, ce qui est d'accord avec Pline, qui range ces deux artistes parmi les statuaires. Ce qui le serait encore c'est que, d'après les dimensions de la base, la stat. semble avoir été petite ou au-dessous de nature et que Pline dit que Critias et Nésiotès dont il fait des émules de

Phidias, et qu'il met à côté d'Alcamène, se distinguaient surtout par des statues de petite dimension. On lit dans la 1re.
inscript. incomplète :

ΚΡΙΤΙΟ..ΑΙΝΕϟΙΟΤΕϟΕΓΟ...ΑΤΕ.

L'Ο de ΚΡΙΤΙΟϟ est bien un peu douteux, mais il paraît
qu'il en existe des traces. M. Ross restitue d'une manière
très-ingénieuse, mais peut-être un peu hardie, cette inscription
misérablement mutilée et où il n'existe que quelques lettres
certaines; il est vrai qu'elles sont importantes. Il croit que
la statue était celle de CHARINUS ou EPICHARINUS, qui selon
Pausanias, *Att.* 23, 11, et *El.* 1, 15, 2, remporta aux jeux
olymp. le prix du *diaule*, double course, et celle de l'*hoplito-
dromie*, course armée et auquel on consacra sur l'Acropole
d'Athènes, cette statue de la main de CRITIOS, ce qui rend cette
inscription d'un grand intérêt. On y lit très-distinctement
ΑΡΙΝΟϟ.. et plus loin ΗΟ, premières lettres du mot ΗΟΓ-
ΛΙΤΟΔΡΟΜΟϟ selon l'orthographe de l'époque qui doit,
comme celle de nos inscript. du Mus. roy. no 222, être avant
l'archontat d'Euclide 403 avant notre ère. Le Η n'était que
comme aspiration et remplaçait l'esprit rude, et l'on écrivait
ΗΟΓΛΙΤΟΔΡΟΜΟϟ le mot qui, depuis s'écrivit ΟΓΛΙΤΟΔΡΟ-
ΜΟΣ. Ainsi la belle restitution de M. Ross paraît incontestable.
On pourrait trouver qu'une petite statue n'était pas digne
d'un vainqueur olympique ; mais elle était de Critios, d'un très-
habile homme qui réussissait mieux dans des statues de
moyenne grandeur qu'en des ouvrages de fortes dimensions. Et
d'ailleurs, qui sait si Epicharinus, si leste et si fort, n'était pas
de très-petite taille. Les statues des vainqueurs olympiques
étaient *iconiques* et on reproduisait exactement non-seulement
leurs traits, mais encore leur taille. Alors celle du petit Epicharinus aurait convenu au talent de Critios et à celui de Nésiotès.
Et d'ailleurs on ne connaît pas la part que chacun de ces deux
statuaires avait dans les productions qu'ils travaillaient en
commun ; il se pourrait que dans cette association, Critios se
chargeât des modèles, et que Nésiotès s'occupât plus particulièrement de la fonte, de la réparation et de la ciselure des statues.

Le no 44 porte à la seconde et à la troisième lignes :

ΟΑΘΕΝ
ΟϟΚΑΙΝΕϟΟΤΕϟΕΓΟΙΕϟΑΤΕΝ.

Cette inscr. aurait été celle d'une stat. consacrée à Minerve
(Athéné), à ce qu'il paraît, par CALLIAS, fils de ΚΑΥ... Mais
ici se présente une difficulté. En restituant l'inscript. et en
lisant ΟΑΘΕΝΑΙΟϟ ΚΑΙ ΝΕϟΟΤΕϟ, l'Athénien et l'Insulaire,

M. Pittakis établit deux Critios dont l'un d'Athènes et l'autre insulaire; et les surnoms qu'ils devaient à leurs patries seraient devenus leurs noms propres. Celui de Critios aurait disparu et on ne les aurait plus appelés que l'Athénien et l'Insulaire. C'est ce qui est arrivé dans les temps modernes; les surnoms de Titien, de Corrège, de Parmesan, et tant d'autres firent oublier les noms de familles de Vecelli, d'Allegri, de Mazzuoli; de même aujourd'hui les noms de terre ou de lieux de naissance, ou même de séjour font perdre de vue les vrais noms de familles. Mais au reste, dans la leçon OAΘEN[AI]Oϟ de M. Pittakis, il prend l'Oϟ de la dernière ligne pour terminer le fragment OAΘEN de l'avant-dernière. Cependant avant l'Oϟ le marbre est très-éraillé, et il y a bien assez de place pour y ajouter KPITI et on aurait alors, en complétant l'OAΘEN, — OAΘENAIOϟKPITIOϟKAI, l'Athénien Critios, comme l'on peut supposer que c'était dans l'inscript. nº 46, où le surnom d'Athénien serait suivi du nom propre Critios. On trouve encore Nésiotès ou Nésotès seul et sans être accompagné de Critios, dans une autre inscrip. déterrée en 1837, à l'acropole d'Athènes, *Eph.*, 1838, p. 112, nº 60.

        ...ϜΙΒΙΟϟ
      ΑΝΕΘΕΚΕΝ
      ΚΙΘΑϜΟΝΔΟϟ
      ΝΕϟΙΟΤΕϟ.

La fin ΕΠΟΙΕϟΕΝ manque. Le Nésiotès ou Nésotès est sans l'article O, ce qui montre que dans la pensée on ne sous-entendait même plus le nom ou de Critios ou de tel autre, et que Nésiotès, insulaire, était tout-à-fait devenu le nom propre sous lequel était connu l'artiste.

	Siècles.
NEISUS, ΝΕΙ...(?. Neisus), le reste usé. — Coq monté sur un char tiré par deux rats; jaspe noir onyx, intaille; la gravure et les lettres antiques. Coll. Roger. *Communiqué par M. Dubois.*	?
NÉSIS de Mélite. Son salaire, on ne sait pour quel objet, ne lui fut payé que 15 drachme. *Eph.* 1837, nº 9, B, l. 70; et l. 2. — 8 dr.	V
NESTOCLES, n'existe pas et vient d'une fausse leçon de Pline (*Voy.* plus haut, p. 153).	
NICIAS, fils de Thrasymèdes, sc. Son nom, trouvé sur la base d'une stat. consacrée à Apollon, a été communiqué par M. Ross à M. Raoul-Rochette, qui en a parlé à l'Acad. des Beaux-Arts, le 13 avr. 1844. Ce Thrasymèdes peut être le stat. dont fait mention	?

Pausanias, *Cor.* 27, 2, et auquel on devait un Esculape en or et en ivoire et dont l'époque est incertaine.

NICOMAQUE (NICOΛAC). M. Letronne croit que ce nom, qui a été lu de diverses manières, est celui de NICOΛAC NICOLAS, et que, ce qui est souvent arrivé, on a confondu le C avec le K, ou plutôt c'est un K mal formé et dont le jambage droit a été oublié. — ?

NICOMAQUE? sculpt. NIKOMAXOΣΕΠΟΗΣΕΝ fin d'une inscript. mutilée, en 12 lignes, où l'on retrouve quelques vers, sur une base découverte en 1839, à l'Acropole d'Athènes, près du Parthénon. Les lettres sont d'inégales grandeurs. Il y est question d'un très-beau temple de Minerve ou Pallas la *pure.* (ναόν περικαλλὴ Παλλάδοσ ἁγνῆς) il est probable qu'il s'agit du Parthénon, temple de Pallas vierge, *Parthénos.* On ne connaît ni par Pline, ni par Pausanias de NICO-MAQUE stat. ou sculpt. M. Pittakis pense, sans en donner de raisons, qu'il a pu fleurir vers le temps de Démétrius de Phalère, 325-283 av. J.-C. *Eph.* 1838, p. 161, n° 125; Ross, Lett. à M. Thiersch, n° 7, p. 15: C.-O. Müller, *Arch. Mitth.*, p. 128. — ?

NICOSTHÈNES. ptr. de vases. *Voyez* p. 156. Sur une coupe: . .KOΣΘΕΝΕΣ ΕΠΟΙ . .   Coll. de la princesse de Canino. *Cat. Dubois,* N°. 236. — ?

NICOSTRATE? sc. d'ornem., *Eph.* 1837, n° 9, A, l. 59, — 15 dr. — V

...ODORE, ...OΔOPOϞ ΕΓΡΑΦϞΕΝ, fin du nom d'un ptr. de vases, tels que DIODORE, THEODORE, etc., sur une coupe à figures rouges de la coll. de lord Northampton. *Communiqué par M. de Witte.* — ?

ONÉSANDRE? sculp. *Eph.* 1837, n° 9, B, l. 63; il reçut 61 dr. — V

ONÉSIAS, fils de Nicostrate,? sc. d'ornem. *Eph.* 1837, n° 9, A, l. 49; — 16 dr. 4 ob. — V

ONESIMUS. *Eph.* 1837, n° 9, A, l. 85; rien. — V

PAMAPHIUS, ΓΑΜΑΦΙΟϞ (*sic*) ΕΠΟΙΕΣΕΝ. Ce nom très-singulier de potier, mais qu'ainsi que M. Dubois j'ai lu très-bien écrit et parfaitement intact dans toutes ses lettres sur une coupe, a été mal transcrit sur — ?

le *Catalogue Canino* de 1843, N°. 174. On y lit : ΠΑΜΔΟΡΟS, PAMDORUS. La coupe est peinte par Épictète, ΕΠΙΚΤΕΤΟS ΕΛΡΑΦSΕΝ. Au reste, on ne peut pas trop s'étonner de trouver des noms extraordinaires chez des ouvriers, des potiers, esclaves venus souvent de diverses contrées. N'ont-ils pas pu porter des noms barbares qui durent encore être altérés en Grèce et en Italie, et que probablement, comme de notre temps, ils ont souvent pu mal écrire.

PAMDORUS, ΠΑΜΔΟΡΟS, mal lu dans le *Catalogue Canino*. *Voyez* PAMAPHIUS.

PAMMÉNON, fils de Laossos ? sc. d'ornem. *Eph.* 1837, n° 9, A, l. 67 ; — 20 dr.   **V**

* PANTHÆUS, *voyez* p. 165. A la fin de l'article *écrivez* : ΠΑΝΘΑΙΟΣ ΕΠΟΙΕΙ, *Panthéus faisait*. Coll., de la princesse de Canino. *Cat. Dubois*, N°. 239.   **?**

PANTONEUS ou plutôt PANTOULEIUS; ΠΑΝΤΟΥ- ΛΗΙΟΣ ΓΑΙΟΥ Pantouleius, fils de Caius, dans une inscription trouvée sous les ruines du temple de Jupiter Olymp. à Athènes; il est nommé 'Ανδριανϊοποιός, stat. ou sculpt.; on le dit Ephésien et Milésien 'Εφεσίος και Μειλητιός ἐποίει. Peut-être ce Pantouléius qui florissait du temps d'Adrien, était-il d'une des villes d'Ephèse et de Milet, et avait-il reçu dans l'autre le droit de citoyen. On peut croire qu'ayant travaillé à l'achèvement ou à la restauration du magnifique temple de Jupiter olympien sous Adrien, c'était un statuaire de talent dont le nom comme ceux de tant d'autres a été passé sous silence par les auteurs.   **?**

PHALACRUS d'un des dèmes ath. nommés Pæanie supérieure et Pæanie inférieure ; ? sc. d'ornem. *Eph.* 1837, n° 9, A. l. 70, B. l. 53, rien.   **V**

PHANOMAQUE....ΦΑΝΟΜΑΧΟΣ.....ΕΠΟΙΗΣΕΝ sur un piédestal trouvé près du Parthénon ; Pitt. *Anc. Ath.*, p. 390.   **?**

* PHILÉAS, ? sc., p. 170. L'inscr. porte : ΦΙΛΕΑΣ ΚΑΙ ΞΕΥΞΙΠΠΟΣ ΦΙΛΕΑ (*sic* dans Bœckh), ΕΠΟΙΗΣΑΝ. *Philéas et Zeuxippe, fils de Philéas, ont fait*   **?**

* PHILÈS d'Halicarnasse, st., fils d'un Polygnote, fit la statue en bronze de Polyeucte, fils de Mélésippe d'Astypalée, décernée par le peuple de cette ville avec une couronne d'or et la préséance dans les jeux : ΦΙΛΗΣ   **?**

Siècles.

ΠΟΛΥΓΝΩΤΟΥ ΑΛΙΚΑΡΝΑΣΣΕΥΣ ΕΠΟΗΣΕ. Bœckh, *C. inscr.*, t. 2, p. 1098, No. 2448 c, et No. 2283, la statue d'Agathostrate, fils de Polycrate, décernée par le peuple des îles autour de Délos, ΦΙΛΗΣ ΑΛΙ-ΚΑΡΝΑΣΣΕΥΣ ΕΠΟΕ(Ι). MM. Cadalvène et Raoul-Rochette ont aussi donné ces inscriptions.

PHILION du dème Athénien de Scambonides, ?, sc. d'ornem. *Eph.* 1837, n°. 9, B, l. 73. — 14 dr. — V

PHILOCLÈS, arch. Inscr. du Mus. Brit. Bœckh, *C. insc.*, t. 1, n°. 61. — V

PHILOCRATE, de l'un des deux dèmes nommés Pæanie, ?, sc. d'ornem. *Eph.* 1837, n°. 9, A, l. 71. — 20 dr. — V

PHILON du dème d'Herchia, ?, sc. d'ornem. *Eph.* 1837, n°. 9, A, l. 66; B, l. 49. — 20 dr. — V

PHILORUS, fils de Phalacrus, ?, sc. d'ornem. *Eph.* 1837, n°. 9, A, l. 72. — 10 dr. — V

PHILOSTRATE. *Eph.* 1837, n°. 10, A, l. 54; 9 dr. — et n°. 11, l. 12; 9 dr. — Ce qui peut n'indiquer, de même que pour ceux qui ne reçoivent que de très-petits salaires, que des ouvriers d'un ordre très-inférieur. — V

✱ PHILOSTRATE (S. T. FLAVIUS), affranchi d'Auguste; stat. On le trouve cité dans une inscription funéraire donnée par Gudi, p. 197, No. 11. (*Note de M. Dubois.*) — I

PHRYGILLUS. Ajoutez à l'article de ce graveur sur pierres fines qu'il était aussi graveur en monnaie ou sur métaux. L'on trouve son nom sur une belle médaille de Syracuse, en argent, offrant la tête de la nymphe Aréthuse ou de Syracuse, l'un des plus beaux types de l'art antique. Sur une médaille portant une tête de nymphe, tournée vers la gauche et ceinte d'une bandelette, on lit: ΦΡΥ, qui peut indiquer le nom de Phrygillus, quoique ce pût aussi en être un autre. Mais celui de ce graveur, dont on a deux exemples, rend très-probable et le troisième et l'opinion émise par M. Raoul Rochette, à l'Académie des Beaux-Arts, le 13 av. 1844.

PHYROMAQUE du dème Athénien de Céphisie, sculpt. On cite de lui en bas-relief, un jeune homme debout, — V à côté d'une cuirasse. *Eph.* 1837, n°.9, A, l. 2; il lui fut payé 60 dr. ; l. 9, il reçoit encore 60 dr. pour un homme conduisant un cheval; et enfin l. 17, 60 autres dr., pour un bas-rel. représentant un homme debout, appuyé sur un bâton, à côté d'un autel ; c'est le sculpt. dont on trouve le plus de productions dans ces curieuses inscript. de l'*Ephéméride archéologique.*

PLOTIUS EUPHÉMION (QUINTIUS), arch. Son nom trouvé sur un monument de Messène qu'il avait réparé : ΚΟΙΝΤΙΟΣ ΓΛΩΤΙΟΣ ΕΥΘΗΜΙΩΝ ΕΠΕΣΚΕΥΑΣΕΝ. Bœckh, *C. inscr.*, N°. 1461.

POLYCLÈS du dème de Laciades. ? sc. d'orn. *Eph.* 1837, n° 9, A, l.63, — 15 dr. — On trouve dans Pausanias *El.* 1, 5, 17; 4, 12, un Polyclès l'ancien, stat. du commencement du IVe siècle av. J.-C.; mais il n'est pas le moins du monde probable que ce soit celui de notre inscript., qui d'après son salaire paraît bien n'avoir été qu'un bon ouvrier ; et on hasarderait beaucoup, si, pour trouver un nom d'artiste cité par les auteurs et devenu célèbre, on disait que ce pouvait être l'ancien Polyclès dans sa jeunesse et au commencement de sa carrière : rien n'appuierait cette supposition. Il ne peut pas non plus être question du Polyclès, élève de Stadiéus, qui n'est que deux siècles avant notre ère et nos inscript., sont certainement beaucoup plus anciennes. Il vaut mieux s'en tenir à donner ce Polyclès tel qu'on nous l'a transmis et sans prétendre à deviner, sans aucune donnée, ce qu'il pouvait être.

POLYMNESTE. *Voy.* CENCHRAMIS.

PRAXIAS de Mélite. — Il y avait de lui à l'Erecththéion, un bas-relief représentant un homme et un cheval, qui retourne la tête en arrière et frappe du pied ; il lui fut payé 120 dr.; c'est un des travaux les plus chers du temple; peut-être était-il plus considérable que les autres bas-reliefs. Cependant il paraîtrait qu'il n'y avait que deux figures, de même qu'à l'un de ceux de Phyromaque, qui ne touche que 60 drachmes. *Eph.* 1837, n° 9, A, l. 3.

PRAXITÈLE. M. Pittakis a trouvé sur le monument de Lysicrate, vulgairement nommé *Lanterne de Démosthène* ou auprès, un fragment d'inscription, où on lit : ΠΡΑΞΙΤΕΛΗΣ ΕΠΟΙΗΣΕΝ, qui indiquerait que ce grand sculpteur avait travaillé à ce joli monument, si tant est que ce nom, qu'ont porté d'autres artistes, appartient positivement à l'auteur de la Vénus de Cnide. — Pitt., *Anc. Ath.*, p. 171.

PRÉPON du dême d'Agryles. Que pouvait être cet ouvrier, qui pour ce qu'il fit au temple d'Erechthée ne reçut que 2 drachmes en deux fois. C'était peut-être, au reste, le salaire de deux journées. *Eph.* 1837, nº. 10, A, l. 10 et l. 20. — V

PYGMON, p. 184. — P. 185, 1er. alinéa, l. 19, PIG-MON, *lisez :* **PEIGMON**,

PYRRHUS d'Ath., cs. ΑΘΕΝΑΙοΙΤΕΙΑΘΕΝΑΙΑΙΤΕ-ΙΥΓΙΕΙΑΙ ΓΥΡΡΟΣΕΠΟΙΗΣΕΝΑΘΕΝΑΙΟΣ. — ?

Cette curieuse inscript. a été trouvée le 12 sept. 1839, sur un socle en marbre pentél., dans le portique oriental des Propylées à Athènes. Elle apprend que les Athéniens ont consacré, probablement une statue, à Minerve (Athéné) *Hygie*, faite par Pyrrhus d'Athènes. Ce Pyrrhus paraîtrait être celui de Pline (l. 34, 8, 19), connu par une belle statue d'Hygie. Pausanias, *Att.* 23, 6, place à l'Acropole, près de la statue de Dieitréphès, celle d'Hygie, fille d'Esculape, et celle de Minerve Hygie. La base hémicirculaire sur laquelle est notre inscript., découverte à un endroit qui concorde avec le lieu indiqué par Pausanias, permettrait d'admettre, avec M. Ross et C.-O. Müller, que c'est celle de la statue de Minerve Hygie, et de plus que ce Pyrrhus est bien le Pyrrhus de Pline, auquel on devait une Minerve Hygie et une Hygie. D'après la forme des lettres de l'inscript., ce sculpteur peut-être placé vers la 90e. olymp., 420 av. notre ère. Cette inscript. nous aura fait connaître sa patrie et son époque, particularités que nous laissent ignorer Pline et Pausanias. *Eph.* 1839, p. 212, nº. 217 ; Ross, *Kunstbl.* 1840, nº. 37, f. ; C.-O. Müller, *Arch. Mitth.*, p. 126.

RHÆDIAS. Il paraît que ce n'était qu'un scieur de marbre πϛίϛης, qui avec son compagnon que l'inscript. ne nomme pas, reçut 32 dr. pour leurs travaux ; il est à présumer que c'est au moins pour le même nombre de journées, puisque l'on trouve d'autres scieurs de pierres payés une drachme par jour. *Eph.* 1837, nº. 10, A, l. 23. — V

Siècles.

SANNION, fils de Simias, ?, sc. d'ornem. *Eph*. 1837, no. 9, 4, l. 82. — 13 dr.   V

SELEUCUS, p. 198. *Ajoutez en tête * et après*, gr. f.

SIMIAS d'Alopécé, ?, sc. d'ornem. ou simple ouvrier. — Il ne reçoit, *Eph*. 1837, no. 9, A, l. 42, que 3 dr., et l. 78, — 13 dr. 2 ob.   V

SIMIAS d'Agryles, ?, sc. ornem. *Eph*. 1837, no. 9, A, l. 51. — 21 dr.   V

SINDON ou **SINDRON**, fils de Simias, ?, sc. d'ornem; *Eph*. 1837, no. 9, A, l. 80. — 15 dr. — No. 10, A, l. 3. No. 11, l. 3.   V

SINÈS, fils d'Ameinias, ?, sc. d'ornem. *Eph*. 1837, no. 9, A, l. 40. — 18 dr.   V

SINÈS, ?, sc. ornem. *Eph*. 1837, no. 9, A, l. 38. — 18 dr.   V

SOCLÈS d'Acharne, ?, sc. ornem. *Eph*. 1837, A, l. 44, — 12 dr. 5 ob.   V

SOCLÈS, fils d'Axiopeithès. Eph. 1837, no. 9, A, l. 81. — Rien.   V

SOCLOS d'Alopécé, sculpt. Son bas-relief, dans le temple d'Erechthée, représentait un homme tenant un frein. — Il lui fut payé 60 dr. Les divers bas-reliefs de ces inscriptions, sauf celui de Praxias, sont tous au même prix. — Eph. 1837, no. 9, A, l. 15.   V

SOMÉNÈS, fils d'Ameinias, ?, sc. ornem. *Eph*. 1837, no. 9, A, l. 76. — 10 dr.   V

SOSANDRE, fils de Simias, ?, sc. d'ornem. *Eph*. 1837, no. 9, A, l. 47. — 12 dr. 4 ob.   V

SOSIAS d'Alopécé. — Ne reçoit qu'une dr. — *Eph*. 1837, no. 10, A, l. 2.   V

SOSICRATE, fils de Néoménius ou Numénius, et **DAMA-TRIUS**, fils de Théophane, étaient peut-être architectes. Ils construisirent l'*œcus*, la *cella* et quelque autre partie d'un temple d'Apollon à Astypalée, l'une des îles Sporades : ΑΝΕΘΗΚΑΝ ΤΩΙ ΑΠΟΛΛΩΝΙ ΤΟΝ ΟΙ-ΚΟΝ ΚΑΤΑΣΚΕΥΟΥ[Ν], *ils ont consacré à Apollon, ils ont construit l'œcus;* ou peut-être n'ont-ils été que les ordonnateurs ou les entrepreneurs des travaux. Dans cette inscription, les O sont ainsi Θ avec un point   ?

au centre, comme certains Θ. BŒCKH, *C. inscr.*, t. 2, p. 1099, N⁰. 2491 *c*.

SOSIPHUS de Mélite, fondeur d'or ou ouvrier en or, pour dorer des parties de chapiteaux ou de frise. *Eph.* 1837. — V

SOTELÈS d'Alopecé, ?, sc. d'ornem. *Eph.* 1837, n⁰. 9, B, l, 71. — 14 dr. — V

SPODIAS. — Ne reçoit qu'une drachme. *Eph.* 1837, n⁰. 10, A, l. 21. — V

STHENNIS ou STHÉNIS d'Olynthe, stat. du IVᵉ siècle avant notre ère, et connu par Pline, Pausanias, et par l'inscript. d'une statue de Bion d'Ephèse, citée par Spon, *Misc.*, p. 126. Son nom se trouve sur une base de statue, consacrée par Pandaitès, à sa femme Lysippe du dème de Chollides, fille d'un Alcibiade. ΣΘΕΝΝΙΣΕΠΟΗΣΕΝ et ....ΝΙΣΕΠΟΗΣΕΝ, sur la base de la stat. de Myron, fils de Pasiclès de Potamos. Ce STHENNIS était contemporain de Léocharès, dont il a été question plus haut, et les bases de leurs statues ont été trouvées au même endroit. *Eph.* 1839, p. 172, n⁰. 148; Ross, *Kunstbl.* 1840, n⁰. 32; C.-O. Müller, *Arch. Mitth.*, p. 127.

STRABAX, ?. sc. ou ouvrier. ΣΤΡΑΒΑΞ ΕΠΟΗΣΕΝ. *STRABAX a fait.* Ross, *Arch. Zeitung*, p. 244.

TEUCROS du dème de Cydathénée, ?, sc. ornem. *Eph.* 1837, A, l. 56; 15 dr. — B, l. 66; n⁰. 11, l. 10; — 8 dr. 2 ob. — n⁰. 10, A, l. 15; une seule drachme — V

THAMYROS (L. MÆLIUS), p. 215. *Lisez:* tiré de Gruter, par Mazochi.

THARGÉLUS, fils de Phalacrus, ?, sc. d'ornem. *Eph.* 1837, n⁰. 9, 4, l. 71; — 20 dr. — B, l. 55; rien. — V

THÉAGÈNE, THÉOGÈNE du Pirée, ?, sculpt. *Eph.* 1837, n⁰. 9, 4. — Il touche 60 dr., et n⁰. 81, l. 8, seulement 1 obole. — Ce doit être quelque reste de compte. Les 60 drachmes, dont on ne nous indique pas l'emploi, pourraient être le prix d'un bas-relief, comme ceux de Phyromaque et de Soclos, payés la même somme. — V

THÉODOTE, grav. monét. On trouve son nom ΘΕΟΔΟΤΟΣ ΕΠΟΙΕΙ sur une médaille de Clazomène, du cabinet de M. le duc de Luynes. — ?

Siècles.
?

TIMOCHARIS d'Eleutherne, ?. sc. D'après une inscription d'Astypalée, une des Sporades, fit un autel consacré à Esculape par Archéménidas, fils d'Arithmius : ΤΙΜΟΧΑΡΙΣ ΕΛΕΥΘΕΡΝΑΙΟΣ ΕΠΟΙΗΣΕ. CADALVÈNE ; R.-ROCHETTE ; BŒCKH, *C. inscr.*, t. 2, p. 1099, N⁰ 2491 *b*.

TIMARQUE. *Voy.* CÉPHISODOTE.

On trouve dans les pierres gravées un fait qui paraît de la plus grande rareté : ce sont deux monogrammes, et les seuls qu'aient rencontrés M. Dubois, à qui je dois cette observation ; il est à croire que ce sont les indications de deux noms, soit de propriétaires, soit de graveurs des pierres. On ne peut guère se laisser aller à la tentation de découvrir ou de deviner les noms cachés sous ces monogrammes, qui pourraient se prêter à plus d'une combinaison et à plus d'une conjecture dans l'analyse des traits dont ils sont formés, et qui fourniraient plusieurs lettres : Α, Θ, Ρ, Є, Μ.

ℝ. Tête de femme voilée, tournée à gauche sur la pierre, sard., intaille ; moulée chez l'apothicaire arménien Pierre, à Constantinople.

ℝ. La Fortune debout, tenant ses attributs ordinaires, grenat, intaille, de la collection du Cte. de Choiseul-Gouffier.

FIN DU CATALOGUE DES ARTISTES DE L'ANTIQUITÉ.

IMPRIMERIE VINCHON,
rue J.-J Rousseau, 8.